Das siebte Buch: Objektorientierung mit C++

Von Prof. Dr. rer. nat. Ernst-Erich Doberkat
Universität Dortmund

B.G.Teubner Stuttgart · Leipzig · Wiesbaden 2000

Prof. Dr. rer. nat. Ernst-Erich Doberkat

Geboren 1948 in Breckerfeld/Westfalen. Studium der Mathematik und Philosophie an der Ruhr-Universität Bochum, 1973 Diplom in Mathematik. 1976 Promotion zum Dr. rer. nat. im Fach Mathematik an der Universität Paderborn, 1979 *venia legendi* für das Fach Informatik an der FernUniversität Hagen. Von 1981 bis 1985 Associate Professor of Mathematics and Computer Science am Clarkson College of Technology, Potsdam (New York); Lehrstühle an den Universitäten Hildesheim und Essen, seit 1993 Inhaber des Lehrstuhls für Software-Technologie an der Universität Dortmund. Vielfältige Arbeitsgebiete in der Softwaretechnik, daneben Bemühungen um den Technologie-Transfer und um Multimedia in der akademischen Ausbildung.

1. Auflage August 2000

Die Deutsche Bibliothek – CIP-Einheitsaufnahme
Ein Titelsatz für diese Publikation ist bei
Der Deutschen Bibliothek erhältlich.

Der Verlag Teubner ist ein Unternehmen der Fachverlagsgruppe BertelsmannSpringer.

Konzeption und Layout des Einbands: Peter Pfitz, Stuttgart

ISBNI-13: 978-3-519-02649-5 e-ISBN-13: 978-3-322-80104-3
DOI: 10.1007/978-3-322-80104-3

Dieses Buch ist Dr. Rudolf Peter gewidmet.

Inhaltsverzeichnis

Kapitel 0

{ // Vorwort

Der Werkzeugkasten der Methoden zur objektorientierten Softwarekonstruktion hat sich in der täglichen Praxis des Softwareingenieurs als Kollektion recht wirkungsvoller Hilfsmittel erwiesen. Diese Methoden helfen bei der Konstruktion korrekter, zuverlässiger und wiederverwendbarer Software. Sie begleiten die Konstruktion von der Analyse, also den ersten Ideen eines Programms, über den Entwurf bis hin zur Implementierung. Die Objektorientierung dient hierbei anfangs als Richtschnur zur angemessenen Beschreibung der Phänomene, die man modellieren und dann in einem Programm angemessen implementieren möchte. Sie wird in vielen Programmiersprachen durch sprachliche Hilfsmittel unterstützt — als Schlagworte mögen die Begriffe *Klasse*, *Geheimnisprinzip* und *Vererbung* dienen, so daß ein objektorientierter Entwurf auch objektorientiert implementiert werden kann.

Objektorientierung als Anfang

Da sich objektorientierte Methoden bewährt haben, besteht breiter Konsens darüber, daß die Einführung in die Informatik mit einer objektorientierten Programmiersprache beginnen soll. Das Argument, mit dem Proponenten der Objektorientierung arbeiten, lautet etwa so: Es gelingt, viele Phänomene der natürlichen Welt mit objektorientierten Hilfsmitteln auf natürliche Weise zu modellieren, daher sollte eine Einführung in die Informatik früh mit diesen Methoden vertraut machen. Im Tandem mit diesem Argument kommt dann auch eine objektorientierte Programmiersprache.

Nun mag man diskutieren, ob die Objektorientierung wirklich eine *natürliche* Modellierung ist. Sie ist vielen anderen Modellierungsmethoden überlegen. Warum das so ist, werden Sie in diesem Buch sehen. Der Beifahrer dieser Argumentation, nämlich die Programmiersprache, sollte auch objektorientiert sein. Das ist einsichtig, denn man möchte keinen methodischen Bruch zwischen der Modellierung und der Implementierung, also der Realisierung in einem Programm, entstehen lassen. Solche *methodischen* Brüche führen erfahrungsgemäß leicht zu *kognitiven* Brüchen, so daß die Vorteile, die man sich mühsam bei der Modellierung erobert hat, bei der Implementierung verloren zu gehen drohen.

Gegenwärtig werden zwei objektorientierte Programmiersprachen als Sprachen für den akademischen Anfangsunterricht bevorzugt, nämlich die Sprachen JAVA und C++. Die Programmiersprache JAVA begann im zweiten Drittel der neunziger Jahre des vorigen Jahrhunderts mit ihrem Siegeszug und scheint unbezwingbar zu sein. Ihre vielen Vorteile machen es ihr leicht, ein Anwendungsfeld nach dem anderen zu erobern. Sie kann ihre Abstammung von

C++ und, wenn man genauer hinschaut, von BETA nicht leugnen. Die Programmiersprache C++ hingegen basiert auf der kampferprobten Sprache C, der Basis für das populäre Betriebssystem UNIX (mit seinen modischen LINUX-Varianten). C++ ist die objektorientierte Tochter von C, also eine Spracherweiterung durch objektorientierte Konstruktionen.

So entstand dieses Buch

Der Verfasser durfte ab WS 97/98 die Dortmunder Erstsemester der Elektrotechnik in die Informatik einführen. Auf Bitten der Fakultät für Elektrotechnik wurde eine zweisemestrige Veranstaltung *Einführung in die Informatik für Ingenieure I/II* konzipiert und in einem zweiten Durchlauf validiert. Sie sollte und soll nach den Vorstellungen der Fakultät Algorithmen und Datenstrukturen sowie objektorientierte Konzepte zusammen mit der Programmiersprache C++ lehren. Die Entscheidung, C++ als Sprache vorzuschlagen, beruhte auf der Beobachtung daß viele Programmkomponenten und Bibliotheken in C oder C++ formuliert sind. Die Studenten werden durch die Veranstaltung unmittelbar in die Lage versetzt, diese Komponenten für ihre eigene Arbeit zu benutzen (und natürlich eigene Programme zu schreiben).

Aus diesen Vorlesungen ist das vorliegende Buch entstanden. Es richtet sich an Nebenfächler der Informatik und an solche Leserinnen und Leser, die sich mit der objektorientierten Programmierung und mit C++ vertraut machen wollen. Das Buch wurde so konzipiert, daß auch geistes- und sozialwissenschaftlich orientierte Leser den Ausführungen mit Gewinn folgen können. Der Verfasser hat dazu bewußt Beispiele gewählt, die nicht dem typischen Umkreis des Ingenieurs oder des Informatikers entstammen, sich vielmehr bemüht, die weitgespannten Anwendungsmöglichkeiten der objektorientierten Modellierung und Programmierung exemplarisch zu zeigen. Das schlägt sich auch in den Aufgaben nieder. Der Ton dieses Buchs wurde bewußt nicht-technisch gehalten. Der gelegentlich unausstehliche Jargon, der sich in der Programmierung breitgemacht hat, soll soweit als möglich vermieden werden.

Die Objektorientierung und die Programmiersprache C++ stehen zwar im Vordergrund dieses Buches, wir beginnen jedoch mit einer Einführung in diejenigen Teile von C++, die aus der Sprache C stammen. Wir fangen auch beim Programmieren nicht gleich mit der Objekt*orientierung* an. Der didaktische Ansatz dieses Buches geht vielmehr von der objekt*basierte* Programmierung in C aus. *Objektbasiert* bedeutet hier, daß mit Instanzen Abstrakter Datentypen gearbeitet wird, also mit Instanzen von *Kapseln*, die Daten und die Prozeduren auf diesen Daten in einer gemeinsamen Hülle einschließen. Der Begriff des Abstrakten Datentypen wird sehr früh eingeführt, um dem Leser möglichst früh Gelegenheit zu geben, Datenabstraktionen gemeinsam mit Funktionsabstraktionen zu benutzen. Technisch sieht das so aus, daß die Vorstufe von Klassen, nämlich zusammengesetzte Strukturen, um funktionale Komponenten erweitert werden. Damit ist eine objektbasierte Grundlage für die weiteren Diskussionen gelegt. Sie wird weidlich genutzt. Wir zeigen an Beispielen, daß dieses Konzept sehr tragfähig ist, und sich schon zur Realisierung recht mächtiger Anwendungen eignet. Erst dann, wenn diese sprachlichen Hilfsmittel eingeführt und ausreichend an Beispielen erprobt worden sind, werden objektorientierte Konzepte eingeführt. Klassen erscheinen als Ausprägung zusammengesetzter Strukturen, Vererbung und die damit verbundenen Möglichkeiten der Polymorphie werden dann ebenfalls eingeführt und an Beispielen erprobt. Die Tragfähigkeit des Konzepts erweist sich dann an einem größeren Beispiel, das recht ausführlich diskutiert wird. Das Buch schließt mit einer Diskussion von Schablonen (die im eigentlichen Sinne ja nicht mehr objektorientiert sind) und einer kurzen Diskussion der Ausnahmebehandlung.

Und das steht in diesem Buch

Eine kurze Darstellung des Inhalts soll folgen. Fast alle Kapitel beginnen mit der Diskussion einer konkreten Problemstellung, die eine Erweiterung der sprachlichen Möglichkeiten vorschlägt. Die neuen Ausdrucksmöglichkeiten werden auf ihre Belastbarkeit geprüft, meist auch erweitert und auf andere Probleme angewendet. Fast jedes Kapitel enthält Übungsaufgaben, die in Anspruch und Umfang von leichten Etuden zur Einübung der neuen Techniken bis hin zu kleinen Projekten reichen. Insgesamt sind es 120 Aufgaben geworden.

Kapitel 1: Hofzwerge Das Buch beginnt mit der Geschichte der Hofzwerge in der Wiener Hofburg. Diese Hofzwerge — genauer: ihre Besoldungsstruktur — werden nach einigen Seiten hin untersucht. Die Eigenschaften der Hofzwergbesoldung werden als Klassifikationshierarchie gefaßt. Damit hat der Leser bereits am Anfang ohne jegliche Programmierkenntnisse einen wichtigen Entwurfsschritt getan. Der so aufgespannte Bogen dehnt sich weit. Er findet erst im letzten Viertel des Buchs sein (anderes) Ende, wenn nämlich die Klassifikationshierarchie mit allen ihren dynamischen Aspekten implementiert wird. Der Verfasser möchte auf diese Weise zeigen, daß es durchaus möglich ist, objektorientierte Konzepte einzuführen, ohne tiefergehende Eigenschaften einer Programmiersprache benutzen zu müssen. Daß dies möglich ist, belegt die Tragfähigkeit des Konzepts der Objektorientierung. Dieser Bogen dient natürlich auch dazu, das Buch zusammenzuhalten: Die Hofzwerge schauen immer mal wieder um die Ecke und tauchen in der einen oder anderen Übungsaufgabe auf, bringen sich also in Erinnerung, um die interessanten Eigenschaften, die dieses ulkige Völckchen hat, auch wirklich zum Funkeln zu bringen.

Kapitel 2, 3: C, elementar Die Programmiersprache C wird in ihren elementaren Komponenten eingeführt. Die sprachlichen Konzepte werden an stetig komplexer werdenden Problemstellungen eingeführt. In diesen beiden einführenden Kapiteln wird die Philosophie der Vorgehensweise deutlich: Konstruktionen werden nicht um ihrer selbst willen eingeführt, vielmehr sollen konkret vorliegende Probleme damit gelöst werden. Solche einführenden Kapitel sind fast immer ziemlich langweilig, aber diese Durststrecke will überwunden sein. Der Leser sollte dieses Kapitel vielleicht überfliegen, um bei Bedarf später nachschlagen zu können.

Kapitel 4: Funktionen Hier werden Funktionen eingeführt. Sie werden als wichtige Strukturierungsmöglichkeit für Programme diskutiert, die darüber hinaus auch die Möglichkeit geben, die Lokalität von Namen einzuführen und zu erkunden.

Kapitel 5: Separate Übersetzung Das Thema der Strukturierung von Programmen wird in diesem Kapitel noch einmal aufgenommen. Hier geht es nämlich darum, ein umfangreiches Programm so zu zerlegen, daß die einzelnen Teile in getrennten Dateien aufbewahrt werden können. Dazu muß man etwas über Namensräume wissen, und sie stehen darum in diesem Kapitel im Vordergrund.

Kapitel 6: Zeiger Zeiger, also ein Aspekt von C, der besondere Sorgfalt in seiner Verwendung bedarf, werden in diesem Kapitel eingeführt. Die Dualität von Zeigern und Feldern wird hier auch behandelt, und wir werfen einen kurzen Seitenblick auf die Verzeigerung von Funktionen sowie auf mehrdimensionale Felder als Zeiger auf Zeiger. Aber so richtig interessant wird es erst, wenn man zusammengesetzte Strukturen mit Zeigern kombiniert, um zu dynamischen Datenstrukturen zu kommen. Und das passiert im nächsten Kapitel.

Kapitel 7: Verkettete Listen Die Grundbegriffe für dynamische Datenstrukturen werden in diesem Kapitel erarbeitet. Hier findet sich auch eine Diskussion von verketteten Listen und von elementaren Operationen auf diesen Listen.

Kapitel 8: Bäume Möchte man mit dynamischen Strukturen arbeiten, die nicht linear sind, so greift man gerne zu Bäumen, und die hier hervorspringende Spezies sind die binären Bäume. Binäre Bäume werden eingeführt, es wird auch gleich gezeigt, wie man mit diesen binären Bäumen in der Geschmacksrichtung *binäre Suchbäume* Suchoperationen effizient unterstützen kann. Die elementaren Operationen hierzu werden eingeführt.

Kapitel 9: Dateibehandlung oder Die Neujahrsansprache Wir stellen uns dem Problem, die Neujahrsansprache 1998/99 des Bundeskanzlers zu analysieren: Welche Wörter kommen wie häufig darin vor? Das gibt Anlaß dazu, Dateien zur Aufbewahrung von Daten einzuführen und die Operationen der einfachen Dateibehandlung zu diskutieren.

Kapitel 10: Abstrakte Datentypen Der Begriff *Abstrakter Datentyp* wird hier als zentrales Konzept eingeführt. Vordergründig geht es darum, Daten zusammen mit den Operationen darauf in einem logischen Behälter aufzubewahren. Das führt zu funktionalen Komponenten in Strukturen. Dieser Zugang ergeben sich auf recht natürliche Art z. B. dann, wenn man binäre Bäume durchlaufen möchte, und hier insbesondere bei der Breitensuche. Abstrakte Datentypen dienen an dieser Stelle dazu, Warteschlangen vorzustellen und ihre Eigenschaften zu untersuchen.

Kapitel 11: Prioritätswarteschlangen Prioritätswarteschlangen werden eingeführt und zunächst als Abstrakte Datentypen beschrieben. Das dient auch dazu, ein wenig Übung in der neuen Sprechweise zu bekommen. Die Datenstruktur Heap wird entwickelt und mit ihren Operationen einigermaßen ausführlich ausgebreitet. Sie erlaubt die Realisierung des bekannten Sortieralgorithmus Heapsort, der ebenfalls in diesem Kapitel beschrieben wird.

Kapitel 12: Graphen Graphen stellen eine wichtige verkettete Struktur dar. Sie werden als Verallgemeinerung von Bäumen betrachtet. Wie man Graphen realisiert, wird hier dargestellt. Es finden sich ebenfalls einige eher elementare Anwendungen. Konzeptionell findet hier ein Schnitt statt: Der objektbasierte Zugang findet seine Grundlegung durch die Einführung Abstrakter Datentypen. Die Objektorientierung verlangt jetzt ihr Recht.

Kapitel 13: Klassen Klassen werden eingeführt, die elementaren Konstruktionen auf ihnen werden diskutiert. Hierzu gehören auch Konstruktoren und Destruktoren, die als kanonische Operationen zu jeder Klasse gehören.

Kapitel 14, 15: Vererbung und dynamisches Binden Die Vererbung als wichtigste Relation auf Klassen wird in Kapitel 14 eingeführt und an Beispielen erläutert. Einige Phänomene bei der Vererbung, etwa das Redefinieren von Methoden, werden ausführlich diskutiert, denn es zeigt sich im akademischen Unterricht, daß mit diesen Begriffen einige Schwierigkeiten verbunden sind, die sich am besten durch Beispiele überwinden lassen. Mit der Vererbung ist die Frage des dynamischen Bindens (oder der *Polymorphie*) verbunden, der Kapitel 15 gewidmet ist.

Kapitel 16: Noch einmal die Hofzwerge Jetzt stehen alle sprachlichen Hilfsmittel zur Verfügung, um die Hierarchie der Hofzwerge in Code zu gießen. Die Diskussion über den objektorientierten Zugang zeigt, daß er flexibler als der prozedurale Weg ist; die Änderungsfreundlichkeit der Vorgehensweise wird durch ein Beispiel demonstriert. Es erweist sich als geschickt, die Implementierung einiger Methoden `inline` vorzunehmen. Auch das wird hier diskutiert.

Kapitel 17: Hashing Dieses Kapitel widmet sich dem Hashing. Das ist ein Suchverfahren, das eine Alternative zu binären Suchbäumen bietet, wenn man keine Ordnungsrelation auf den Elementen hat. Das wird ausführlich diskutiert, auch mit dem Hintergedanken, die Struktur der Vorgehensweise herauszuarbeiten. Damit sind wir in der Lage, daß wir uns vom Typ der Elemente, die wir der Suche zugrunde legen, möglichst weit lösen können.

Kapitel 18: Schablonen Hier führen wir dann diesen Punkt genauer aus, denn wir stellen Typparameter in den Vordergrund. Schablonen werden analog zu Funktionen eingeführt: Sie arbeiten erst dann ordentlich, wenn sie mit den richtigen aktuellen Parametern gefüttert werden. Beispiele zu Schablonen zeigen, daß man auch binäre Suchbäume verhashen kann.

Kapitel 19: Ausnahmen Die Diskussion wird mit einem kurzen Blick auf die Ausnahmebehandlung abgeschlossen. Es wird besprochen, wie man sich verhalten kann (und welche sprachlichen Möglichkeiten die Sprache C++ bietet), wenn Klassen sich nicht so verhalten, wie sie eigentlich sollten.

Kapitel 20: Tja ... In diesem letzten Kapitel wird aufgeführt, was alles **nicht** in diesem Buch behandelt wurde. Es wird aber auch kurz auf weiterführende Aspekte eingegangen, insbesondere versucht der Verfasser, ein Anschlußstück an die Softwaretechnik anzuschrauben.

Stukturierungsmöglichkeiten Soweit eine Übersicht über den Inhalt der einzelnen Kapitel. Die Abbildung 1 gibt einen kurzen Überblick und zeigt, wie die einzelnen Kapitel zusammenhängen.
Das Buch kann in mindestens drei Varianten gelesen werden:

- Die Kapitel 1 - 10 können als Einführung in die objektbasierte Programmierung und die Verwendung von Abstrakten Datentypen gelesen werden. Kapitel 11 und Kapitel 12 zeigen, was man in konkreten und recht komplexen Situationen bereits mit diesen Abstrakten Datentypen anfangen kann.

- Kapitel 1 bietet zusammen mit den Kapiteln 13 – 19 eine kurzgefaßte Einführung in die objektorientierte Programmierung.
- Das gesamte Buch kann als elementare Einführung in die objektorientierte Konstruktion von Software mit C++ und als Einführung in die Sprache dienen.

Zur Literatur Als Anmerkung zur verwendeten Literatur sei vermerkt, daß sich der Verfasser an die Folklore in diesem Gebiet gehalten hat, sich also an den gängigen Beispielen orientieren konnte. Daher sind also meist nicht die Quellen angegeben. Der Verfasser hat sich insbesondere gern von den Lehrbüchern [AHU73, AHU82, Die96, SK97, Knu94, Knu93a, Knu93b, MN99, OW90, Dij76, CC82, DD99][1] inspirieren lassen und seine eigenen Variationen angebracht. Diese Texte waren bei der Suche nach Ideen für Übungsaufgaben hilfreich.

Materialien

Dieses Buch ist aus Vorlesungen hervorgegangen, und die Vorlesungsmaterialien stehen zur Verfügung. Sie umfassen etwa 630 animierte und anotierte Powerpoint-Folien sowie etwa 300 Folien mit Programmtexten und die Programmtexte selbst. Der Verfasser hat sie im ursprünglichen Zustand belassen; Sie können unter `http://www.eVerlage.de` darauf zugreifen. Wie das genau geht, sehen Sie, wenn Sie sich auf jener Seite befinden. Unter dieser Adresse finden Sie auch eine Schnupperversion und eine volle Version des vorliegenden Buchs.
Die Programmausschnitte in diesem Buch sind direkt aus den Programmtexten der oben genannten Folien in das Manuskript kopiert worden. Die Programme sind ohne Ausnahme mit dem C++-Compiler von BORLAND in der Version 4.5.2 übersetzt worden; Stichproben haben gezeigt, daß auch der GNU-Compiler die Programme ohne Probleme übersetzen konnte. Die Programme sind in der Vorlesung zu Demonstrationszwecken ausgeführt worden, deshalb ist der Verfasser zuversichtlich, daß sich dort nicht allzu viele Fehler finden.

Danksagungen

Für die freundliche Hilfe, die mir angeboten wurde, bin ich vielen Kollegen und Studenten dankbar; gern habe ich die Möglichkeiten, über das Konzept des Buchs zu diskutieren, angenommen. Kritische und konstruktive Anregungen kamen insbesondere von Frau Prof. Dr. Sigrid Schubert, die das Manuskript aus der Sicht der Informatik-Didaktikerin gelesen und kommentiert hat. Mein Dortmunder Kollege Prof. Dr. Gisbert Dittrich war ein hilfreicher Sparringspartner, wenn es um den Zugang ging; auch er hat Anmerkungen zum Manuskript gemacht. Einige Anregungen und Hinweise kamen von Prof. Dr. Hermann Stever (Landau) und Prof. Dr. Udo Kelter (Siegen). Dr. Stefan Dißmann, bewährter Koautor, hat in vielen Diskussionen mit und ohne Kaffee (d.h.: er ohne, ich mit) dabei geholfen, das didaktische Konzept zu schärfen und auf sichere Füße zu stellen. Heiko Falk, Dr. Eike Riedemann, Stefan Steinke und Hamza Tatlitürk waren hilfreiche Gesprächspartner, auf die auch die Idee zu der einen oder anderen Übungsaufgabe zurückgeht. Prof. Dr. Klaus Schumacher sorgte als aufmerksamer und kritischer Kollege dafür, daß die Studenten der Elektrotechnik praktische Aspekte nicht vernachlässigten.

[1] Angaben in eckigen Klammern beziehen sich auf das Literaturverzeichnis, das auf Seite 322 beginnt.

Alla Stankjawitschene schrieb den Text und wunderte sich oft, daß manche Satzkaskade doch noch zum Abschluß kam. Klaus Alfert half mir dabei, meine rostigen LaTeX-Kenntnisse zu aktualisieren und überzeugte mich von den Vorteilen von Emacs (so daß ich den Satz des Buchs in einer angenehmen Umgebung durchführen konnte). Julia Kathrin Doberkat war eine wichtige und angenehme Hilfe bei den redaktionellen Arbeiten; der frische Blick der jungen Geisteswissenschaftlerin hat manche verkorkste Formulierung ins Lot gebracht. Ihnen allen möchte ich meinen herzlichen Dank sagen: Probleme, Schreibfehler oder logische Pannen liegen ausschließlich in meiner Verantwortung. Bedanken möchte ich mich auch und nicht zuletzt bei Dr. Peter Spuhler für die wie gewohnt gute Zusammenarbeit mit dem Verlag.
Und bei Constantin & Maximilian.

Bochum und Dortmund, Pfingsten 2000

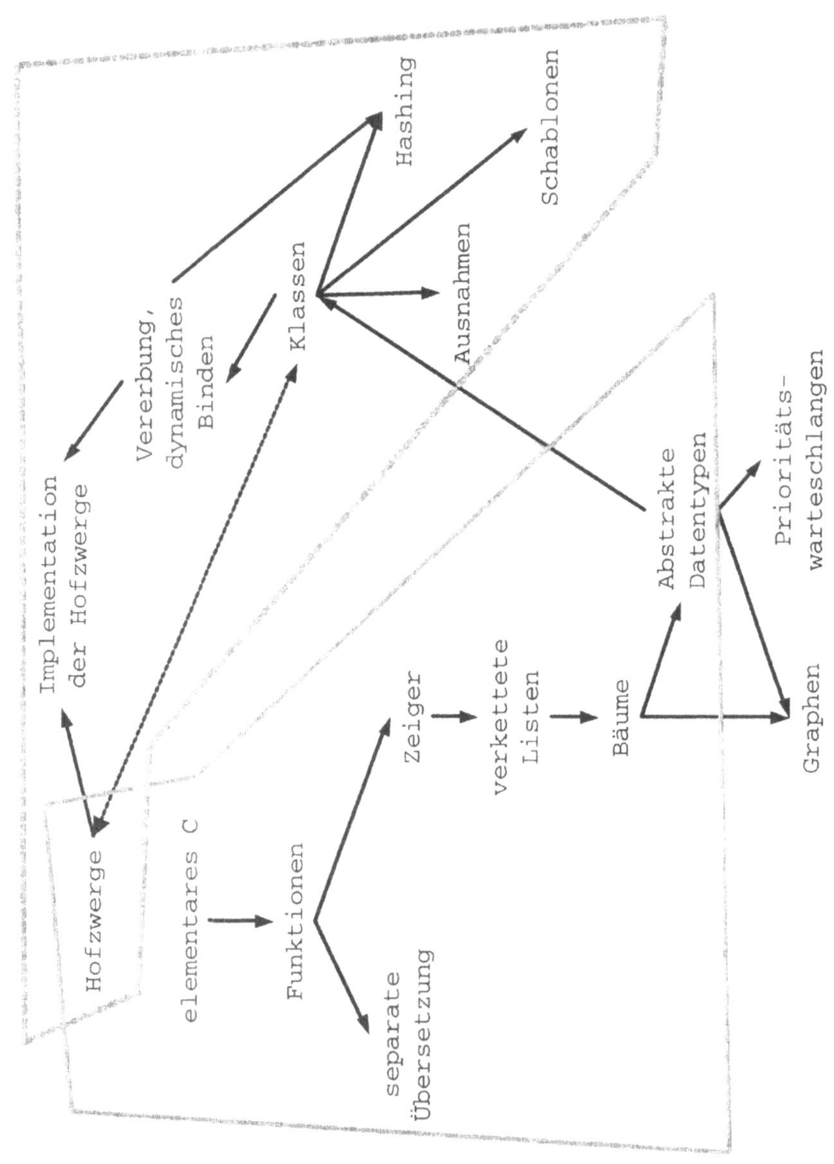

Abbildung 1: Zusammenhang der Kapitel

Kapitel 1

Die Hofzwerge in der Wiener Hofburg

Inhaltsangabe

Im alten Wien (nicht dem Wien des harten Aufklärers Josef II. oder des biedermeierlich reaktionären Meisters Metternich, nein, in dem Wien, das Gold umglänzt ist und über das uns Fritz von Herzmanowski-Orlando [vHO91] solche bittersüßen und abstrusen Geschichten erzählt), im alten Wien also, war die Hofburg der Mittelpunkt des politischen und gesellschaftlichen Geschehens. Ganze Heerscharen von Bediensteten arbeiteten in der Hofburg, sichtbare und vielleicht auch unsichtbare, und unser Gewährsmann könnte von einer Klasse von Bediensteten berichten, den Hofzwergen, die zwar im Untergrund ihre Arbeit verrichteten, gleichwohl aber entlohnt werden mußten. Vielleicht ist die folgende Geschichte apokryph, sie kann uns doch als Einführung in die Möglichkeiten der objektorientierten Softwarekonstruktion dienen, von der dieses Buch auch handeln wird.

Die Hofzwerge, von denen hier die Rede sein wird, sind ein quirliges Volk, für viele Arbeiten zu gebrauchen, die offiziellen oder — am k.u.k.Hof — weniger offiziellen Charakter haben. Sie bilden keine homogene Schicht von Bediensteten. Vielmehr gibt es innerhalb der Hofzwerge vielfältige und feine Rangabstufungen, die von der Tätigkeit, aber auch von der Art der Position abhängen. Die Bezahlung, die wir vielleicht lieber Remuneration nennen sollten, da wir hier in Kakanien sind, hängt von der Stellung eines Hofzwergs in dieser Hierarchie ab. Bei einigen Hofzwergen ist das Salär fixiert, bei anderen Hofzwergen wiederum abhängig von den Stunden, die tatsächlich gearbeitet worden sind. Wir wollen uns die Hofzwerge unter diesen Gesichtspunkten einmal genauer ansehen. Das Ziel dieser Betrachtung besteht darin, mit ordnendem Sinn eine übersichtliche Klassifikation der Hofzwerge zu erarbeiten. Sie kann dann z. B. dazu benutzt werden, die Steuereinkünfte oder die Sozialabgaben für diese Klasse von Bediensteten auf, wie sich herausstellen wird, einfache Weise zu bestimmen. Aber in diesem Kapitel wollen wir noch nicht so weit gehen (denn unsere sprachlichen Hilfsmittel wollen ja erst eingeführt werden), wir wollen uns vielmehr der strukturellen Seite des Problems widmen.

1.1 Die Hierarchie der Hofzwerge

Da läuft uns Cyriakus von Pizziculli über den Weg. Er wird als Hofzwerg erster Klasse geführt, denn schließlich ist er dafür zuständig, die adriatischen Winde in der Gegend von Venedig einzufangen und in das Lüfterl-Zimmer der Hofburg zu bringen, wo sich das allerhöchstselbige Oberhaupt der Familie gern zum Mittagsschlaf ausruht. Der Hofzwerg hat, wie Sie sehen, eine überaus verantwortungsvolle Aufgabe, als Besoldung erhält er monatlich einen Festbetrag von fl 35, also 35 Gulden. Unglücklicherweise sind die Steuern in Kakanien recht hoch (Märchenglanz will schließlich aufrechterhalten werden: Das hat seinen Preis), die Steuer beträgt einheitlich an der Hofburg 45 v.H. von der Differenz zwischen dem Gehalt und dem Freibetrag. Als Hofzwerg erster Klasse hat von Pizziculli einen Grundfreibetrag von zehn Gulden, der Zusatzfreibetrag beträgt für ihn drei Gulden. Damit ist das steuerpflichtige Einkommen dieses Hofzwergs erster Klasse fixiert auf 22 Gulden.

In der Stille seiner Dienstkammer begegnen wir einem Exemplar der Klasse der Hofzwerge zweiter Klasse, Herrn Dr. Johann Nepomuk Hofzinser. Er ist, wie gesagt, ein Hofzwerg zweiter Klasse, promoviert gar, wir wissen aus den Archiven der Hofburg, daß er sich in seiner Freizeit gerne mit Zauberkunststücken beschäftigt. Dienstlich ist er hingegen dafür zuständig, die Schreibfedern des Sektionschefs der Hofburg stets schreibfähig zu halten, damit Erlasse und andere wichtige Schriftstücke jederzeit aufs Pünktlichste unterzeichnet werden können. Diese Tätigkeit ist nervenaufreibend, wie man sich leicht vorstellen kann, daher wird die Liebhaberei von Dr. Hofzinser auch verständlich. Die Besoldung ist der Verantwortung der Tätigkeit durchaus angemessen: das Grundgehalt für unseren guten Doktor beträgt fl 45, der Basisfreibetrag ist derselbe wie bei Herrn von Pizziculli, nämlich zehn Gulden. Als Hofzwerg zweiter Klasse hat er freilich einen erhöhten Zusatzfreibetrag, denn eine verantwortliche Tätigkeit bringt schließlich auch die Verpflichtung mit sich, verantwortungsbewußt auszusehen, und das kostet Geld. Mit dem Zusatzfreibetrag von vier Gulden berechnet sich das steuerpflichtige Einkommen von Dr. Hofzinser also als Differenz zwischen fl 45 und fl 14, mithin 31 Gulden.

Unsere beiden Exemplare, von Pizziculli und Dr. Hofzinser, gehören zu den festangestellten Hofzwergen, deren Gehalt unabhängig von den konkret laufenden Arbeiten fest ist. Etwas anders sieht es bei denjenigen Hofzwergen aus, die als Zeitarbeiter angestellt sind. Diese Zeitarbeiter werden stundenweise bezahlt, da sie Aufgaben erfüllen, die nur von Zeit zu Zeit anfallen. Betrachten wir als Beispiel den Kammerkalligraphen Johann Ptaschnik. Sein Sohn wird später Lehrer am Gymnasium der k.u.k. Theresianischen Akademie sein und einen Leitfaden zum Lesen geographischer Karten verfassen, er selbst ist als Kammerkalligraph dafür zuständig, kaiserliche Erlasse in Carrara-Marmor zu meißeln, um es auch noch den entferntesten Völkerschaften (z. B. auf der Kaiser-Franz-Josefs Insel) mitzuteilen. Herr Ptaschnik hat sich schon in frühester Jugend durch eine besonders hübsche Runenschrift ausgezeichnet, so daß sich eine Karriere als Kammerkalligraph fast zwingend ergeben hat. Nun ist es so, daß in Kakanien nicht wie bei uns ein steter Fluß von Gesetzen, Verordnungen und Erlassen auf die schicksalsergeben wartende Bevölkerung niedergegangen ist, vielmehr sind Erlasse und andere kaiserliche Anordnungen recht sparsam und eher selten veröffentlicht worden. Daher erweist es sich als vernünftig, einen Kammerkalligraphen lediglich stundenweise zu beschäftigen. Herr Ptaschnik verdient mit seiner wunderschönen Runenschrift zwei Gulden die Stunde, was auf die einzelne Rune umgerechnet eine fast fürstliche Besoldung ist und die Großzügigkeit der Hofverwaltung zeigt. Auch seine Steuer berechnet sich aus der Differenz von Gehalt und Freibetrag, wobei der Freibetrag sich wieder zusammensetzt aus einem Grundfreibetrag von zehn

Gulden und einem Zusatzfreibetrag, der für alle Zeitarbeiter bei Hofe gleichmäßig auf drei Gulden festgesetzt ist. Natürlich wird festgehalten, daß bei Zeitarbeitern nur dann Steuern gezahlt werden müssen, wenn das steuerpflichtige Gehalt positiv ist, wenn also Herr Ptaschnik weniger als 13 Gulden pro Monat verdient, so bleibt sein Einkommen steuerfrei.
Wenden wir uns schließlich der unabänderlichen Tatsache zu, daß auch Begräbnisse an der Hofburg stattfinden. Sie werden dem Rang des oder der Verblichenen angemessen mehr oder minder pompös gefeiert. Da derartige Feierlichkeiten einen herausragenden und sehr spezialisierten Sachverstand erfordern, ist eine spezielle Berufsgruppe dafür zuständig, nämlich die Hofpompfünebristen. Ihre Aufgabe bestehtz darin, Begräbnisfeierlichkeiten auszurichten, den Staatsalmanach zu informieren und schließlich drei Wochen nach der Beerdigung in den Dienstzimmern des Verblichenen Weihrauch und Myrrhe zu verbrennen — eine Tätigkeit, die, wie Sie leicht erkennen können, von fast unerläßlicher Wichtigkeit (um nicht zu sagen — Relevanz) für das Funktionieren eines geordneten Hofwesens ist. Als typischen Hofpompfünebristen möchte ich Jeremias Käfermacher anführen, mit dessen Namen das tragische Schicksal einer unrechtmäßig für tot erklärten Gattin verknüpft ist, aber davon an anderem Ort! Uns geht es zunächst um die Einkünfte dieses Hofzwergs, der ebenfalls stundenweise bezahlt wird (denn Trauerfeierlichkeiten mußten zum Glück nicht so häufig ausgerichtet werden, daß ein festangestellter und sozusagen berufsmäßig Trauernder sich rentiert hätte). Jeremias Käfermacher also bezieht einen Stundenlohn von acht Gulden, die Freibeträge werden wie für Kammerkalligraphen berechnet.

1.2 Die Analyse

Wir haben damit einen kleinen Ausschnitt aus der recht komplexen Hierarchie der Hofzwerge geschildert. Man kann sich nun denken, daß der Zahlmeister, der für die Gehaltszahlungen zuständig ist, leicht graue Haare bekommt, wenn er für die ganze, vielfältige Schar der Hofzwerge die Gehälter berechnen soll, daher wollen wir uns nun, wie angekündigt, an eine systematische Exploration dieser kleinen Welt machen.
Zunächst stellen wir fest, daß es offenbar zwei Klassen von Bediensteten gibt, nämlich die festangestellten Hofzwerge, die ein festes Gehalt haben, und die nicht permanent beschäftigten Zeitarbeiter bei Hofe, die einen Stundenlohn beziehen. Unabhängig von der Zugehörigkeit zu der einen oder anderen Klasse berechnet sich jedoch das steuerpflichtige Gehalt eines jeden dieser Bediensteten aus der Differenz zwischen dem individuell zu berechnenden Gehalt und dem ebenfalls individuell zu berechnenden Freibetrag. Der Freibetrag mag in seinen Einzelheiten durchaus auf verschiedene Arten zustande kommen, er ist jedoch gleichförmig zusammengesetzt als Summe aus einem Freibetrag, der für alle Bediensteten gleichförmig zehn Gulden beträgt, und einem Zusatzfreibetrag, der von der Art der Stelle abhängig ist.
Für das weitere Vorgehen erweist es sich als sinnvoll, Klassen von Bediensteten zu bilden (das haben wir ja implizit bereits getan), und diese Klassen zueinander in Beziehung zu setzen. Die Beziehung zwischen einzelnen Klassen wird sich als hierarchisch herausstellen, eine Eigenschaft, die wir bei der Umsetzung dieser Überlegungen im konkreten Code sehr hilfreich finden werden. Aber eins nach dem anderen.
Als allgemeinste Klasse halten wir die Klasse aller Hofarbeiter fest. In dieser Klasse notieren wir alle Eigenschaften, die für alle Hofarbeiter gelten. Eine Eigenschaft wird also für die Klasse aller Hofarbeiter notiert, wenn sie sowohl für festangestellte Hofzwerge als auch für die zeitlich befristeten Angestellten in der Hofburg gilt. In der obigen Diskussion haben wir ja bereits

notiert, wie die Berechnung des Gehalts und der Freibeträge vorgenommen wird, so daß wir also jetzt festhalten können:

Klasse aller Hofarbeiter: Die Steuer berechnet sich als 45 v. H. von der Differenz zwischen Gehalt und Freibetrag, der Basisfreibetrag beträgt zehn Gulden, der Freibetrag selbst ist die Summe aus dem Basisfreibetrag und dem Zusatzfreibetrag.

Wir haben gesehen, daß die Klasse der Hofarbeiter auf natürliche Weise in die Klasse der eigentlichen Hofzwerge und die Klasse der Zeitarbeiter bei Hofe zerfällt. Hierbei bedeutet *zerfällt*, daß jeder Hofarbeiter entweder ein Hofzwerg oder ein Zeitarbeiter bei Hofe ist, umgekehrt jeder Hofzwerg ein Hofarbeiter und jeder Zeitarbeiter bei Hofe ebenfalls ein Hofarbeiter ist. Man spricht davon, daß die Klasse der Hofarbeiter disjunkt in die beiden genannten Klassen zerlegt ist. Da jeder Hofzwerg nun ein Hofarbeiter ist, hat jeder Hofzwerg alle Eigenschaften eines Hofarbeiters, die wir oben gerade festgelegt haben. Dies bezieht sich auf die Steuerzahlung und auf die Art, wie Freibeträge sich als Summe aus Basis- und Zusatzfreibetrag zusammensetzen. In analoger Weise werden die Eigenschaften eines Hofarbeiters an Zeitarbeiter bei Hofe weitergegeben und möglicherweise weiter spezialisiert.
Halten wir aus der obigen Diskussion fest:

- Die Klasse der Hofzwerge ist eine Unterklasse der Klasse der Hofarbeiter, jeder Hofzwerg bezieht ein festes Gehalt.
- Die Klasse der Zeitarbeiter bei Hofe ist eine Unterklasse der Klasse der Hofarbeiter, jeder Zeitarbeiter bei Hofe bezieht einen Stundenlohn, der Zusatzfreibetrag beträgt drei Gulden.

Mit diesen Informationen können wir schon einen kleinen Klassifikationsbaum malen, der die Eigenschaften, die wir gerade herausgearbeitet haben, festhält. Wir zeichnen für jede Klasse ein Rechteck und schreiben die Eigenschaften der entsprechenden Klasse in dieses Rechteck. Dabei beachten wir die hierarchische Beziehung, die wir gerade herausgearbeitet haben, so daß wir zum Beispiel die Methode der Steuerberechnung nicht in jedes Rechteck schreiben, sondern nur in das oberste, das die alle umfassende Klasse angibt. Dies finden Sie in Bild 1.1.

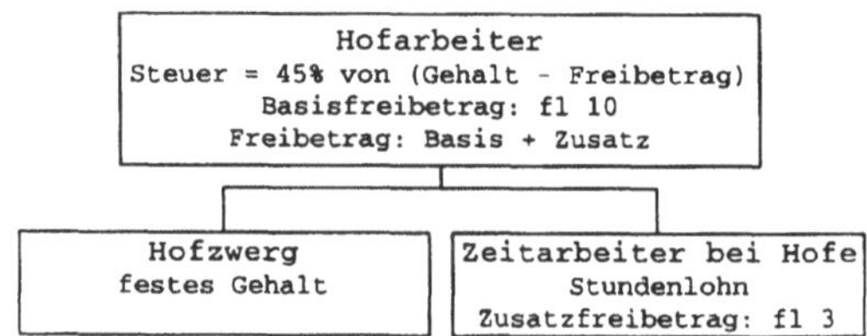

Abbildung 1.1: Eine erste Klassifikation

Ähnlich wie die Hofarbeiter in Hofzwerge und Zeitarbeiter bei Hofe zerfallen, bemerken wir eine Einteilung der Hofzwerge in solche erster und solche zweiter Klasse. Völlig analog zu den oben festgestellten Eigenschaften ist ein Hofzwerg entweder ein Hofzwerg erster Klasse oder ein Hofzwerg zweiter Klasse, so daß wir wieder eine disjunkte Zerlegung festzustellen haben. Hofzwerge erster und zweiter Klasse haben alle Eigenschaften von Hofzwergen (und damit auch alle Eigenschaften von Hofarbeitern), sie haben einige spezifische Eigenschaften, die wir in der folgenden Aufstellung noch einmal zusammenfassen:

Klasse der Hofzwerge erster Klasse: Dies ist eine Unterklasse der Klasse aller Hofzwerge, das Gehalt beträgt 35 Gulden, der Zusatzfreibetrag beträgt drei Gulden.

Klasse der Hofzwerge zweiter Klasse: Dies ist eine Unterklasse der Klasse aller Hofzwerge, Gehalt 45 Gulden, Zusatzfreibetrag vier Gulden.

Damit können wir unsere partielle Klassifikationshierarchie fortsetzen, wie Sie in Bild 1.2 sehen können.

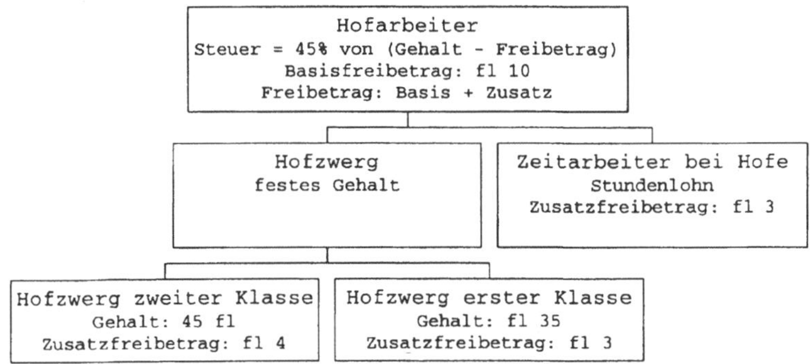

Abbildung 1.2: Erweiterung der Klassifikationshierarchie

Kommen wir zu den Zeitarbeitern bei Hofe, so finden wir *cum grano salis* ebenfalls eine disjunkte Zerlegung in Kammerkalligraphen und Hofpompfünebristen. Daher können wir für die Klasseneinteilung festhalten:

Klasse der Kammerkalligraphen: Dies ist eine Unterklasse der Zeitarbeiter bei Hofe mit einem Stundenlohn von zwei Gulden.

Klasse der Hofpompfünebristen: Dies ist eine Unterklasse der Zeitarbeiter bei Hofe mit einem Stundenlohn von acht Gulden.

Mit diesen Angaben können wir unsere Hierarchie fertigzeichnen, es ergibt sich die baumförmige Struktur aus Bild 1.3.
Dieser Baum ist — wie in der Informatik üblich — so gezeichnet, daß die Wurzel oben angebracht ist und die Blätter nach unten weisen. Dies soll nicht darauf hindeuten, daß die Informatiker ein merkwürdiges Völkchen sind, es ist vielmehr beim Zeichnen recht hilfreich, einen Baum von oben nach unten entwickeln zu können.
Wenn wir diesen Baum noch einmal diskutieren, so stellen wir fest, daß wir vom Allgemeinen zum Speziellen gegangen sind, wobei wir durchaus auch Zwischenschritte eingelegt haben. Die Einteilung ist jeweils von Stufe zu Stufe so angelegt, daß sich disjunkte Zerlegungen ergeben. Man könnte nun diese gesamte Einteilung auch flächig als Venn-Diagramm darstellen (vielleicht haben Sie Vergnügen daran, es einmal zu versuchen), die gewählte Darstellung hat freilich den Vorteil, daß sie recht übersichtlich ist.

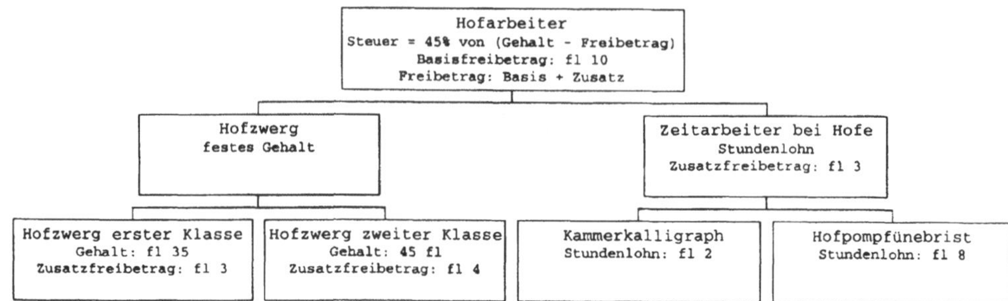

Abbildung 1.3: Endgültigere Form der Klassifikationshierarchie

Eine wichtige Eigenschaft, die hier festgehalten werden soll, ist die Propagierung von Eigenschaften von oben nach unten: eine Klasse hat zusätzlich zu den explizit aufgeschriebenen Eigenschaften noch alle Eigenschaften der direkt übergeordneten Klasse. Für die weitere Diskussion wird sich als nützlich erweisen, daß die Blätter, also diejenigen Knoten in dieser Hierarchie, die keine weiteren Unterknoten haben, real existierende Hofzwerge beschreiben, während alle Knoten, die keine Blätter sind, lediglich dazu dienen, die Beschreibung der Blätter vorzubereiten. Wir werden später von ***abstrakten Klassen*** sprechen, als solchen Klassen, denen keine Objekte im täglichen (oder fiktiven) Leben entsprechen.

1.3 Aufgaben

1. Stellen Sie sich vor, daß die kaiserliche Hofkammer in ihrer weitsichtigen Güte die Position eines Großzwergs zu schaffen bereit ist. Ein solcher Großzwerg soll ein Hofzwerg sein, also ein festes Gehalt haben, sein Gehalt soll den fast unglaublichen Betrag von 52 Gulden betragen, der Zusatzfreibetrag soll sich auf fl 6 belaufen. Erweitern Sie die Klassifikationshierarchie um die Klasse der Großzwerge (vgl. Abschnitt 16.5.4 auf Seite 257).

2. Die Hofzwerg-Kammer ("In jedem Hofzwerg steckt ein Zwerg") als Interessenvertretung aller Zwerge bei Hofe verlangt die Schaffung einer Laufbahn, in der die Bediensteten besser abgesichert sind. Dies soll so geschehen, daß sich das Gehalt aus einer festen und einer arbeitszeitabhängigen Komponente zusammensetzt:

   - HilfHofzwerge erster Klasse sollen einen festen Gehaltsbestandteil haben, der sich auf 15 Gulden beläuft bei einem Stundenlohn von fl 1.
   - Hofzwerge zweiter Klasse sollten einen festen Gehaltsanteil von 18 Gulden bei einem Stundenlohn von ebenfalls fl 1 haben.
   - Der Zusatzfreibetrag soll für Hofzwerge erster Klasse fl 3, für Hilfszwerge zweiter Klasse fl 4 ausmachen.

   Ergänzen Sie die Klassifikationshierarchie um die entsprechenden Klassen.

3. Mit den oben eingeführten Bäumen lassen sich auch Generationen darstellen. Zeichnen Sie die Generationenabfolge Ihrer Familie als Baum bis zu Ihren Großeltern; Sie stehen in der Wurzel. Was ist mit Onkeln und Tanten? Wie vererbt sich die Haarfarbe?

4. Aus der Sicht des Einwohnermeldeamts hat eine `Person` einen Namen (Vor- und Nachnamen), eine Adresse (Straße, Stadt, Postleitzahl), ein Geschlecht, und ein Geburtsdatum. Ein `Student`[1] ist eine `Person` mit einem Haupt- und einem Nebenfach an einer Hochschule, einer Matrikelnummer und einer Semesterzahl. Eine `studentischeHilfskraft` ist ein `Student` mit einem Arbeitsvertrag, der eine gewisse Anzahl von Stunden pro Woche für die Arbeit festlegt, ein `Diplomand` ein `Student`, der das Thema für eine Diplomarbeit hat. Ein `Staatsdiener` ist eine `Person`, die einer Behörde zugeordnet ist, ein `Beamter` ist ein unkündbarer `Staatsdiener`, der nach einer Besoldungsstufe bezahlt wird, ein `Professor` ein `Beamter`, der über's Wasser gehen kann. Ein `Angestellter` ist ein kündbarer `Staatsdiener`, der nach einer Gruppe des *BAT* bezahlt wird.

   Entwerfen Sie für diesen Mikrokosmos eine Klassifikationshierarchie.

5. E. Gibbon beschreibt den Aufbau einer römischen Legion ([Gib94, p. 41f.]): "The constitution of the Imperial legion may be described in a few words. The heavy-armed infantry ... was divided into ten cohorts, and fifty-five companies, under the orders of a correspondent number of tribunes and centurions. The first cohort ... was formed of eleven hundred and five soldiers ... The remianing nine cohorts consisted each of five hundred and fifty-five; ... The cavalry ... was divided into ten troops or squadrons; the first ... consisted of an hundred and thirty-two men; whilst each of the other nine amounted only to sixty-six. ... Each legion ... contained within itself every species of lighter troops, and of missile weapons. ... It consisted in ten military engines of the largest, and fifty-five of a smaller size; but all of which ... discharged stones and darts with irresistible violence."

   Entwickeln Sie hieraus eine Klassifikationshierarchie.

6. In [McA96] finden wir unter dem Stichwort GOTHIC:

   (a) "The extinct language of the Goths. ... It is known almost entirely from fragments of the 4c Gospels by Ulfilas.

   (b) A type of fiction popular in the late 18c. When Horace Walpole wrote *The Castle of Otranto: A Gothic Story* (1764) he used the word to mean 'medieval' ... The Gothic novel is characterized by sinister happenings and a sense of doom, sometimes supernatural, sometimes the product of wickedness. Its language is usually inflated and melodramatic ... .

   (c) Also *gothic script*, *gothic black letter*, *black letter*. A family of heavy-script typefaces, whose three forms are based on medieval scripts: *Rotunda*, a rounded form ..., *Textura*, a regular type ... currently used in newpaper titles ..., *Bastarda*, a pointed version used in German".

   Entwickeln Sie heraus eine Klassifikationshierarchie für GOTHIC.

[1] "Verbum hoc 'si quis' tam masculos quam feminas complectitur"

Kapitel 2

Erste Schritte

Inhaltsangabe

Wir verlassen jetzt die Hofburg und lassen die Hofzwerge im Untergrund weiter wühlen. Wir haben an dieser Stelle bereits einige erste Schritte in die Programmkonstruktion getan, obwohl Ihnen das vielleicht nicht direkt bewußt geworden ist. Wir haben Daten und ihre Abhängigkeiten modelliert, ein Thema, auf das wir später zurückkommen wollen, wenn wir uns nämlich um die objektorientierte Modellierung dieser Welt Gedanken machen werden. In diesem Kapitel wollen wir mit der Programmierung anfangen: Wir werden uns zunächst einige grundsätzliche Gedanken zur Programmkonstruktion machen, dann werden wir ein erstes Programm diskutieren und uns schließlich mit dem dort auftretenden Phänomenen *Variable* und (elementare) *Datentypen* befassen. Wir orientieren uns hier und in dem folgenden Kapitel an der meisterhaften Darstellung in den Anfangskapiteln von [KR78].

2.1 Die Vorgehensweise bei der Programmkonstruktion

Wir haben am Beispiel der Hofzwerge gesehen, daß eine konkrete Problemstellung den Ausgangspunkt für die Programmkonstruktion darstellt. Die Problemstellung wird vom Anwender vorgegeben. Der Programmierer (der durchaus mit dem Anwender identisch sein kann) soll eine Problemlösung erarbeiten, die mit Hilfe eines Rechners abgearbeitet werden kann. In aller Regel sind Problemlösungen komplexer Natur, so daß es nicht möglich ist, sich nach der Formulierung des Problems hinzusetzen, eine Lösung niederzuschreiben und direkt ein ablauffähiges Programm zu erhalten.
Üblicherweise geht man so vor, daß der Systemanalytiker oder Programmierer das Problem analysiert und in mehreren Schritten eine Lösung entwirft. Diese Lösung kann durchaus in mehreren Phasen vor sich gehen: Das Beispiel der Hofzwerge verdeutlicht dies. Bei den Hofzwergen haben wir zunächst einmal die Situation analysiert, indem wir versucht haben, die verschiedenen Fälle, die auftauchen können, zu betrachten und in eine Relation zueinander zu setzen. Hierbei hat es sich herausgestellt, daß gewisse Eigenschaften (wie etwa die Berechnung der Steuer) bei allen Beteiligten auf die gleiche Art beschrieben werden können. Dies hatte gewisse Eigenschaften in dem Klassifikationsbaum zur Folge.
Die Aufstellung der Klassifikationshierarchie kann als eine selbständige Phase in der Programmkonstruktion aufgefaßt werden. Es können andere Phasen folgen; bei umfangreichen Problemen wird die Lösung zunächst spezifiziert, also formal beschrieben, bevor sie als Programm realisiert wird. Die Schritte, die wir angeben, nämlich

- Formulierung des Problems (durch den Anwender);
- Analyse des Problems;
- Entwurf einer Lösung;
- Realisierung eines Programms

werden in aller Regel vollständig durchgeführt, wenn auch nicht immer durch einen einzelnen Programmierer. Die Realisierung umfangreicher Problemstellungen kann — wie Sie sich leicht vorstellen können — die Fähigkeiten eines einzelnen Programmierers sehr schnell überfordern: Denken Sie etwa an die Software, die notwendig ist, um ein Flugzeug zu steuern oder um eine Telephonanlage zu kontrollieren. Dies sind Anwendungen, deren schierer Umfang einem einzelnen Programmierer nicht mehr zugemutet werden kann (die Anzahl der Zeilen im Programmcode, die hierzu notwendig ist, ist in aller Regel achtstellig).
Ist das Programm fertiggestellt, so muß es getestet oder anderweitig verifiziert werden. Mit der Verifikation ist das so eine Sache: Es muß sichergestellt werden, daß das Programm tatsächlich auch das tut, was es tun soll. Dies kann mit verschiedenen Hilfsmitteln wie etwa mit dem systematischen Testen (dem Experimentieren mit einem Programm) oder mit formalen, mathematischen Hilfsmitteln geschehen. Auch geht man üblicherweise so vor, daß man komplexe Programme in einzelne Teile zerlegt und sich von der Korrektheit der Arbeitsweise für die einzelnen Teile getrennt überzeugt. Erst dann wird das Programm ausgeliefert, also dem Kunden zur Verfügung gestellt. Das können Sie sich bei umfangreichen Programmen auch so vorstellen, daß das Programm vor Ort sozusagen zusammengeschraubt wird, die Einzelteile also zusammengesetzt werden. In aller Regel ist dies noch nicht das Ende der Geschichte: Meistens ändern sich die Anforderungen an Programme, der Kunde entwickelt besondere Wünsche oder

modifiziert seine Ansprüche, neue Rechner werden eingesetzt oder eine neue Systemumgebung muß berücksichtigt werden. Dies wird in einer separaten Phase berücksichtigt, die sich mit der Pflege und der Wartung eines Programms befaßt. Hierauf werden wir freilich im Rahmen dieses Buchs nicht eingehen. Abbildung 2.1 faßt den Weg zusammen.

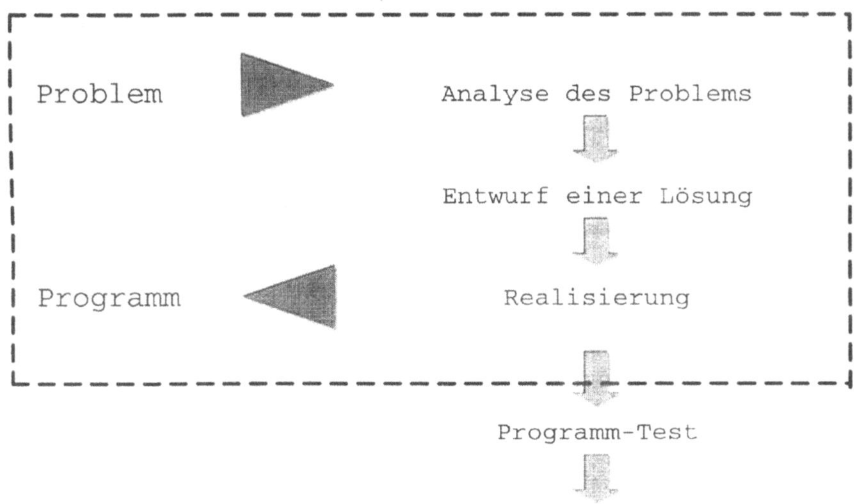

Abbildung 2.1: Phasen der Programmkonstruktion

Die Formulierung eines Programms ist, wie wir gesehen haben, ein Schritt, der erst ziemlich spät im Prozeß der Problemlösung erfolgt, für Sie vielleicht überraschend spät. Wir müssen uns aber mit der Tatsache vertraut machen, daß Programme komplexe Tierchen sind, die viel intellektuellen Schweiß zu ihrer Pflege erfordern. Der sichere Weg in die falsche Richtung besteht darin, gleich zum Kodierstift zu greifen.

2.2 Zur Übersetzung von Programmen

Wir wollen kurz einen Blick darauf werfen, was geschieht, wenn ein Programm in einer Sprache wie C++ vorliegt. Ein Computer kann mit einem solchen Programm zunächst nichts anfangen, weil er es nicht versteht, es also keine Bedeutung für ihn hat. Es ist klar, daß es dem Computer in übersetzter Form vorgelegt werden muß. Die Übersetzung erledigt ein separates Dienstprogramm (*Compiler* genannt), das dafür sorgt, daß ein Programm entsteht, mit dem der Rechner arbeiten kann. Das bedeutet konkret, daß dieses arbeitsfähige Programm in einer Maschinensprache oder in einer maschinennahen Sprache formuliert sein muß, also mit den berühmten Nullen und Einsen. Das ausführbare Programm wird dann — jetzt wird es ein wenig umständlich — durch das ***Laufzeitsystem*** des Rechners ausgeführt. Dieses Laufzeitsystem ist eine Kollektion von Dienstprogrammen, die dafür sorgen, daß dem Benutzer all die Hilfsmittel, die sein Programm benötigt, auch zur Verfügung gestellt werden. Solche

Ressourcen können etwa den Speicherplatz zur Bearbeitung umfangreicher Daten umfassen, sie können die Benutzung eines Druckers bedeuten oder den Zugriff auf Telekommunikationseinrichtungen (in diesem Fall muß dafür gesorgt werden, daß — einfach gesprochen — eine Telephonleitung für den Benutzer frei ist). Nun werden wir sehen, daß gewisse Programmteile bereits vorformuliert sind. Derartige Programmteile sind zum Beispiel dazu da, einen Drucker anzusteuern oder den Verkehr zwischen der Tastatur und dem Rechner sicherzustellen — komplexe Software-Teile, die dem Benutzer zur Verfügung gestellt werden, die er also nicht selbst formulieren muß. Das klingt zunächst recht verblüffend, denn als Programmierer hat man den Eindruck, daß man vollständige Kontrolle über den Computer hat, was insbesondere auch bedeutet, daß man Einsicht in alle Einzelheiten hat. Aber das Leben ist nun einmal kompliziert: Wenn Sie ein Abendessen zubereiten, so sind Sie auf die Zulieferung des Lebensmittelhändlers angewiesen. Ähnlich auch hier. Allgemein greift ein ausführbares Programm auf die Bibliotheken zu, die bereits vorformulierte Programmteile enthalten. Wir werden bald einige Beispiele hierfür kennenlernen.

So haben wir den Weg von der Lösung eines Problems zu einem ausführbaren Programm diskutiert, es fehlt lediglich die Ausführung des Programms selbst. Dieser Weg erscheint recht geradlinig, er ist es aber in der Praxis nicht. Sie werden in eigener Erfahrung erleben, daß die Formulierung auch einfacher Programme eher zyklisch als linear vor sich geht: Sie legen dasselbe Programm mehrfach dem Übersetzer zum Übersetzen vor, weil Sie in aller Regel Fehler nicht vermeiden können, und der Übersetzer ein unerbittlicher Schiedsrichter ist. Er urteilt danach, was ihm vorgelegt wird, und nicht danach, was der Programmierer eigentlich gemeint hat.

2.3 Das erste Programm

So wie alle Märchen mit *Es war einmal...* anfangen, beginnen Programmierlehrbücher üblicherweise mit dem Programm, das dem staunenden Leser vorführt, wie der ziemlich merkwürdige Text `Hello World` auf dem Bildschirm gezaubert wird. Wir gehen anders vor: Wir berechnen — vollständig anwendungsorientiert — die Fläche eines Dreiecks. Falls Ihre Mathematikkenntnisse ein wenig eingerostet sind, so sei daran erinnert, daß man hierzu folgendermaßen vorgeht: Man multipliziert die Grundseite mit der Höhe und dividiert das Produkt durch zwei und — voilá! — schon hat man den gesuchten Flächeninhalt. In unserem Beispiel berechnen wir also die Fläche eines Dreiecks, von dem wir wissen, daß es die Höhe 3 Einheiten und die Grundseite 5 Einheiten hat. Dieses Programm ist als Implementierung 2.3.1 aufgeschrieben (die Zeilennummern sind lediglich zur Illustration gedacht, um die Zeilen ansprechen zu können; sie gehören nicht zum Programm).

Dieses Programm gibt uns einiges zu denken, wir wollen es in allen Einzelheiten durchgehen und versuchen, seine Tiefen zu ergründen. Dabei stellen wir folgendes fest:

- Die ersten drei Zeilen sind ein Kommentar, der uns darauf hinweist, daß es sich um das erste C++-Programm handelt. Solche Kommentare sind für den menschlichen Leser gedacht, der ja gerne Texte annotiert, um sich die Gedanken, die dahinter stecken, möglicherweise später noch einmal genauer zu Gemüte zu führen. Kommentare sind wichtig und hilfreich, deshalb fangen wir unser erstes Programm auch gleich damit an. Ein Kommentar kann in zweierlei Formen vorgelegt werden. Entweder wird er mit `/*` eingeleitet und mit `*/` beendet, dann wird sämtlicher Text, der zwischen diesen beiden Markierungen steht, von Compiler als nicht existent betrachtet und vollständig

```
1     /*
2      * erstes C++ - Programm
3     */
4     #include <iostream.h>
5     main() {
6             int hoehe = 3;
7             int grundseite = 5;
8             double flaeche = grundseite * hoehe * 0.5;
9             cout << "Flaeche des Dreiecks: " << flaeche << '\n';
10            // fertig
11                      /* Einer dieser voellig unnoetigen
12                       * Kommentare, die gern die Programme
13                       * zumuellen.
14                       */
15  }
```

Implementierung 2.3.1: Das erste Programm

ignoriert. Sie sehen es in den nächsten drei Zeilen und in den Zeilen 11 bis 14. Daß die einzelnen Zeilen mit * eingeleitet werden, dient lediglich der optischen Auffrischung. Der letzte Kommentar ist ein Beispiel dafür, daß Kommentare auch nervtötend sein können — gleichwohl gewöhnen Sie sich am besten an, Kommentare zur Annotation zu verwenden, aber ausdrucksfähig, sparsam und in Maßen.

Wir finden in Zeile 10 übrigens einen Kommentar, der sich nur über eine Zeile erstreckt: er wird durch die beiden Schrägstriche // eingeleitet.

- In Zeile 4 finden wir ein merkwürdig erscheinendes Konstrukt, auf das wir gleich näher eingehen werden. Es sei hier schon so viel angedeutet, daß sich dahinter die Möglichkeit verbirgt, vorformulierte Programmteile einzubeziehen, um den gerade diskutierten *Lebensmittelhändler-Effekt* ausnutzen zu können.

- Das eigentliche Programm beginnt in Zeile 5 und endet in Zeile 15 mit der schließenden geschweiften Klammer. Es wird mit dem Schlüsselwort `main` eingeleitet, darauf folgt eine öffenende und eine schließende Klammer. Auf die Bedeutung dieser Symbole kommen wir gleich zu sprechen, grob gesagt können wir hier schon festhalten, daß durch diese Formulierung dem Compiler mitgeteilt werden soll, daß hier das (Haupt-) Programm beginnt.

- Der eigentliche Inhalt des Programms ist in geschweiften Klammern eingeschlossen, die öffnende geschweifte Klammer finden Sie am Ende von Zeile 5, sie korrespondiert mit der schließenden geschweiften Klammer in Zeile 15. Wir nennen den Text, der auf diese Art von geschweiften Klammern umschlossen wird, einen *Block*.

- Der Block des Hauptprogramms beschreibt die Berechnung, die durchgeführt werden soll. Wir finden zunächst in den Zeilen 6 und 7 Angaben über die Grunddaten, mit denen wir arbeiten. Die Höhe und die Grundseite unseres Dreiecks sind ganze Zahlen, entsprechend werden *Variablen* vereinbart, die diese ganzen Zahlen aufnehmen. Die *Vereinbarung* besteht in der Angabe der Art des Wertes, der gespeichert werden soll (in unserem Fall handelt es sich um ganze Zahlen, abgekürzt durch `int`), dann folgt der Name der Variablen, also in unserem Fall (Zeile 6) `hoehe` und (Zeile 7) `grundseite`. Damit weiß der Compiler, daß es sich hierbei um Variablen handelt, die dazu dienen sollen, ganzzahlige Werte zu speichern. Wenn Ihnen diese leicht gedrechselte Ausdrucksweise aufgefallen ist, so soll sie Sie darauf vorbereiten, daß der Sachverhalt weiter unten näher diskutiert wird. Nach der Vereinbarung dieser Variablen wird ihnen auch gleich ein Wert mitgegeben, dies geschieht durch ein Gleichheitszeichen und die Eingabe des Wertes auf der rechten Seite desselben. Diese Vereinbarungen werden jeweils durch ein *Semikolon* abgeschlossen.

- Das Semikolon mag unscheinbar sein, es spielt jedoch eine wichtige Rolle, wenn es darum geht, syntaktische Konstrukte voneinander zu trennen oder sie abzuschließen. Sie sehen dies bereits an unserem kleinen Beispiel: Hier werden die beiden Vereinbarungen für die ganzzahligen Variablen einschließlich ihre Wertzuweisung voneinander getrennt.

- In Zeile 8 finden sich einmal die Vereinbarung der reellen Zahl `flaeche`; daß es sich hierbei um eine reelle Zahl handelt, wird durch das Schlüsselwort `double` angedeutet. Weiterhin wird der Wert dieser Variable auch gleich berechnet, wobei die schon bekannten Werte herangezogen werden. Der Wert für die Grundseite und der Wert für die Höhe werden miteinander multipliziert und mit `0.5` multipliziert, also durch 2 geteilt. Auch hier finden wir zum Abschluß dieser Handlung wieder ein Semikolon.

- In Zeile 9 wird das Resultat der Berechnung ausgedruckt: hierfür ist das unscheinbare Wörtchen `cout` zuständig, es deutet an, daß all das, was zum Ausdruck vorgesehen ist, auch ausgedruckt wird. Zum Ausdruck ist ein Wert dann vorgesehen, wenn ihm das Zeichen `<<` vorangestellt wird (was graphisch wie zwei Zeichen aussieht, wird vom Compiler wie ein einziges behandelt, so daß kein Leerzeichen diese beiden Zeichen trennen darf). In unserem Beispiel wird zunächst der Text `Flaeche des Dreiecks` ausgedruckt, dann wird der Wert der Variablen `flaeche` ausgedruckt, und dann wird eine neue Zeile begonnen (Sie sehen das nicht unmittelbar: das Zeichen `'\n'` ist eine Anweisung an das Druckprogramm, die gegenwärtige Zeile abzuschließen und eine neue zu beginnen; wir hätten `<< '\n'` auch durch `<< endl` ersetzen können). Auch hier finden Sie das Semikolon wieder in seiner trennenden Funktion.

- Damit ist die Arbeit des Programms beendet. Man kann sich den Ablauf so vorstellen, daß die Kontrolle über den Ablauf das Programm verläßt und an das Steuerprogramm übergeht.

Damit haben wir einige der wichtigeren Eigenschaften des Programmcode diskutiert, wir haben in der Reihenfolge kennengelernt:

- Kommentare;

- Bezeichner;

- Schlüsselwörter;

- Operatoren (wenn auch leicht versteckt).

Wir sollten uns nun diesen Dingen im Einzelnen zuwenden. Das ist nicht besonders unterhaltsam. Aber da wir seit Le Corbusier wissen, daß die Grundlage die wahre Basis des Fundaments ist, müssen wir uns schon kurz mit diesen Dingen befassen.

2.3.1 Kommentare

Wir haben gesehen, daß es zwei Arten von Kommentaren gibt, nämlich solche, die in `/*...*/` eingeschlossen sind, weiterhin solche, die sich von der Markierung `//` bis zum Zeilenende erstrecken.

2.3.2 Bezeichner

Bezeichner sind die Namen in Programmen, die vielfältige Verwendung haben. Wir werden auf einzelne Bezeichner weiter unten stoßen, daher ist es hilfreich, sich über die Konstruktion solcher Bezeichner Gedanken zu machen. Bezeichner sind nach einem einfachen Bildungsgesetz konstruiert: Ein Bezeichner besteht aus einer Folge von Ziffern oder Buchstaben, wobei am Anfang stets ein Buchstabe stehen muß. Jetzt läßt sich auch der Bauplan ein wenig komplizierter formulieren: Ein Bezeichner ist entweder ein einzelner Buchstabe oder er ist ein Buchstabe, der ohne Zwischenraum von einem Bezeichner gefolgt wird, oder er ist schließlich ein Buchstabe, auf den eine Kombination von Buchstaben oder Ziffern folgt. Hierbei ist ein Buchstabe ein kleiner oder ein großer Buchstabe `a ... z` oder `A ... Z` — beide werden voneinander unterschieden, Sonderzeichen und Umlaute werden nicht berücksichtigt — oder der Unterstrich; Eine Ziffer besteht aus den üblichen Dezimalziffern `0 ... 9`. Nach diesen Bauplänen ist z. B. die Zeichenfolge `AbC98_xY` ein Bezeichner, ebenso `_1234`, nicht aber die Zeichenfolge `1234`. Da man bei der Wahl der Bezeichner einige Freiheiten hat, auch wenn man diese Baupläne berücksichtigt, ist es empfehlenswert, aussagekräftige Bezeichner zu wählen. So ist es sicherlich sinnvoll, eine ganze Zahl, die einen Rauminhalt bezeichnen soll, auch etwa `RaumInhalt` zu nennen und nicht `x`. Dies erleichtert in aller Regel das Verständnis des Programms auch noch nach einiger Lagerzeit.

2.3.3 Schlüsselwörter, Interpunktion

Schlüsselwörter sind reserviert, das bedeutet, daß sie für keinen anderen Zweck als den verwendet werden dürfen, für den sie die Spracherfinder vorgesehen haben. Wir werden einzelne Schlüsselwörter im folgenden genauer kennenlernen. Zu Ihrer Orientierung sind die Schlüsselwörter von C++ in Abschnitt 2.8.1 auf Seite 24 vollständig aufgelistet.
Neben die Schlüsselwörter treten Interpunktionszeichen als solche Zeichen, die eine feste Bedeutung haben. Wir haben schon die öffnende und die schließende geschweifte Klammer als Interpunktionszeichen kennengelernt, ebenso das Semikolon. Die Interpunktionszeichen sollten ebenfalls nur für den intendierten Zweck verwendet werden, sie sind in Abschnitt 2.8.2 auf Seite 24 zu finden.

2.3.4 Operatoren

In C++ steht eine Vielzahl von Operatoren zur Verfügung, dies sind Symbole, die eine vordefinierte Operation bewirken. Die einfachste Operation ist sicherlich die Addition, die durch das +-Zeichen angedeutet wird, ähnlich verhält es sich mir der Multiplikation, die bekanntlich durch `*` dargestellt wird. Wir werden einige weitere Operatoren kennenlernen, z. B. ist die Zuweisung ein solcher Operator (denn er bewirkt, wie wir sehen werden, einen Wertfluß von rechts nach links). Sie finden ebenfalls im Abschnitt 2.8.2 eine Liste mit all den Operatoren, von denen wir eine große Zahl — wenn auch nicht alle — kennenlernen werden. Sie sind als Sonderzeichen mit den Interpunktionszeichen zusammengeführt.

2.4 Die `include`-Anweisung

Wenn Sie den Code unseres ersten Beispiels anschauen, dann sehen Sie in der ersten Zeile eine merkwürdig kryptische Anweisung, die mit einem `#` beginnt, mit `include` weitergeht und schließlich einen leicht merkwürdigen Namen in den spitzen Klammern enthält. Diese Anweisung dient technisch gesehen dazu, den Inhalt der Datei, die in der `include`-Anweisung angegeben ist, in den vorliegenden Programmtext zu kopieren. Damit sind die Anweisungen, die dort gespeichert sind, auch in diesem Programm verfügbar. Dies dient, wie oben angedeutet, dazu, Programm-Konserven anzulegen und bei Bedarf verfügbar zu machen. Die Druck-Anweisung `cout` ist einer solchen Konserve entnommen. Der Fachmann weiß, daß er sich der vorgefertigten Konserven bedienen kann, indem er den Dateinamen in <> einschließt und eine `include`-Anweisung übergibt.
Der Fachmann weiß aber auch, daß er eigene Dateien so einrichten kann, daß sie mit Hilfe des `include`-Befehls verarbeitet werden können: Solche Dateien haben immer die Endung `.h`. Möchte ich also den Inhalt der Datei `DiesIstEineKonserve.h` einem Programm zur Verfügung stellen, so tue ich das durch den Befehl `#include "DiesIstEineKonserve.h"`. Als Feinheit ist zu beachten, daß das Steuerzeichen `#` als Anweisung an ein Programm dient, das *Präprozessor* genannt wird und sich den Programmtext anschaut, bevor der eigentliche Übersetzungsvorgang beginnt. Dieses Steuerzeichen muß stets am Anfang einer Zeile stehen (sonst erkennt der Präprozessor es nicht als Anweisung). Die Dateien, die mit `include`-Anweisungen eingebunden werden, werden als `header`-Dateien bezeichnet. Daher kommt auch die Dateiendung `.h`. Wir werden im Folgenden stillschweigend annehmen, daß wir diese Dateien zur Verfügung haben, um sie bei Bedarf in die entsprechenden Programme einfügen zu können. Nur wenn es sich als besonders interessant erweist oder dringlich erscheint, werden wir darauf hinweisen.

2.5 Elementare Datentypen

Wir haben schon in unserem allerersten Programm gesehen, daß unser Programm Variablen enthält, und ich möchte Ihre Aufmerksamkeit nun auf einen besonders wichtigen Punkt lenken: Diese Variablen nehmen Werte an (wozu sollten sie sonst dienen?), und es sind nun diese Werte, denen ich unsere Aufmerksamkeit widmen möchte. Unsere Programmiersprache verfügt über einige Datentypen, mit denen Wertebereiche von Variablen beschrieben werden können.
Der Wertebereich einer Variable ist insofern wichtig, als seine Abspeicherung im Speicher des Computers dadurch beeinflußt wird. Sie ist aber auch aus anderen Gründen wichtig: die Kenntnis des Wertebereichs einer Variablen kann gelegentlich dazu dienen, Fehler zu erkennen oder gar zu verhindern. Nehmen Sie als Beispiel eine Anwendung, in der wir in einer ganzzahligen Variable `AnzahlKinder` die Anzahl der Kinder eines Angestellten speichern wollen, eine Rechnung jedoch zeigt, daß diese Variable den Wert `4.75` hat. Ganz offensichtlich

ist hier ein Fehler aufgetaucht, und eine Analyse des Rechnungswegs kann uns zeigen, an welcher Stelle dieser Fehler gemacht worden ist. Daher ist die Angabe von Wertebereichen für Variablen nützlich.
Wie alle Programmiersprachen hat die Sprache einen eingebauten Satz von einfachen Typen, zudem hat der Benutzer die Möglichkeit, eigene Datentypen zu formulieren. Die Möglichkeiten zur Formulierung eigener Datentypen werden wir ausgiebig betrachten, es wird sich zeigen, daß hier ein großer Teil der modellierenden Kraft der Programmiersprache schlummert. Bevor wir uns aber auf diese fortgeschritteneren Möglichkeiten stürzen, müssen wir den einfachen Bereich der Datentypen diskutieren, und das wollen wir jetzt tun. In der Sprache sind die folgenden Datentypen vordefiniert:

- der Typ `void`;
- die arithmetischen, ganzzahligen Typen `short int`; `int`, `long int`, `char`,
- die arithmetischen Gleitpunkttypen `float`, `double`, `long double`.

Wir wollen diese einzelnen Datentypen jetzt soweit nötig besprechen und fangen gleich mit dem schwierigsten der Typen an, nämlich dem Datentyp `void`.

2.5.1 Der Datentyp `void`

Dieser Datentyp zeichnet sich durch die bemerkenswerte Tatsache aus, daß er die leere Wertemenge beschreibt. Die überraschte Leserin wird sich fragen, wozu denn ein solcher Datentyp überhaupt nützlich sein könne. Wenn wir der Diskussion ein wenig vorgreifen, so stellen wir fest, daß Funktionen stets Werte zurückgeben müssen. Dies ist eine Regel. Nun kann man sich leicht Situationen vorstellen, in denen eine Funktion zwar etwas tut, aber keinen Wert zurückgibt (z. B. einen Wert ausdruckt — welcher Wert sollte dann denn wohl zurückgegeben werden?). Nun könnte man auf den Gedanken verfallen, zwei Klassen von Funktionen einzuführen, nämlich solche, die Werte zurückgeben, und solche, die dies nicht tun. Im Sinne der Gleichbehandlung aller Funktionen ("alle Funktionen sind vor dem Übersetzer gleich") erweist es sich jedoch als sinnvoll, diese Unterteilung nicht durchzuführen, weil sonst zahllose lästige Sonderfälle die Folge wären. Man hilft sich aus dieser mißlichen Situation, indem man einen einzigen künstlichen Wert (eben `void`) einführt und solchen Funktionen als Typ des Rückgabewerts zudikitiert, die eigentlich keinen Wert zurückgeben.
Dieser Typ wird also lediglich dazu eingeführt, um ein einheitliches und geschlossenes Erscheinungsbild bei Funktionen zu bewirken: Dadurch haben Funktionen stets einen Rückgabewert.

2.5.2 Die arithmetischen, ganzzahligen Typen

Diese Typen dienen dazu, ganze Zahlen darzustellen, der Datentyp `char`, der hier auch aufgenommen ist, dient zur Darstellung einzelner Buchstaben. Je nach Größenverhältnis ist es geschickt, sich der langen, der normalen oder der kurzen Variante ganzer Zahlen zu bedienen, die jeweiligen oberen und unteren Grenzen sind hierbei durch entsprechende Konstanten beschrieben: Implementierung 2.5.1 gibt die Wertebereiche für die einzelnen Typen wieder.
Die Ausgabe ist in Ausgabe 2.5.1 dargestellt. Die einzelnen Konstanten sind selbsterklärend.
Der Einschluß der Datei `limits.h`, in der die entsprechenden Konstanten definiert sind, sollte bemerkt werden.

```
#include <iostream.h>
#include <limits.h>

main() {
                cout    << "char\t " << CHAR_MIN
                        << " ... " << CHAR_MAX
                        << "\nshort int\t " << SHRT_MIN
                        << " ... " << SHRT_MAX
                        << "\nint\t " << INT_MIN
                        << " ... " << INT_MAX
                        << "\nlong int \t " << LONG_MIN
                        << " ... " << LONG_MAX
                        << '\n';
}
```

Implementierung 2.5.1: Ermittlung der Wertebereiche für die primitiven Datentypen

Ausgabe 2.5.1 Ausgabe: Wertebereiche für die primitiven Datentypen

```
char            -128 ... 127
short int       -32768 ... 32767
int             -32768 ... 32767
long int        -2147483648 ... 2147483647
```

Der Datentyp **char** dient zur Darstellung der druckbaren Zeichen. Die Kodierung von Buchstaben geht so vor sich, daß jedem Buchstaben eine nicht-negative Zahl als Platzziffer zugewiesen wird, intern wird mit dieser Platzziffer gearbeitet. Nur falls ein Buchstabe verlangt wird (was man anhand der Werte, die eine Variable annehmen soll, erkennen kann), wird der entsprechende Buchstabe angezeigt. Wir werden uns mit dem Verhältnis zwischen dem Datentyp **char** und den ganzen Zahlen später ein wenig genauer beschäftigen.
Der kleinste Typ ist der Typ **char**, er beansprucht genau eine Speichereinheit. Eingebaut in die Sprache ist eine Funktion **sizeof**, die die Größe eines Typs angibt. Als Einheit dient die Größe des Typs **char**. Hierbei gilt die folgende Relation

```
1 = sizeof(char) = sizeof(short int) = sizeof(int) = sizeof(long int)
```

Damit kann der Platzbedarf einzelner Variablen abgeschätzt werden, eine Möglichkeit, von der wir jedoch selten Gebrauch machen werden.
Gelegentlich ist es bei der Modellierung von Phänomenen nützlich, wenn man von der Tatsache ausgehen kann, daß gewisse Variablen keine negativen Werte annehmen können (oder haben Sie schon von jemandem gehört, der eine negative Anzahl von Kindern hat?). C++ bietet zur Behandlung dieser Fälle für die ganzzahligen Typen jeweils eine unsignierte Variante an. Wenn wir z. B. einen Wertebereich mit Hilfe von **unsigned long int** beschreiben, so wird damit gesagt, daß eine entsprechende Variable nie und nimmer negative Werte annehmen kann. Zusätzlich wird ihr zugestanden, daß ihre Obergrenze legalerweise doppelt so groß wie bei Datentyp `long int` sein darf. Damit sind auch schon die wesentlichen Charakteristika von **unsigned** beschrieben:

- der Wertebereich ist stets nicht-negativ;
- die Obergrenze ist doppelt so groß wie die entsprechende vorzeichenbehaftete Variante;
- unsignierte Varianten existieren für **short int**, **int**, **long int**.

Um die unsignierte Variante von der signierten unterscheiden zu können, kann man die vorzeichenbehaftete Variante auch mit **signed** auszeichnen, was jedoch recht selten geschieht.
Bevor wir uns den reellwertigen Zahlen zuwenden, machen wir zwei kleine Anmerkungen. Wir haben für jeden ganzzahligen Typ eine Obergrenze kennengelernt, daher überlegt man sich, was eigentlich passiert, wenn diese obere Grenze überschritten werden sollte. Dazu führen wir ein kleines Experiment durch: Wir betrachten ein Programm, das die **int**-wertige Variable **hoch** enthält, die wir auf den höchstmöglichen Wert für derartige ganze Zahlen setzen. Dann addieren wir `1` dazu und — Überraschung! — erhalten einen negativen Wert, nämlich den, der sich als kleinster darstellbarer Wert dieses Typs ergibt. Das Programm ist in Implementierung 2.5.2 zu finden, die Ausgabe 2.5.2 verdeutlicht das Gesagte.
Man nennt dieses Phänomen *arithmetischen Überlauf*, unser Beispiel zeigt, daß sich der arithmetische Überlauf durchaus unvorhergesehen und unerfreulich verhalten kann. Wir haben in diesem Programm eine zweite Variable verabredet, die jedoch vom Typ `long int` ist und am Anfang den gleichen Wert wie die Variable **hoch** hat. Das Hochzählen um 1 schadet dieser Variablen ganz offensichtlich nicht. Die Moral von der Geschichte: Bei Bereichsüberschreitungen muß man vorsichtig sein, erhält man unerwartete Werte, so kann der Grund in einer Bereichsüberschreitung liegen.
Eine zweite Anmerkung betrifft die Notation und Verwendung von Konstanten: Ganze Zahlen werden wie üblich dezimal notiert, Zeichen werden notiert, indem der entsprechende Buchstabe in `''` eingeschlossen wird: Also entspricht etwa `'a'` dem kleingeschriebenen ersten

```
main() {
        int hoch = INT_MAX;
        long int auchHoch = hoch;
        cout  << "hoch = \t\t" << hoch
              <<  ",\thoch + 1 = \t" << hoch + 1 << '\n';
        cout  << "auchHoch = \t" << auchHoch
              <<  ",\tauchHoch + 1 = \t" << auchHoch + 1 << '\n';
}
```

Implementierung 2.5.2: Vorsicht an der Grenze: Überlauf

Ausgabe 2.5.2 Arithmetischer Überlauf

```
hoch =          32767,  hoch + 1 =      -32768
auchHoch =      32767,  auchHoch + 1 =  32768
```

Buchstaben des Alphabets. Damit lassen sich auch einige bisher ungeklärte Aspekte der angegebenen Programme erläutern: Das Zeichen `'\n'` ist das Zeichen, das dem Ende einer Zeile entspricht. Wird dieses Zeichen ausgegeben, so wird die aktuelle beendet und eine neue begonnen. Der Ausdruck dieses Zeichens bewirkt also einen Zeilenwechsel mit Beginn einer neuen Zeile. Ähnlich nützlich ist das Zeichen `'\t'`: es dient dazu, einen Tabulator anzudeuten. Dazu denke man sich die Zeile eingeteilt in äquidistante Positionen (eben den Positionen des Tabulators). Wird das Tabulatorzeichen ausgegeben, so bewirkt dies ein Vorrücken der Druckposition zur nächsten Tabulatorposition. Dadurch wird es möglich, in tabellenartiger Weise zu drucken, was gelegentlich dem Druckbild zugute kommt und einen übersichtlichen und strukturierten Eindruck macht.

2.5.3 Reellwertige Typen

Wir werden im Laufe dieses Buchs wenig Gelegenheit haben, uns mit reellwertigen Argumenten auseinanderzusetzen, weil es uns hier hauptsächlich darum geht, die Programmiersprache vor dem Hintergrund der Modellierung zu verwenden. Die Verwendung zur Lösung konkreter numerischer Probleme ist dagegen in den Hintergrund gedrängt, daher werden wir die reellen Zahlen eher stiefmütterlich behandeln. Gleichwohl sei angemerkt, daß die Genauigkeit der reellen Zahlen ihre Einteilung in `float`, `double` und `long double` bestimmt. Neben dem Wertebereich sind auch die signifikanten Ziffern zu berücksichtigen, und die Implementierung 2.5.3 sagt eigentlich alles aus, was wir an dieser Stelle zu diesem Thema anmerken sollten. Die Ausgabe des Programm ist in Ausgabe 2.5.3 wiedergegeben.

2.6 Einfache Ein- und Ausgabe

Wir haben gesehen, daß sich die Ausgabe in C++ recht komfortabel mit Hilfe der Standardfunktion cout bewerkstelligen läßt. Unabhängig vom primitiven Typ druckt die Funktion alles, was man ihr als Argument vorlegt. Die Ausgabe ist freilich unformatiert, so daß man die Ausgabe mit Hilfe von Tabulatoren und Leerzeichen gestalten muß. Dies ist zunächst kein Problem, der Komfort der einfachen Ausgabe überwiegt an der Stelle. Die Funktion cout hat

```
#include <iostream.h>
#include <float.h>

main() {

        cout  << "float\t\t" << FLT_MIN << "\t...\t"  << FLT_MAX
                << ", \t\tsignifikant: " << FLT_DIG
                << "\ndouble\t\t" << DBL_MIN << "\t...\t"
                << DBL_MAX
                << ", \t\tsignifikant: " << DBL_DIG
                << "\nlong double\t" << LDBL_MIN
                << "\t...\t" << LDBL_MAX
                << ", \t\tsignifikant: " << LDBL_DIG;

        cout    <<  "\n\nGroessen:"
                <<  "\nfloat            " << sizeof(float)
                <<  "\ndouble           " << sizeof(double)
                <<  "\nlong double      " << sizeof(long double)
                <<  '\n';

}
```

Implementierung 2.5.3: Programm zur Ermittlung des Wertebereichs reeller Typen

Ausgabe 2.5.3 Wertebereich reeller Typen

```
float          1.17549e-38 ... 3.40282e+38,      signifikant: 6
double         2.22507e-308 ... 1.79769e+308,    signifikant: 15
long double    3.3621e-4932 ... 1.18973e+4932,   signifikant: 18

Groessen:
float          4
double         8
long double    10
```

ein Gegenstück `cin` bei der Eingabe: Soll eine ganze Zahl `x` eingelesen werden, so geschieht das mit der Anweisung

```
cin >> x;
```

so daß man sich also auch hier nicht um die Formatierung kümmern muß. Die Eingabefunktion `cin` ist freilich ein wenig mit Vorsicht zu genießen, da sie nicht alles liest, was man ihr vorsetzt: So werden etwa Leerzeichen überlesen, dasselbe gilt für Tabulatoren oder Endezeichen. Dieser in der C++-Terminologie so genannte *white space* wird überlesen, möchte man ihn jedoch — aus welchen Gründen auch immer — lesen, so muß man zu anderen Hilfsmitteln greifen, die wir bald kennenlernen werden. Für unsere Zwecke reichen diese beiden einfachen Funktionen jedoch zunächst aus.

2.7 Eine Anmerkung zum Thema Variablen

Wir haben in unserem ersten Beispielprogramm davon Gebrauch gemacht, daß wir Variablen zur Verfügung haben, damit die Möglichkeit, Namen zur Bezeichnung verschiedener Werte eines vorgegebenen Wertebereichs verwenden zu können. Wir wollen wenigstens kurz skizzenhaft diskutieren, was es mit diesen Variablen auf sich hat, und ich nehme für das Folgende an, daß wir eine Variable `x` vom Typ `char` vereinbart haben:

```
char x;
```

Diese Vereinbarung legt fest, daß die Variable `x` solche Werte aufnehmen wird, die wir als Zeichen charakterisiert haben. Technisch sieht es so aus, daß wir im Speicher für die Aufnahme des Werts dieser Variablen eine Speicherzelle reserviert haben, und es wird bei dieser Reservierung vermerkt, daß diese Speicherzelle Daten vom Typ `char` aufnehmen soll. Diese Reservierung gilt übrigens auch in der umgekehrten Richtung: Wird nachgesehen, wofür dieser Speicherzelle reserviert ist, so wird angenommen, daß es sich um ein Zeichen handelt, und der dort abgespeicherte Wert wird als Zeichen interpretiert. Die Zuweisung

```
x = 'a'
```

bewirkt dann, daß dieser Wert in der entsprechenden Speicherzelle für `x` gespeichert wird. Beachten Sie also an dieser Stelle, daß die Vereinbarung für `x` noch nicht ohne weiteres bewirkt, daß in dieser Speicherzelle ein Wert gespeichert ist. Diese Speicherung muß explizit vorgenommen werden. Dies kann gleich bei der Vereinbarung durch eine Zuweisung geschehen (dies ist etwa bei

```
char x = 'a'
```

der Fall, vgl. Abbildung 2.2), es kann aber auch später durch eine explizite Zuweisung geschehen.
Nehmen wir weiter an, daß wir eine zweite Variable `y` als vom Typ `char` vereinbart haben, wie dies etwa durch die Vereinbarung

```
char x, y
```

angedeutet wird. Dadurch wird der Variablen `x` und der Variablen `y` jeweils ein eigener Speicherplatz zugewiesen, diesem Speicherplatz wird gesagt, daß er ausschließlich Zeichen (also

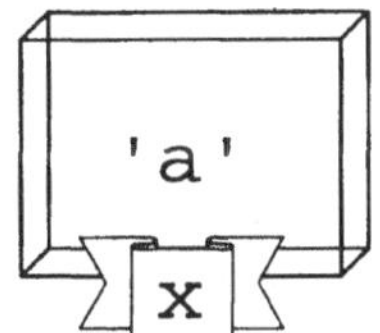

Abbildung 2.2: Speicherschnappschuß nach der Vereinbarung `char x = 'a'`

Werte vom Typ `char`) abspeichern darf. Weisen wir nun wie oben der Variable `x` den Wert `'a'` zu, so findet eine Abspeicherung dieses Wertes in der entsprechenden Speicherzelle statt, die Speicherzelle für die Variable y hat noch keinen Wert. Die Zuweisung `y = x` hat nun den Effekt, daß der Inhalt der Speicherzelle für `x` in die Speicherzelle für `y` kopiert wird. Dieser Kopiervorgang ist zerstörungsfrei: Der Wert bleibt in der ursprünglichen Speicherzelle erhalten. Diese Zuweisung bewirkt also, daß in den Speicherzellen für `x` und `y` jeweils der Wert `'a'` abgespeichert ist, vgl. Abbildung 2.3.

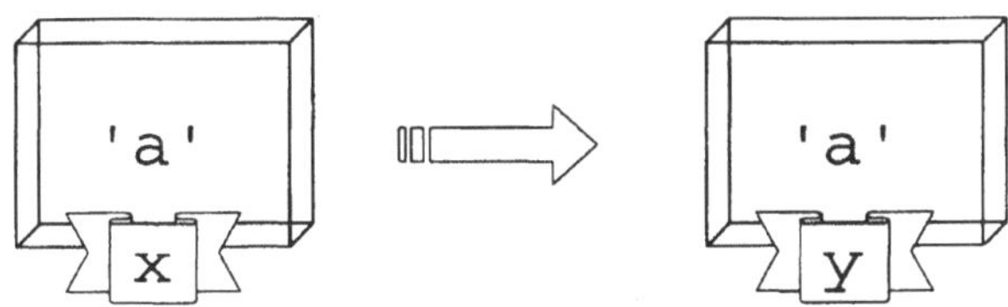

Abbildung 2.3: Speicherschnappschuß nach der Zuweisung `y = x`

Damit halten wir fest:

- Die Werte für Variablen werden im Speicher abgelegt.
- Bei der Abspeicherung wird auf dem Typ des abzuspeichernden Werts geachtet.
- Die Zuweisung zwischen Variablen bestimmt eine Transmission von Werten von rechts nach links.

Wir werden uns mit der Zuweisung noch einmal befassen, wenn es um die Mehrfachzuweisung geht. Dann werden wir sehen, daß die Zuweisung einen Wert liefert.

2.8 Anhang: Schlüsselwörter und reservierte Symbole in C++

Dieser Abschnitt stellt sämtliche Schlüsselwörter und reservierte Symbole in C++ zusammen. Sie sollten insbesondere die Schlüsselwörter mit keiner anderen Bedeutung belegen, sie insbesondere also auch nicht als Namen verwenden.

2.8.1 Schlüsselwörter

```
asm               else         operator           throw
auto              enum         private            true
bool              explicit     protected          try
break             extern       public             typedef
case              false        register           typeid
catch             float        reinterpret_cast   typename
char              for          return             union
class             friend       short              unsigned
const             goto         signed             using
const_cast        if           sizeof             virtual
continue          inline       static             void
default           int          static_cast        volatile
delete            long         struct             wchar_t
do                mutable      switch             while
double            namespace    template
dynamic_cast      new          this
```

2.8.2 Sonderzeichen und reservierte Symbole

```
;   {    }    ,    (    )       :      \     '    "
!   %    ^    &    *    ()            +    =    |    ~
[]  <    >    ?:   /    ,       .     >    ++        .*
>*  <<   >>   <=   >=   ==      !=    &&   ||   *=   /=
%=  +=   =    <<=  >>=  &=      ^=    |=   ::
```

2.9 Aufgaben

1. In englischsprachigen Ländern wird die Temperatur gelegentlich noch in *Grad Fahrenheit* (F°) gemessen. Diese Skala setzt den Gefrierpunkt des Wasser bei $32F^\circ$, seinen Siedepunkt bei $212F^\circ$ an. Die Umrechnung von Celsius in Fahrenheit und umgekehrt ergibt sich aus den Formeln

$$F^\circ = \frac{9}{5} \cdot C^\circ + 32$$
$$C^\circ = \frac{5}{9} \cdot (F^\circ - 32).$$

   Lesen Sie eine Zahl **g** vom Typ `float` ein. Interpretieren Sie **g** als Grad-Angabe in Fahrenheit und drucken Sie die Temperatur in Celsius, und konvertieren Sie umgekehrt die Grad-Angabe **g** in Celsius in eine in Fahrenheit.

2. Entwerfen und drucken Sie einen Briefbogen für sich. Der Briefkopf sollte in der ersten Zeile linksbündig Ihren Namen, rechtsbündig Straße und Hausnummer, darunter in der zweiten Zeile ebenfalls rechtsbündig Postleitzahl und Ort enthalten. In der letzten Zeile sollte zentriert Ihre Telephonnummer stehen.

Hierzu müssen Sie wohl ein wenig experimentieren, um die Anzahl der Zeilen für eine Seite herauszufinden und die Breite des Bogens richtig einzuschätzen.

3. Die *Pisano-Zahlen* zur Basis k ergeben sich so: Man fängt mit k an, weiter geht's mit $k + 3$, und jede folgende Zahl ist die Summe der beiden vorhergehenden (also $2k + 3 = k + (k + 3)$, weiter $3k + 6 = (2k + 3) + (k + 3)$ etc.). Lesen Sie eine ganze Zahl ein und drucken Sie die ersten sechs Pisano-Zahlen zu dieser Basis aus.

4. Lesen Sie eine bis zu neun Ziffern lange positive ganze Zahl ein und drucken Sie sie so aus, daß Sie nach der Stelle für die Hunderter und die Hunderttausender ein Leerzeichen drucken.

5. Lesen Sie eine Ziffer ein, multiplizieren Sie sie mit 9 und dann mit 12345679. Drucken Sie das Resultat. Was passiert?

6. Lesen Sie drei reelle Zahlen ein und drucken Sie Summe, Durchschnitt und Produkt aus.

7. Manche Hofzwerge sind ein wenig exzentrisch. Das zeigt sich in ihrer Zeitmessung: sie haben Uhren, die nur die Sekunden des Tages angeben. Das ist offensichtlich bei Verabredungen nur dann nützlich, wenn beide Partner dasselbe Zeitsystem haben. Rechnen Sie die Zeitangaben ineinander um:

   - Gegeben ist eine Uhrzeit in der Form *hhmmss*, berechnen Sie die Sekunden.
   - Gegeben ist eine Anzahl Sekunden, berechnen Sie die Uhrzeit in der obigen Form.

8. Gelegentlich möchte man den Preis einer Ware ohne die Mehrwertsteuer von gegenwärtig 16 % kennen. Entwickeln Sie ein Programm, das einen Betrag der Form *dm pf* einliest und einen Betrag der Form *dm pf* ausgibt; der erste Betrag ist der Preis mit Mehrwertsteuer, der zweite ohne (das Eingabeformat deutet an, daß die Preise so eingegeben werden sollen: zuerst der DM-Betrag, dann, nach einem Leerzeichen, der Pfennig-Betrag).

Kapitel 3

Einige Beispiele

Inhaltsangabe

In diesem Kapitel sollen einige sprachliche Hilfsmittel eingeführt werden, die sich im Folgenden als nützlich erweisen. Damit soll ein Grundvorrat an sprachlichen Ausdrucksmöglichkeiten gelegt werden. Wir werden diese sprachlichen Hilfsmittel anhand von Beispielen einführen und diskutieren.

3.1 Ein einfacher Text

Zunächst soll das folgende Problem gelöst werden: Wir lesen Zeichen von der Eingabe, und geben jedes Zeichen auf einer eigenen Zeile wieder aus, sofern es druckbar ist. Dies tun wir so lange, bis wir das Ende-Zeichen erreicht haben. Dann soll das Programm anhalten. Als Ende-Zeichen führen wir das Zeichen `@` ein. Schauen wir uns den folgenden Beispieltext an (der Kenner sieht: *Ch. Dickens, A Tale of Two Cities*, [Dic57]):

> "Thank God,"said Mr. Lorry, clasping his hands, "that no one near
> and dear to me is in this dreadful town to-night. May He have mercy

on all who are in danger!"
Soon afterwards, the bell at the great gate sounded, and he thought,
"They have come back!"and sat listening. But, there was no loud
irruption into the courtyard, as he had expected, and he heard the
gate clash again, and all was quiet.
The nervousness and dread that were upon him inspired that vague
uneasiness respecting the Bank, which a great change would naturally
awaken, with such feelings roused. It was well guarded, and he got
up to go among the trusty people who were watching it, when his door
suddenly opened, and two figures rushed in, at sight of which he fell
back in amazement.
@

Dann wird das Programm in Implementierung 3.1.1 die Aufgabe erledigen.

```
#include <iostream.h>

main() {
        char Ende='@', c;

        cin >> c;
        while (c != Ende) {
                cout << "Gelesen: " << c << endl;
                cin >> c;
        }
}
```

Implementierung 3.1.1: Buchstaben zählen

Wir wollen dieses Programm jetzt diskutieren: Die `include`-Anweisungen sind wie im allerersten Programm dazu da, die Ein- und -Ausgabefunktionen zur Verfügung zu stellen. Wir haben `cin` als Eingabe, `cout` als Ausgabefunktion zur Verfügung. Es sind zwei Vereinbarungen zu diskutieren: Der Name `c` steht für eine Variable vom Typ `char`, `c` nimmt also Zeichen als Werte an, weiterhin haben wir `Ende` als Zeichen vereinbart, `Ende` hat als Wert stets `@`, ist also konstant. Das Programm läuft wie folgt ab:

- Es wird ein Zeichen mit `cin` gelesen.
- Es wird überprüft, ob es sich bei diesem Zeichen um das Ende-Zeichen handelt, ist dies nicht der Fall, so wird der Text `"Gelesen: "` zusammen mit dem gelesenen Zeichen ausgedruckt, dann wird die Zeile beendet und eine neue Zeile angefangen. Dies geschieht durch das vordefinierte `endl`. Anschließend wird ein neues Zeichen gelesen.
- Falls `c` mit `Ende` übereinstimmt, dann findet kein weiterer Ausdruck statt, das Programm wird beendet.

Sie sehen also, daß die Abarbeitung des in geschweiften Klammern eingeschlossenen Blocks davon abhängig ist, ob die Bedingung `c != Ende` erfüllt ist. Ist diese Bedingung erfüllt, so

wird der Block ausgeführt und führt dabei zum erneuten Einlesen von `c` (also einem neuen Wert), ist dies nicht der Fall, so wird abgebrochen. Diese Konstruktion wird **`while`**-Schleife genannt, sie besteht aus einem Block, dessen Ausführung von einer Bedingung gesteuert wird. Also müssen wir uns zuerst mit Bedingungen befassen.
Bedingungen stellen fest, ob Sachverhalte *wahr* oder *falsch* sind. Ein Sachverhalt ist falsch, wenn seine Auswertung den Wert `0` ergibt. Dies wird in C++ so festgelegt. In allen anderen Fällen ist der Sachverhalt wahr. Da unzweifelhaft `1` kleiner als `2` ist, hat der Vergleich

```
1 < 2
```

einen Wert, der von `0` verschieden ist, die falsche Aussage

```
1 > 2
```

erhält daher den Wert `0`. Wir überprüfen nicht nur die Größenverhältnisse, sondern überprüfen auch, ob zwei Werte gleich sind, dies geschieht mit dem Zeichen `==`. Damit erhält die Aussage

```
1 == 2
```

den Wert `0`, denn sie ist ganz offensichtlich falsch, ihre Negation

```
1 != 2
```

erhält einen von `0` verschiedenen Wert, da sie wahr ist. Das Ausrufezeichen (`!`) dient zur Negation, in diesem Fall drückt also `!=` den Test auf Ungleichheit aus. Dieser Test kann übrigens auch ein wenig anders geschrieben werden:

```
1 != 2
```

ist gleichwertig zu

```
!(1 == 2).
```

Wenn wir also ein Zeichen `c` gelesen haben, so hat die Aussage

```
c != Ende
```

einen von `0` verschiedenen Wert, wenn `c` mit dem Ende-Zeichen nicht übereinstimmt. Falls dagegen `c` mit dem Ende-Zeichen `@` übereinstimmt (falls also gilt `c == '@'`), so erhält die Aussage den Wert `0`.
Kommen wir zur `while`-Schleife: Diese Schleife ist syntaktisch so aufgebaut, daß auf das Schlüsselwort `while` in Klammern eine Bedingung folgt, hierauf folgt eine Anweisung. Nennen wir die Bedingung `Bed`, die Anweisung `Anw`, so erhält die `while`-Schleife das folgende Aussehen:

```
while(Bed) Anw;
```

Dabei wirkt die Bedingung wie ein Wachhund, der immer wieder auf die Anweisung losgelassen wird: Ist die Bedingung erfüllt, so wird die Anweisung durchgeführt und überprüft als nächstes gleich wieder das Erfülltsein von `Bed`, ist diese Bedingung erfüllt, so wird `Anw` ausgeführt und `Bed` gleich wieder überprüft, etc. Dieser Zirkel wird erst dann gebrochen, wenn `Bed` nicht mehr wahr ist, also den Wert `0` erhält. Dann wird die `while`-Anweisung verlassen.
Der Leser mag sich wundern, warum die gerade geführte Diskussion sich lediglich mit Anweisungen befaßt, aber nicht mit Blöcken, also jenen Ungetümen, die Folgen von Anweisungen hinter einem Paar geschweiften Klammern verstecken.

Ah, das ist gar nicht so schwer zu beantworten: C++ bedient sich hierbei eines Tricks — Folgen von Anweisungen werden zu einer einzigen Anweisung zusammengefaßt, geschweifte Klammern dienen hier als Bindemittel. Damit ist eine Anweisung entweder eine einzelne, einsame, einfache, kleine Anweisung oder sie wird eingeleitet durch eine öffnende geschweifte Klammer {, dann folgt eine Sequenz von Anweisungen, dann wird eine schließende Klammer } gesetzt, zum Zeichen dafür, daß nun die zusammengesetzte Anweisung beendet ist. In der Folge von Anweisungen werden die einzelnen Anweisungen selbst durch Semikolons voneinander getrennt. Aus dieser Definition von Anweisungen folgt, daß die Anweisungen selbst wieder entweder einfache oder zusammengesetzte Anweisungen darstellen können, so daß sich durch diese Konstruktionsregeln wahre Ungetüme geschachtelter Anweisungen ergeben können. Wir werden bald Beispiele für solche zusammengesetzten Anweisungen finden.
Festzuhalten ist: Wann immer von einer Anweisung die Rede ist, ist entweder eine einfache oder eine zusammengesetzte Anweisung gemeint, wir unterscheiden im Folgenden nur dann, wenn es wirklich notwendig ist.
Kehren wir zur Diskussion unseres Beispiels zurück. Ich möchte Ihnen den Unterschied zwischen der Zuweisung

```
c = 'a'
```

und dem Vergleich

```
c == 'a'
```

nahebringen. Im ersten Fall, im Fall der Zuweisung nämlich, hat `c` nach Ausführen der Zuweisung den Wert `'a'`, der Variablen `c` wird also ein neuer Wert zugewiesen. Im zweiten Fall, dem Fall des Vergleichs, wird der gegenwärtige Wert von `c` mit `'a'` verglichen, das Resultat ist ein Wahrheitswert. Also für den Fall, daß `c` einen anderen Wert als das `Ende`-Zeichen hat, ergibt der Vergleich den Wert `0`. Für den Fall dagegen, daß `c` mit dem `Ende`-Zeichen übereinstimmt, ergibt sich ein von `0` verschiedener Wert.
Es handelt sich also hierbei um zwei fundamental verschiedene Operationen, die wir im Folgenden sehr sorgfältig auseinanderhalten müssen und werden.

3.1.1 Zeichen zählen

In Erweiterung unseres gerade diskutierten Programms wollen wir nicht nur die Zeichen lesen und ausgeben (dem Beispiel haftet ja eine gewisse Öde an), wir wollen den aufregenden nächsten Schritt tun und die Anzahl der Zeichen, die wir gelesen haben, feststellen. Das ist leichter gesagt als getan, denn wir wissen, daß die Standardein- und -ausgabeoperationen gewisse Zeichen einfach überlesen. Hierzu gehören Leerzeichen, Tabulatoren und das Zeichen für die neue Zeile. All diese Zeichen wollen wir nicht zählen. Wir wollen also wissen, wieviel Zeichen in dem Text, den wir lesen, enthalten sind, wobei wir die *white space*-Zeichen nicht mitzählen wollen. Diese Einschränkung ist wichtig, denn sonst wäre das Programm, das wir gleich sehen werden, falsch in dem Sinne, daß es die gestellten Anforderungen nicht erfüllt. Wir nehmen wie im letzten Beispiel an, daß wir den Text mit dem Ende-Zeichen `@` kennzeichnen. Das Programm in der Implementierung 3.1.2 tut's. Zusätzlich zu den beiden Zeichen `c` und `Ende` haben wir eine (lange) ganze Zahl `Zaehler` vereinbart (Sie wundern sich vielleicht über die Schreibweise dieser Variablen. Umlaute sind jedoch nach Definition der Menge unserer Buchstaben nicht zugelassen). Aber weiter: Wir lesen das erste Zeichen und initialisieren die Variable `Zaehler` zu `1`. Dies verdeutlicht, daß wir das erste Zeichen gelesen haben. Dann

```
#include <iostream.h>

main() {
        char Ende = '@', c;
        long int Zaehler;

        cin >> c;
        Zaehler = 1;
        while (c != Ende) {
                cout << "Gelesen: " << c << endl;
                cin >> c;
                ++Zaehler;
        }
        cout << "(Anzahl der gelesenen Zeichen: "  << Zaehler << ")\n";
}
```

Implementierung 3.1.2: Erweiterung: Anzahl von Zeichen

gehen wir in die inzwischen vielleicht schon gewohnte `while`-Schleife, überprüfen, ob wir das `Ende`-Zeichen gelesen haben, führen den Block aus, lesen im Block selbst ein neues Zeichen, überprüfen etc. Wann immer wir ein neues Zeichen lesen, müssen wir unseren **`Zaehler`** anpassen, denn wir haben ja ein Zeichen mehr als vorher gelesen. Dies geschieht durch den merkwürdigen Ausdruck `++Zaehler`. Diese Konstruktion wird gleich erläutert werden. Nachdem wir die `while`-Schleife verlassen haben, geben wir in einem abschließenden Ausdruck die Anzahl der gelesenen Zeichen bekannt.
So — was ist jetzt neu an diesem Programm?
Zum einen die Verwendung einer ganzzahligen Variablen, zum anderen aber auch die etwas merkwürdig anmutende Konstruktion **`++Zaehler`**, der wir uns jetzt zuwenden wollen.
Diese Konstruktion ist zunächst gleichwertig mit der Zuweisung

```
Zaehler = Zaehler + 1.
```

Sie erhöht also den Wert der Variablen um `1`. Für diese Erhöhung stehen uns zwei weitere Möglichkeiten zur Verfügung: Wir können sie mit `++Zaehler` oder mit `Zaehler++` ausdrücken. Der Unterschied dieser beiden Formen besteht darin, daß in der ersten Form, die auch *Präfix*-Form genannt wird, die Variable *vor* ihrer Verwendung erhöht wird, in der zweiten Form, die auch *Postfix*-Form heißt, die Erhöhung *nach* ihrer Verwendung stattfindet. Für die gewählte Anwendung ist es gleichgültig, ob wir die Präfix- oder die Postfix-Version verwenden. Wir werden uns jedoch gleich an einem Beispiel klarmachen, daß die beiden Versionen verschiedene Ergebnisse liefern können.
Zunächst sei aber eine analoge Schreibweise für die Subtraktion eingeführt: Die Verminderung um den Wert `1` läßt sich ebenfalls durch eine solche kurzgefaßte Form darstellen: Die Präfix-Variante `--a` und die Postfix-Variante `a--` vermindern beide die ganzzahlige Variable `a` um `1`, wieder vor bzw. nach der Verwendung, erzielen also den Effekt `a = a - 1` auf ein wenig verschiedene Weise.
Die Unterschiede in der Verwendung sollen durch das folgende kleine Beispiel verdeutlicht werden. Wir nehmen an, daß die auftretenden Variablen als ganzzahlig vereinbart sind.

```
a = 1; b = 1; c = 1; d = 1;
cout << ++a << b++ << --c << b-- << " ** " << a << b << c << d;
```

druckt als Ausgabe

```
2101 ** 2200
```

die Variable a wird vor der Benutzung erhöht, so kommt die erste 2 zustande, die Variable b wird nach der Benutzung erhöht, so kommt die darauf folgende 1 zustande, analog erklären sich die anderen beiden Ziffern, nach den trennenden Sternchen ** werden die jeweiligen Werte der Variablen ausgedruckt.
Kehren wir zu unserem Beispiel zurück: Durch die gewählte Präfix-Form wird **Zaehler** vor der Benutzung erhöht, und Sie sollten sich klarmachen, daß die Verwendung der Postfix-Form ein äquivalentes Resultat geliefert hätte. In jedem Fall wird die Anzahl der gelesenen Zeichen einschließlich des Ende-Zeichens gezählt.

3.1.2 Zusammenfassung: arithmetische Operationen

Wir haben Addition, Subtraktion, Multiplikation und Division als arithmetische Operation kennengelernt, bei Addition und Subtraktion haben wir zur Vereinfachung der Notation Prä- und Postfix-Varianten gesehen.
Es bleibt noch, den Rest bei der Division für ganze Zahlen einzuführen. Hierzu dient das Symbol %, so daß 7 % 4 den Wert 3 hat. Die Berechnung des Divisionsrests ist für positive Zahlen ziemlich klar; ist eine der beteiligten Zahlen negativ, so müssen wir uns etwas überlegen. Betrachten Sie die folgende Tabelle:

a	b	Quotient	Rest
7	3	2	1
7	-3	-2	1
-7	3	-2	-1
-7	-3	2	-1

Es gilt ganz offensichtlich für die ganzen Zahlen a, b, q, r mit

$$b \neq 0$$
$$q = a/b$$
$$r = a\%b$$

die Beziehung

$$a = q \cdot b + r$$

Das erklärt die sonst leicht merkwürdig wirkenden Vorzeichen für den Divisionsrest.
Ich möchte diesen zusammenfassenden Abschnitt abschließen mit der Einführung einer prägnanten Kurzform für einen binären Operator, nennen wir ihn op. Statt

```
a = a op b
```

können wir auch schreiben

```
a op= b
```

Also können wir z. B. statt

```
a = a + 4
```

schreiben

```
a += 4
```

die Zuweisung

```
DiesIstEinGuterRest = DiesIstEinGuterRest % 4
```

können wir aufschreiben als

```
DiesIstEinGuterRest %= 4
```

Das erspart die Wiederholung langer Bezeichnernamen und ist gelegentlich recht praktisch.

3.1.3 Zeilen zählen

Die Problemstellung soll noch ein wenig erweitert werden: Wir wollen nicht nur die (druckbaren) Zeichen kennenlernen, wir wollen auch wissen, wie viele Leerzeichen und wie viele Zeilen in dem Text vorkommen. Wenn wir ein Zeichen `c` gelesen haben, so ist `c` ein Leerzeichen genau dann, wenn

```
c == ' '
```

gilt, das Zeichen deutet das Ende einer Zeile genau dann, wenn

```
c == '\n'
```

gilt. Damit sollte die Lösung eigentlich ganz einfach sein: Wir lesen das Zeichen und, anstatt es nun auszudrucken, überprüfen wir zunächst, ob es eines der gesuchten Zeichen ist.
Ganz einfach?
Erinnern wir uns daran, daß die Einlesefunktion `cin` Leerzeichen und Zeilenenden überliest. Pech gehabt! Wir können also nicht mit dieser Eingabefunktion arbeiten und müssen uns etwas anderes überlegen. Üblicherweise wird die Standardfunktion `getchar` zur Verfügung gestellt, die genau das leistet, was wir haben wollen: Diese Funktion liest die Eingabe wirklich Zeichen für Zeichen, sie gibt als Resultat das gelesene Zeichen zurück. Über diesen Vorgang sollten wir uns noch einmal Gedanken machen: In der Eingabe steht der Buchstabe `'a'`, die Funktion `getchar` liest dieses Zeichen und gibt es als Resultat des Funktionsaufrufs zurück. Im Code schreiben wir das wie folgt

```
x = getchar();
```

Hierbei nehmen wir an, daß die Variable `x` als Zeichen deklariert ist. In der beschriebenen Situation hätte nach dem Funktionsaufruf diese Variable den Wert `'a'`. Die Schreibweise beim Funktionsaufruf ist ein wenig merkwürdig und soll kurz kommentiert werden: Üblicherweise arbeiten Funktionen so, daß sie ein oder mehrere Argumente nehmen und einen Wert zurückliefern. Die Argumente dienen sozusagen als Eingabe in die Funktion, der Rückgabewert könnte dann als Ausgabe interpretiert werden (betrachten Sie ein Beispiel aus der Schulmathematik: Ist die Funktion

$$f(x) := 3 \cdot x + 7$$

definiert, so wird bei Berechnung von $f(4)$ der Wert 19 berechnet, damit reagiert die Funktion f auf die Eingabe 4 mit der Ausgabe 19.). Beim Lesen, wie wir es hier vor uns haben, ist eine Eingabe durch das Programm nicht erforderlich: Die Eingabe erfolgt von außen. Daher müssen wir dieser Funktion kein Argument mitgeben; um dies anzudeuten, lassen wir die Liste der Argumente leer. Dies dient auch dazu, Verwechselungen vorzubeugen: würden wir das Klammerpaar nicht fortlassen, so könnte eine Zuweisung `x = getchar;` gedeutet werden als Zuweisung eines Werts `getchar` an eine Variable mit Namen `x`.

Nach dieser Exkursion wollen wir das Programm in Implementierung 3.1.3 diskutieren. Die letzten Zeilen der Ausgabe sind für unseren Mustertext in Ausgabe 3.1.1 angegeben.

```
#include <iostream.h>
#include <stdio.h>

main() {

        char Ende = '@', ZeilenEnde = '\n';
        char c;
        long int Zaehler, ZeilenEndeZaehler = 0;

        c = getchar();
        Zaehler = 1;
        while (c != Ende) {
                if (c == ZeilenEnde) ZeilenEndeZaehler++;
                cout << "Gelesen: " << c << endl;
                c = getchar();
                ++Zaehler;
        }
        cout  << "Anzahl der gelesenen Zeichen: " << Zaehler
              << " (!= Ende: " << --Zaehler << ")\n"
              << "Anzahl der Zeilen: " << ZeilenEndeZaehler << endl;
}
```

Implementierung 3.1.3: Berechnung der Anzahl von Zeichen und Zeilen

Wenn Sie das Programm studieren, so sehen Sie einige gute alte Bekannte wieder, unter anderem die Variablen `Ende` und `c`, zudem die (lange) ganze Zahl `Zaehler`. Als neue Mitglieder unserer Chorgemeinschaft sind hinzugekommen: die Variable `ZeilenEnde`, die wir auf den Wert `'\n'` für das Zeilenende setzen und auf diese Weise einen aussagekräftigen Namen bekommt, sowie die (lange) ganze Zahl `ZeilenEndeZaehler`, die uns die Anzahl der Zeilen zählen soll, und die, da wir am Beginn ja noch keine Zeile gelesen haben, zu `0` initialisiert wird.

Damit finden wir übrigens zwei Arten der Initialisierung: einmal die Initialisierung gleich bei der Vereinbarung der entsprechenden Variablen (dies betrifft die Variablen `Ende`, `ZeilenEnde` und `ZeilenEndeZaehler`), zum anderen im laufenden Programmtext (dies betrifft die ganzzahlige Variable `Zaehler`). Die Variable `c` wird nicht explizit initialisiert, sie muß aber natür-

Ausgabe 3.1.1 Die letzten Zeilen der Ausgabe von Programm 3.1.3

```
Gelesen: m
Gelesen: e
Gelesen: n
Gelesen: t
Gelesen: .
Gelesen:

Anzahl der gelesenen Zeichen: 764 (!= Ende: 764)
Anzahl der Zeilen: 15
```

lich im Laufe der Arbeit des Programms Werte bekommen. Dies geschieht durch das Lesen von Werten.

Bevor wir die eigentliche Arbeitsweise des Programms diskutieren, sei noch einmal auf die `#include`-Direktiven hingewiesen: Die erste Direktive für die Datei `iostream.h` ist uns bereits bekannt, sie enthält die Funktionen für die Standardein- und -ausgabe. Wir verwenden in diesem Programm `cout`. Die nächste Datei `stdio.h` ist uns noch nicht begegnet. Sie enthält die Definition der Funktion `getchar`, mit der wir in diesem Programm arbeiten. Sie sehen also, daß verschiedene Header-Dateien eingebunden werden müssen, um die entsprechenden vordefinierten Funktionen verwenden zu können.

Doch wir wollen jetzt das angegebene Programm diskutieren. Im Anschluß an den Deklarationsteil wird seine eigentliche Arbeit beschrieben. Wir lesen zunächst ein Zeichen, indem wir die Funktion `getchar` aufrufen und das gelesene Zeichen der Variable `c` zuweisen. Der Zähler, der dazu dienen soll, die Gesamtzahl der gelesenen Zeichen aufzunehmen, wird, wie gesagt, zu `1` initialisiert. Dann lesen wir den gesamten Text Zeichen für Zeichen mit der inzwischen wohlbekannten `while`-Schleife, deren Arbeit abbricht, sobald das gelesene Zeichen mit dem `Ende`-Zeichen übereinstimmt.

Sehen wir uns an, was in dieser `while`-Schleife genauer passiert: Wir überprüfen zunächst, ob das gelesene Zeichen mit dem Zeichen `ZeilenEnde` übereinstimmt. Ist dies der Fall, so wird `ZeilenEndeZaehler` um `1` erhöht. Diese überprüfende Anweisung ist neu und wird gleich genauer beschrieben werden. Die Erhöhung findet also nur dann statt, wenn die beiden Zeichen übereinstimmen. In jedem Fall wird das gelesene Zeichen in einer eigenen Zeile ausgedruckt, nachdem der entsprechende Text geschrieben worden ist. Nach jedem Lesen eines neuen Zeichens wird der `Zaehler` um `1` erhöht. Soweit zum Inhalt der `while`-Schleife.

Zum Abschluß des Programms drucken wir unsere Resultate aus, indem wir die diversen Zählerstände bekanntgeben. Eine leichte Überlegung macht klar, daß wir eigentlich bei der Anzahl der Zeichen um ein Zeichen zu weit gezählt haben, soweit der Text selbst betroffen ist. Wir haben nämlich das Zeichen für das Ende des Textes mitgezählt, denn der Zähler wurde auch nach dem Lesen dieses Zeichens um `1` erhöht. Daher müssen wir vor dem Ausdrucken den Zähler um `1` vermindern. Hier kommt die Präfix-Notation für die Subtraktion um `1` sehr handlich zum Einsatz, wie Sie es am Text des Beispiels sehen können. Zum Abschluß schreiben wir noch auf, wieviel Zeilen wir gelesen haben.

Soweit die Diskussion dieses Programms. Wir haben eine neue `include`-Datei kennengelernt, haben die Verwendung der Funktion `getchar` diskutiert und haben schließlich eine neue Anweisung kennengelernt, mit deren Hilfe wir Anweisungen in Abhängigkeit davon, ob Bedin-

gungen wahr oder falsch sind, ausführen können. Dieser Anweisung wollen wir uns jetzt ein wenig gründlicher zuwenden.
Die einfache Form dieser bedingten Anweisung hat die Gestalt

```
if(Bedingung) Anweisung
```

Anschaulich entspricht dies dem Wunsch, eine Anweisung auszuführen, falls die Bedingung wahr ist und von einer Ausführung abzusehen, falls dies nicht der Fall ist. Genau dies tut diese bedingte Anweisung: Die Bedingung wird ausgewertet, ergibt die Auswertung den Wert *wahr*, ist das Resultat der Auswertung also von 0 verschieden, so wird die Anweisung ausgeführt. Ergibt die Auswertung der Bedingung jedoch den Wert *falsch*, also den Wert 0, so wird die Anweisung ignoriert, das Programm fährt mit der nächsten Anweisung fort.
Bemerken Sie an dieser Stelle, daß die Anweisung durchaus nicht nur eine einfache Anweisung sein muß. Sie kann vielmehr aus mehreren Anweisungen bestehen, die dann mit Hilfe der geschweiften Klammern { ... } zu einer einzigen Anweisung zusammengeleimt werden. Falls die Anweisung selbst wieder komplex ist, kann sie selbstverständlich `while`-Anweisungen oder andere bedingte Anweisungen enthalten: Dies ist der Vorteil unseres Baukastenzugangs, bei dem wir aus vielen gleichartigen Klötzchen neue Klötzchen zusammensetzen.
Die syntaktische Form dieser Anweisung soll kurz erwähnt werden: Es wird gefordert, daß die Bedingung bei einer solchen bedingten Anweisung in Klammern gesetzt wird. In Klammern gesetzte `Bedingung` und `Anweisung` folgen unmittelbar aufeinander, also ohne verbindenden Text wie etwa `then` in anderen Sprachen. Es sei weiterhin darauf aufmerksam gemacht, daß die bedingte Anweisung leicht irreführend wirken kann: Es wird nicht explizit auf `true` oder `false` hin getestet, sondern daraufhin, ob der Wert der Bedingung einen von 0 verschiedenen Wert hat oder nicht. Dieses scheinbare Mißverständnis löst sich natürlich dann auf, wenn man weiß, wie *wahr* und *falsch* interpretiert werden.
Schließen wir die Diskussion dieses Programms damit ab, daß wir überlegen, warum die Variable `Zaehler` hier wie schon im vorigen Programm als lange ganze Zahl vereinbart wurde. Wir haben an Beispielen gesehen, daß ganze Zahlen empfindlich sind, wenn der zulässige Bereich überschritten wird (vgl. etwa Implementierung 2.5.2 auf Seite 20). Nun kann dies bei einem längeren Text durchaus der Fall sein, und, um uns vor solchen Bereichsüberschreitungen zu schützen, vereinbaren wir den Zaehler als lange ganze Zahl.

3.1.4 Wörter zählen

Wir wissen jetzt schon viel über unseren Text, wir kennen die Anzahl der Zeichen und auch die Anzahl der Zeilen. Was wir noch nicht so recht kennen, ist die Anzahl der Wörter. Das ist nun ein wenig komplizierter, denn wir können Wörter nicht erkennen, indem wir auf das eingelesene Zeichen achten. Hier ist vielmehr der Kontext des Zeichens interessant. Wir müssen, um die vorgelegte Frage zu beantworten, festlegen, wie man Wörter erkennt (wohlgemerkt: es geht hier nur darum, festzustellen, ob ein Wort vorliegt, nicht hingegen, welches Wort gerade gelesen worden ist: Das ist viel komplizierter).
Sie überlegen sich leicht, daß man am besten nicht nach Wörtern, sondern nach Wortwechseln sucht. Tritt nämlich ein solcher Wortwechsel auf, so kann man den Zählerstand für die Anzahl der Wörter erhöhen. Wir sollten also überlegen, wann Wörter voneinander getrennt werden. Wir legen dazu fest, daß Wörter durch Leerzeichen, Zeilenenden oder Tabulatoren voneinander getrennt werden. Wenn wir also ein Zeichen `c` gelesen haben, und dieses Zeichen einen dieser

Werte hat, so können wir schließen, daß wir uns nicht in einem Wort befinden. Damit ist auch klar, wann wir ein Wort neu betreten.
Wir haben gerade gesehen, daß wir nicht in einem Wort sind, wenn wir das Leerzeichen, einen Tabulator oder das Zeichen für das Ende einer Zeile gesehen haben. In unserer Programmiersprache können wir das folgendermaßen ausdrücken

```
c == ' ' || c == '\n' || c =='\t'
```

wobei c das gerade aktuelle Zeichen ist. Diese Ausdrucksweise soll kommentiert werden: Die beiden senkrechten Striche || bezeichnen die *Disjunktion*, also das logische *Oder*, das zwei Bedingungen zu einer neuen Bedingung verknüpft, und das genau dann wahr ist, wenn eine der beiden Teilbedingungen wahr ist. Die Verknüpfung von Bedingungen kann natürlich fortgesetzt werden, so daß man mit Hilfe des logischen Oder beliebig viele Aussagen miteinander verknüpfen kann; die Gesamtaussage ist genau dann wahr, wenn eine der Teilaussagen wahr ist. Wir werden gleich die *Konjunktion*, also das logische *Und* kennenlernen, bei dem die Verhältnisse analog liegen.
Aber zurück zu unserem Problem: Wenn für das gelesene Zeichen c die oben angegebene Bedingung wahr ist (das bedeutet nach der gerade gegebenen Definition: Eine der Teilbedingungen muß wahr sein), dann sind wir nicht in einem Wort und erhöhen den Wortzähler entsprechend. Die Übertragung in eine while-Schleife findet sich in dem folgenden Code-Stück und sollte nach der Diskussion unmittelbar verständlich sein; die Implementierung 3.1.4 faßt die Diskussion zusammen.

```
const int true = 1, false = 0;

ZeilenZaehler = WortZaehler = 0;
cin >> c;
Zaehler = 1;
while (c != Ende) {
        if (c == ZeilenEnde) ZeilenZaehler++;
        if (c == LeerZeichen || c == ZeilenEnde || c == Tab)
                ImWort = false;
        else if (!ImWort) {
                ImWort = true;
                ++WortZaehler;
                }
        cin >> c;
        ++Zaehler;
}
```

Implementierung 3.1.4: Wörter zählen

Wenn Sie sich das Programm genauer ansehen, so stellen Sie fest, daß wir einige neue Konstrukte hineingeschmuggelt haben, die jetzt kommentiert werden sollen. Zunächst haben wir zwei ganzzahlige Variablen true und false definiert, diese beiden Zahlen sollen die Wahrheitswerte darstellen. Da wir wissen, wie wahr bzw. falsch interpretiert werden, haben wir true den Wert 1 und false den Wert 0 gegeben.

Damit haben wir die symbolischen Konstanten eingeführt, mit deren Hilfe das Programm leichter gelesen werden kann. Die bedingte Anweisung hat eine neue, erweiterte Gestalt, die wir noch nicht besprochen haben: Wir betrachten an dieser Stelle den Fall, daß wir nicht nur eine einzige Aktion durchführen wollen, wenn eine Bedingung erfüllt ist, sondern eine andere Aktion, wenn diese Bedingung nicht erfüllt ist. Hierzu benötigen wir eine zweigliedrige Variante der bedingten Anweisung, auf die ich gleich zu sprechen kommen werde. Bevor wir dies tun, möchte ich näher auf die Zuweisung eingehen.

3.1.5 Die Zuweisung

Betrachten wir die Zuweisung

```
WortZaehler = 0
```

Wir haben bereits oben gesehen, daß mit dieser Zuweisung der Variablen auf der linken Seite des Gleichheitszeichens der Wert `0` zugewiesen wird. Diese Zuweisung ist aber komplexer, als sich dem bloßen Auge offenbart: Sie hat einen Seiteneffekt, denn sie liefert auch einen Wert, nämlich den gerade zugewiesenen. So hat also diese unschuldig erscheinende Zuweisung einmal den Effekt, daß ein Wert zugewiesen wird, zum anderen gibt sie einen Wert zurück. Damit könnten wir nun lustig operieren, und das wollen wir auch gleich tun. Eine unleserliche Variante soll scherzeshalber kurz eingeführt, aber im weiteren nur spärlich benutzt werden. Nehmen Sie an, daß wir die Variablen `a` und `b` vereinbart haben, die Initialisierung

```
a = 1
```

sei durchgeführt. Dann können wir nach der gerade gegebenen Erklärung durchführen:

```
a = a + (b = 7);
```

Die Feder (besser die Tastatur) sperrt sich beim Schreiben! Dies ist eine der Möglichkeiten, völlig unleserlichen Code zu schreiben. Nutzen Sie diese Möglichkeit! Verderben Sie Ihren Programmierstil! Verwirren Sie sich und Ihre Leser (ich tu's schließlich auch)!
Diese Zuweisung hat die folgenden Wirkungen:

- Der Variablen `b` wird der Wert 7 zugewiesen.
- Der Variablen `a` wird der Wert 8 zugewiesen.
- Der gesamte Ausdruck hat den Wert `8`.

Dieses Beispiel war zugegebenermaßen scherzhaft, weil solche Formulierungen ohne Not nicht zustande kommen. Die Möglichkeit allerdings, daß die Zuweisungen auch Werte liefern, kann sich an einigen Stellen als sehr praktisch erweisen. Eine dieser Gelegenheiten ist die mehrfache Zuweisung. Betrachten Sie das folgende Beispiel

```
ZeilenZaehler = WortZaehler = 0
```

Die Zuweisungen wirken wie die Anweisung

```
ZeilenZaehler = (WortZaehler = 0)
```

Dabei geschieht das Folgende:

- Zunächst wird die Zuweisung `WortZaehler = 0` durchgeführt,
- dann wird der resultierende Wert an die Variable `ZeilenZaehler` zugewiesen.

Sie sehen also, daß die Handhabung einer Zuweisung (die ja eigentlich eine Aktion ist) als Ausdruck (der ja eigentlich einen Wert liefert) durchaus hilfreich und nützlich ist. Die Gleichwertigkeit der beiden Zuweisungen

```
a = b = c
```

und

```
a = (b = c)
```

wird dadurch ausgedrückt, daß man sagt, die Zuweisung sei *rechtsassoziativ*. Das bedeutet, daß ein solcher Ausdruck so ausgewertet wird, als ob der am weitesten rechts stehende Teilausdruck in Klammern eingeschlossen wäre.
Kurzes Nachdenken ergibt die Frage, ob es dann nicht aus Symmetriegründen linksassoziative Operationen geben müsse. In der Tat ist dies der Fall, und eine unserer neuen Bekannten, nämlich die *Disjunktion*, hat diese Eigenschaft: Die Aussage

```
x == y || a == b || e == f
```

ist gleichwertig zu dem geklammerten Ausdruck

```
(x == y || a == b) || e == f
```

Hier sehen Sie, daß bei einer ungeklammerten Aufzählung solcher Ausdrücke so gearbeitet wird, als ob die am weitesten links stehenden Teilausdrücke geklammert sind.

3.1.6 Zur Auswertung logischer Operatoren

Wir haben gerade den logischen Operator **oder** kennengelernt. Mit **oder** verknüpften Aussagen sind genau dann falsch, wenn alle Teilaussagen falsch sind. Dual dazu führen wir die *Konjunktion* ein. Die Aussage

```
x == y && a == b && e == f
```

ist genau dann wahr, wenn jede der Teilaussagen wahr ist, wenn also diese drei Paare von Werten jeweils übereinstimmen. Auch hier ist anzumerken, daß die Konjunktion *linksassoziativ* ist, daß also der gerade angegebene Ausdruck äquivalent ist zum Ausdruck

```
(x == y && a == b) && e == f
```

Die Konjunktion und die Disjunktion haben ziemlich symmetrische Eigenschaften: die Konjunktion ist genau dann wahr, wenn alle Teilaussagen wahr sind, die Disjunktion ist genau dann falsch, wenn alle Teilaussagen falsch sind.
Diesen Umstand macht man sich zunutze, wenn man Konjunktionen und Disjunktionen auswertet. Nehmen wir eine Konjunktion und werten sie Stück für Stück aus, so steht der Wahrheitswert falsch doch bereits dann fest, wenn der erste Teilausdruck den Wert falsch hat. Gleichgültig, welche Werte die anderen noch folgenden Teilausdrücke haben: Der gesamte

Ausdruck ist und bleibt falsch. Völlig analog: Werten wir eine Disjunktion aus und treffen auf die erste Teilaussage, die wahr ist, so ist die gesamte Aussage wahr, gleichgültig, ob die folgenden Teilaussagen wahr oder falsch sind. Und so wird auch die Auswertung dieser Ausdrücke implementiert. Die Ausdrücke werden nur soweit ausgewertet, bis der Wahrheitswert feststeht. Der Rest der Teilausdrücke wird dann gar nicht erst weiter betrachtet.
Das hört sich jetzt so an, als ob dem Benutzer diese Auswertungsstrategie recht gleichgültig sein könnte. Das folgende Beispiel für die Disjunktion zeigt jedoch, daß man sehr genau Acht geben muß, welche Reihenfolge ausgewertet wird:

```
if (a == b || e == (k = r + 1)) cout << k
```

Die Bedingung bei dieser bedingten Anweisung ist genau dann wahr, wenn a mit b übereinstimmt, oder wenn e mit k übereinstimmt, wobei k vor dem Vergleich den um 1 erhöhten Wert von r erhält. Falls der Wahrheitswert bereits nach der Auswertung von a == b feststeht, so wird der zweite Teil der Disjunktion gar nicht erst überprüft, inbesondere findet auch keine Zuweisung an k statt. Beachten Sie, daß wir an dieser Stelle die Seiteneffekte ausnutzen, die wir oben als mit Vorsicht zu genießen deklariert haben. Das Ergebnis für verschiedene Kombinationen der Werte a, b, e, k und r beim Eintritt in die Anweisung sehen Sie in der folgenden Tabelle.

a	b	r	k	e	Ausgabe
0	1	17	0	18	18
0	0	17	0	18	0

Völlig analog wird bei der Auswertung von Konjunktionen vorgegangen. Sobald sich herausstellt, daß eine Konjunktion falsch ist, wird die Auswertung abgebrochen und mit dem erhaltenen Wert weitergerechnet.

3.1.7 Die bedingte Anweisung

Bislang haben wir nur bedingte Anweisungen ohne Alternative kennengelernt, jetzt wollen wir diese Anweisung in ihrer ganzen Schönheit diskutieren. Syntaktisch sieht die bedingte Anweisung mit Alternative wie folgt aus

```
if (Bedingung) Anweisung1 else Anweisung2
```

Ist hier die Bedingung erfüllt, so wird die erste Anweisung ausgeführt, ist dies nicht der Fall, die zweite. Erinnern Sie sich daran, daß Anweisungen durchaus aus einer Folge von Einzelanweisungen zusammengesetzt sein können, die in geschweifte Klammern eingeschlossen wird. Da es sich aber hier in jedem Fall um Anweisungen handelt, verwenden wir die etwas allgemeinere Form.
Diese bedingte Anweisung kann noch ein wenig verallgemeinert werden: Die Verallgemeinerung trägt der Tatsache Rechnung, daß es auf dieser Welt bekanntlich mehr Farben als nur schwarz oder weiß gibt (sonst könnte man den Satz *Nachts sind alle Katzen grau* ja nicht einmal formulieren). Das Vorgehen läuft etwa nach dem folgenden Schema ab: Wenn ich eine Farbe sehe, und diese Farbe ist weiß, dann tue ich etwas Weißes, sonst (und jetzt ist die Farbe nicht weiß) tue ich etwas Grünes, falls die Farbe grün ist, sonst (und jetzt ist die Farbe weder weiß noch grün) tue ich etwas Rotes, falls die Farbe rot ist, sonst (und jetzt ist die Farbe weder weiß noch rot) tue ich etwas anderes. Syntaktisch hat die Anweisung die folgende Form:

```
if (Bedingung1) Anweisung1
else if (Bedingung2)
...
else if (Bedingungk) Anweisungk
else AnweisungSonst
```

Falls also die **Bedingung1** erfüllt ist, so wird die erste Anweisung ausgeführt, falls dies nicht der Fall ist, aber die **Bedingung2** erfüllt ist, wird die zweite Anweisung ausgeführt, usw. Allgemein: die **Anweisungj** wird ausgeführt, falls **Bedingungj** wahr ist, alle vorherigen Bedingungen jedoch falsch sind. Schließlich wird die **AnweisungSonst** ausgeführt, falls alle Bedingungen falsch sind. Dieser letzte Zweig der bedingten Anweisung heißt der `else`-Zweig.
Die Bedingungen, die oben angegeben worden sind, werden die *Wächter* der entsprechenden Anweisungen genannt. Damit wird recht anschaulich dargestellt, daß jede der Anweisungen durch einen Wächter streng bewacht wird, der der Zutritt nur grimmig gewährt, wenn die entsprechende Bedingung erfüllt ist.
Diese bedingte Anweisung ist syntaktisch recht flexibel: Der `else`-Zweig kann fehlen, es können unabhängig davon auch alle Wächter außer dem ersten fehlen. Daher ergibt sich die bisher betrachtete bedingte Anweisung als Spezialfall der allgemeinen, in dem nur ein Wächter vorhanden ist und der `else`-Zweig fehlt.
Die einfachere bedingte Anweisung mit der Alternative läßt sich dadurch charakterisieren, daß lediglich ein Wächter und der `else`-Zweig vorhanden sind. Vielleicht schauen Sie sich mit diesen Informationen noch einmal das Programm zum Wörterzählen an, das oben angegeben worden ist?

3.1.8 Die fallgesteuerte Anweisung

Mit der bedingten Anweisung können wir Fälle untersuchen, und in Abhängigkeit von der vorliegenden Situation Aktionen durchführen. Hierbei überprüfen wir Alternativen. Das kann beim Vorliegen vieler Alternativen jedoch ziemlich lästig werden, weil dann ziemlich viele Fälle überprüft werden müssen. Betrachten Sie das Beispiel (wenn `int c` vereinbart ist):

```
if (c == 1)
   cout << ''Eins'';
else if (c == 2)
   cout << ''Zwei'';
....
else if (c == 9)
   cout << ''Neun'';
else
   cout << ''die Zahl war zweistellig'';
```

Wir überprüfen also, indem wir die Werte Schritt für Schritt durchgehen. Stellen Sie sich vor, Sie haben nicht zehn, nicht zwanzig, sondern, sagen wir, achtundachtzig Fälle zu untersuchen. Dann ist der Unterhaltungswert einer solchen Anweisung ziemlich gering, entsprechend steigt die Fehleranfälligkeit. Es geht auch anders.
Die *fallgesteuerte Anweisung* ist hier die Lösung:

```
switch(c) {
case 1: cout << ''Eins''; break;
case 2: cout << ''Zwei''; break;
...
case 9: cout << ''Neun''; break;
else
        cout << ''die Zahl war zweistellig'';
}
```

Der als Argument für `switch` mitgegebene Ausdruck wird ausgewertet. Nun sind zwei Fälle möglich:

1. Der Wert ist einer der Werte `1 ... 9`, also einer der Konstanten, die durch `case` angegeben sind. Dann wird die entsprechende Anweisung ausgeführt und die Anweisung verlassen (dafür sorgt die `break`-Anweisung).

2. Die Auswertung ergibt einen Wert, der mit keiner der Konstanten übereinstimmt. Dann wird der `else`-Zweig ausgeführt.

Beachten Sie, daß hinter `case` Konstanten angegeben sein müssen; sie wirken wie Wächter. Weiterhin ist zu bemerken, daß beim Fehlen der `break`-Anweisung alle folgenden Anweisungen einschließlich der im `else`-Zweig ausgeführt werden. Wie auch in der bedingten Anweisung kann der `else`-Teil fehlen.

3.2 Noch ein einfacher Text; Felder

Wir erweitern unser anfänglich gestelltes Problem ein wenig und möchten jetzt über das Zählen von Wörtern hinaus gerne wissen, welche Ziffern wie oft in unserem Text vorkommen, daneben interessiert uns das Vorkommen der Trennzeichen *Tabulator*, *neue Zeile* und *Leerzeichen*. Wir wollen dies an dem unten wiedergegebenen Beispieltext (der Kenner sieht's: *Vergil, Aeneis, Buch I, Vorstellung der Schiffbrüchigen bei Dido*, [Mar94]) durchexerzieren.

558 oramus, prohibe infandos a navibus ignis,
559 parce pio generi, et propius res aspice nostras.
560 Non nos aut ferro Libycos populare Penatis
561 venimus, aut raptas ad litora vertere praedas;
562 non ea vis animo, nec tanta superbia victis.
563 Est locus, Hesperiam Grai cognomine dicunt,
564 terra antiqua, potens armis atque ubere glaebae;
565 Oenotri coluere viri; nunc fama minores
566 Italiam dixisse ducis de nomine gentem.
567 Hic cursus fuit:
568 cum subito adsurgens fluctu nimbosus Orion
569 in vada caeca tulit, penitusque procacibus austris
570 perque undas, superante salo, perque invia saxa
571 dispulit; huc pauci vestris adnavimus oris.
572 Quod genus hoc hominum? Quaeve hunc tam barbara morem
573 permittit patria? Hospitio prohibemur harenae;

```
574 bella cient, primaque vetant consistere terra.
575 Si genus humanum et mortalia temnitis arma
576 at sperate deos memores fandi atque nefandi.
577
578 'Rex erat Aeneas nobis, quo iustior alter,
579 nec pietate fuit, nec bello maior et armis.
580 Quem si fata virum servant, si vescitur aura
581 aetheria, neque adhuc crudelibus occubat umbris,
582 non metus; officio nec te certasse priorem
583 poeniteat. Sunt et Siculis regionibus urbes
584 arvaque, Troianoque a sanguine clarus Acestes.
585 Quassatam ventis liceat subducere classem,
586 et silvis aptare trabes et stringere remos:
587 si datur Italiam, sociis et rege recepto,
588 tendere, ut Italiam laeti Latiumque petamus;
589 sin absumpta salus, et te, pater optume Teucrum,
590 pontus habet Lybiae, nec spes iam restat Iuli,
@
```

Mit unseren bisherigen Sprachmitteln läge die folgende Vorgehensweise nahe: Für jedes der vorkommenden Zeichen, die uns interessieren, legen wir einen Zähler an, so daß wir etwa die (langen) ganzen Zahlen `x0`, ..., `x9`, sowie `xTab`, `xNeueZeile` und `xLeerZeichen` vereinbaren könnten. Dann würden wir den Text mit einer zusammengesetzten bedingten Anweisung untersuchen, indem wir uns ansehen, welches Zeichen vorliegt, und den entsprechenden Zähler erhöhen.

Diese Vorgehensweise ist sicher realisierbar, unsere bisherigen Sprachmittel lassen auch keine Alternative zu, sie ist gleichwohl sehr unübersichtlich und wenig änderungsfreundlich. Als Alternative werden wir jetzt *Felder* einführen, also Reihungen von Elementen gleichen Typs (in diesem Falle ganze Zahlen). Die Elemente dieser Reihung können über Indizes angesprochen werden. Wie das genau geht, werden wir mit Programm 3.2.1 diskutieren.

Fangen wir mit dem neuen Konstrukt *Feld* an: Die Vereinbarung

```
int ZiffernZaehler[10]
```

vereinbart die ganzen Zahlen `ZiffernZaehler[0]`, ..., `ZiffernZaehler[9]`. Jede dieser ganzen Zahlen wird zu 0 initialisiert, wird eine Ziffer gelesen, so wird der entsprechende Eintrag in dem Feld `ZiffernZaehler` um 1 erhöht (beim Lesen der Ziffer 3 wird also `ZiffernZaehler[3]` um 1 erhöht). Hierbei ist folgendes anzumerken:

- Wir haben zehn Elemente durch die Vereinbarung

  ```
  int ZiffernZaehler[10]
  ```

  vereinbart, dadurch, daß die Zählung immer bei 0 beginnt, ist 9 die obere Grenze der ansprechbaren (adressierbaren) Elemente.

- Die einzelnen Elemente des gerade vereinbarten Felds werden über Indizes angesprochen. So stellt `ZiffernZaehler[5]` das Element mit dem Index 5 dar, also das sechste Element des Felds. Da die Elemente mit Hilfe des Index es angesprochen werden, muß dafür

```
main() {
        char Ende = '@';
        char ZeilenEnde = '\n', Tab = '\t', LeerZeichen = ' ';
        char c;
        long int Zaehler, TrennZeichenZaehler, ZiffernZaehler[10];
        int i;

        Zaehler = 0; TrennZeichenZaehler = 0;
        for (i = 0; i < 10; ++i)
                ZiffernZaehler[i] = 0;

        c = getchar();
        while (c != Ende) {
                if (c >= '0' && c <= '9') ++ZiffernZaehler[c - '0'];
                else if (c == LeerZeichen ||  c == ZeilenEnde || c == Tab)
                        ++TrennZeichenZaehler;
                else ++Zaehler;
                c = getchar();
                }

        cout << "Anzahl der Trennzeichen: "  << TrennZeichenZaehler;
        for(i = 0; i < 10; ++i)
                cout << "\nZiffer " << i
                     << "  wurde " << ZiffernZaehler[i]  << "\tmal gelesen";
                     << "\andere Zeichen:  "  << Zaehler << endl;
}
```

Implementierung 3.2.1: Erweiterung: Zählen von Zeichen und Ziffern

gesorgt werden, daß der Index innerhalb der vorgesehenen Grenzen liegt: die untere Grenze für den Index ist stets der Wert `0`, die obere Grenze ist in unserem Fall der Wert `9`.

- Das Konstruktionsmuster für Felder sieht wie folgt aus: Ein Feld `Ara` mit `k` Elementen eines Grundtyps `TT` wird vereinbart durch

  ```
  TT Ara[k];
  ```

  Damit werden die `k` Elemente `Ara[0]`, ..., `Ara[k-1]` zur Verfügung gestellt. Hierbei kann `k` auch ein ganzzahliger Ausdruck sein, der zur Definition des Felds bekannt sein muß. Im Augenblick haben wir für den Grundtyp `TT` lediglich die primitiven Typen zur Verfügung, das wird sich bald ändern.

Als einfaches Beispiel wird die Vereinbarung

```
long int GrosseZahl[17];
```

als Beispiel für die Vereinbarung eines Felds mit den siebzehn ganzen Zahlen

```
GrosseZahl[0],..., GrosseZahl[16]
```

eingeführt.
Wenn wir etwa die Ziffer `'3'` sehen, so wollen wir in unserem Feld `ZiffernZaehler` das Feldelement mit dem Index `3` erhöhen. Sie sehen am Programmtext, welche arithmetische Operationen hier durchgeführt werden müssen. Der Index wird für eine Ziffer, die im Zeichen cgespeichert ist, durch die Berechnung von `c - '0'` durchgeführt. Daß diese Konstruktion richtig arbeitet, ist an der folgenden Tabelle zu sehen, in der für jede Ziffer ihre Platznummer angegeben ist.

'0'	'1'	'2'	'3'	'4'	'5'	'6'	'7'	'8'	'9'
48	49	50	51	52	53	54	55	56	57

3.2.1 Die Zählschleife

Eine weitere wesentliche Konstruktion, die wir im vorliegenden Programmstück benutzt haben, ist die `for`-Schleife. Sie soll hier eingeführt werden. Ihr allgemeiner syntaktischer Aufbau wird beschrieben durch

```
for (A; B; C) Anweisung
```

wobei die einzelnen Komponenten die folgende Bedeutung haben:

- `A` steht für den *Initialisierungsteil* : Z. B. kann hier die Zuweisung für eine Variable stattfinden, die in der Anweisung verwendet wird. Mit diesem Wert wird die Anweisung zu Beginn durchlaufen.

- `B` stellt den *Bedingungsteil* dar: Dieser Bedingungsteil wird vor jedem Durchlauf durch die Schleife überprüft, wenn die Auswertung den Wert *falsch* ergibt, so wird die Schleife abgebrochen, d. h. die Anweisung, die auf die Schleife folgt, wird als nächste ausgeführt. Ergibt die Auswertung des Bedingungsteils dagegen den Wert *wahr*, so wird die `Anweisung` durchlaufen und der Aktionsteil ausgeführt.

- C ist ein *Aktionsteil*, der bei jedem Durchlauf am Ende ausgeführt wird.
- **Anweisung** ist der eigentliche *Rumpf* der Schleife. Die Anweisung wird in jedem Schleifendurchlauf ausgeführt. Wie in den bisherigen Fällen kann es durchaus möglich sein, daß wir mehr als eine Anweisung ausführen wollen. In diesem Fall verwandeln wir die Folge der Anweisungen in eine einzige, indem wir sie wieder in geschweifte Klammern einschließen.

Jedes dieser Konstrukte kann fehlen, kann also leer sein. Die kürzeste Schleife, die man sich vorstellen kann, ist zugleich ziemlich unangenehm: Diese Schleife hat die Form

```
for(;;);
```

Sie stellt eine unendliche Schleife dar: Die zu dieser `for`-Schleife gehörende Anweisung ist die sogenannte *leere Anweisung* , die keinerlei Wirkung hat. Diese leere Anweisung wird ausgeführt, solange die leere Bedingung wahr ist. Die leere Bedingung ist nun, wie man sich leicht überlegt, stets wahr, da sich keine Gelegenheit zur Erlangung des Werts falsch ergibt. Der Initialisierungsteil und der Aktionsteil bei dieser kuriosen Schleife sind ebenfalls leer.
Wir wollen einige möglicherweise sinnvollere Beispiele diskutieren. Fangen wir mit der folgenden Schleife an:

```
for(;(c = getchar()) != Ende;) cout << c;
```

Hier finden wir eine `for`-Schleife, die gleich mehrere Eigenschaften miteinander kombiniert: Die Initialisierungs- und Aktionsteile sind leer, dann sehen Sie, wie die Zuweisung auch gleich dazu verwendet wird, den zugewiesenen Wert herzunehmen und zur Überprüfung einer Bedingung dient. Diese Schleife ist gleichwertig zu dem folgenden Stück Code

```
c = getchar();
while (c != Ende){
        cout << c; c = getchar();
}
```

Die `for`-Schleife stellt sicherlich eine wesentlich knapper formulierte Alternative zu der zugegebenermaßen leicht umständlichen `while`-Schleife dar. Beachten Sie, wie die Bedingung

```
c != Ende
```

in diesen beiden Varianten formuliert worden ist.
Schauen wir uns als nächstes die folgende Initialisierungs-Schleife an:

```
for(i = 0; i < 10; i++)
    ZiffernZaehler[i] = 0
```

Diese Schleife initialisiert alle Elemente des angegebenen Feldes zu `0`. Wir hätten als Alternative und gleichwertige Formulierung die folgende wählen können, die auch gleich mit Hilfe einer Postfix-Operation die Erhöhung um `1` realisiert:

```
for (i = 0; i < 10;)
     ZiffernZaehler[i++] = 0
```

Diese Formulierung arbeitet deshalb, weil der Index `i` erst dann um `1` erhöht wird, wenn er bereits benutzt worden ist. Hier tritt also die Semantik der Postfix-Operation deutlich zu Tage.

3.2.2 Subtraktion von *Zeichen*?

Kehren wir kurz zum Programmtext zurück und betrachten wir die Operation

```
c - '0'
```

ein wenig genauer. Die Variable c ist als Zeichen vereinbart, bei '0' handelt es sich ebenfalls um ein Zeichen, so daß sich die Frage ergibt, was hier eigentlich vorgeht. Werden zwei Zeichen voneinander subtrahiert? Ergibt das überhaupt einen Sinn?
Wir stoßen an dieser Stelle an eine der Formulierungsmöglichkeiten, die es erlauben, in C++ sehr knapp zu formulieren. Die Subtraktion ist mit Zahlen verbunden, wie wir wissen, so daß folgendes vor sich geht:

- Das Zeichen c wird in eine ganze Zahl verwandelt.
- Das Zeichen '0' wird ebenfalls in eine ganze Zahl verwandelt.
- Die Resultate dieser Konversion werden voneinander subtrahiert.

Die Konversion in ganze Zahlen ist bei Zeichen deshalb möglich, weil Zeichen intern als Bitmuster dargestellt werden, und diese Bitmuster können natürlich in zwangloser Weise als Zahlen interpretiert werden. Wir werden gelegentlich solche Typkonversionen kennenlernen und werden auch die Notwendigkeit sehen, solche Typkonversionen selbst durchzuführen (vgl. Abschnitt 18.7.4). Das ist insbesondere bei komplexen Datenstrukturen notwendig, soll aber mit dem üblichen Körnchen Salz genossen werden, weil es insgesamt nicht ungefährlich ist.—
Abschließend soll noch einmal der Ausdruck

```
++ZiffernZaehler[c - '0']
```

kommentiert werden. Es geschieht an dieser Stelle folgendes: Der Wert der zu c gehörenden Ziffer wird ermittelt, der entsprechende Feldeintrag wird um 1 erhöht. Hierbei muß natürlich das Zeichen c einer Ziffer entsprechen. Ist dies nicht der Fall, so verlassen wir mit dem Indexwert c - '0' den Pfad der Tugend, nämlich den Wert der zulässigen Indizes für unser Feld und lösen Unbehagen bei unserem Rechner aus. Es hätte übrigens auch

```
ZiffernZaehler[c -'0']++
```

heißen können, da der aktuelle Wert des Feldelements weder vor noch nach Erhöhung direkt benutzt wird. Sie sehen, gelegentlich ist es gleichgültig, ob man die Präfix- oder die Postfix-Variante wählt.

3.3 Ausblick

Kehren wir zu unserem Text zurück: In unserem Text möchte ich gerne die Länge der längsten Zeile berechnen und ausgeben. Wir müssen also für jede Zeile

- ihre Länge bestimmen,
- die maximale Länge berechnen.

Die Berechnung der Länge einer Zeile ist für jede Zeile ziemlich gleichförmig, deshalb bietet es sich an, diese Berechnung sozusagen auszugliedern. Die Berechnung des Maximums ist ebenfalls einigermaßen gleichförmig: Wir nehmen uns das alte Maximum her und vergleichen es mit der Anzahl der Zeichen in der vorgelegten Zeile. Ist das alte Maximum kleiner als die Zeilenlänge, so setzen wir das neue Maximum auf die Länge der Zeile, sonst bleibt der Wert des Maximums unverändert. Wie die Berechnung dieser beiden Werte genauer geschieht, soll im nächsten Kapitel erörtert werden.

3.4 Aufgaben

1. Lesen Sie eine positive ganze Zahl ein und geben die die Häufigkeit des Vorkommens jeder Ziffer aus.

2. Lesen Sie eine höchstens neunstellige positive ganze Zahl ein und bestimmen Sie, ob sie teilbar ist durch

   - `2` (dann ist die letzte Ziffer durch zwei teilbar),
   - `3` (dann ist die Quersumme durch drei teilbar),
   - `9` (dann ist die Quersumme durch neun teilbar),
   - `11` (dann ist die Differenz der Summe der Ziffern an geraden Positionen und der Summe der Ziffern an ungeraden Positionen durch elf teilbar: `135784` ist durch elf teilbar, da `(8 + 5 + 1) - (4 + 7 + 3) = 0`)

3. Als Fortsetzung von Aufgabe 1 in Abschnitt 2.9 (Seite 24) lesen Sie eine Zahl `g` vom Typ `float` und ein einzelnes Zeichen `skala` ein. Gilt `skala == 'c'`, so soll `g` als Temperatur-Angabe in Celsius, bei `skala == 'f'` als Angabe in Fahrenheit interpretiert werden. Berechnen Sie die jeweils andere Grad-Angabe und geben Sie sie aus; jeder andere Buchstabe soll die Ausgabe `unbekannte Skala` nach sich ziehen.

4. Eine unsortierte Folge von ganzen Zahlen soll sortiert werden, dabei nehmen wir an, daß keine Zahl mehrfach vorkommt, und daß aufsteigend sortiert wird. In dieser Aufgabe sollen es die siebzehn Zahlen

   `a[0],..., a[16]`

   sein. Die Vorgehensweise ist einfach: sind für einen Indexwert `i` bereits

   `a[0],.., a[i-1]`

   aufsteigend sortiert, so suche man im bereits sortierten Bereich die Position `k`, an der `a[i]` eingefügt werden kann, verschiebe

   `a[k],.., a[i-1]`

   um genau eine Position weiter auf die Elemente

   `a[k+1],..., a[i]`

   und setze

```
a[k] = a[i]
```

Implementieren Sie dieses Vorgehen.

5. Gegeben sind die ersten tausend positiven Zahlen `1,...,` `1000`. Streichen Sie alle Vielfachen von `2, 3, 5, 7, ...,31`, so bleiben 1 und alle Primzahlen zwischen 2 und 1000 übrig.

   (a) Implementieren Sie dieses Vorgehen.

   Hinweis Vereinbaren Sie ein Feld `int AlleZahlen [1001]` und initialisieren Sie jedes Feldelement mit `1`. Streichen der Zahl `k` entspricht der Zuweisung

   ```
   AlleZahlen[k] = 0
   ```

   (b) Lesen Sie eine Zahl `k` mit `0` $\leq$ `k` $\leq$ `1000000` ein und drucken Sie die Primfaktoren von `k` aus.

   Ist t eine positive ganze Zahl und s die größte ganze Zahl mit $s \cdot s \leq t$, so gilt folgendes: falls t keine Primzahl ist, dann hat t einen Primfaktor f mit $f \leq s$. Könnte man nämlich t schreiben als Produkt $t = m \cdot n$ mit $m > s$ **und** $n > s$, so müßte $t > s \cdot s$ sein, was aber mit der Wahl von s im Widerspruch steht. Daher braucht man nur Faktoren bis zur Wurzel einer Zahl zu testen, woraus sich die Zahlen `31` und `1000000` von oben erklären.

6. Die *Kleingruppe organisierter Großzwerge* KLEINGROSS *e. V.* bestimmt ihren Vorstandsvorsitzenden wie folgt: der Vorstand stellt sich im Kreis auf, und jedes zweite Mitglied setzt sich hin, wobei zirkulär vom alten Vorsitzenden aus gezählt wird. Wer als letzter noch steht, bekommt den Vorsitz (bei zehn Mitgliedern und der Nr. 1 als altem Vorsitzenden würde Nr. 5 neuer Vorsitzender: die Vorstandsmitglieder setzen sich in der Reihenfolge $2, 4, 6, 8, 10, 3, 7, 1, 9$). Implementieren Sie diesen Wahlmodus von KLEINGROSS.

   Hinweis Vereinbaren Sie ein Feld `int Vorstand [k]`, falls der Vorstand `k` Personen enthält. Ein stehender Vorstand hat den Wert `1`, ein sitzender den Wert `0`. Vorstandsmitglied `i` sitzt im Kreis unmittelbar vor Mitglied `j`, wenn

   ```
   (i + 1) % k == j
   ```

   gilt.

   Dies ist die friedliche Variante des in der Kombinatorik bekannten JOSEPHUS-Problems. [GKP89, 1.3].

7. Die niederländische Nationalflagge besteht aus den Farben rot (`R`), blau (`B`) und weiß (`W`). Nehmen Sie an, wir haben ein Feld von `k` Steinchen in diesen drei Farben, allerdings in beliebiger Reihenfolge. Implementieren Sie ein Programm, das die Reihenfolge der Steinchen in Ordnung bringt. Hierbei dürfen Sie lediglich die Farbe von Steinen identifizieren und ggf. Steine miteinander vertauschen (ein Zugang, der einfach die Zahl der entsprechend farbigen Steinchen feststellt und das Feld damit neu definiert wäre also nicht akzeptabel).

   Hinweis Vereinbaren Sie die Konstanten `R`, `B` und `W` irgendwie und lesen das Feld ein. Iterieren Sie von unten (d.h. bei `0` beginnend und aufwärts) und von oben (d.h. bei `k - 1` beginnend und abwärts) über das Feld.

Dies ist eine vereinfachte Variante des DUTCH NATIONAL FLAG PROBLEMS [Dij76, Kap. 14].

8. Die Binärdarstellung einer positiven ganzen Zahl besteht bekanntlich aus einer Folge von 0 und 1. Die notwendige Anzahl dieser Bits zur Darstellung der Zahl k läßt sich durch fortgesetztes Halbieren feststellen: Sie halbieren die Zahl solange, bis die Zahl 0 erreicht ist, und zählen mit. Bei $k = 23$ ergibt sich z.B. $11, 5, 2, 1, 0$. Die Binärdarstellung von 23 ist 10111, umfaßt also fünf Bits. Die Aufgabe besteht nun darin,

   - die Zahl k einzulesen,
   - die Anzahl b der Bits zu berechnen,
   - ein ganzzahliges Feld mit b Komponenten zu vereinbaren,
   - darin die Binärdarstellung von k abzuspeichern.

   Hinweis Die Binärdarstellung ergibt sich als Folge der Reste bei der Division durch 2, wie unser Beispiel 23 zeigt:

$$\begin{array}{rcllcl} 23 & = & 2\cdot 11 & + & 1 & \rightarrow 1 \\ 11 & = & 2\cdot 5 & + & 1 & \rightarrow 1 \\ 5 & = & 2\cdot 2 & + & 1 & \rightarrow 1 \\ 2 & = & 2\cdot 1 & + & 0 & \rightarrow 0 \\ 1 & = & 2\cdot 0 & + & 1 & \rightarrow 1 \end{array}$$

9. Erweitern Sie die vorige Aufgabe, indem Sie die Darstellung einer positiven ganzen Zahl zur Basis 7 berechnen.

Kapitel 4

Funktionen und lokale Variable

Inhaltsangabe

In diesem Abschnitt wollen wir — ausgehend von der im letzten Kapitel eingeführten Problemstellung — Funktionen einführen. Funktionen werden sich als wichtiges Werkzeug zur Modellierung und Lösung von Problemen erweisen. Mit ihnen sind zudem einige wichtige Spracheigenschaften verbunden, auf die wir an dieser Stelle hinweisen wollen.

4.1 Funktionen

Ich möchte gerne für $n = 1, \ldots, 7$ den Wert von n^n kennenlernen und ausdrucken. "Kein Problem", werden Sie sagen, man könnte ja so vorgehen

```
for (n = 1; n < 8; n++) {
        b = n;
        for (p = 1; b > 0; --b) p *= n;
                cout << p;
}
```

Wir haben hier ein Beispiel für zwei ineinander geschachtelte Schleifen; in der äußeren Schleife durchläuft der Laufindex n die Werte zwischen 1 und 7. Für jeden Wert von n geschieht Folgendes: Die Variable b wird zu n initialisiert, sie gibt die Anzahl der notwendigen Multiplikationen an. Anschließend wird n mit sich selbst multipliziert, und zwar b mal. Dies wird durch eine innere Schleife realisiert, sie sorgt dafür, daß die notwendige Anzahl von Multiplikationen durchgeführt wird. Hierzu wird p zu 1 initialisiert, anschließend wird hinreichend oft mit n multipliziert. Das Ergebnis wird dann ausgedruckt. Wir sind bei dieser Darstellung davon ausgegangen, daß die Variablen entsprechend vereinbart worden sind; es erweist sich als zweckmäßig, die ganze Zahl p als lange ganze Zahl zu vereinbaren.

4.1.1 Diskussion

Das Beispiel könnte nun dazu dienen, die Berechnung an jeder Stelle, an der eine entsprechende Potenz benötigt wird, durchzuführen. Hierzu müßte man den entsprechenden Text an diese Stelle kopieren, Namenskonflikte müßten aufgelöst werden: Wenn also eine vorhandene Variable bereits den Namen p hat, so müßte dafür Sorge getragen werden, daß unser p in dieser Berechnung einen anderen Namen bekommt, der noch nicht vergeben ist.
Diese Lösung ist aber nicht besonders zufriedenstellend, und zwar aus zwei Gründen:

- Die Berechnung wird an jeder Stelle im Detail bedacht und durchgeführt. Bei der Lösung eines Problems geht man aber meist davon aus, daß man solche Teilberechnungen nicht jedesmal im Einzelnen betrachtet, sondern als durchgeführt hinnimmt.
- Die verwendeten Variablen müßten angepasst werden, um Namenskonflikte zu vermeiden.

Der erste Grund ist recht schwergewichtig, auch wenn er Ihnen im Augenblick vielleicht noch nicht direkt einleuchten mag. Wenn Sie einen Programmtext lesen und stets denselben Code sehen (mehr oder minder verkleidet), so wird Ihnen möglicherweise nicht auf Anhieb klar, was in diesen Codepassagen eigentlich berechnet wird. Die Verwendung von Funktionen wird uns auf der anderen Seite gleich die Möglichkeit geben, solche repetitiven Stücke Code mit aussagekräftigen Namen zu versehen und zu verkapseln. Auf diese Weise gibt die Lektüre des Programmtexts eindeutig Auskunft darüber (sie sollte es zumindest tun), was dort eigentlich geschieht, ohne jeweils in die Tiefen oder Untiefen der Programmformulierung eindringen zu müssen.
Ein weiterer wichtiger Gesichtspunkt betrifft den Vorgang der *Abstraktion* : Wenn Probleme gelöst werden, so neigt man dazu,ein größeres Problem in Teilprobeme aufzulösen, die Teilprobleme separat zu lösen und ihre Lösung zu einer Lösung des Gesamtproblems zusammenzusetzen. Dies ist der Grundgedanke der strukturierten Programmierung. Es erweist sich als sinnvoll, diese Teilprobleme mit Namen zu versehen, um sie später ansprechen zu können (und um Varianten durch geeignete Modifikationen wieder verwenden zu können). Daher ist es vernünftig, auf der Ebene der Programmiersprache solche Verkapselungsmöglichkeiten anzubieten, um dem Problemlösungsprozeß entgegen zu kommen.

4.1.2 Die Potenz-Funktion

Das tun wir hier. Wir geben die Implementierung einer Funktion in 4.1.1 an. Mit dieser Vereinbarung kann die gewünschte Berechnung als

```
for (n = 1; n < 8; n++)
        cout << Potenz(n, n);
}
```

durchgeführt werden.

```
long int Potenz(int a, int b) {
        long int p;
        for (p = 1; b > 0; --b) p *= a;
        return p;
}
```

Implementierung 4.1.1: Vereinbarung der Potenz-Funktion

Wir haben hier eine Funktion `Potenz` deklariert, diese Funktion nimmt die beiden ganzzahligen Werte a und b als Argument, sie berechnet a^b durch iterierte Multiplikation und gibt das Ergebnis als lange ganze Zahl zurück. Die eigentliche Berechnung der Funktion findet in dem Block statt, der wie üblich durch geschweifte Klammern begrenzt wird. Dieser Block hat eine lokale Variable `p`, die als lange ganze Zahl vereinbart ist. Die beiden ganzen Zahlen `a` und `b` heißen *formale Parameter*, sie dienen als Platzhalter für die nachher zu verwendenden *aktuellen Parameter*, mit denen die Funktion aufgerufen wird. Der Rückgabewert wird als lange ganze Zahl charakterisiert.

4.1.3 Aktuelle vs. formale Parameter

Der wichtige Unterschied zwischen den formalen und aktuellen Parametern soll kurz aus einem Beispiel aus der Mathematik diskutiert werden.
Sehen Sie sich die Funktion

$$f(t) := 3t + 1$$

an. Umgangssprachlich würde man sagen: *Multipliziere den gegebenen Wert mit 3 und addiere 1, das ist dann das Resultat.* Der Name t dient hier als formaler Parameter, also — wie gewohnt — als Platzhalter für die Werte selbst. Wenn wir beispielweise $f(7)$ berechnen; so wird der Wert von t durch 7 ersetzt, das Resultat hat dann den Wert

$$\begin{aligned} f(7) &= 3 \cdot 7 + 1 \\ &= 22 \end{aligned}$$

Sie sehen: Der aktuelle Parameter ersetzt den formalen Parameter bei dieser einfachen Funktion, mit dem formalen Parameter wird gearbeitet, um das Ergebnis der Berechnung zu bewirken. Völlig analog sind wir bei der `Potenz`-Funktion vorgegangen. Wenn wir etwa 3^2 ausrechnen wollen, rufen wir die Funktion mit den Parametern `a = 3, b = 2` auf. Dieser Aufruf wird als `Potenz(3, 2)` aufgeschrieben. Beim Funktionsaufruf wird ein Wert für `p` berechnet, die Anweisung `return p` deutet an, daß dieser Wert als Wert des Funktionsaufrufs an den Aufrufer zurückgegeben wird, danach wird die Ausführung des Funktionsaufrufs beendet. Diese `return`-Anweisung dient also zum *Herausreichen* des Funktionsergebnisses und zur *Beendigung* des gegenwärtigen Aufrufs. Der Wert, der zurückgegeben wird, sollte vom gleichen Typ sein wie der vereinbarte Typ des Resultats der Funktion.

4.1.4 Die Signatur der Funktion

Für die weitere Diskussion wird sich gelegentlich als nützlich erweisen, eine knappe Beschreibung der Parameter und des Rückgabewerts einer Funktion zu haben. In unserem Falle der `Potenz`-Funktion würde man informell sagen, daß diese Funktion zwei ganze Zahlen nimmt und eine lange ganze Zahl als Ergebnis zurückgibt. Dies wird kurz, aber heftig mit dem Begriff der *Signatur einer Funktion* ausgedrückt: Unsere Funktion hat die Signatur

```
long int Potenz(int, int)
```

Die Namen der formalen Parameter gehen nicht in die Signatur ein, wohl aber ihre Typen (gelegentlich ist es hilfreich, auch die Namen zu nennen; das tun wir dann einfach).
Wir werden diese Signaturen an vielen Stellen benötigen. Sie dienen, kurz gesagt, dem Compiler dazu, die Typkorrektheit der angegebenen Parameter und die typkorrekte Verwendung des Ergebnisses nachprüfen zu können. Weiter — und vielleicht wichtiger — helfen sie dem Programmentwickler dabei, korrekt typisierte Ausdrücke zu konstruieren.
Halten wir aus der bisherigen Diskussion von Funktionen fest:

- Eine Funktion hat einen Namen, der ein Bezeichner im oben diskutierten Sinne sein muß;
- eine Funktion hat *formale Parameter* bei ihrer Vereinbarung, sie hat *aktuelle Parameter* bei ihrer Ausführung;
- der Typ des Rückgabewerts wird ebenfalls bei der Vereinbarung einer Funktion angegeben;
- die eigentliche Arbeit der Funktion findet in einem Block statt;
- der Block kann lokale Variablen enthalten.

4.1.5 Aufruf einer Funktion

Nachdem eine Funktion vereinbart worden ist, soll sie verwendet werden. Dies geschieht im Hauptprogramm `main` oder in einer anderen Funktion. Funktionen dienen hierbei zur Gliederung des Programms, die Arbeit eines C++-Programms findet ganz wesentlich in Funktionen statt, wie wir sehen werden.
Ein Programm, das die Potenz-Funktion verwendet, könnte etwa wie in Implementierung 4.1.2 aussehen. Hierbei ist anzumerken:

- Der Text der Vereinbarung für die Funktion ist außerhalb des Hauptprogramms zu finden, gleichwohl sollte der Name der Funktion vor ihrer Verwendung bekannt gemacht werden. Dies geschieht durch die Angabe ihrer Signatur;
- die Funktionsaufrufe geschehen so, daß die formalen Parameter durch die Werte der aktuellen Parameter ersetzt werden, die auf diese Art berechneten Werte können direkt verwendet werden (wie dies in unserer Ausgabe-Anweisung der Fall ist);

```
main() {
        long int Potenz(int, int);
        int i;
        for (i = 0; i < 8; i++)
                cout << i << " hoch "
                << i << " ist "
                << Potenz(i, i)
                << '\n';
}
```

Implementierung 4.1.2: Anwendung der Potenzfunktion

- die aktuellen Parameter müssen nicht unbedingt einfache Namen wie etwa `i` sein, wesentlich ist, daß *Werte* an die Platzhalter übergeben werden. Also können auch Ausdrücke als aktuelle Parameter verwendet werden, z. B. berechnet der Aufruf von `Potenz(3*i - 4, 2*j)` für die Werte `i = 3, j = 1` den Wert `52`. Die Ausdrücke werden also ausgewertet, die Funktion arbeitet dann mit den entsprechenden Werten.

4.1.6 Schattenvariablen

Wir sollten uns wohl jetzt mit den Mysterien des Funktionsaufrufs ein wenig genauer auseinandersetzen, denn das Beispiel zeigt, daß wir mit einer einfachen Substitution von Namen nicht alle Phänomene beim Funktionsaufruf erklären können. Die Vorgehensweise beim Aufruf wird durch die folgenden Überlegungen verdeutlicht, wenn wir uns noch einmal den Funktionsaufruf von `Potenz(3*i - 4, 2*j)` ansehen.

- Die aktuellen Parameter werden ausgewertet, der erste Parameter hat den Wert `5`, der zweite Parameter den Wert `2`.

- Für jeden formalen Parameter wird eine Kopie angelegt, die ich mir gerne als Schatten des entsprechenden formalen Parameter vorstelle. In unserem Beispiel haben wir also die Schatten `a_Schatten` und `b_Schatten`. In diese Schatten werden die aktuellen Parameter zu Beginn des Aufrufs hineinkopiert: `a_Schatten` bekommt den Wert `5`, `b_Schatten` bekommt den Wert `2`.

- Mit diesen Schattenwerten arbeitet dann der Block, der die Arbeit der Funktion definiert.

- Nach Beendigung des Aufrufs wird der Wert, der mit **`return`** gekennzeichnet ist (hier also `25`), an den Aufrufer zurückgegeben.

Daraus folgt, daß die Funktion nicht mit den Parametern selbst arbeitet, sondern mit den Werten der aktuellen Parameter. Daraus folgt auch, daß der Aufrufer es nicht bemerkt, wenn die Funktion die Werte ihrer Parameter ändert (wie in unserem Beispiel den Parameter `b`). Diese Art des Aufrufs wird im Folgenden mit *call by value* bezeichnet. Diese Art der Parameterübergabe ist dadurch charakterisiert, daß die Funktion mit den Werten ihrer aktuellen Parameter arbeitet, nicht mit den Parametern selbst. Es gibt andere Arten der Parameterübergabe (*call by name* oder *call by reference*); sie interessieren uns an dieser Stelle jedoch nicht, weil C++ sich auf *call by value* beschränkt. Eine Implikation dieser Überlegungen ist die Beobachtung, daß ein Funktionsaufruf die aktuellen Parameter nicht ändert.

4.1.7 Lokalität

Kehren wir noch einmal zum Text unserer Funktion `Potenz` zurück. Die Funktion benötigt für ihre Arbeit die lokale Variable p. Sie dient dazu, Zwischenergebnisse aufzunehmen und das Endergebnis sozusagen durch Akkumulation herzustellen. Die Variable p ist außerhalb des Blocks der Funktion `Potenz` nicht bekannt, deshalb wird sie als *lokale Variable* bezeichnet. Lokalität ist ein wichtiges Prinzip, da es dabei hilft, eine Art von *Geheimnisprinzip* zu realisieren: Lokale Variable dienen meist dem Zweck, Zwischenergebnisse aufzunehmen oder Hilfsberechnungen durchzuführen. Dadurch, daß sie nach außen nicht sichtbar sind, verbergen sie die Art und Weise, wie eine Funktion ihre Ergebnisse berechnet. Durch die Verwendung lokaler Variablen setzt man daher eine Funktion in die Lage, ihre Rechnungen so durchzuführen, daß andere Funktionen von den Vorgängen in der Funktion keine direkte oder indirekte Mitteilung bekommen.
Dies gilt nicht nur für Funktionen, sondern ganz allgemein für Blöcke, also solche Ansammlungen von Code, die in geschweiften Klammern eingeschlossen sind. C++ bietet die Möglichkeit, für jeden Block lokale Variablen zu deklarieren, die nur innerhalb dieses Blocks Gültigkeit besitzen. Wir werden von dieser Möglichkeit Gebrauch machen und sie in einem der folgenden Abschnitte näher diskutieren.

4.2 Zurück zum Problem

Wir diskutieren die Lösung unseres Problems aus Abschnitt 3.3 Schritt für Schritt, indem wir uns die einzelnen Funktionen, mit denen wir arbeiten werden, ansehen. Zunächst müssen wir eine Zeile lesen, dabei können wir auch gleich die Länge dieser Zeile bestimmen. Weiterhin verlangte die Problemstellung, daß wir die längste Zeile auch ausgeben. Hierzu müssen wir uns die jeweils aktuelle längste Zeile merken, wir halten also eine Zeile bereit, in die wir die aktuelle längste Zeile kopieren können.

4.2.1 Die Funktion `LiesZeile`

Wir lesen die Zeichen vom Beginn einer Zeile, bis wir das Ende der entsprechenden Zeile sehen. Das Ende der Zeile ist gegeben durch `'\n'`; es kann allerdings sein, daß wir das Ende der Eingabe erwischen, ohne ein Zeilenende gesehen zu haben. Dagegen sollten wir uns sichern, also jedes neue Zeichen daraufhin überprüfen, ob es nicht schon das Endzeichen ist. Dann müssen wir entsprechend reagieren. Beim Lesen können wir in jedem Fall mitzählen, und die Länge ergibt sich dann aus der Position, an der das Zeichen für das Zeilenende steht oder an der das Einlesen beendet wird. Die Länge der gelesenen Zeile sollten wir als Resultat dieser Funktion zurückgeben.
Wir nehmen bei der Verarbeitung unseres Texts an, daß unsere Zeilen eine festgelegte maximale Länge haben. Es wird sich ebenfalls als hilfreich erweisen, die Zeilen mit einem besonderen Symbol `Null` zu versehen; dieses Zeichen hat den Wert `'\n'` und tritt an die Stelle des Zeichens für das Zeilenende. Warum dies sinnvoll ist, werden wir gleich im Detail diskutieren. Der Code für diese Funktion ist in Implementierung 4.2.1 angegeben. Es fällt zunächst auf, daß wir zwar ein Feld von Zeichen verwenden (als erster formaler Parameter wurde `char s[]`

deklariert), daß wir aber nicht sagen, wievele Elemente dieses Feld enthalten soll. Diese Eigenschaft ist ausgesprochen nützlich, denn sie erlaubt die Verwendung von Feldern verschiedener Größe als aktuelle Parameter. Daß wir keine Größe für das Feld in diesem formalen Parameter angeben wollen, wird durch das leere Klammerpaar `[]` angedeutet. Weiterhin haben wir als formalen Parameter eine ganze Zahl `lim` angegeben, der uns sagt, wie viele Zeichen wir pro Zeile lesen werden. Das hat nun einen kleinen Pferdefuß: steht unser terminierendes Zeichen `Ende` jenseits von `lim` in der Zeile, so wird es nicht mehr gelesen. Wir müssen also sicherstellen, daß `lim` so groß wird, wie dir die Zeilen irgend machen können. Das ist aber beim Aufruf in 4.2.3 gesichert.

```
int LiesZeile(char s[], int lim) {
        int c, i;
        const char Ende = '@', ZeilenEnde = '\n', Null = '\0';
        for (i = 0; i < lim - 1 && (c = getchar()) != Ende
                                && c != ZeilenEnde; ++i)
                                                    s[i] = c;
        if (s[i] == ZeilenEnde) s[i++] = c;
        s[i] = Null;
        return i;
}
```

Implementierung 4.2.1: Funktion zum Lesen einer Zeile

4.2.2 Vereinbarung von Konstanten

Der Block der Funktion vereinbart zunächst ganzzahlige Konstanten `c` und `i`, dann werden drei Konstanten deklariert: Das Zeichen für das Ende des Texts, das Zeichen für das Zeilenende und die Konstante `Null`. Die Charakterisierung der Namen als Konstanten bewirkt, daß ihre Werte nicht geändert werden können. Konstanten sollten immer dann verwendet werden, wenn man sicher sein möchte, daß keine Änderungen an den entsprechenden Namen vorgenommen werden können. Das Schlüsselwort `const` dient zu ihrer Vereinbarung.
Als nächstes finden wir die Schleife, die das eigentliche Einlesen bewerkstelligt. Es wird gelesen, solange die folgenden Bedingungen erfüllt sind: Wir haben noch nicht über die Grenze hinaus gelesen, das gelesene Zeichen ist noch nicht das Endzeichen, und schließlich haben wir das Zeilenende noch nicht gelesen. Beachten Sie, daß die Variable `c` zwar als ganzzahlig deklariert worden ist, aber hier als Zeichen verwendet wird. Das deutet daraufhin, daß Zeichen und (nicht-negative) ganze Zahlen gelegentlich austauschbar behandelt werden. Das ist zugegebenermaßen ein nicht ganz sauberer Programmierstil, erleichtert aber einige Formulierungen ein wenig. Schließlich wird überprüft, ob wir das Zeilenende erreicht haben. Falls dies der Fall ist, erhöhen wir den Zähler `i` um `1` und setzen dann den entsprechenden Feldeintrag auf Null. Schließlich wird der so berechnete Wert von `i` als Resultat zurückgegeben.
An dieser Funktion ist Folgendes bemerkenswert:

- Die Verwendung von Konstanten: Das haben wir gerade diskutiert;
- die Tatsache, daß nach Ausführung dieser Funktion die gerade gelesene Zeile im aktuellen Parameter zu finden ist, denn wir weisen ja die einzelnen Feldelemente zu. Dies

scheint im offenkundigen Widerspruch zu der gerade verkündeten Tatsache zu stehen, daß mit *call by value* gearbeitet wird, daß Parameter also nicht geändert werden. Wir werden diesen scheinbaren Widerspruch in nicht allzu ferner Zukunft auflösen;

- die Terminierungsbedingung für die Lese-Schleife ist ein wenig kompliziert. Sie sollten sich klarmachen, daß die Lese-Schleife dann terminiert, wenn wir entweder über die Grenze hinausgegangen sind, das `Ende`-Zeichen für eine Zeile gefunden haben oder das `Ende`-Zeichen für die Eingabe gelesen haben;

- das Einlesen für jedes Zeichen ist als Seiteneffekt als Teil der Bedingung für die `for`-Schleife formuliert. Wir machen hier Gebrauch von der Tatsache, daß die Zuweisung einen Wert zurückgibt.

4.2.3 Die Funktion `Kopiere`

Die Funktion nimmt ein Feld von Zeichen, das mit dem `'\0'`-Zeichen terminiert ist, und kopiert dieses Feld in ein anderes, vgl. Programmausschnitt 4.2.2. Wir haben hier wieder zwei Felder. Die Komponenten dieser Felder sind Zeichen, und wir haben auch hier die oberen Grenzen nicht angegeben, können also wieder diese Funktion für Felder verschiedener Größe verwenden. Lokal vereinbart sind die ganzzahlige Variable `i`, die auch gleich zu `0` initialisiert wird, und die aus der anderen Funktion bekannte Konstante `Null`. Das Kopieren selbst findet in der `while`-Schleife statt: Es wird wieder ausgenutzt, daß die Zuweisung einen Wert zurückgibt. Wichtig ist auch hier, daß das übergebene Feld durch das Zeichen `Null` terminiert wird.

```
void Kopiere(char von[], char nach[]) {
        int i = 0;
        const char Null = '\0';
        while ((nach[i] = von[i]) != Null) ++i;
}
```

Implementierung 4.2.2: Funktion zum Kopieren von Zeilen

Es ist zu bemerken, daß die Funktion `Kopiere` als Typ des Rückgabewerts den ominösen Wert `void` hat: Diese Funktion gibt nun bei besten Willen nichts zurück. Sie können an dieser Stelle studieren, daß es sinnvoll ist, bei der Signatur von Funktionen einheitlich vorzugehen.

4.2.4 Das Hauptprogramm

Das Hauptprogramm ruft diese beiden Funktionen auf, die Funktion `LiesZeile` wird zum Einlesen der nächsten Zeile verwendet und gibt die Länge der Zeile als Wert zurück, die Funktion `Kopiere` kopiert gegebenenfalls eine Zeile, nämlich dann, wenn die untersuchte Zeile möglicherweise der Gewinner ist. Wir geben das Hauptprogramm als Programmbeispiel 4.2.3 an.

Zunächst wird eine Konstante `_LaengsteLaenge` vereinbart, die eine vernünftige Obergrenze für die Länge der einzulesenen Zeilen darstellt. Wir benötigen Hilfsvariablen, nämlich die aktuelle Länge der Zeile und die bislang festgestellte maximale Länge, die wir zu Beginn auf `0` setzen. Die Felder `Zeile` und `LaengsteZeile` dienen dazu, die gerade gelesene Zeile und die

```
main() {
        const int _LaengsteLaenge = 1000;
        int len, maxLaenge = 0;
        char Zeile[_LaengsteLaenge],
        LaengsteZeile[_LaengsteLaenge];
        int LiesZeile(char [], int);
        void Kopiere(char [], char []);

        while ((len = LiesZeile(Zeile, _LaengsteLaenge)) > 0)
                if (len > maxLaenge) {
                        maxLaenge = len;
                        Kopiere(Zeile, LaengsteZeile);
                }

        cout    << "die laengeste Zeile hat " << maxLaenge
                << " Zeichen, sie lautet:\n "
                << LaengsteZeile << endl;
}
```

Implementierung 4.2.3: Aufruf der beiden Funktionen `Kopiere` und `LiesZeile`

bisherige längste Zeile aufzunehmen. Sie sind so deklariert, daß sie entsprechend viel Elemente aufnehmen können. Die nächsten beiden Vereinbarungen geben die Signaturen der beiden verwendeten Funktionen an. Die Aktion des Programms besteht nun darin, den Text Zeile für Zeile zu lesen, die Länge der jeweiligen Zeilen festzustellen, und, falls die aktuelle Länge die bisher festgestellte maximale Länge überschreitet, die maximale Länge neu festzusetzen und entsprechend die Zeile zu kopieren. Dies geschieht in einer `while`-Schleife, die durch die Bedingung gesteuert wird, eine nicht-leere Zeile gelesen zu haben. Abschließend wird ausgegeben, welche Zeile wirklich die längste war.

4.3 Zeichenketten

In unserem Beispiel sind wir gerade so vorgegangen, daß wir ein Feld vom Grundtyp `char` mit dem speziellen Zeichen `'\0'` beendet haben. Dies geschah mit Bedacht: Zeichenketten wie z.B. `"Dies ist eine Zeichenkette"` werden als Felder mit dem Grundtyp `char` dargestellt. Als definierende Eigenschaft von Zeichenketten (im Gegensatz zu Feldern von Zeichen) wird festgelegt, daß sie mit dem Zeichen `'\0'` beendet werden. Das ist eine Konvention. Alle C++-Programmierer halten sich daran. Es ist für Sie insofern wertvoll, als Sie sich darauf verlassen können: Wenn Zeichenketten durch fremde Funktionen manipuliert werden, werden diese Zeichenketten mit dem `Null`-Zeichen abgeschlossen. Dies gilt auch und immer für Bibliotheksfunktionen. Auch wir halten uns natürlich an diese Konvention.

4.3.1 Elementare Eigenschaften

Eine Zeichenkette `wort`, die höchstens `n` Zeichen erhalten soll, sollte dann wie folgt vereinbart werden

```
char wort[n+1]
```

Weiterhin sollte dann das letzte Zeichen `wort[n]` auf das `Null`-Zeichen gesetzt werden. Vergessen Sie also nicht, daß wegen dieses besonderen Zeichens stets ein zusätzliches Zeichen bei der Vereinbarung des entsprechenden Feldes berücksichtigt werden muß, wenn es um die Länge des zu vereinbarenden Feldes geht. Die Eingabefunktionen `cin` und `cout` arbeiten übrigens auch auf Zeichenketten. Es sollte freilich beachtet werden, daß `cin` die Sonderzeichen für den Tabulator und die neue Zeile ebenso überliest wie auch Leerzeichen.
Konstante Zeichenketten werden notiert, indem man sie in `"..."` einschließt. Beispielsweise kann man eine Zeichenkette wie folgt vereinbaren:

```
const char t[] = "aha sagte er";
```

Damit ist eine konstante Zeichenkette vereinbart. Die Länge dieser Zeichenkette sollte nicht explizit angegeben werden. Der Compiler sorgt dafür, daß das abschließende Zeichen korrekt gesetzt wird.
Beachten Sie übrigens, daß das Einzelzeichen `'a'` von der Zeichenkette, die lediglich den Buchstaben a enthält, nämlich von `"a"`, auch in der Darstellung verschieden ist. Das Einzelzeichen besteht lediglich aus einem einzigen Buchstaben, die Zeichenkette besteht aus zwei Buchstaben, nämlich aus `'a'` und dem Null-Zeichen `'\0'`.

4.3.2 Beispiele zur Manipulation von Zeichenketten

Um Ihnen ein Gefühl für den Umgang mit Zeichenketten zu geben, sollen jetzt einige Beispiele diskutiert werden. Hierbei nehme ich an, daß die Konstante `Null` als `'\0'` vereinbart worden ist. Die Funktion `Kopiere` haben wir ja oben schon kennengelernt. Mit der Funktion `strlen` aus Implementierung 4.3.1 können Sie die Länge einer Zeichenkette feststellen.

```
int strlen(char r[]) {
        int f = 0;
        while (r[f++] != Null);
        return --f;
}
```

Implementierung 4.3.1: Die Länge einer Zeichenkette

Diese Funktion stellt die Anzahl der Buchstaben in der als Parameter übergebenen Zeichenkette fest. Bei der Überprüfung auf `Ende` gehen wir eine Position zu weit, so daß wir den Rückgabewert justieren müssen.
Das nächste Beispiel 4.3.3 soll jeden kleinen Buchstaben in einer vorgelegten Zeichenkette durch den entsprechenden Großbuchstaben ersetzen. Dazu benötigen wir als Hilfsfunktion eine Funktion, die ein vorgelegtes Zeichen daraufhin überprüft, ob es ein Kleinbuchstabe ist. Es sei an dieser Stelle daran erinnert, daß Funktionsvereinbarungen nicht in anderen Funktionsvereinbarungen vorkommen dürfen (sonst hätte man diese Testfunktion als lokale Funktion vereinbaren können). Daher müssen wir die Funktion separat vereinbaren.
Die Funktion `isLower` schaut also für das Zeichen `c` nach, ob es im Intervall zwischen `'a'` und `'z'` liegt. Sie macht von der Eigenschaft des Zeichensatzes Gebrauch, daß die Kleinbuchstaben

```
int isLower(char c) {
        if (('a' <= c) && (c <= 'z'))
                return 1;
        else
                return 0;
        }
```

Implementierung 4.3.2: Liegt ein Kleinbuchstabe vor?

ohne Lücke nebeneinander liegen und dem Alphabet folgend aufsteigend geordnet sind. Dies ist der Tat der Fall, wie die Tabelle 4.1 zeigt (wir haben die Tabelle gleich um die Angaben für Großbuchstaben ergänzt).

'a'	'b'	'c'	'd'	'e'	'f'	'g'	'h'	'i'	'j'	'k'	'l'	'm'
97	98	99	100	101	102	103	104	105	106	107	108	109
'n'	'o'	'p'	'q'	'r'	's'	't'	'u'	'v'	'w'	'x'	'y'	'z'
110	111	112	113	114	115	116	117	118	119	120	121	122
'A'	'B'	'C'	'D'	'E'	'F'	'G'	'H'	'I'	'J'	'K'	'L'	'M'
65	66	67	68	69	70	71	72	73	74	75	76	77
'N'	'O'	'P'	'Q'	'R'	'S'	'T'	'U'	'V'	'W'	'X'	'Y'	'Z'
78	79	80	81	82	83	84	85	86	87	88	89	90

Tabelle 4.1: Die Ordnungszahlen der Buchstaben

Mit dieser Information können wir nun die Funktion formulieren, die jeden Kleinbuchstaben in den entsprechenden Großbuchstaben verwandelt. Die Idee besteht darin, die Zeichenkette Zeichen für Zeichen herzunehmen und zu untersuchen, ob ein kleiner Buchstabe vorliegt. Ist dies der Fall, so wird der entsprechende große Buchstabe berechnet. Im Detail sehen Sie das in der Funktionsvereinbarung 4.3.3

```
char toUpper(char c) {
        int isLower(char);
        if (isLower(c)) return (c - 'a' + 'A');
        else return c;
}
```

Implementierung 4.3.3: Konversion kleiner in große Buchstaben

Sie bemerken bei der Konversion von kleinen zu großen Buchstaben, daß ein kleiner Buchstabe von `'a'` ebenso weit entfernt ist wie der entsprechende Großbuchstabe von `'A'`.
Die *Konkatenation* zweier Zeichenketten entsteht dadurch, daß man zuerst die erste Zeichenkette hinschreibt und unmittelbar darauffolgend die zweite. Also ist etwa die Konkatenation von "abc" mit "123" die Zeichenkette "abc123". Will man aus zwei Zeichenketten ihre Konkatenation berechnen und in einer dritten speichern, geht man zweckmäßigerweise wie folgt vor: Man kopiert zuerst die erste Zeichenkette in das Ergebnis, ünberschreibt dann freilich das terminierende Symbol `Null`. Unmittelbar dahinter schreibt man die Zeichen der zweiten Zeichen-

kette, diesmal freilich mit dem Stoppzeichen. Als Funktion ist dies im Programmstück 4.3.4 formuliert.

```
void concat (char a[], char b[], char c[]) {
        int i = 0, off;
        while ((c[i] = a[i]) != Null) i++;
        off = i; i = 0;
        while ((c[off + i] = b[i]) != Null) i++;
}
```

Implementierung 4.3.4: Konkatenation von Zeichenketten

Wir wissen, daß im Lexikon `Abraham` vor `Bebra` steht, weil die *lexikographische Ordnung*, also die Anordnung von Buchstaben im Alphabet, dies so will. Ebenso wissen wir, daß dort `Eigennutz` vor `Eigensinn` steht. Im ersten Fall ist die Feststellung einfach, da `A` vor `B` im Alphabet steht, im zweiten Fall müssen wir zunächst die jeweils an der gleichen Stelle gemeinsam vorkommenden Buchstaben überlesen und können dann an Hand des ersten unterschiedlichen Zeichens sagen, welches Wort alphabetisch vor dem anderen steht (in unserem Beispiel steht `n` vor `s`).
Wir können dies auf den Vergleich zweier Zeichenketten mit Hilfe einer Funktion übertragen: Sind uns zwei Zeichenketten gegeben, so lesen wir die beiden Zeichenketten synchron, bis wir entweder das Ende beider Zeichenketten erreicht haben (dann stimmen sie überein), sonst schauen wir uns das erste nicht übereinstimmende Zeichen an und können dann an der Differenz dieser beiden Zeichen ablesen, welche der beiden Zeichenketten größer ist. Diverse Sonderfälle müssen berücksichtigt werden: etwa, daß eine Zeichenkette Teil der anderen ist. Diese Fälle lassen sich jedoch leicht abfangen. Der Code für die ziemlich wichtige Funktion `strcmp` ist in der Implementierung 4.3.5 formuliert.

```
int strcmp (char s[], char t[]) {
        int i = 0;
        while (s[i] == t[i])
              if (s[i++] == '\0') return (0);
        return (s[i] - t[i]);
}
```

Implementierung 4.3.5: Vergleich von Zeichenketten

4.4 Der ?-Operator

Zum Abschluß dieses Kapitels soll eine kompakte Schreibweise eingeführt werden. Sie ermöglicht gelegentlich eine knappe Ausdrucksweise, wir werden jedoch an Beispielen sehen, daß auch hier die Übertreibung schadet: Nutzen wir dieses Instrument der knappen Schreibweise zu ausführlich, so resultiert dies gern in ziemlich unleserlichem Code.
Der mit diesen drohenden Worten eingeführte ?-Operator erlaubt die Rückgabe eines Werts abhängig von einer Bedingung. Syntaktisch hat der Operator die Form

```
a ? b : c;
```

Dieser Ausdruck hat den Wert b, falls a wahr ist (falls also a != 0 gilt). Falls a falsch ist, so hat dieser Ausdruck den Wert c. Falls also die Bedingung vor dem Fragezeichen wahr ist, wird der Wert des ersten Ausdrucks ermittelt, falls die Bedingung falsch ist, wird der zweite Ausdruck ausgewertet. Der entsprechende Wert ist dann das Resultat des gesamten Ausdrucks. Hieraus folgt übrigens, daß der jeweilige Typ der beiden Ausdrücke übereinstimmen sollte.
Schauen wir uns kurz zwei Beispiele an.

- Der Ausdruck

  ```
  y = (x > 0 ? 3 : 7)
  ```

  ist gleichwertig zu der Zuweisung

  ```
  if (x > 0) y = 3; else y = 7
  ```

- Die geschachtelte Zuweisung

  ```
  y = (x > 0? (z > 7 ? 17 : z + 7) : x - 9)
  ```

  ist gleichwertig zu

  ```
  if (x > 0) {
     if (z > 7)  y = 17;
     else  y = z + 7;
  }
  else  y = x - 9;
  ```

Das letzte Beispiel zeigt, daß man die Kompaktheit in der Ausdrucksweise auch gut und gerne übertreiben kann, wenn die Lesbarkeit ganz offensichtlich leidet.

4.5 Aufgaben

1. Für ganze Zahlen x gilt:

   ```
   abs(x) == x,
   ```

   falls x nicht-negativ ist, sonst gilt

   ```
   abs(x) == -x.
   ```

   Formulieren Sie diese Funktion mit dem ?-Operator.

2. In den USA haben manche Staaten Autokennzeichen der Form XYZ abc, wobei X, Y, Z jeweils große Buchstaben, und a, b, c jeweils Ziffern sind. Die Numerierung erfolgt fortlaufend, auf AAA 997 folgt AAA 998, auf ABC 999 folgt ABD 000. Lesen Sie ein Autokennzeichen ein und bestimmen Sie das darauf folgende, falls es existiert (auf ZZZ 999 folgt nichts mehr).

3. Schreiben Sie eine Funktion Umkehr mit der Signatur

   ```
   void Umkehr (char ein[], char aus[]);
   ```

Die Funktion soll die Zeichenkette `ein` umkehren und in der Zeichenkette `aus` abspeichern (so daß die Eingabe `"FaZ"` als Resultat `"ZaF"` liefert).

4. *Caesars Chiffre* bestand bei der Verschlüsselung eines Texts darin, jeden Buchstaben durch seinen dritten Nachfolger zu ersetzen (also etwa `'a'` durch `'d'`, `'b'` durch `'e'`, ... `'w'` durch `'z'`, `'x'` durch `'a'`, `'z'` durch `'c'`), vgl. [Sin99, p. 10]. Hätte Caesar Umlaute und Sonderzeichen gekannt, so hätte er sie nicht durch andere verschlüsselt. Schreiben Sie Funktionen `verschl` und `entschl` mit den Signaturen

```
char verschl (char)
char entschl (char)
```

zur Ver- und zur Entschlüsselung von Nachrichten mit Caesars Chiffre. Testen Sie mit `"veni vidi vici"`.

5. Schreiben Sie eine Funktion `zahlA` mit der Signatur

```
int zahlA(char ein[]);
```

Diese Funktion soll die Anzahl der Großbuchstaben in der Zeichenkette `ein` feststellen und ausgeben.

6. Die Arithmetik ganzer Zahlen ist, wie wir gesehen haben, auf die angegebenen Wertebereiche für ganze Zahlen beschränkt. Gelegentlich muß man jedoch mit sehr großen positiven Zahlen genau rechnen können. Das ist z. B. bei solchen Verschlüsselungsverfahren der Fall, die im elektronischen Handel dazu eingesetzt werden, um den Transfer von Zahlungen sicher zu machen. Diese ziemlich längliche Aufgabe zeigt Ihnen, wie man einige Operationen mit sehr großen Zahlen realisieren kann. Eine positive ganze Zahl wird hierzu als Zeichenkette dargestellt, die ausschließlich aus Ziffern besteht. Wir rechnen im Dezimalsystem.

   (a) Schreiben Sie eine Funktion `istZahl` mit der Signatur

   ```
   int istZahl(char ein[]);
   ```

   Die Funktion soll `1` ausgeben, wenn die Zeichenkette `ein` ausschließlich aus Ziffern besteht, und `0` sonst, also insbesondere auch dann, wenn das Argument keine Zeichenkette ist.

   (b) Schreiben Sie eine Funktion `zehnMal` mit der Signatur

   ```
   int zehnMal(char ein[], char aus[], int oft);
   ```

   Sie soll folgendermaßen arbeiten:

   - Gibt `istZahl(ein)` den Wert `0` zurück oder ist `oft` negativ, so gibt `zehnMal` den Wert `0` zurück und tut sonst nichts;
   - andernfalls hängt die Funktion `oft` viele Nullen an das Ende Zeichenkette `ein` an und speichert das Resultat in der Zeichenkette `aus`.

   Beispiel `zehnMal("1234", aus, 3)` bewirkt, daß in der Zeichenkette `aus` gespeichert ist `"1234000"`, was der Multiplikation mit $1000 = 10^3$ entspricht. Es wird `1` zurückgegeben.

   Hinweis Verwenden Sie die Funktion `concat`.

(c) Schreiben Sie eine Funktion **add** mit der Signatur

```
int add (char sum1[], char sum2[], char aus[]);
```

Diese Funktion soll die Addition beliebig langer Zahlen realisieren:

- Gilt `istZahl(sum1) == 0 || istZahl(sum2) == 0`, so soll **add** den Wert `0` zurückgeben und sonst nichts tun;
- sonst soll sie den Wert `1` zurückgeben, in der Zeichenkette **aus** soll die der Summe entsprechende Zeichenkette stehen.

Beispiel `add("123", "67934", aus)` gibt `1` als Wert zurück, im Feld **aus** steht die Zeichenkette `"68057"`.

Hinweise Achten Sie auf Überläufe. Es kann sinnvoll sein, durch Auffüllen der kleineren Zahl mit Nullen gleichlange Operanden zu bearbeiten.

(d) Schreiben Sie eine Funktion **einfachMult** mit der Signatur

```
einfachMult(char ein[], char aus[], char a);
```

Diese Funktion soll wie folgt arbeiten:

- Gibt `istZahl(ein)` den Wert `0` zurück oder ist `a` keine Ziffer, so gibt die Funktion den Wert `0` als Resultat zurück und tut sonst nichts;
- sonst wird in der Zeichenkette **aus** die Zahl gespeichert, die der Multiplikation der `a` entsprechenden Zahl mit der `ein` entsprechenden Zahl entspricht; es wird `1` als Resultat zurückgegeben.

Beispiel `einfachMult("90671", aus, '8')` speichert in **aus** die Zeichenkette `"725368"` und gibt `1` zurück.

Hinweis Es mag hilfreich sein, das Feld umzudrehen und sich von der am wenigsten signifikanten Ziffer vorzuarbeiten.

(e) Schreiben Sie eine Funktion zur Multiplikation beliebig langer positiver Zahlen.

Hinweis $327 \cdot 492 = 327 \cdot 4 \cdot 10^2 + 327 \cdot 9 \cdot 10^1 + 327 \cdot 2 \cdot 1^0$

Kapitel 5

Vereinbarung von Namen

Inhaltsangabe

Programme können groß werden. Um die Übersicht zu behalten, sollten Sie Programme nicht in einer einzigen Datei halten. Es hat sich vielmehr als praktisch erwiesen, Programmteile in eigene Dateien auszulagern. Die Möglichkeiten, solche Programmteile über Header-Dateien einzubinden, haben wir ja bereits bei der Diskussion von `include`-Anweisungen kennengelernt. Programme sind gelegentlich auch Handelsobjekte. Ein Programmverkäufer möchte nicht unbedingt dem Käufer einen Einblick in die Realisierung eines Algorithmus geben. Daher kann es sich als sinnvoll erweisen, nicht den Text von Programmteilen zur Verfügung zu stellen, sondern diese Programmteile bereits fertig zu übersetzen und dann das Resultat der Übersetzung zu verkaufen. Das ist ganz analog zur Zubereitung von Speisen: Gelegentlich möchten Sie besondere Gerichte auf den Tisch bringen, Sie werden aber kaum jemals Rezepte und Zutaten getrennt erwerben, vielmehr werden Sie aus Halbfertigprodukten Gerichte zubereiten. Solche partiell übersetzten Dateien sind mit Halbfertigprodukten zu vergleichen. Es kann durchaus sinnvoll sein, Teile Ihrer eigenen Programme in übersetzter Form zur Verfügung zu haben: Hierbei können Sie Zeit bei der Übersetzung sparen, gehen also mit den Ihnen verfügbaren Ressourcen sparsam um.

Ich möchte in diesem Kapitel auf die Mechanismen zu sprechen kommen, mit deren Hilfe eine solche separate Übersetzung möglich gemacht wird. Die Details, nämlich die Vorgehensweise beim Zusammensetzen der Programme aus einzelnen vorkompilierten Teilen, werde ich nicht mit Ihnen diskutieren. Dies liegt daran, daß die entsprechenden Anweisungen und Werkzeuge ziemlich abhängig von der verwendeten Betriebssystemplattform sind: UNIX-Systeme gehen anders vor als MS-DOS-basierte Systeme oder als der MACINTOSH.

5.1 Definitionen, Deklarationen und externe Variable

Die Übersetzung von Programmteilen erfordert für Variablen die Möglichkeit, einen Namen mit seinem Typ bekannt zu geben, ohne gleich Speicherplatz für die entsprechende Variable bereitzustellen. Andernfalls würde ja mehrfach Speicherplatz für dieselbe Variable bereitgestellt werden, was zu ganz offensichtlichen Problemen führen würde. Daher unterscheidet man die *Deklaration* eines Namens von seiner *Definition*:

- Mit der *Definition* ist immer die Allokation von Speicherplatz verbunden. Sieht der Compiler also die Definition einer Variable, so weiß er, daß er für diese Variable im Speicher Platz reservieren muß.
- Die *Deklaration* informiert den Compiler lediglich über den Typ, der mit der deklarierten Variablen verbunden ist.

Diese Typinformation ist wichtig, wenn z. B. die Korrektheit der Übergabe von Parametern an Funktionen überprüft werden muß. Man macht sich leicht klar, daß mit der Information über den Typ einer Variablen noch keine Bereitstellung von Speicherplatz verbunden sein muß.
Wir wollen uns im folgenden kurz mit dem Unterschied zwischen Definition und Deklaration befassen. Hierbei stehen zunächst die zur Verfügung gestellten sprachlichen Hilfsmittel im Vordergrund. Beginnen wir mit einem Beispiel:

```
int x;
const double z = 3.3;
```

Hierbei handelt es sich im Sinne der obigen Terminologie um Definitionen: Bei ihrem Auftreten wird dafür gesorgt, daß die entsprechenden Variablen Speicherplätze und möglicherweise sogar Werte zugewiesen bekommen. Dies wird bei der Betrachtung der Variablen `z` deutlich: Für diese Variable wird ein Speicherplatz reserviert, dieser Speicherplatz wird auch gleich mit dem entsprechenden Wert versehen.
Völlig anders verhält es sich mit

```
extern float x;
```

Dies ist eine Deklaration: `x` ist vom Typ `float`, diese Variable ist aber an anderer Stelle definiert: Weder der Speicherbereich noch ein Wert werden an der vorliegenden Stelle festgelegt. Der Name wird also lediglich mit seinem Typ bekannt gemacht, so daß der Compiler die korrekte Verwendung des Umgangs mit `x` feststellen kann. Beachten Sie, daß diese Information ziemlich partiell ist: Es wird uns lediglich gesagt, daß `x` an einer anderen Stelle definiert wird. Die Stelle, an der dies geschieht, wird uns nicht mitgeteilt. Das mag man nun für schicklich oder weniger schicklich halten: Es ist weniger schicklich, weil hierdurch nur ein partieller Kontext hergestellt wird, also keine vollständige Information über die Definition

dieses Namens gegeben wird. Dadurch kann es geschehen, daß falsche Bezüge hergestellt werden, daß also die Variable `x` mit einer Definition verwendet wird, für die sie nicht gedacht war. Mithin haben wir hier eine potentielle Fehlerquelle. Es ist als schicklich zu bewerten, weil es dem Programmierer die Möglichkeit gibt, mehr als eine Definition auf diese Deklaration zu beziehen: Dadurch wird diese Variable wiederverwendbar. Es ist wie so oft: Es kommt stark auf die Verwendung der entsprechenden Konstruktionsmöglichkeiten an.
Betrachten wir diese ganze Angelegenheit kurz aus der Sichtweise des Compilers: In der Deklaration für eine Variable wird Information darüber mitgeteilt, welche Art von Speicherbereich diese Variable einnehmen wird. Die Zuweisung des Speicherbereichs selbst findet in der Definition für diese Variable statt. Als Konsequenz halten wir hieraus fest: Eine Variable kann nur einmal definiert werden, aber oft deklariert.

5.2 Gültigkeit von Deklarationen und Definitionen

Damit der Compiler die Gültigkeit einer Operation überprüfen kann, ist es notwendig, daß die Verwendung einer Variablen mit ihrer Vereinbarung in Bezug gesetzt wird. Dazu muß die Frage geklärt werden, wann eine Definition oder eine Deklaration *sichtbar* ist. Hierzu werden wir im Folgenden Sichtbarkeitsregeln festlegen, mit deren Hilfe es uns möglich sein wird, den gewünschten Bezug zwischen der Verwendung einer Variable und ihrer Vereinbarung herzustellen.
Wir halten sozusagen auf Vorrat fest, daß eine Variable vor ihrer Verwendung definiert oder deklariert sein muß (dies ist anders als in manchen anderen Programmiersprachen und wird deshalb hier explizit festgehalten). Zunächst müssen wir uns darüber im Klaren sein, an welchen Stellen Definitionen und Deklarationen von Variablen stattfinden können. Eine Variable kann vereinbart werden

- in einem Block, dann ist diese Vereinbarung für den Rest des Blocks gültig;
- außerhalb von Blöcken in Dateien, dann ist die Vereinbarung für den Rest der Datei gültig.

Eine *Vereinbarung* (d.h. eine Definition oder Deklaration) für eine Variable mit dem Namen `BeispielVariable` ist dann gültig, wenn sich eine Benutzung dieser Variablen auf die Vereinbarung beziehen kann, vgl. Implementierung 5.2.1.
Das hört sich jetzt einigermaßen abstrakt an, deshalb soll es kurz noch einmal verdeutlicht werden: Nehmen wir an, Sie verwenden unsere `BeispielVariable`, und wollen wissen, welchen Typ sie hat, also benötigen wir Informationen, die aus der Vereinbarung der Variablen hervorgehen. Wir suchen die gültige Vereinbarung und lesen dort die gewünschte Information ab. Wie wir die entsprechende Vereinbarung finden, das werde ich gleich genauer erläutern.
Bevor dies geschieht, soll aber verdeutlicht werden, daß die Gültigkeit einer Vereinbarung durch den Ort ihres Auftretens bestimmt wird: Nehmen Sie an, daß unsere `BeispielVariable` mitten in einem Block vereinbart ist. Dann kennt derjenige Teil des Blocks, der vor der Vereinbarung steht, `BeispielVariable` nicht, derjenige Teil hingegen, der auf die Vereinbarung im Text folgt, kann sich auf diese Vereinbarung beziehen.
Zu abstrakt?
Sehen wir uns die Implementierung im Beispiel 5.2.1 an. Unsere `BeispielVariable` ist eine konstante Zeichenkette, die in Zeile `5` auftaucht. Ihre Verwendung in den Zeilen `1` bis `4` ist illegal, da diese Variable dort nicht bekannt ist, ab Zeile `5` ist ihre Verwendung dagegen legal.

```
int x = 1;
float zeta;
zeta = 1.0/5.0;
cout << x << '\t' << zeta << endl;
char BeispielVariable = "Komisches Beispiel";
// Verwendung von BeispielVariable
// usw.
```

Implementierung 5.2.1: Gültigkeit von einer Stelle ab

Es fällt auf, daß eine Vereinbarung nicht unbedingt am Beginn eines Blocks stehen muß. Es ist also möglich, Vereinbarungen in den Code einzustreuen, grob gesagt dann, wenn man die entsprechende Variable braucht. Ob das immer guter und übersichtlicher Stil ist, kann sicherlich bezweifelt werden. Dies gilt besonders bei Berücksichtigung der Tatsache, daß eine Variable in einem Gültigkeitsbereich nicht mehr als einmal definiert werden darf (das folgt leicht aus dem bereits Gesagten: Mit einer Definition ist die Vereinbarung von Speicherplatz verbunden, würde man also in einem Gültigkeitsbereich eine Variable zweimal definieren, so würde zweimal Speicher für sie angelegt werden. Die Benutzung einer Variable impliziert regelmäßig den Zugriff auf den entsprechenden Speicherplatz, es wäre in diesem Fall also nicht völlig klar, auf welchen der mehrfach angelegten Speicherbereiche zugegriffen werden kann. Welch herrliches Chaos).

5.2.1 Dateien als Namensräume

Wir haben gerade gesehen, daß Variablen in Dateien definiert werden können. Wir haben auch schon angedeutet, daß bei der Deklaration einer Variable Bezug auf extern definierte Variablen genommen werden kann. Es sind genau diese extern deklarierten Variablen, mit deren Hilfe man auf Variablen zugreifen kann, die in Dateien definiert sind. Mit `extern` wird auf Namen Bezug genommen, die in anderen Dateien definiert sind. Hierbei ist zu beachten, daß es sich um Dateien und nicht um die dort vereinbarten Funktionen handelt. Dateien sind *Namensräume*.

5.2.2 Ein zersägtes Beispiel

Wir sollten uns diese Überlegungen an einem Beispiel verdeutlichen. Dazu betrachten wir das Programm zur Feststellung der längsten Zeile eines Texts, zersägen die Bestandteile dieses Programms jedoch so, daß wir sie in drei Dateien abspeichern. Jede dieser Dateien stellt einen eigenen Namensraum dar.
Sie können sich das Zusammenspiel zwischen lokaler Definition und externer Deklaration anhand dieses Beispiels vielleicht noch einmal durch den Kopf gehen lassen. Die Kopier-Funktion findet sich in der Datei `Kopiere.cpp`. Sie hat die in Implementierung 5.2.2 angegebene Gestalt.
Der Block, der den Rumpf der Funktion ausmacht, enthält die Namen

```
Null,i
Zeile,LaengsteZeile
```

```
void Kopiere() {
        const Null = '\0'; int i=0;
        extern char Zeile[], LaengsteZeile[];
        while ((LaengsteZeile[i] = Zeile[i]) != Null) i++;
}
```

Implementierung 5.2.2: Kopierfunktion mit externen Variablen

Die beiden ersten Variablen sind lokal in diesem Block definiert, die beiden letzten Namen verweisen auf eine externe Vereinbarung. Bei den ersten beiden handelt es sich also um eine Definition, bei der Vereinbarung der letzten beiden um eine Deklaration. Bei der Betrachtung und Analyse des Textes wird nicht unmittelbar klar, wo diese beiden letzten Namen vereinbart sind, wir können höchstens ablesen, daß es sich um Felder von Zeichen handelt. Auch ihre Länge wird an dieser Stelle nicht mitgeteilt.

```
int LiesZeile() {
        const char Null = '\0', Ende = '@', ZeilenEnde = '\n';
        char c;
        int i;
        extern int _LLaenge;
        extern char Zeile[];

        for (i = 0; (i < _LLaenge - 1)  && ((c = getchar()) != Ende)
                                        && (c != ZeilenEnde); ++i)
            Zeile[i] = c;
        if (c == ZeilenEnde) {
           Zeile[i++] = c; Zeile[i] = Null; return(i);
           }
        else if (c == Ende) return (0);
}
```

Implementierung 5.2.3: Lesefunktion mit externen Variablen

Die Funktion `LiesZeile` ist in der Datei `LiesZeile.cpp` abgespeichert, ihr Text ist in Implementierung 5.2.3 angegeben. Wir sehen, daß die fünf Namen

`Null, Ende, ZeilenEnde, c, i`

lokal im Rumpf der Funktion definiert sind, die beiden Namen

`_LLaenge,Zeile`

dagegen als externe Deklarationen charakterisiert sind. Auch hier fällt auf, daß die Herkunft der externen Variablen nicht angegeben und die Größe des Feldes ebenfalls nicht mitgeteilt wird. Alle diese Rätsel lösen sich, wenn wir die Vereinbarung des Hauptprogramms und die zugehörige Datei in Implementierung 5.2.4 betrachten, denn wir finden hier die Definition der Namen, die in der gesamten Datei sichtbar sind. Diese Definitionen befinden sich vor der

Vereinbarung des Hauptprogramms `main`. Das Hauptprogramm selbst enthält nun auch lokale Namen, die im Rumpf des Hauptprogramms vereinbart sind. Anders als in anderen Sprachen wie etwa PASCAL oder MODULA spielt das Hauptprogramm keine dominante Rolle, in dem Sinne etwa, daß es als Text allumfassend ist. Es dient lediglich als ***Eintrittspunkt***, von dem aus die Kontrolle über den Programmablauf ausgeht. Aber zurück zu unserem Beispiel.

```
const int _LaengsteLaenge = 1000;
char Zeile[_LaengsteLaenge],
LaengsteZeile[_LaengsteLaenge];
int _LLaenge = _LaengsteLaenge;

main() {
        int Laenge, max = 0;
        int LiesZeile();
        void Kopiere();
        ...
}
```

Implementierung 5.2.4: Hauptprogramm mit Auflösung der externen Namen

5.3 Namensanalyse

Führen wir eine kurze Namensanalyse durch, um zu sehen, welche Namen an welcher Stelle definiert und an welcher Stelle importiert werden:

- `LaengsteZeile` ist in der Datei für das Hauptprogramm definiert;
- `Laenge` ist lokal im Hauptprogramm;
- `ZeilenEnde` ist in analoger Weise lokal für die Funktion `LiesZeile`.

Die Variable `LaengsteZeile` wird in der Datei für das Hauptprogramm mit Speicherplatz versehen. Insbesondere erfahren wir aus dieser Datei, wie groß das entsprechende Feld ist. In der Datei `Kopiere.cpp` wird dieser Name als `extern` deklariert, ist also dort bekannt.
Die bisherigen Beispiele scheinen anzudeuten, daß Namen zu Beginn einer Funktion deklariert werden müssen, also bekannt sein sollten, bevor die erste ausführbare Anweisung niedergeschrieben wird. Dies hat sich als recht nützliche Konvention erwiesen, weil hierdurch die Funktionen übersichtlicher gestaltet werden können. Es ist jedoch nicht notwendig; wie wir aus dem letzten Abschnitt wissen, können Namen an — ziemlich — beliebiger Stelle eines Funktionsrumpfs vereinbart werden, von da ab (und nicht früher) wird der Name an die entsprechende Vereinbarung gebunden. Diese Art von Vereinbarung erweist sich bekanntlich als Spezialfall: Jeder Block kann Vereinbarungen enthalten.

5.3.1 Verschachtelung von Blöcken

Blöcke können nun ineinander geschachtelt werden, so daß sich die Frage nach der Gültigkeit von Namen ergibt. Dies kann z. B. dann virulent werden, wenn wir eine Folge ineinander

```
int c = -568;

main() {
        cout << "c zum ersten " << c << endl; // globales c
        float c = 1024.567;
        {
                cout << "\tc zum zweiten " << c << endl;
                char  c[] = "ganz innen";
                cout << "\t\tc jetzt: " << c << ;
        }
        cout << "\tc jetzt wieder: " << c << endl;
}
```

Implementierung 5.3.1: Zwiebelschalen

geschachtelter Blöcke haben und in jedem Block derselbe Name möglicherweise mit verschiedenen Typangaben vereinbart ist.
Um die jeweils gültige Vereinbarung zu finden, hat sich die Regel *von innen nach außen* bewährt, die durch das folgende Zwiebelschalenmodell näher erläutert werden soll. In dem Programm 5.3.1 finden Sie eine Kollektion ineinander geschachtelter Blöcke. Außerhalb der betrachteten Funktion, die die Rolle des Hauptprogramms übernimmt, finden Sie die Definition einer Variablen c, die in der gesamten Datei sichtbar ist. Die Funktion hat einen Rumpf, also einen umfassenden Block. In diesen Block haben wir weiter Deklarationen von c eingeführt: einmal als Variable, die im äußersten Block liegt, und dann als Variable, die in einem weiter innen gelegenen Block vorkommt. Wir müssen schon genauer hinsehen, auf welche Vereinbarung sich die Benutzung unserer Variablen c denn bezieht. Man sagt, daß die weiter innen gelegenen Vereinbarungen die weiter außen gelegenen *verschatten*. Die Ausgabe des Programms 5.3.1 sollte dieses Zwiebelschalenprinzip klar machen.

Ausgabe 5.3.1 Zwiebelschalenprinzip

```
c zum ersten -568
        c zum zweiten 1024.57
                c jetzt: ganz innen
        c jetzt wieder: 1024.57
```

5.3.2 Fabula docet

Das Lokalitätsprinzip ist deshalb hilfreich, weil es erlaubt, die Gültigkeit von Definitionen lokal zu halten, aus anderer Sicht: Eine Variable nur dann zu vereinbaren, wenn man sie wirklich braucht. Daher muß man keine Angst haben, andere Vereinbarungen zu überschreiben oder mit ihnen in Konflikt zu kommen. Möchte man eine Variable lokalisieren, so lege man einen Block für sie an, außerhalb dieses Blocks wird dann die Vereinbarung der Variablen nicht mehr sichtbar sein.
Das ist ganz schön praktisch.

5.4 Statische Variablen

Die gefundene Regelung zur Sichtbarkeit der Definition von Variablen und zur Festlegung von Dateien als Namensräumen hat eine unerwartete Konsequenz: Funktionen können hinter dem Rücken des Programmierers miteinander kommunizieren. Normalerweise sprechen Funktionen miteinander, indem eine Funktion eine andere aufruft, ihr entsprechende aktuelle Variablen mitgibt und dann den Rückgabewert verwendet. Jetzt können Funktionen auf Variablen zugreifen, die in der gesamten Datei sichtbar sind. Sie können sie also lesen und auch schreiben. Also kann eine Funktion folgendermaßen vorgehen, wenn sie einer anderen etwas mitteilen möchte: Sie nimmt sich eine der sichtbaren Variablen her und gibt ihr einen Wert mit.
Diese Variable arbeitet wie ein Leuchtturm: Ihr Wert ist überall dort zugreifbar, wo die Definition sichtbar ist. Also kann auch die andere Funktion den Wert hernehmen und weiterverarbeiten.

5.4.1 Abwägen

Sie mögen fragen: *Na und*? Durch diese Eigenschaft gerät die Arbeit von Funktionen außer Rand und Band. Wenn man in größeren Programmen Tausende von Funktionen zur Arbeit antreiben muß, so muß man alle Funktionen unter Kontrolle haben und möchte jederzeit wissen, was sie eigentlich so treiben. Daher ist dieser Effekt sehr unerwünscht: Der Softwaretechniker fürchtet nichts so sehr wie den gesunden Menschenverstand und Seiteneffekte bei Variablen.
Auf der anderen Seite hat die gerade so gescholtene Lösung aber auch eine konstruktive Seite: Wenn eine Funktion ihre Arbeit beendet, verschwinden die Werte der lokalen Variablen mit der Funktion und sind nicht mehr verfügbar. Daher ist es nicht möglich, Werte zwischen zwei Funktionsaufrufen ein und derselben Funktion mit Hilfe lokaler Variablen auszutauschen. Hat man dagegen globale Variablen zur Verfügung, so kann man ja in einer solchen Variablen einen Wert ablegen, der beim nächsten Funktionsaufruf wieder gelesen wird. Damit wird die Kommunikation zwischen zwei Funktionsaufrufen über globale Variablen recht einfach gelöst.

5.4.2 Der Mittelweg

Jetzt stecken wir aber in der Klemme: auf der einen Seite haben wir die unerwünschten Seiteneffekte, auf der anderen Seite ist es angenehm, über diese Seiteneffekte die Kommunikation zwischen Funktionen ermöglichen zu können.
Was nun?
C++ bietet einen ordentlichen Mittelweg: Die Sprache stellt Variablen zur Verfügung, die einerseits lokal sind (schön: keine Seiteneffekte), andererseits ihre Werte zwischen den Aufrufen derselben Funktion aufzubewahren gestatten (schön: Kommunikation zwischen Aufrufen). Diese Variablen heißen ***statische Variablen***, sie werden durch das Schlüsselwort `static` vereinbart. Wie das genauer geht, sehen Sie in der Implementierung 5.4.1.
Das Hauptprogramm `main` ruft im wesentlichen die Funktion `demoStatisch` auf. Die Variable `Global` ist so definiert, daß sie in der gesamten Datei sichtbar ist. Die Funktion `demoStatisch` enthält eine ganzzahlige Variable `nurLokal`, die zu `9` initialisiert wird. Jedes Mal also, wenn diese Funktion aufgerufen, d.h. betreten wird, bekommt diese Variable den Wert `9` zugewiesen. Die Variable `Statisch` ist als `static` deklariert, und die Arbeitsweise der Funktion zeigt, daß der von uns gewünschte Effekt an dieser Variablen anschaulich gemacht wird: Schauen wir

```
int Global = 9;
main() {
        int i;
        void demoStatisch();

        for(i=0; i < 3; ++i) {
                demoStatisch();
        }
}

void demoStatisch() {
        static Statisch = 9;
        int nurLokal = 9;

        cout << "\nStatisch in demoStatisch: "    << Statisch << endl;
        Statisch++;
        cout << "\tGlobal in demoStatisch: "      << Global   << endl;
        Global++;
        cout << "\t\tnurLokal in demoStatisch: "  << nurLokal << endl;
        nurLokal++;
        }
```

Implementierung 5.4.1: Zur Arbeitsweise statischer Variablen

uns die eigentliche Arbeit der Funktion an, so finden wir neben den Druckanweisungen solche Anweisungen, die die drei beteiligten Variablen jeweils um 1 erhöhen, vgl.Ausgabe 5.4.1.
Die statische Variable `Statisch` wird zu 9 initialisiert und im Verlauf der ersten Ausführung um 1 erhöht, genauso werden die Variablen `Global` und `nurLokal` behandelt. Die Ausgabe zeigt, daß die Werte der Variablen `Statisch` und `Global` über die Funktionsaufrufe hinweg erhalten bleiben, die Variable `nurLokal` muß jedoch jedes Mal neu initialisiert werden (armes `nurLokal`!). Insofern ist zwischen den Variablen `Statisch` und `Global` für die Funktion `demoStatisch` kaum ein Unterschied festzustellen.
Das Programm demonstriert jedoch mehr, als mit bloßem Auge sichtbar wird: Die Variable `Global` ist auch im Hauptprogramm verfügbar, kann also dort manipuliert werden. Dies gilt nicht für die Variable `Statisch`, die lokal in unserer Funktion `demoStatisch` vereinbart ist und auf die von außerhalb nicht zugegriffen werden kann.

5.4.3 Statische Variablen: Vergleich

Statische Variablen stellen also ein Mittelding zwischen globalen und lokalen Variablen dar:

- Statische Variablen leben während der gesamten Laufzeit des Programms, lokale Variablen hingegen nur so lange, wie die Funktion, in der sie deklariert sind, aktiv ist.
- Statische Variablen sind nur innerhalb ihres Definitionsbereichs zugreifbar, globale Variablen hingegen sind überall im Programm verfügbar.
- Statische Variablen behalten ihren Wert zwischen zwei Aufrufen, lokale Variablen werden hingegen bei jedem Aufruf neu angelegt, der letzte Wert geht daher verloren.

Ausgabe 5.4.1 Ausgabe des Beispielprogramms

```
Statisch in demoStatisch: 9
        Global in demoStatisch: 9
                nurLokal in demoStatisch: 9

Statisch in demoStatisch: 10
        Global in demoStatisch: 10
                nurLokal in demoStatisch: 9

Statisch in demoStatisch: 11
        Global in demoStatisch: 11
                nurLokal in demoStatisch: 9
```

5.4.4 Abschließende Bemerkung

Wir werden in den folgenden Beispielen von statischen Variablen nur sparsam Gebrauch machen. Dies liegt daran, daß wir uns auf den Entwurf von Programmen konzentrieren werden. Die Frage, ob eine Variable als statisch vereinbart werden soll oder nicht, gehört dagegen eher in den Bereich der Kodierung und sollte dort sehr sorgfältig bedacht werden. In analoger Weise werden wir die Möglichkeiten, die wir in diesem Kapitel zur separaten Übersetzung und getrennten Definition oder Deklaration von Variablen kennengelernt haben, nur sparsam verwenden. Der Grund ist derselbe: Es geht in diesem Buch nicht so sehr darum, die Implementierung größerer Programme zu diskutieren, sondern vielmehr darum, den Entwurf solcher Programme exemplarisch zu verdeutlichen und Ihnen einen entsprechenden Werkzeugkasten zur Verfügung zu stellen. Auch hier ist die Sorgfalt bei der Kodierung nicht zu vernachlässigen.

5.5 Aufgaben

1. Gelegentlich ist man darauf angewiesen, fortlaufend Zahlen zu erzeugen. Implementieren Sie eine Funktion `Erzeuge` mit der Signatur

   ```
   int Erzeuge();
   ```

   so daß die Aufrufe fortlaufende Zahlen ausgeben. Sie dürfen hierbei nur lokale Variablen verwenden.

2. Schreiben Sie ein Programm, das nacheinander ausdruckt

   ```
   x = 1
   x = "abra"
   x = 0.1234
   x = 2
   x = "Bebra"
   ```

   Sie dürfen hierzu nur eine einzige Variable `x` verwenden.

3. Ein Bruch kann als Paar positiver ganzer Zahlen `oben` und `unten` dargestellt werden. Entwerfen Sie ein Programm, das den Bruch kürzt, das also Zähler und Nenner teilerfremd macht ($\frac{48}{256} = \frac{3}{16}$, 3 und 16 sind teilerfremd).

   Hinweis Eine ganze Zahl `k` ist ein gemeinsamer Teiler von `oben` und `unten`, falls gilt

   ```
   oben % k == 0
   unten % k == 0
   ```

   Wenn Sie einen gemeinsamen Teiler `k` gefunden haben, ersetzen Sie `oben` durch `oben/k` und `unten` durch `unten/k`. Dieser Zugang arbeitet mit *roher Gewalt.* Ein feinerer würde die Primzahlzerlegung von `oben` und `unten` verwenden, vgl. Aufgaben 5 und 5b in Abschnitt 3.4.

4. Auch vor den Hobbits macht die Globalisierung nicht halt. Neulich wurde die Telekommunikation eingeführt, so daß — Zingo! — ein Hobbit mit einem anderen sogar kommunizieren kann (früher *sprachen* die Hobbits miteinander, dann *tauschten sie sich aus*, und jetzt *kommunizieren* sie gar). Aber es klappt nicht: Gandalf bekam neulich Zwiebelringe. Das COMITTEE ZUR DURCHDRINGUNG VON UNTERSUCHUNGEN stellte fest, daß die Kommunikationsgewohnheiten der Hobbits schuld waren: Sie packten alles auf eine Kommunikationsverbindung, ohne Punkt und Komma, und jeder angelte aus dem Datenstrom, soviel er wollte. Der weise Rat war: **Packt Eure Daten in Pakete**. Wir wollen uns ansehen, wie das genauer geht.

   In den folgenden Teilaufgaben entstehen jeweils Funktionen, die Sie pro Teilaufgabe in einer eigenen Datei abspeichern sollen. Uns jetzt geht's los.

   (a) Ein Datenpaket besteht
   - aus der Kopfinformation `ANF`;
   - zehn Zeichen, die Teil der Nachricht sind;
   - einem Prüfzeichen;
   - der Schlußinformation `END`.

   Das Prüfzeichen sorgt dafür, daß die Summe aller Zeichen durch `11` teilbar ist (Zeichen werden als Zahlen interpretiert gemäß Tabelle 4.1 in Kapitel 3.4 auf Seite 61). Es wird eingeführt, um zu erkennen, ob Übertragungsfehler vorliegen.
   Damit besteht ein Datenpaket aus

   $$3 + 10 + 1 + 3 = 17$$

   Zeichen. Implementieren Sie eine Funktion `Einpacken` und eine dazu komplementäre Funktion `Auspacken` mit den Signaturen

   ```
   void Einpacken(char ein[], char aus[])
   void Auspacken(char aus[], char ein[])
   ```

   Der Aufruf `Einpacken(ein, aus)` nimmt das Feld `ein` mit genau zehn Zeichen und konstruiert das Feld `aus`, das genau siebzehn Zeichen hat, und ein Paket darstellt. Der Aufruf `Auspacken(aus, ein)` invertiert diesen Prozeß. Ist das Feld `aus` kein Paket, so soll `ein` aus genau zehn `'*'` bestehen.

   (b) Nehmen wir an, daß wir eine Zeile mit genau fünfzig Zeichen haben, so können wir daraus fünf Pakete erzeugen. Schreiben Sie Funktionen `SchnuerePakete` und `OeffnePakete` mit den Signaturen

```
void SchnuerePakete(char einStr[], char ausStr[])
void OeffnePakete(char ausStr[], char einStr[])
```

Der Aufruf `SchnuerePakete(einStr, ausStr)` konvertiert das Feld `einStr` aus genau fünfzig Zeichen in ein Feld `ausStr` mit genau 85 Zeichen, das die fünf entstehenden Pakete zusammenfaßt. Der Aufruf `OeffnePaket(ausStr, einStr)` invertiert diesen Prozeß. Besteht `ausStr` nicht aus 85 Zeichen oder sind keine fünf wohlgeformte Pakete zu erkennen, so soll `einStr` aus genau fünfundachtzig `'#'` bestehen.

(c) Lesen Sie eine Eingabe als Folge von Zeichen, und geben Sie die entstehende Folge von Paketen aus. Hierzu speichern Sie immer genau fünfzig Zeichen in einem Puffer. Die Eingabe soll durch das bewährte `'@'`-Zeichen abgeschlossen sein, das nicht zum Text gehört. Falls die Anzahl der Zeichen kein Vielfaches von fünfzig ist, sollten Sie mit Leerzeichen auffüllen.

(d) Lesen Sie eine Folge von Paketen, und extrahieren Sie aus dieser Folge den Text.

5. (Fortsetzung von Aufgabe 4) Sie können beim Einpacken den Text verschlüsseln (Frodo täte das gern, wenn Gollum mithört), indem Sie Caesars Chiffre benutzen (vgl. Abschnitt 4.5, Aufgabe 4 auf Seite 64). Modifizieren Sie die Funktionen `Einpacken` und `Auspacken` entsprechend.

Kapitel 6

Zeiger: Oh! Jetzt wird es lustig

Inhaltsangabe

Wir wenden uns jetzt einem Thema zu, daß einer gewissen Pikanterie nicht entbehrt (nein, nein: Sie haben sich nicht in die Abteilung für *diese* Literatur verirrt). Ich meine die Beschäftigung mit Zeigern. Die Verwendung von Zeigern wird in der Programmierung für recht kontrovers gehalten, weil Zeiger hinterhältige Biester mit Klauen und Zähnen sein können. Man kann mit Zeigern unwissentlich (und unwillentlich!) Effekte erzielen, die die Fehlersuche in mißratenen Programmen eher einem Ritt über den Bodensee, denn einem disziplinierten Programmlauf ähneln lassen. Das liegt in erster Linie daran, daß der Gebrauch von Zeigern indirekte Wirkungen auszulösen gestattet, über die man schnell die Kontrolle verliert. Auf der anderen Seite bieten Zeiger wegen der damit verbundenen Flexibilität sehr erwünschte Konstruktionsmöglichkeiten, neben diese Flexibilität tritt der gelegentliche Verlust an Effizienz bei Operationen, die ohne Zeiger ausgeführt werden müssen. Daher erweist es sich als überaus wünschenswert, diese wilden Tiere zu zähmen und ihnen Disziplin beizubringen. Genau das wollen wir in diesem Kapitel und den weiteren Überlegungen versuchen.

6.1 Adressen

Wir wissen, daß der Wert für eine Variable irgendwo abgespeichert wird. Über den Namen der Variable können wir auf ihren Wert zugreifen. Was ist nun mit dem Speicherplatz? Hierzu

gibt es einen speziellen Operator: Ist `k` eine Variable, so ist `&k` ihre Adresse.
Was stellen wir aber jetzt mit dieser Adresse an? Man könnte nun auf die wilde Idee kommen, mit dieser Adresse Arithmetik zu treiben. Das ist in der Tat so wild, daß man es lieber doch nicht tun möchte: Die Operationen mit einer Adresse ergeben wieder Adressen, so daß man hierdurch eine herrliche Möglichkeit hat, Chaos im Speicher anzurichten. Wenn Sie dies tun wollen: Na ja, Sie müssen's ja wissen!

6.1.1 Zeiger

Wir führen auf diese Art fast hinter dem Rücken des Lesers einen neuen Datentyp ein, nämlich den Datentyp `Adresse`. Mit Adressen werden wir umzugehen lernen; Speicherplätze, die Adressen enthalten, werden *Zeiger* genannt. Ist `wo` ein Zeiger, so bezeichnet `*wo` ihren Inhalt. Damit haben wir sozusagen eine Dualität zwischen Speicher und Inhalt gewonnen: Kennen wir eine Variable, so können wir ihre Adresse ermitteln (Operator `&`), kennen wir eine Adresse, so können wir ihren Inhalt ermitteln (Operator `*`). Die Ermittlung des Inhalts ist eine recht häufige Operation, wie wir sehen werden, sie wird als *Dereferenzierung* bezeichnet.
Zeiger, also Adressen im Speicher, sind typisiert: Es muß immer angegeben werden, welcher Typ sich hinter einer Adresse verbirgt. Das deutet darauf hin, daß mit Adressen nicht unbedingt gut Kirschen essen sein wird. Der Grund für die Typisierung liegt auf der Hand: Unter einer Adresse findet sich ein Bitmuster, und es muß diesem blöden Computer gesagt werden, wie er dieses Bitmuster interpretieren soll, also: welche Art von Wert sich hier verbirgt.
Versuchen wir unser Glück bei einigen Beispielen: Nehmen wir an, daß wir die folgenden Definitionen getroffen haben.

```
int k;
float *t;
```

Dann bezeichnet `&k` die Adresse der ganzen Zahl `k`. Der Name `t` ist als die Adresse einer reellen Zahl deklariert (die Syntax ist ein wenig unglücklich: der Zeiger heißt `t`, und nicht, wie eigentlich zu erwarten gewesen wäre, `*t`), wir können uns den Inhalt der Speicherzelle mittels Dereferenzierung ansehen und auch einen Wert dort deponieren: Die Zuweisung

```
*t = 17.14
```

speichert den Wert `17.14` unter der Adresse `t`.

6.1.2 Änderungen aus dem Hinterhalt

Soweit, so gut, so klar. Wo ist das Problem? Na, dann schauen Sie sich doch einfach das Programm in der Implementierung 6.1.1 an.
Das Programm vereinbart zwei ganzzahlige Variablen `A` und `B`, die auch gleich zu `1` bzw. zu `-99` initialisiert werden. Weiterhin finden wir die Definition von zwei Zeigervariablen, die beide auf ganzzahlige Werte zeigen sollen. Die Zeigervariable `ZeigerA` wird auf die Adresse von `A` gesetzt, die Zeigervariable `ZeigerB` wird zunächst nicht initialisiert. Dann finden wir noch eine Funktion `druck`, die keinen Wert zurückgibt, aber ein Feld von Zeichen und zwei ganze Zahlen als ihre Argumente nimmt. Diese Funktion soll dazu dienen, Texte und die Werte der Variablen `A` und `B` auszudrucken. Dies geschieht auch gleich am Anfang, es wird also ausgedruckt

```
am Anfang: A = 1; B = -99
```

```
main() {
        int A = 1, B = -99;
        int *ZeigerA = &A, *ZeigerB;
        void druck(char [], int, int);

        druck("am Anfang: ", A, B);
        *ZeigerA = B;

        druck("nach *ZeigerA = B: ", A, B);
        B = B * B;
        ZeigerB = &B;
        *ZeigerA = *ZeigerB;
        druck("nach Quadrat, *ZeigerA = *ZeigerB: \t", A, B);
}

void druck(char t[], int x, int y) {
                cout << t << "  " << "A = "  << x << ";\t"
                     << "B = "  << y <<  '\n';
}
```

Implementierung 6.1.1: Zeiger sind nicht immer nett

Im nächsten Schritt setzen wir den Inhalt der Speicherzelle, auf die `ZeigerA` zeigt, auf `B`, führen also die Zuweisung

```
*ZeigerA = B
```

aus. Der Ausdruck von `A` und `B` zeigt die erste Überraschung, es stellt sich nämlich heraus, daß `A = -99` gilt:

```
nach *ZeigerA = B: A = -99; B = -99
```

Der Wert der Variablen hat sich also geändert, ohne daß wir ihr explizit einen anderen Wert zugewiesen hätten. Wir treiben dieses Spielchen weiter: `B` wird quadriert und wieder `B` zugewiesen, die Variable `ZeigerB` enthält die Adresse von `B`, es wird also die Zuweisung

```
ZeigerB = &B
```

ausgeführt. Schließlich wird der Inhalt der Speicherzelle, auf die der Zeiger `ZeigerB` zeigt, an den Inhalt der Speicherzelle zugewiesen, dessen Adresse `ZeigerA` ist. Hier wartet nun die nächste Überraschung auf uns, denn es stellt sich heraus, daß nun `A = B = 9801` gilt:

```
nach Quadrat, *ZeigerA = *ZeigerB: A = 9801; B = 9801
```

Durch den Austausch der Inhalte von Speicherzellen haben wir es also wieder geschafft, den Wert von `A` zu ändern, ohne eine ausdrückliche Zuweisung an diese Variable durchzuführen. Damit zeigt sich, daß Zeiger *Seiteneffekte* auslösen können, insbesondere in Tateinheit mit der Manipulation von Adressen. Damit ist die oben geäußerte These belegt, daß Zeiger durchaus

ihren eigenen Reiz und ihren eigenen Charme haben, daß man aber auf sie besonders Acht geben muß.
Bemerken Sie übrigens, daß auf der linken Seite einer Zuweisung keine Adresse stehen kann. Dies würde ja bedeuten, daß wir eine Adresse im Programm selbst festlegen, dies ist jedoch eine privilegierte Operation. Die Adresse wird vom Compiler berechnet und kann nicht vom Benutzer gesetzt werden.

6.2 Die Funktion Tausch

Nach all diesen warnenden Worten soll gezeigt werden, daß sich das Konzept der Manipulation von Zeigern, also die Manipulation von Adressen, nutzbringend einsetzen läßt. Wir wollen dies mit der Vertauschung zweier Werte illustrieren. Das Beispiel ist einfach genug, daß man sich daran erinnern kann, aber trotzdem hinreichend aussagekräftig, um den Punkt zu illustrieren. Betrachten wir die Funktion in der Formulierung 6.2.1, die vorgibt, den Wert zweier Variablen auszutauschen.

```
void Tausch (int a, int b) {
        int temp = a;
        a = b; b = temp;
}
```

Implementierung 6.2.1: Vertauscht die Funktion ihre Argumente?

Die Funktion `Tausch` arbeitet so, daß eine temporäre Variable `temp` den Wert des formalen Parameters `a` aufnimmt, dann wird `a` auf `b` gesetzt, schließlich setzt man `b` auf den Wert von `temp`. So — was ist denn jetzt bemerkenswert an diesem doch bemerkenswert einfachen Beispiel?
Erinnern Sie sich: Die Parameter werden als Werte-Parameter übergeben, die Schattenvariablen nehmen brav die Werte der aktuellen Parameter auf, vertauschen sie auch und sinken dann ins Nirwana. Sie sind nach Ende des Aufrufs nicht mehr zu erreichen, insbesondere bleiben die alten Werte erhalten. Anders dagegen der Effekt, wenn wir statt der Werte Zeiger auf diese Werte übergeben, dann können wir nämlich (sozusagen hinter den Kulissen) die Werte in den entsprechenden Speicherzellen austauschen, ohne daß die Adressen geändert werden. Nach dem Aufruf findet sich dann, eben unter der entsprechenden Adresse, ein anderer Wert. Diese Grundidee ist in der Funktion 6.2.2 realisiert.

```
void AdrTausch(int *p, int *q) {
     int temp;
     temp = *p;
     *p = *q;
     *q = temp;
}
```

Implementierung 6.2.2: Die Funktion vertauscht ihre Argumente!

Hier nimmt die ganzzahlige Variable `temp` den Inhalt der Adresse `p` auf, der Inhalt von `q` wird als der Inhalt von `p` gespeichert und schließlich ist der Inhalt von `q` der in `temp` gespeicherte Wert (es hilft, wenn Sie sich den Vorgang an einer kleinen Graphik klar machen).
Wollen wir jetzt die beiden ganzzahligen Variablen `Peter` und `Yvonne` miteinander vertauschen, so rufen wir `AdrTausch (&Peter, &Yvonne)` auf. Damit übergeben wir die Adressen dieser Variablen, die Inhalte der Speicherzellen mit diesen Adressen werden ausgetauscht. Die Werte der Adressen selbst bleiben unverändert.
Dies ist in vollständiger Übereinstimmung mit der Beobachtung, daß aktuelle Parameter als Werte-Parameter behandelt werden, die durch einen Funktionsaufruf nicht geändert werden.

6.3 Felder und Zeiger

Zwischen Feldern und Zeigern herrscht ein sehr enger Zusammenhang, den ich jetzt mit Ihnen besprechen möchte. Es stellt sich nämlich heraus, daß Zeiger die Anfangsadressen von Feldern sind, Felder umgekehrt im wesentlichen durch Zeiger repräsentiert werden können. Um dies zu konkretisieren sei

```
int a[10], *pa;
```

deklariert. Das Feld `a` enthält also die zehn Elemente `a[0], ..., a[9]`, die Variable `pa` ist als Zeiger auf eine ganze Zahl vereinbart. Setzt man nun

```
pa = &a[0];
```

so enthält `pa` die Adresse des ersten Feldelements. Damit ist also `pa` als Zeiger auf das erste Element `a` gesetzt. Würden wir also für die ganzzahlige Variable `x` die Zuweisung

```
x = *pa
```

durchführen, so würden wir den Wert `a[0]` nach `x` kopieren.
Nun gut, können Sie sagen, *ei, wo ist denn jetzt der Zusammenhang?* Na, die Geschichte geht weiter: die Elemente `pa + 1,...,pa + 9` zeigen auf die Elemente `a[1], ..., a[9]`. Es gilt also für alle Indizes `i` zwischen `0` und `9` die folgende Beziehung:

```
*(pa + i) = a[i].
```

Setzen wir also einen Zeiger auf das erste Element (genauer: weisen wir einer Zeigervariable die Adresse des ersten Elements eines Feldes zu), so lassen sich alle anderen Feldelemente durch Addition des Index und anschließendes Dereferenzieren erreichen.
Allgemein gilt die folgende Beziehung: Ist `p` ein Zeiger auf Elemente vom Typ `T`, ist also deklariert

```
T *p;
```

so bezeichnet `p + i` dasjenige Element vom Typ `T`, das von `p` um `i * sizeof(T)` entfernt liegt. Damit kann man von der Anfangsadresse aus jedes Feldelement erreichen.
Man kann sogar mehr Elemente erreichen, als man durch Indizierung eines Feldnamens erreichen könnte, da die obere Grenze von `i` ja nicht durch die Feldgrenzen gegeben sind. Auf diese Art und Weise können wir mit Zeigern auch Arithmetik betreiben: Der Ausdruck `p + 1` bezeichnet also das Element vom Typ `T`, das um `p + sizeof(T)` entfernt liegt. Nach Ausführung der Postfix-Zuweisung `p++` zeigt `p` auf just dieses Element.
Wir werden gleich einige Beispiele für diese Zeigerarithmetik betrachten, nicht ohne warnende Worte an den Leser zu richten: Verwenden Sie sie nicht regelmäßig (sie machen süchtig), Ihre Programme werden sonst ganz furchtbar und schrecklich unleserlich, sogar für ihren Autor.

6.3.1 Bemerkenswerte Eigenschaften

Es sollen einige Anmerkungen zu dieser Konstruktionsmöglichkeit gemacht werden, wobei wir uns wieder auf die Definition der Namen pa und a beziehen:

- Der Feldname a hat die Eigenschaft, daß seine Adresse vom Compiler berechnet wird. Der Benutzer hat also keine Möglichkeit, diese Adresse zu ändern. Daher sind zwar Zuweisungen der Form

  ```
  pa = a
  ```

  zulässig, weil sie nur lesend auf die Adresse des ersten Elements a zugreifen, Zuweisungen wie a = pa oder a-- sind aber nicht zulässig, da sie die Adresse des Felds ändern würden.

- Bei Funktionsaufrufen werden Felder, die als aktuelle Parameter übergeben werden, als Zeiger auf das erste Element interpretiert. Damit löst sich der scheinbare Widerspruch bei Funktionen wie etwa `LiesZeile` in Implementierung 4.2.1 (Seite 57), bei denen ja scheinbar die Argumente so manipuliert worden sind, daß der Benutzer der Änderungen an den Parametern teilhaftig wurde. Diese Funktionen lesen sich im Licht dieser Interpretation jetzt so, daß die Änderungen an den *Inhalten* der Speicherzellen vorgenommen worden sind, die die jeweiligen Variablen referenziert haben. Die Variablen selbst, die sich jetzt als Adressen herausstellen, sind natürlich unverändert geblieben.

- Wegen der Dualität und der weitgehenden Übereinstimmung zwischen Feldern und Zeigern können diese Konstrukte jeweils austauschbar verwendet werden, wenn es um formale oder aktuelle Parameter in Funktionen geht. Ein aktueller Parameter kann also etwa als ein Zeiger auf ein Element vom Typ T vereinbart sein und als aktuellen Parameter ein Feld von Elementen vom Typ T übergeben bekommen, es kann aber auch umgekehrt sein: Ein Feld wird als formaler Parameter vereinbart, und ein Zeiger wird als aktueller Parameter übergeben. Dies gilt nicht nur für die Vereinbarung, sondern auch für die Angabe der Signaturen bei der Benutzung von Funktionen. Jetzt können Sie übrigens auch erkennen, warum es wenig Sinn ergibt, die Länge eines Felds bei der Vereinbarung als formalen Parameter zu übergeben: Da es sich hier um den Zeiger auf das erste Element handelt, ist die Angabe der Länge des Felds nutzlos.

- Bei Feldern wird Speicherplatz bei der Definition allokiert und für das Feld reserviert, so daß Sie wissen, daß Ihnen durch die Vereinbarung

  ```
  char ara[300]
  ```

  zur Verfügung stehen. Durch die Definition

  ```
  char * ara
  ```

  steht Ihnen zunächst nur ein Zeiger zur Verfügung, und die nächsten dreihundert Speicherzellen können bereits für andere Zwecke reserviert sein. Dort können z.B. Systeminformationen abgelegt sein, die man besser nicht verändern möchte. Um nun auch angemessen viel Speicherplatz zur alleinigen Verfügung zu haben, muß man auch hier reservieren: Dies geschieht durch die Angabe der Art und des Umfangs des Speicherplatzes, den man haben möchte, in unserem Fall also durch

  ```
  ara = new char [300]
  ```

Das kann man so lesen, daß dreihundert Speicherzellen für die Aufnahme von Zeichen reserviert werden sollen, und daß nach dieser Reservierung **ara** auf den Anfang dieses Speicherbereichs zeigt. Wir werden die Verwendung von **new** gleich in einem etwas komplexeren Beispiel (Abschnitt 6.5) und in späteren Kapiteln bei der Verwendung verketteter Strukturen ausgiebig diskutieren.

6.3.2 Stilistisch: Verwendung von Zeigern und Feldern

Vergleichen wir kurz die Verwendung von Feldern und Zeigern, und sei es auch nur, um stilistische Unterschiede festzustellen. Die Funktion zum Kopieren von Zeichenketten läßt sich bekanntlich mit Feldern so darstellen:

```
void strcpy (char nach[ ], char von[ ]) {
     int i = 0;
     while ((nach[i] = von[i]) ! = '0') i++;
}
```

Verwenden wir statt der Felder Zeiger als formale Parameter, so können wir die wesentlich knappere Formulierung

```
void strcpy (char *s, *t) {
     while (*s++ = *t++);
}
```

verwenden. Diese Verwendung soll kurz kommentiert werden: Die leicht kryptisch aussehende Notation `*s++` dereferenziert den Zeiger `s` und schaltet dann die Adresse um `sizeof(char)` weiter. Die Zuweisung `*s++ = *t++` liefert den Wert 0, falls das Ende der Zeichenkette `t` erreicht ist. Dann soll die `while`-Schleife ja auch abbrechen, denn dann liegt formal der Wert *falsch* vor. Die eigentliche Arbeit in dieser Funktion findet in dieser Zuweisung statt, daher ist der Anweisungsblock in der `while`-Scheife leer. Sie dürfen natürlich nicht vergessen, hier ein Semikolon zu setzen, das — ganz formal — die leere Anweisung vom Rest des Programms trennt.
Wir nehmen noch einmal das Thema *Vergleich von Zeichenketten* auf und sehen uns die Variante an, die Zeichenketten in Form von Zeigern realisiert:

```
char strcmp (char *s, char *t) {
     for (;*s == *t; s++, t++)
         if (*s != '\0') return(0);
     return (*s - *t);
}
```

Die verwendete Formulierung benutzt eine `for`-Schleife, deren Initialisierungsteil freilich leer ist. Im wesentlichen müssen wir hier die gleichen Überlegungen anstellen wie beim Kopieren von Feldern. Eine Kleinigkeit ist zu berücksichtigen, nämlich daß wir die jeweils entsprechenden Stellen in den Feldern miteinander vergleichen müssen. Wir müssen die beiden Adressen mithin gleichzeitig weiterschalten. Dies geschieht im Aktionsteil des Schleifenkopfs, die entsprechenden Aktionen sind durch Kommata voneinander getrennt. Sie sehen, daß es sich sonst um die getreue Übertragung der früheren Überlegungen handelt.

6.4 Funktionen als Parameter

Gelegentlich ist es notwendig, Funktionen als Parameter an andere Funktionen zu übergeben. Denken Sie als Beispiel an eine Situation, in der Sie die Funktionswerte einer gegebenen Funktion an den Punkten 0, ..., 9 aufsummieren wollen. Die Funktionswerte werden durch eine Funktion geliefert, die als Parameter übergeben wird. Ein anderes Beispiel ist etwa die Integration von Funktionen, hier dient der Integrand als Argument für eine entsprechende Funktion.

Es ist also nicht unbedingt abwegig, Funktionen übergeben zu wollen. Dies ist freilich nicht direkt möglich. Wir werden bei der Überlegung zum objektorientierten Zugang Möglichkeiten sehen, wie wir Funktionen geeignet verpacken können. Ein anderer, aus C stammender Zugang soll hier wenigstens kurz erwähnt und illustriert werden. Wenn schon Funktionen als eigene Datentypen nicht möglich sind, so gibt es gleichwohl die Möglichkeit, einen Zeiger auf eine Funktion zu übergeben. Die Signatur dieser Funktion sollte dann ebenfalls angegeben sein. Schauen wir die Implementierung 6.4.1 als Programm mit seiner Ausgabe 6.4.1 an.

```
main() {
        int Summiere(int (*f)(int));
        int sum1(int), sum2(int);

        cout << "\terste Summe: " << Summiere(sum1) << "\n\n";
        cout << "\tzweite Summe: " << Summiere(sum2) << endl;
}

int sum1(int n) {
        int i, s = 0;
        for(i = 0; i < n; i++) s += 1;
        return s;
}

int sum2(int n) {
        int i, s = 0;
        for(i = 0; i < n; i++) s -= 2;
        return s;
}

int Summiere(int (*f)(int)) {
        int lauf, sum=0;
        for (lauf = 0; lauf < 7; lauf++) {
                cout << "(*f)(" << lauf << ") = "  << (*f)(lauf) << endl;
                sum += (*f)(lauf);
                }
        return sum;
}
```

Implementierung 6.4.1: Zeiger auf Funktionen

Ausgabe 6.4.1 Ausgabe: Zeiger auf Funktionen

```
(*f)(0) = 0
(*f)(1) = 1
(*f)(2) = 2
(*f)(3) = 3
(*f)(4) = 4
(*f)(5) = 5
(*f)(6) = 6
        erste Summe: 21

(*f)(0) = 0
(*f)(1) = -2
(*f)(2) = -4
(*f)(3) = -6
(*f)(4) = -8
(*f)(5) = -10
(*f)(6) = -12
        zweite Summe: -42
```

Die Ergebnisse sollten selbsterklärend sein. Beachten Sie die Feinheiten der Klammerung in der Charakterisierung der Funktionen: Die Formulierung

```
int (*f)()
```

bezeichnet den Zeiger auf eine Funktion ohne Argumente mit Rückgabewert `int`, die Formulierung

```
int *f()
```

bezeichnet hingegen eine Funktion ohne Argument, die einen Zeiger auf `int` zurückgibt. Sie sollten sich diesen Unterschied auf der Zunge zergehen lassen, und sei es auch nur, um Ihr Verständnis dieses ein wenig subtileren Unterschieds zu überprüfen. Auf der einen Seite haben wir einen Zeiger auf eine Funktion, auf der anderen Seite eine Funktion, die einen Zeiger zurückgibt. Es ist ganz offensichtlich, daß es sich hier um zwei völlig verschiedene Dinge handelt.
Wir werden auf das Thema der Übergabe funktionaler Parameter zurückkommen, wenn wir Objekte behandeln. Dort werden wir sehen, daß wir eingebettete Funktionen ohne große Mühe übergeben können, wir sollten daher dieses Thema hier nicht allzu sehr vertiefen.

6.5 Mehrdimensionale Felder

In C++ sind mehrdimensionale Felder möglich. Wir haben bislang nur eindimensionale Felder kennengelernt, also solche Felder, auf die wir mit einem einzigen Index zugreifen können. Gelegentlich ist es notwendig, z. B. Matrizen zu manipulieren, also zweidimensionale Reihungen von Elementen wie im Beispiel der Variablen `Matrix`, die vereinbart werden möge als

```
int Matrix[3][7]
```

so daß eine Matrix mit drei Zeilen und sieben Spalten vereinbart wird, deren Elemente ganzzahlig sind. Wenn wir die angegebene Vereinbarung wörtlich nehmen, so stellen wir fest, daß wir eigentlich etwas anderes beschrieben haben, nämlich sieben Elemente vom Typ

```
int Matrix[3]
```

Wir lesen dieses Konstrukt sozusagen von außen nach innen. Auf ein typisches Element dieser Matrix wird zugegriffen durch `Matrix[i][j]`. Wegen der Dualität *Zeiger/Feld* kann `Matrix` auch vereinbart werden als

```
int ** Matrix
```

Dann müssen wir uns aber um die Allokation des zugehörigen Speicherplatzes kümmern. Bemerken Sie übrigens, daß die Vereinbarung

```
int Matrix [i, j]
```

syntaktisch nicht zulässig ist.

6.5.1 Sterne und zweidimensionale Felder

Die folgende Diskussion soll zweidimensionale Felder und die Speicherallokation für Zeiger verdeutlichen. Nehmen Sie an, Sie haben ein leeres Blatt karierten Papiers vor sich. In die erste Zeile schreiben Sie in die Mitte ein Sternchen *, und dann schreiben Sie in jede folgende Zeile ein Sternchen, wenn in genau einem der nordwestlichen oder nordöstlichen Nachbarn des gerade betrachteten Kästchens ein Sternchen steht. Es entsteht also ein Bild wie in der Ausgabe 6.5.1.

Ausgabe 6.5.1 Sternchen auf einem karierten Blatt

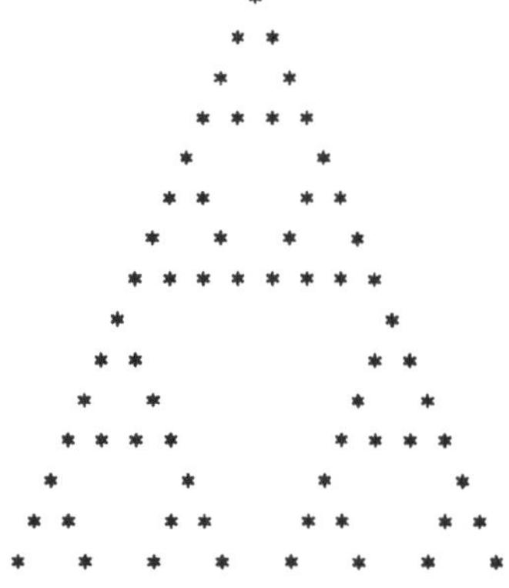

In einen Programm stellt man das Blatt zweckmäßig als zweidimensionales Feld `Blatt` von Zeichen dar, so daß `Blatt[i][j]` das Zeichen in der `i`-ten Zeile und der `j`-ten Spalte ist (**Zeilen zuerst**). Jedes Zeichen ist entweder das Leerzeichen `' '` oder der Stern `'*'`. Wir beginnen damit, daß wir in der obersten Zeile `Blatt[0]` alle Einträge auf das Leerzeichen setzen, lediglich in die Mitte setzen wir dort einen Stern. Dann gehen wir die Zeilen durch und

durchlaufen in jeder Zeile die Spalten; nehmen Sie an, wir bearbeiten gerade `Blatt[i][j]`. Der nordwestliche Nachbar ist `Blatt[i-1][j-1]`, der nordöstliche ist `Blatt[i-1][j+1]`, so daß wir einen Stern in unser gerade betrachtetes Element setzen, wenn wir in genau einem der Nachbarn einen Stern finden. Haben wir alle Zeilen bearbeitet, so geben wir das Blatt von oben nach unten aus.
Diese Heuristik berücksichtigt die Grenzfälle noch nicht (linkes oder rechtes Ende einer Zeile), und sie setzt voraus, daß wir `Blatt` bereits zur Verfügung haben. Wir werden

```
char ** Blatt;
```

vereinbaren, um Übung mit komplexeren Zeigern zu bekommen. Nach der Definition müssen wir Speicher allokieren, zunächst für `Blatt`, dann für jede Komponente von `Blatt`. Wir nehmen an, daß wir die Anzahl der Zeilen und der Spalten in den ganzzahligen Variablen `Laenge` bzw. `Breite` abspeichern. Mit

```
Blatt = new char *[Laenge];
```

wird `Blatt` allokiert, mit

```
for (zeile = 0; zeile < Laenge; zeile++) Blatt[zeile] = Init();
```

allokieren und initialisieren wir die einzelnen Zeilen. Die Initialisierung stellt sicher, daß wir eine Zeichenkette zur Verfügung haben, und daß das erste Zeichen das Leerzeichen ist:

```
char *Init() {
        char * eineZeile = new char [Breite + 1];
        eineZeile[Breite] = Null;
        eineZeile[0] = Leer;
        return eineZeile;
}
```

Das Hauptprogramm ist in Implementierung 6.5.1 angegeben. Beachten Sie, daß die Variablen `Breite` und `Laenge` außerhalb von `main` definiert und so auch in denjenigen Funktionen sichtbar sind, die sich in derselben Datei wie `main` befinden.
Die Funktion `InitAnfang` initialisiert die erste Zeile, mit der Funktion `Zeichne` laufen wir über die einzelnen Zeilen und bestimmen dort in jeder Spalte, ob wir einen Stern oder ein Leerzeichen setzen (diese Bestimmung ist in die Funktion `BestimmeZeichen` ausgelagert, um den Sonderfall, daß wir uns in der Zeile ganz rechts befinden, deutlich zu machen). Die Funktion `Ausgabe` schließlich sorgt dafür, daß wir auch etwas zu sehen bekommen. Sie finden diese Funktionen in der Implementierung 6.5.2 abgedruckt.
Das zentrale Anliegen in diesem Beispiel besteht in der Darstellung einiger Techniken des Umgangs mit Zeigern in einer etwas komplexeren Situation, nämlich dann, wenn wir die Äquivalenz von Zeigern und zweidimensionalen Feldern darstellen wollen. Da diese Felder als *Felder von Feldern* gedacht werden sollten, sollten wir diese Äquivalenz als *Zeiger auf Zeiger* darstellen.

6.5.2 Exkurs: Binomial-Koeffizienten

Das erzeugte Muster ist recht hübsch und hat etwas Fraktales, also Selbstähnliches. Darauf möchte ich nicht eingehen, Ihnen vielmehr den Zusammenhang mit den Binomial-Koeffizienten erläutern. Diese merkwürdigen Zahlen werden notiert als $\binom{n}{k}$.

```
const int Breite = 35, Laenge = 15;
const char Null = '\0', Leer = ' ', Stern = '*';
main() {
        int zeile;
        char ** Blatt;
        char * Init();
        void InitAnfang(char **);
        void Zeichne(char **);
        void Ausgabe(char **);

        Blatt = new char *[Laenge];
        for (zeile = 0; zeile < Laenge; zeile++)
                Blatt[zeile] = Init();
        InitAnfang(Blatt);
        Zeichne(Blatt);
        Ausgabe(Blatt);
}
```

Implementierung 6.5.1: Heute malen wir 'mal Sternchen

Sie sind für alle natürlichen Zahlen n und $k \in \{0, \ldots, n\}$ bekanntlich rekursiv definiert:

$$\binom{n}{k} := \begin{cases} 1 & \text{falls } n = 0, \\ 1 & \text{falls } k = 0 \text{ oder } k = n, \\ \binom{n-1}{k-1} + \binom{n-1}{k} & \text{sonst} \end{cases}$$

Diese Zahlen tauchen in vielen Zusammenhängen auf: $\binom{793}{31}$ gibt die Anzahl der Möglichkeiten an, aus 793 Personen genau 31 auszuwählen, oder wir können schreiben

$$(a+b)^{416} = \sum_{i=0}^{416} \binom{416}{i} x^i \cdot y^{416-i}$$

Wie dem auch sei. Man kann diese Zahlen als das famose *Pascalsche Dreieck* schreiben. Unser geometrisches Muster entsteht nun so, daß man das Pascalsche Dreieck hernimmt, jede ungerade Zahl durch ein Sternchen ersetzt, und jede gerade Zahl durch ein Leerzeichen.

```
void InitAnfang(char ** bl) {
        int sp;
        for (sp = 0; sp < Breite; sp++)
                bl[0][sp] = Leer;
        bl[0][Breite/2] = Stern;
}

void Zeichne(char ** bl) {
        int z, s;
        char BestimmeZeichen(char, char);
        for (z = 1; z < Laenge; z++)
            for (s = 1; s < Breite; s++) {
                char NO = bl[z - 1][s - 1],
                     NW = bl[z - 1][s + 1];
                bl[z][s] = BestimmeZeichen(NO, NW);
        }
}

char BestimmeZeichen(char no, char nw) {
        if (nw == Null)
           return Leer;
        else
           return (no == nw ? Leer : Stern);
}

void Ausgabe(char ** bl) {
        int z;
        for (z = 0; z < Laenge; z++)
            cout << bl[z] << endl;
}
```

Implementierung 6.5.2: Funktionen zum Malen von Sternchen

6.6 Aufgaben

1. Modifizieren Sie das Programm aus Abschnitt 6.5.1, so daß das nebenstehende Bild entsteht.

   Hinweis Vertauschen Sie Zeichen und Spalten in der Matrix `Blatt`.

2. Berechnen Sie die Binomial-Koeffizienten $\binom{n}{k}$ für $n = 0, \ldots, 25$ und stellen Sie das zugehörige Pascalsche Dreieck dar.

   Hinweis Benutzen Sie die in Abschnitt 6.5.2 angegebene Konstruktion zum Malen von Sternchen (an die Stelle des Leerzeichens tritt die Null, an die Stelle des Sternchens der entsprechende Koeffizient). Unterdrücken Sie bei der Ausgabe die Nullen. Um eine dreieckige Ausgabe zu erzielen, müssen Sie die Zahlen jeweils gleichlang ausdrucken; die größte vorkommende Zahl ist $\binom{25}{12} = 5200300$, hat also sieben Stellen.

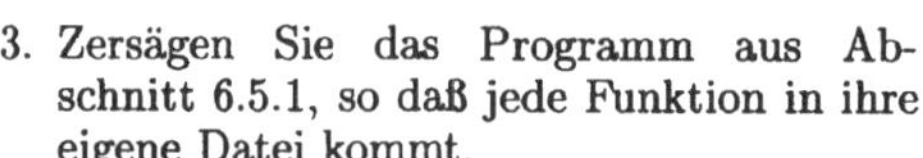

3. Zersägen Sie das Programm aus Abschnitt 6.5.1, so daß jede Funktion in ihre eigene Datei kommt.

4. Ist c das einer Ziffer entsprechende Zeichen (gilt also `'0' <= c && c <= '9'`), so ist die c entsprechende Zahl

   ```
   c - '0'
   ```

   Implementieren Sie eine Funktion **atoi**, die eine aus Ziffern bestehende Zeichenkette als Argument bekommt und die als Resultat die zugehörige ganze Zahl bestimmt. Die Funktion hat also als Signatur

   ```
   int atoi (char *)
   ```

   Findet sich ein Zeichen, daß keine Ziffer darstellt, so soll `-1` ausgegeben werden. Implementieren Sie die Umkehrfunktion **itoa**, die eine nicht-negative ganze Zahl in eine Zeichenkette verwandelt, so daß die Signatur von **itoa** lautet

   ```
   char * itoa (int)
   ```

5. Reversieren Sie ein Feld ganzer Zahlen (drehen Sie's also um), ohne ein Hilfsfeld zu benutzen. Ein Feld ist ein **Rentner**, wenn es umgedreht werden kann, ohne sich zu ändern. Formulieren Sie eine Funktion **Rentner** mit der Signatur

   ```
   int Rentner (char *)
   ```

   die feststellt, ob eine Zeichenkette ein **Rentner** ist.

6. Für die quadratischen Matrizen $(a_{i,j})_{1 \le i,j \le n}$ und $(b_{i,j})_{1 \le i,j \le n}$, deren Elemente reelle Zahlen sind, wird die Summe

   $$(c_{i,j})_{1 \le i,j \le n}$$

   definiert als

   $$c_{i,j} := a_{i,j} + b_{i,j}$$

   und das Produkt

   $$(p_{i,j})_{1 \le i,j \le n}$$

   als

   $$p_{i,j} := \sum_{\ell=1}^{n} a_{i,\ell} \cdot b_{\ell,j}$$

   Implementieren Sie Funktionen **Summe** und **Produkt** mit den Signaturen

   ```
   float ** Summe(float **, float **);
   float ** Produkt(float **, float **).
   ```

7. Die Tabelle 6.1 auf Seite 94 dient zur Herstellung der *Vigenère Chiffre* [Sin99, Kap. 2]. Jede Zeile entsteht aus der vorherigen durch eine zyklische Verschiebung um einen Buchstaben und kann daher zur Verschlüsselung dienen, wie wir es bei Caesars Chiffre gesehen haben (vgl. Seite 64).

   Nehmen wir an, daß wir das Wort **schwer** als Schlüssel haben (wir betrachten nur kleine Buchstaben), dann gibt die folgende Tabelle die Zeilen an, die zur Verschlüsselung herangezogen werden:

Schlüssel	s	c	h	w	e	r
Zeile	18	2	7	22	4	r

   Wenn wir nun einen Satz verschlüsseln wollen, so nehmen wir den ersten Schlüssel aus Zeile 18, den zweiten aus Zeile 2, den dritten aus Zeile 7, usw., bis wir den Schlüssel erschöpft haben. Dann fangen wir das Spiel wieder von vorn an, nehmen also den nächsten Schlüssel aus Zeile 18, den nächsten aus Zeile 2 usw. Also würden wir **eine aufgabe** wie folgt verschlüsseln (wobei wir Leerzeichen ignorieren):

Schlüssel	s	c	h	w	e	r	s	c	h	w	e
Text	e	i	n	e	a	u	f	g	a	b	e
Nachricht	w	k	u	a	e	l	z	i	h	x	i

   Das liegt daran, daß der Buchstabe **e** mit dem Schlüssel aus Zeile 18 als **w** verschlüsselt wird, der Buchstabe c mit dem Schlüssel aus Zeile 2 als **k** usw. Die Entschlüsselung geht (bei Kenntnis des Schlüssels!) völlig analog vor sich.

   Implementieren Sie dieses Verfahren.

	a	b c d e f	g h i j k	l m n o p	q r s t u	v w x y z
1	b	c d e f g	h i j k l	m n o p q	r s t u v	w x y z a
2	c	d e f g h	i j k l m	n o p q r	s t u v w	x y z a b
3	d	e f g h i	j k l m n	o p q r s	t u v w x	y z a b c
4	e	f g h i j	k l m n o	p q r s t	u v w x y	z a b c d
5	f	g h i j k	l m n o p	q r s t u	v w x y z	a b c d e
6	g	h i j k l	m n o p q	r s t u v	w x y z a	b c d e f
7	h	i j k l m	n o p q r	s t u v w	x y z a b	c d e f g
8	i	j k l m n	o p q r s	t u v w x	y z a b c	d e f g h
9	j	k l m n o	p q r s t	u v w x y	z a b c d	e f g h i
10	k	l m n o p	q r s t u	v w x y z	a b c d e	f g h i j
11	l	m n o p q	r s t u v	w x y z a	b c d e f	g h i j k
12	m	n o p q r	s t u v w	x y z a b	c d e f g	h i j k l
13	n	o p q r s	t u v w x	y z a b c	d e f g h	i j k l m
14	o	p q r s t	u v w x y	z a b c d	e f g h i	j k l m n
15	p	q r s t u	v w x y z	a b c d e	f g h i j	k l m n o
16	q	r s t u v	w x y z a	b c d e f	g h i j k	l m n o p
17	r	s t u v w	x y z a b	c d e f g	h i j k l	m n o p q
18	s	t u v w x	y z a b c	d e f g h	i j k l m	n o p q r
19	t	u v w x y	z a b c d	e f g h i	j k l m n	o p q r s
20	u	v w x y z	a b c d e	f g h i j	k l m n o	p q r s t
21	v	w x y z a	b c d e f	g h i j k	l m n o p	q r s t u
22	w	x y z a b	c d e f g	h i j k l	m n o p q	r s t u v
23	x	y z a b c	d e f g h	i j k l m	n o p q r	s t u v w
24	y	z a b c d	e f g h i	j k l m n	o p q r s	t u v w x
25	z	a b c d e	f g h i j	k l m n o	p q r s t	u v w x y
26	a	b c d e f	g h i j k	l m n o p	q r s t u	v w x y z

Tabelle 6.1: Tafel zur Vigenère Chiffre

Kapitel 7

Zusammengesetzte Strukturen

Inhaltsangabe

In diesem Kapitel möchte ich Ihnen zeigen, wie man Strukturen aus heterogenen Komponenten zusammensetzt. Bislang haben wir zusammengesetzte Strukturen ja lediglich am Beispiel von Feldern kennengelernt, also von Reihungen über demselben Grundtyp. Sie werden sehen, daß C++ sprachliche Möglichkeiten dafür zur Verfügung stellt, Daten über verschiedene Grundtypen zu einem zusammengesetzten Datentyp zusammenzufassen. Dies werden wir im vorliegenden Kapitel betrachten, die neu gewonnenen Möglichkeiten werden dann mit denen von Zeigern kombiniert, um verkettete Listen und andere dynamische Strukturen zu konstruieren. Damit erweitert sich unser Spektrum algorithmischer Ausdrucksmöglichkeiten, was wir in den folgenden Kapiteln weidlich ausnutzen werden.

7.1 struct als Konstruktion

Als erstes Beispiel für zusammengesetzte Strukturen werde ich Bücher diskutieren. Ein Buch wird im Buchhandel ja nicht nur durch seinen Inhalt katalogisiert, sondern z. B. unter anderem durch sein Erscheinungsjahr, die Anzahl der Seiten und den Preis (hierbei handelt es sich um eine sehr kleine — aber feine — Buchhandlung, die zunächst lediglich einen Autor vertreibt).

Es ist nun praktisch, die Daten für ein Buch in einer einzigen Struktur zusammenzuhalten. Wenn man also auf ein Buch zugreifen möchte, braucht man diese Informationen nicht aus verschiedenen Daten zusammenzusuchen, sondern hat sie handlich wie in einem Behälter bereit.

7.1.1 Definition der Struktur für Buchdaten als Typvereinbarung

Wir nehmen zunächst an, daß für ein Buch nur die drei genannten Komponenten abgespeichert sind, also das Erscheinungsjahr (Datentyp `int`), die Anzahl der Seiten (`int`) und der Preis (`float`). Die entsprechende Vereinbarung für den Datentyp `Buchdaten` sieht dann wie folgt aus:

```
struct Buchdaten {
        int jahr, seiten;
        float preis;
};
```

Die hier vorgestellte Möglichkeit zur Strukturierung von Daten heißt *Struktur*, sie wird mit dem Schlüsselwort `struct` charakterisiert. Jede `struct` hat *Komponenten*, die typisiert sind und einen Namen, über den die Struktur angesprochen werden kann. In unserem Beispiel handelt es sich um die Struktur `Buchdaten`, die drei Komponenten hat, zwei Komponenten sind ganzzahlig, eine ist eine Gleitkommazahl. Die ganzzahligen Komponenten sind die Komponente `jahr` und die Komponente `seiten`, die reelle Komponente trägt den Namen `preis`.

Sie sehen, daß die Typen und die Namen der Komponenten sehr ähnlich zu Vereinbarungen für lokale Variablen in Funktionen aufgeschrieben werden. Auf das Schlüsselwort `struct` folgt der Name des neu vereinbarten Typs, dann folgt in geschweiften Klammern eine Kollektion von Komponenten, Komponenten desselben Typs können in Listen zusammengefasst werden. Am Beginn einer solchen Liste steht der Typname, die Listenelemente werden durch Kommata voneinander getrennt, die Liste wird durch ein Semikolon abgeschlossen. Die gesamte Typdefinition wird ebenfalls durch ein Semikolon abgeschlossen und damit von anderen Vereinbarungen (Typen, Variablen, Funktionen) getrennt.

Der Name der Struktur ist, wie Sie gerade gesehen haben, zugleich der Name des entsprechenden Typs. Ich hatte bei der Diskussion primitiver Typen angedeutet, daß ein Typ unter anderem die mögliche Wertemenge beschreibt, die eine Variable dieses Typs annehmen kann (vgl. Abschnitt 2.5). In unserem Fall haben wir also Werte, die jeweils aus drei Komponenten bestehen, wobei die ersten beiden Komponenten ganzzahlig sind und die letzte Komponente reellwertig.

Weil wir einen Typnamen haben, können wir auch Variablen und Konstanten dieses Typs vereinbaren, wie dies bei den bisher behandelten primitiven Typen ja schon geschehen ist. Betrachten Sie z. B. die Variablenvereinbarung

```
Buchdaten meineDaten
```

Dann hat die Variable `meineDaten` den Typ `Buchdaten`.

7.1.2 Qualifizierende Maßnahmen

Das ist ja alles ganz gut und schön, werden Sie sagen: Damit ist aber noch nicht klar, wie man die einzelnen Komponenten lesen oder schreiben kann. Das geschieht durch einen Mechanismus, der *Qualifikation* genannt wird. In unserem Beispiel können wir auf die einzelnen Komponenten der Variable `meineDaten` wie folgt zugreifen:

```
meineDaten.Jahr
```

bezeichnet das Erscheinungsjahr,

```
meineDaten.Seiten
```

bezeichnet die Anzahl der Seiten und

```
meineDaten.Preis
```

bezeichnet schließlich den Preis des entsprechenden Buchs. Wir können diese Komponenten lesen oder schreiben, uns also ihre Werte ansehen (lesender Zugriff) oder ihre Werte setzen (schreibender Zugriff). Das folgende Beispiel demonstriert den schreibenden Zugriff:

```
meineDaten.jahr = GanzeZahlLesen("Jahr: ");
meineDaten.seiten = GanzeZahlLesen (SSeiten: ");
meineDaten.preis = RelleZahlLesen(Preis: ");
```

(die aufgerufenen Funktionen nehmen jeweils eine Zeichenkette, die als Eingabeaufforderung ausgedruckt wird, als Argument, und geben als Funktionswert eine ganze bzw. eine reelle Zahl zurück). Auf diese Weise wird der Wert der Variablen `meineDaten` definiert. Es ist jedoch nicht notwendig, dies immer komponentenweise zu tun. Nehmen wir an, daß wir bereits eine Variable `dieseDaten` vom Typ `BuchDaten` definiert haben. Nehmen wir weiter an, daß wir `meineDaten` wie oben definiert haben, dann würde die Zuweisung

```
dieseDaten = meineDaten;
```

den Wert, wie bei der Zuweisung üblich, von der rechten Seite des Gleichheitszeichens auf die linke Seite des Gleichheitszeichens transportieren.
Die durch die bisherige Lektüre gewitzte Leserin stellt natürlich gleich die Frage, ob die Zuweisung von `struct` einen Wert liefert, nämlich den zugewiesenen? Dies ist in der Tat der Fall, Sie können mit der Zuweisung

```
(dieseDaten = meineDaten).preis
```

auf den (gemeinsamen) Wert der Preis-Komponente zugreifen. Die gewählte Formulierung mag häßlich und wenig nachahmenswert erscheinen, sie zeigt aber, daß die Zuweisung auch in diesem zusammengesetzten Fall einen Wert liefert.

7.1.3 Dereferenzierung

Wie alle anderen Variablen besitzen diese zusammengesetzten Variablen natürlich auch Adressen, die durch den `&`-Operator angesprochen werden können. Nehmen wir an, daß die Vereinbarung von `meineDaten` stattgefunden hat, so können wir durch den Aufruf

```
LiesBuchdaten(&meineDaten)
```

die Werte dieser Variablen setzen, wobei die Funktion **LiesBuchdaten** im Programmbeispiel 7.1.1 definiert ist. Wir geben also die Adresse eines Elements vom Typ **Buchdaten** als aktuellen Parameter an und schreiben so die eingelesenen Daten an die entsprechende Adresse.

```
void LiesBuchDaten (BuchDaten *bd)  {
     int GanzeZahlLesen (char *);
     float RelleZahlLesen (char *);

     bd->jahr = GanzeZahlLesen ("Jahr:  ");
     bd->seiten = GanzeZahlLesen ("Seiten:  ");
     bd->preis = RelleZahlLesen ("Preis:  ");
}
```

Implementierung 7.1.1: Vereinbarung von `LiesBuchDaten`

Diese Funktion `LiesBuchDaten` soll ein wenig eingehender diskutiert werden. Betrachten wir zunächst ihre Signatur: Sie gibt keinen Wert zurück und hat als einzigen Parameter einen Zeiger auf einen formalen Parameter vom Typ `BuchDaten`. Der Text der Funktion gibt zunächst die Signatur der beiden benutzten Funktionen an und weist dann den einzelnen Komponenten durch Aufruf der Funktion einen Wert zu. Beachten Sie hierbei die Formulierung

```
bd->jahr
```

Dies ist eine Abkürzung dafür, daß wir zunächst die entsprechende Variable referenzieren und die Komponente `jahr` extrahieren. Dieser Ausdruck ist also eine sehr praktische Abkürzung für

```
(*bd).jahr
```

Beim Aufruf der anderen Funktionen verhält es sich völlig analog. Insgesamt arbeitet die Funktion `LiesBuchDaten` so, daß ein Zeiger auf ein Element vom Typ `BuchDaten` übergeben wird, die Komponenten, die unter dieser Adresse zu finden sind, werden dann entsprechend gefüllt.
Da die Funktion mit der Adresse einer Variablen vom Typ `BuchDaten` arbeitet, muß also stets eine Adresse als aktueller Parameter angegeben werden. Will man eine Variable vom Typ `BuchDaten` durch diese Funktion mit Werten versehen, so muß der Aufruf so erfolgen, daß man mit dem `&`-Operator zunächst die Adresse der entsprechenden Variablen ermittelt und diese Adresse dann als Parameter übergibt, wie wir es oben demonstriert haben.

7.1.4 Initialisierung zusammengesetzter Daten

Durch die Möglichkeit, Strukturen zu beschreiben, haben wir unsere Ausdrucksmöglichkeiten erweitert, dies betrifft auch die Verwendung von Konstanten. Nehmen wir an, wir wollen eine Konstante vom Typ `BuchDaten` verwenden, sagen wir, wir wollen die Konstante `DiesesBuch` vereinbaren, das `1997` erschienen ist, `234` Seiten hat und `DM 14.70` kostet. Die Vereinbarung sieht dann so aus:

```
const BuchDaten DiesesBuch = {1997, 234, 14.70}
```

Wir lernen an diesem Beispiel die Möglichkeit kennen, zusammengesetzte Datentypen mit einem Block zu initialisieren, der lediglich Daten enthält. Allgemein können Wertangaben bei der Deklaration in geschweiften Klammern zur Initialisierung herangezogen werden:

```
char s[3] = {'a', 'b', 'c', '\0'};
```

Vereinbart wird hierdurch die Zeichenkette `s = "abc"`. Allgemein müssen so viele Werte angegeben werden, wie Komponenten vorhanden sind. Beachten Sie in dem Beispiel der Zeichenkette, daß wir das Symbol für das Ende einer Zeichenkette ebenfalls hier angeben müssen, wenn wir eine Zeichenkette (und nicht nur ein Feld von Zeichen) initialisieren wollen.

7.1.5 Verschachtelte Strukturen

Wir gestalten die Daten für ein Buch jetzt ein wenig komplexer: Die Karteikarte mit den Daten eines Buchs soll Angaben über Verfasser, Titel und Verlag enthalten und dann die gerade behandelten Buchdaten. Wir wollen also angeben:

- den Verfasser, dessen Name in einer Zeichenkette der Länge `autorMax` gespeichert sein soll;
- den Titel, der in einer Zeichenkette `titelMax` Zeichen enthalten soll;
- den Verlag, der ebenfalls als Zeichenkette notiert werden soll, die `verlagMax` Zeichen umfassen soll;
- die Buchdaten selbst, die vom Typ `BuchDaten` sein sollen.

Die Längen der Zeichenketten werden als Konstante angegeben. Das Beispiel zeigt, daß Strukturen selbst wieder Strukturen als Komponenten enthalten können, so daß die Bildung von Strukturen eigentlich nichts exorbitant Außergewöhnliches darstellt. Strukturen können ineinander nach Art eines Baukastens geschachtelt werden, so daß wir recht komplizierte Anwendungen damit modellieren können.
Das Bild des Baukastens, obgleich recht häufig für Softwarekomponenten verwendet, trägt nicht besonders weit. Trotzdem wollen wir kurz dabei bleiben: Wenn die einzelnen Komponenten die Bausteine sind, so beginnen wir unseren Baukasten mit sehr elementaren Bausteinen, nämlich den primitiven Datentypen. Die besten Bausteine nützen aber nichts, wenn wir nicht wissen, wie wir sie zusammensetzen sollen. Daher werden für unseren Datenbaukasten Konstruktionsregeln angegeben, mit denen wir die einzelnen Bestandteile komponieren können. Die Beschäftigung mit diesen Konstruktionsregeln wird uns eine lange Strecke in diesem Buch begleiten. Sie endet schließlich in den Konstruktionsregeln für Klassen, mit deren Hilfe wir komplexe Objekte erzeugen können.
Aber gemach.
Kehren wir zu unseren Buchdaten zurück: Wir wollen die Bücher in Karteikarten erfassen, also konstruieren wir einen Datentyp `Karteikarte`, der in Implementierung 7.1.2 formuliert ist.
Es ist offensichtlich, daß wir eine direkte Umsetzung der angegebenen Spezifikation für die Daten vornehmen können. Die Verwendung von Karteikarten wollen wir in der Funktion `KarteLesen` demonstrieren. Diese Funktion nimmt eine ganze Zahl (als Ordnungszahl für die Karteikarte) und einen Zeiger auf eine Karteikarte als Parameter. Sie finden sie in der Implementierung 7.1.3.

```
const int autorMax = 75, titelMax = 100, verlagMax = 128
struct karteikarte {
        char autor [autorMax];
        char titel [titelMax];
        char verlag [verlagMax];
        BuchDaten dieDaten;
};
```

Implementierung 7.1.2: Vereinbarung für eine Karteikarte

```
void KarteLesen (int i, karteikarte *k) {
      void AngabeLesen (char *, char *, int);
      void LiesBuchDaten (Buchdaten *);
      Buchdaten BuchDat;
      cout << "Buch Nr.  :" << (i + 1) << endl;
      AngabeLesen ("Autor:      ", k->autor, autorMax);
      //...
      LiesBuchDaten(\&BuchDat);
      k->dieDaten = BuchDat;
}
```

Implementierung 7.1.3: Einlesen einer Karte

Die Funktion verwendet zwei Hilfsfunktionen. Die Funktion `LiesBuchDaten` liest die eigentlichen Buchdaten, die wir oben im einzelnen diskutiert haben, weiter wird eine Funktion `AngabeLesen` verwendet, mit deren Hilfe wir die entsprechenden Zeichenketten für den Verfasser, den Titel und die Verlagsangabe einlesen. Da es sich hierbei um Zeichenketten handelt, deren Länge nicht gleichförmig ist, übergeben wir die gedachte Länge als Parameter. Die Signatur dieser Funktion ist bei den Vereinbarungen der Funktion `KarteLesen` angegeben. Nachdem in `KarteLesen` die Lektüre der Buchdaten abgeschlossen ist, findet die Zuweisung auf die inzwischen hoffentlich gewohnte Art und Weise statt. Ich habe übrigens, wie Sie sehen, einige Angaben ausgelassen, weil es mir hauptsächlich darauf ankommt, die Verwendung komplexer Strukturen innerhalb anderer Strukturen zu demonstrieren. Die fehlenden Teile können leicht von Ihnen rekonstruiert werden.
Haben wir die Variable `ka` als vom Typ `Karteikarte` vereinbart, so liest der Aufruf

```
KarteLesen(17,&ka);
```

die Karte Nr. 17 ein und speichert sie unter der Adresse `&ka`. In analoger Weise können die Buchdaten ausgedruckt werden.

7.1.6 Strukturen als eigene Namensräume

Wir haben gerade gesehen, daß Strukturen über Komponenten verfügen, die selbst wieder mit Namen und Typ versehen sind. Wir bemerken an dieser Stelle, daß die Namensgebung lokal für die Struktur-Vereinbarung ist. Taucht etwa der Name `x` in zwei verschiedenen Strukturen auf, so sind diese Namen vollständig unabhängig voneinander. Betrachten Sie als Beispiel die hier angegebenen Strukturen `eins` und `zwei`.

```
struct eins {
        int x;
        char *t;
};
```

```
struct zwei {
        float x;
        int t;
};
```

Hier ist `x` einmal als ganzzahlig, zum anderen als reellwertig angegeben. Diese beiden Angaben sind unabhängig voneinander. In analoger Weise wird in `eins` die Komponente `t` als Feld von Zeichen, in der Struktur `zwei` als ganzzahlig angegeben. Auch hier sind die beiden Komponenten, obgleich gleichnamig, völlig unabhängig voneinander. Uns begegnet also hier ein Lokalitätsprinzip, das ganz ähnlich zur Vereinbarung lokaler Namen in Funktionen wirkt.

7.2 Verkettete Listen

Die jetzt zur Verfügung stehenden Strukturen erweisen sich als hilfreich, wenn es um flexible Darstellung von Daten geht. Das ist noch nicht unmittelbar sichtbar, das folgende Beispiel wird dies aber schlagkräftig demonstrieren.
Nehmen wir an, daß wir eine unbekannte Anzahl von ganzen Zahlen einlesen wollen. Wir wissen aber, daß die Reihe der Zahlen durch 0 abgeschlossen wird. Mit Feldern können wir dieses Problem nur unzureichend behandeln: Wenn wir ein Feld verwenden wollen, so müssen wir irgendwann seine Größe angeben. Da wir diese Größe aber nicht kennen, können wir uns aus dieser mißlichen Situation höchstens dadurch heraushelfen, daß wir die maximal mögliche Anzahl von Feldelementen angeben und alle Zahlen, die über diese maximale Anzahl hinaus angegeben werden, als unzulässig zurückweisen. Das ist ziemlich häßlich, denn unsere Problemstellung verlangt von uns, daß wir Zahlen lesen sollen, bis wir die Ziffer 0 sehen, nicht dagegen, bis wir eine maximale Anzahl von Zahlen gesehen haben: Dies ist ein völlig anderes Problem.
Jetzt stehen wir da.
Verkettete Listen helfen hier, wie wir sehen werden. Wir betrachten die Deklaration einer `struct`, die wir `Liste` nennen:

```
struct Liste {
        int Element;
        Liste *weiter;
};
```

Eine Variable vom Typ `Liste` enthält also zwei Komponenten, nämlich eine Komponente `Element`, in der die eingelesene ganze Zahl gespeichert werden soll, und eine Komponente mit Namen `weiter`, in der wir einen Zeiger auf ein Datum vom Typ `Liste` abspeichern. Beachten Sie, daß wir hier nicht direkt ein Listenelement angeben, vielmehr einen *Zeiger* auf ein solches Element (anderenfalls hätten wir ja eine unendliche Struktur spezifiziert). Wir visualisieren ein solches Element vom Typ `Liste` durch ein Rechteck, das in zwei Teile geteilt ist, ein Teil enthält den eigentlichen Inhalt, der ganzzahlig ist, der zweite Teil enthält die Adresse des nächsten Elements, also die Adresse eines Elements vom Typ Liste (Abbildung 7.1).
Eine Realisierung dieses Typs kann wie folgt aussehen: Das erste Element enthält die Zahl 3, der Zeiger verweist auf ein weiteres Element, das die Zahl 7 enthält und einen Zeiger auf ein Element, das als Inhalt die Zahl 9 enthält. Die Liste soll an dieser Stelle zu Ende sein, der Zeiger soll also nicht auf ein weiteres Element zeigen. Visualisiert wird diese Liste

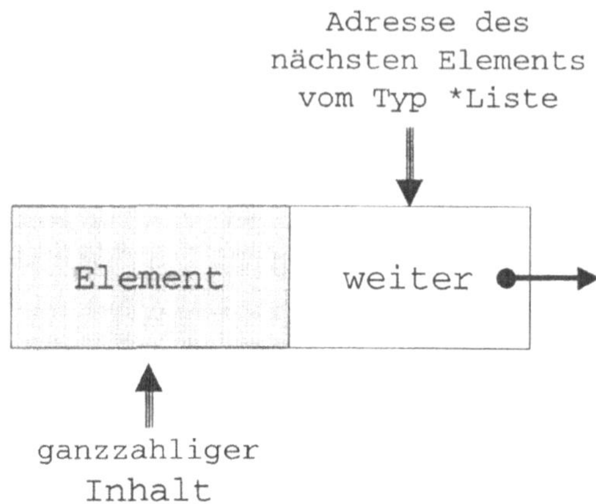

Abbildung 7.1: Typisches Element einer Liste

in Abbildung 7.2. Wir benötigen einen speziellen Zeiger, der uns sagt, daß sich dahinter keine wirkliche Adresse mehr verbirgt. Dieser Zeiger, der eine Liste beendet, heißt **NULL**, eine Konstante, die vordefiniert ist. Es gibt nur einen Wert vom Typ **NULL**, der für jeden Listentyp verwendet werden kann.

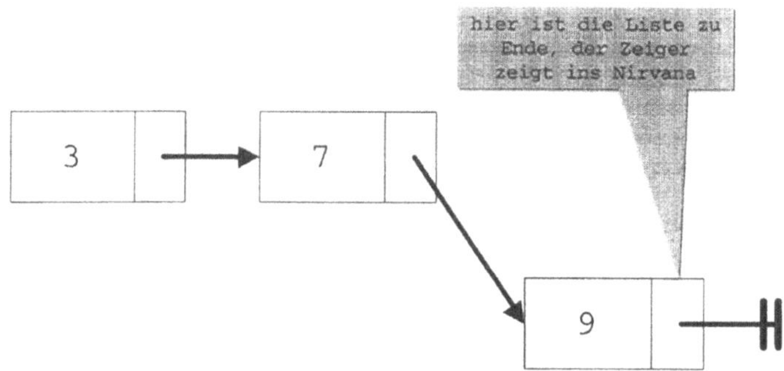

Abbildung 7.2: Eine kleine Liste

7.2.1 Einlesen und Ausgeben der Liste

Wir sehen uns das Hauptprogramm an, mit dessen Hilfe wir das Problem lösen: Sie finden es in Implementierung 7.2.1. Dieses Hauptprogramm ist denkbar einfach strukturiert: Es wird eine Liste eingelesen und gleich wieder ausgedruckt. Das Einlesen wird durch die gleichnamige Funktion bewerkstelligt. Sie ist parameterlos und gibt einen Zeiger auf eine Liste zurück, wie Sie an der Angabe der Signatur sehen. Die Funktion **Ausdrucken** nimmt einen Zeiger auf eine Liste als Argument, sie gibt keinen Wert zurück. Die Aktionen des Hauptprogramms bestehen darin, eine Liste einzulesen, das Resultat in einer Hilfsvariablen `Ls` zu speichern und diese Hilfsvariable als aktuellen Parameter an die Funktion zum Drucken zu übergeben, die wiederum ihre Arbeit tut.

```
main (){
        Liste *Einlesen (), *Ls;
        void Ausdrucken (Liste *);

        Ls = Einlesen ();
        Ausdrucken (Ls);
}
```

Implementierung 7.2.1: Einlesen und Ausdrucken einer Liste: *main*

Die Vereinbarung der Liste findet außerhalb des Hauptprogramms statt, so daß die formulierenden Funktionen zum Einlesen und zum Ausdrucken Zugriff auf die Struktur haben. *Zugriff* bedeutet hier die Kenntnis der Vereinbarung mit ihren Komponenten.

```
Liste * Einlesen () {
        Liste *K, *Kopf = NULL; int i;
        cout << "Erstes Element? ";
        cin >> i;
        while (i != 0) {
              K = new Liste;
              K->Element = i; K->weiter = Kopf;
              Kopf = K;
              cout << "naechstes Element? ";
              cin >> i;
        }
        return Kopf;
}
```

Implementierung 7.2.2: Funktion zum Einlesen von Listenelementen

Wir behandeln jetzt die Funktion zum Einlesen einer Liste, die in Implementierung 7.2.2 angegeben ist. Diese Funktion soll genauer betrachtet werden, enthält sie doch einige Konstruktionen, die für das Folgende wichtig sind. Zunächst sagt ihre Signatur, daß als Resultat ein Zeiger auf eine `Liste` zurückgegeben wird. Vereinbart werden als lokale Variablen ein Zeiger `K` auf eine `Liste`, ein Zeiger `Kopf` ebenfalls auf eine `Liste`, der auch gleich zur leeren `Liste` initialisiert wird, und eine ganze Zahl `i`, die zur Aufnahme der nächsten gelesenen Zahl dient. Der Benutzer gibt auf Anfrage jeweils ganze Zahlen ein. Wird die `0` eingegeben, so terminiert die Eingabe und das Ergebnis wird zurückgegeben.
Die Konstruktion der Liste geschieht folgendermaßen: Es wird ein neues Listenelement erzeugt (hierzu dient der Aufruf `K = new Liste`), die `Element`-Komponente von `K` wird auf die eingelesene Zahl gesetzt, dann wird der Zeiger dieses neuen Elements auf das Kopfelement

gesetzt und schließlich `Kopf = K` gesetzt. Die Funktion gibt einen Zeiger auf das Kopfelement zurück.

Hier ist nun einiges zu diskutieren.

Der Aufruf `new Liste` stellt im Speicher Platz bereit, um ein Element vom Typ `Liste` aufzunehmen. Er gibt einen Zeiger auf diesen Speicherplatz zurück. Neuer Speicherplatz kann natürlich nur dann zur Verfügung gestellt oder, wie wir auch sagen werden, *allokiert* werden, wenn ausreichend viel davon zur Verfügung steht. Die Speicherplatzverwaltung geschieht nicht vollständig automatisch, gelegentlich muß sich der Benutzer darum kümmern, daß noch ausreichend viel Speicherplatz zur Verfügung steht. Dies kann dadurch geschehen, daß nicht mehr benutzter Speicherplatz dem System zurückgegeben wird. Diesen Vorgang nennt man liebevoll *garbage collection*, also Müllabfuhr. Wir werden im Zusammenhang mit komplexeren Strukturen später noch explizit darauf eingehen, wenn wir Destruktoren von Objekten diskutieren.

An dieser Stelle ist zu beachten, daß ein Zeiger natürlich auf etwas zeigen muß. Dieser Speicherbereich wird explizit durch einen Aufruf von `new` zur Verfügung gestellt, er kann aber auch bereits für eine andere Variable explizit bereitgestellt worden sein. Versäumen Sie die Allokation des entsprechenden Speicherbereichs, so zeigt der Zeiger auf einen undefinierten Speicherbereich. Das kann durchaus unangenehme Folgen haben, denn Sie kontrollieren nicht mehr den Inhalt des entsprechenden Bereichs im Speicher, also nicht mehr die Werte der Variablen.

Wir schauen uns die Vorgehensweise bei der Konstruktion der Liste jetzt Schritt für Schritt an. Beim Eintritt der Funktion hat `Kopf` den Wert `NULL`, die Variable zeigt also zunächst ins Leere. Haben wir die Zuweisung `K = new Liste` ausgeführt, so zeigt `K` auf einen Speicherbereich, der freilich noch nicht mit Werten gefüllt ist. Es ist zu vermerken, daß zwischen den beiden Variablen `Kopf` und `K` keine Verbindung besteht. Nach Einlesen des Werts `i = 1` und der Zuweisung im entsprechenden `Element`-Feld von `K` hat das durch `K` referenzierte Listen-Element zwar den Inhalt gesetzt, der `weiter`-Zeiger ist jedoch noch nicht definiert. Setzen wir das `weiter`-Feld auf den Wert `Kopf`, so zeigt dieses Element auf `Kopf`, setzen wir `Kopf = K`, so zeigt `Kopf` auf das als `K` bezeichnete Element, das nun seinerseits als `weiter`-Zeiger einen Zeiger ins Leere hat. Erzeugen wir ein neues Listen-Element `K` und schreiben 2 in das `Element`-Feld, so ist die Speicherzelle noch nicht mit der bereits vorhandenen verbunden, (Abbildung 7.3). Setzen wir dann das `weiter`-Feld von `K` auf `Kopf` und `Kopf = K`, so zeigt

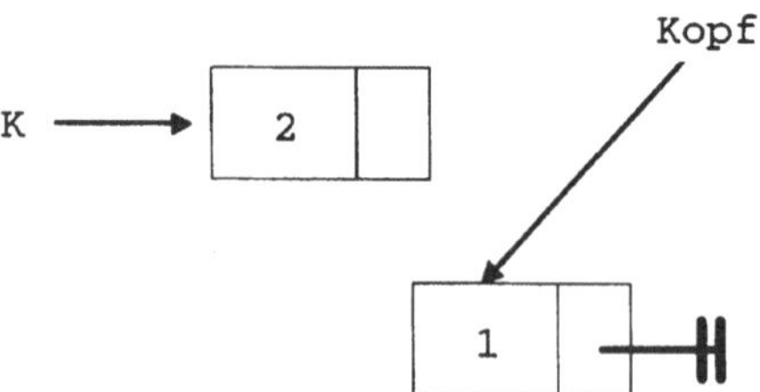

Abbildung 7.3: Erster Schnappschuß bei der Listenkonstruktion

`Kopf` auf die Speicherzelle mit dem Inhalt 2, die wiederum auf die Speicherzelle mit dem Inhalt 1 zeigt, die wiederum ins Leere weist. Ebenfalls zeigt `K` noch auf die Speicherzelle mit dem Wert 2 (Abbildung 7.4).

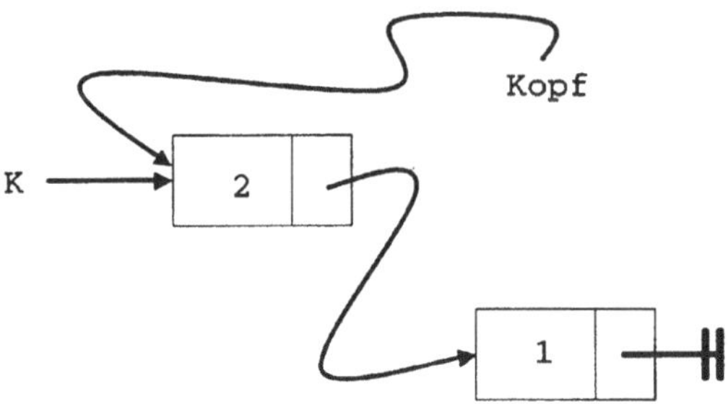

Abbildung 7.4: Zweiter Schnappschuß bei der Listenkonstruktion

Ein Rat Auf diese Art, nämlich durch das Simulieren der entsprechenden Operationen des Programms, kann man sich leicht die meisten Operationen mit verketteten Listen klarmachen. Wir werden einige dieser Grundoperationen kennenlernen, haben jedoch keine Gelegenheit, dies immer so ausführlich wie in diesem Beispiel darzustellen. Sie sollten bei Operationen mit Zeigern gelegentlich solche Kästchen malen, da Operationen mit verketteten Listen erfahrungsgemäß besonders am Anfang ziemlich fehleranfällig sind.

```
void Ausdrucken (Liste *K) {
    if (K != NULL)  {
        cout << K->Element << '\t'
        Ausdrucken (K->weiter);
    }
    else // jetzt ist K == NULL
        cout << "\nDas wars, Leute\n";
}
```

Implementierung 7.2.3: Funktion zum Ausdrucken einer Liste

Kommen wir zur Diskussion der Funktion zum Ausdrucken, die als Implementierung 7.2.3 angegeben ist. Es wird ein Zeiger auf eine Liste als Argument übergeben. Zunächst wird überprüft, ob der Zeiger ins Leere zeigt. Ist dies nicht der Fall, so wird die `Element`-Komponente des Parameters ausgedruckt, und die Druck-Funktion, die sich ja um den Rest der Liste kümmern muß, wird für `K->weiter` wieder aufgerufen. Erweist sich der übergebene Zeiger jedoch als `NULL`, so wird eine lapidare Botschaft an den Aufrufer ausgedruckt. Diese Funktion ist hinreichend einfach, denn sie spiegelt die intuitive Vorgehensweise angemessen wieder.

Doch Halt!

Die Funktion `Ausdrucken` ruft sich ja selbst auf. Solche Funktionen werden *rekursiv* genannt. Das ist neu undaufregend. Bislang ist uns lediglich die Situation begegnet, daß eine Funktion andere Funktionen aufrufen kann. Denken wir kurz über Listennach, so stellen wir freilich fest, daß Listen rekursiv definiert sind (wir benötigen also Listen, um Listen zu definieren), so daß es ganznatürlich erscheint, wenn Funktionen, die mit diesen Listen arbeiten, ebenfalls rekursiv sind. Rekursion wird sich in unseren Überlegungen als wichtiges Ausdrucksmittel für Algorithmen erweisen.

Man fragt sich natürlich nun, ob die Funktion wirklich jemals mit ihrer Arbeit aufhören wird, denn sie ruft sich ja beständig selbst auf. Beständig? Die Funktion wird ihre Arbeit genau dann beenden, wenn sie an ein Listen-Element stößt, dessen `weiter`-Zeiger auf die leere Liste zeigt. Das ist bei unseren Listen, die wir bislang konstruiert haben, stets der Fall, und deutet auf ein allgemeines Gesetz bei der Formulierung einer rekursiven Funktion: Sie muß eine Abbruchbedingung enthalten, um die Terminierung zu sichern. Betrachten Sie als Gegenbeispiel eine zirkuläre Liste, so hat man genau das Problem der Terminierung: Die Funktion terminiert nicht, wenn wie oben als Abbruchbedingung das Antreffen des leeren Zeigers festgelegt wird. Bei rekursiven Funktionen muß man also stets darauf achten, eine Situation zu erreichen, in der direkt oder indirekt keine weiteren Aufrufe der Funktion mehr möglich sind.
Und, weil Rekursion so schön ist, formulieren wir unsere Einlese-Funktion nun auch rekursiv. Die Formulierung ist recht einfach und in der Implementierung 7.2.4 zu finden. Wir haben also `Einlesen` als rekursive Funktion formuliert, die Signatur ändert sich nicht. Das hat übrigens die Konsequenz, daß Sie diese Formulierung gegen die bereits vorhandene Formulierung austauschen können, ohne daß der Benutzer, also das aufrufende Hauptprogramm, diesen Tausch merkt.

```
Liste *Einlesen ()  {
        Liste *K; int i;
        cout << "Zahl? "; cin >> i;
        K = new Liste;
        K->Element = i;
        K->weiter =  (i != 0 ? Einlesen (): NULL);
        return K;
}
```

Implementierung 7.2.4: Rekursive Version der Einlesefunktion

Eine interessante Konsequenz, über die wir bei passender Gelegenheit nachdenken werden. Aber zurück zu unserer Formulierung: Wir lesen eine ganze Zahl ein, allokieren ein neues Listen-Element `K`, setzen die `Element`-Komponente von `K` auf die eingelesene Zahl, und jetzt kommt's: Der `weiter`-Zeiger des Listen-Elements wird auf das Resultat eines erneuten Aufrufs von `Einlesen` gesetzt, falls wir eine von `0` verschiedene Zahl gelesen haben, oder auf die leere Liste, falls wir `0` eingelesen haben. Schließlich wird `K` als Resultat dieses Aufrufs zurückgegeben. Die Abbruchbedingung, mit deren Hilfe die Terminierung der Funktion gesichert wird, steckt in dem bedingten Ausdruck: Ist die gelesene Zahl von `0` verschieden, so wird die Funktion erneut aufgerufen, ist sie dies nicht, so findet kein weiterer Aufruf mehr statt, die Funktion terminiert und das Ergebnis wird zurückgegeben. Man macht sich leicht klar, daß die Zahlen in derselben Reihenfolge in der Liste stehen, in der sie eingelesen worden sind.

7.2.2 Listen: Einfügen am Ende

Wir haben gesehen, wie ein Element am Anfang einer Liste eingefügt wird, symmetrisch dazu möchte man gelegentlich gerne am Ende einer Liste einfügen und auf das Ende auch zugreifen können. Man könnte nun naiv so vorgehen, daß man bei jedem Einfüge-Vorgang die bereits

vorhandene Liste durchläuft, das letzte Element zu finden versucht (also dasjenige, das einen leeren Zeiger enthält), ein neues Element allokiert und es dort einfügt. Gelegentlich muß man zu dieser Vorgehensweise greifen, es läßt sich jedoch eine etwas komfortablere Möglichkeit finden, indem man sich das Element am Ende der Liste merkt und bei der Einfügung entsprechend manipuliert.
Die Grundidee besteht also darin, zwei Zeiger zu verwalten, einen, der auf den Anfang der Liste, einen zweiten, der auf das letzte Element der Liste zeigt. Wenn ein neues Element eingefügt wird, so wird der Zeiger des letzten Elements auf dieses neue Element gesetzt, und das letzte Element wird redefiniert, so daß es nun auf das neue Element zeigt. Der Code für diese Vorgehensweise ist in Implementierung 7.2.5 angegeben. Mit den gegebenen Erläuterungen

```
Liste * Einlesen() {
        Liste *Kopf = NULL, *Fuss = NULL;
        int i;
        cout << "Zahl? "; cin >> i;
        while (i != 0) {
                Liste *K = new Liste;
                K->Element = i;
                K->weiter = NULL;
                if (Kopf == Fuss){ // noch nichts eingefuegt
                        Kopf = K; Kopf->weiter = Fuss;
                        }
                else if (Fuss == NULL){
                        Kopf->weiter = K; Fuss = K;
                        }
                else {
                        Fuss->weiter = K; Fuss = K;
                }
                cout << "Zahl? "; cin >> i;
         }
         return Kopf;
}
```

Implementierung 7.2.5: Einfügen am Ende einer Liste

sollte der Code verständlich sein. Die Initialisierung der Einfüge-Operation wirkt vielleicht ein wenig umständlich, was daran liegt, daß verschiedene Fälle durchgespielt werden müssen. Sie können ja versuchen, diesen Code durch geeignete Bildchen nachzuvollziehen.

7.2.3 Entfernen aus einer Liste

Als weiteres Beispiel für Operationen auf Listen behandeln wir das Entfernen eines Elements aus einer Liste. Wir nehmen an, daß keine Doubletten in dieser Liste vorhanden sind. Auch hier ergibt sich wieder in natürlicher Weise eine rekursive Funktion. Die Grundidee ist recht einfach: Aus der Liste `L` soll die ganze Zahl `i` entfernt werden. Die modifizierte Liste soll zurückgegeben werden. Wir unterscheiden die folgenden Fälle:

- L ist die leere Liste: Dann ist nichts zu entfernen, wir geben L zurück.
- Die zu entfernende Zahl i findet sich als Element am Anfang der Liste, es gilt also L->Element == i: In diesem Fall geben wir die Liste L->weiter zurück.
- Das erste Element in der Liste stimmt nicht mit i überein: Dann entfernen wir i aus der Liste L->weiter und geben die Liste L zurück.

Diese Überlegungen lassen sich direkt formulieren, wie der Code im Programmbeispiel 7.2.6 zeigt. Sie bemerken, daß die Abbruchbedingung darin besteht, daß entweder die Liste leer ist oder daß das erste Element der Liste bereits die gesuchte Zahl enthält. Beachten Sie weiterhin, daß wir im Fall des rekursiven Aufrufs zwar das Element aus L->weiter entfernen, aber die Liste L zurückgeben (und nicht etwa die Liste L->weiter).

```
Liste *Entferne (int i, Liste *L) {
      if (L == NULL)
         return L;
      else if (L ->Element == i)
         return L->weiter;
      else {
         L->weiter = Entferne (i, L->weiter);
      return L;
      }
}
```

Implementierung 7.2.6: Rekursives Entfernen aus einer Liste

Die Annahme, daß die Liste keine mehrfach vorkommenden Elemente enthält, wird in der Behandlung des Falls deutlich, bei dem die zu entfernende Zahl im gerade betrachteten Listenelement steht. Es ist eine interessante Übung, den allgemeinen Fall zu formulieren: die Entfernung von Elementen, die möglicherweise doppelt in einer Liste vorkommen können. Dies wird als Übungsaufgabe formuliert (vgl. Aufgabe 12 auf Seite 111).

7.2.4 Variation: Suchen in einer Liste

Eine alte, pfälzische Weisheit sagt, daß man das Schwein erst fangen muß, bevor man es schlachten kann. In unserer Situation: Um ein Element aus einer Liste zu entfernen, muß man es erst finden. Wir betrachten also jetzt diese Variation des Entfernungsproblems. Die Grundidee ist wie folgt: Wenn in einer Liste L eine ganze Zahl i gesucht wird, dann ergibt die Suche das Resultat false, falls die leere Liste vorliegt, und den Wert true, falls das erste Element der Liste bereits unsere Zahl i enthält. Ist dies nicht der Fall, so wird als Resultat der Suche (in der gesamten Liste) das Ergebnis der Suche nach i im Rest der Liste zurückgegeben. Auch hier ergibt sich eine sehr natürliche Art der Formulierung als rekursive Funktion, siehe Implementierung 7.2.7.

Der vorgestellte Suchalgorithmus für das Suchen in einer linearen Liste ist einfach und elegant. Er ist freilich nicht ganz problemlos: Falls wir nämlich in einer Liste erfolglos suchen, und falls diese Liste nicht geordnet ist, müssen wir die gesamte Liste durchlaufen. Die Anzahl der Vergleichsoperationen ist also proportional zur Anzahl der Elemente in dieser Liste. Das hört sich zunächst nicht besonders wild an, betrachten wir aber ein Beispiel: Nehmen wir an, wir

```
const int true = 1, false = 0;

int Suchen (int i, Liste * L) {
   if (L == NULL)
      return false;
   else
      return  (L->Element == i? true: Suchen(i, L->weiter));
}
```

Implementierung 7.2.7: Suchen in einer Liste

haben 10^9, also eine Milliarde Elemente, die durchsucht werden müssen, nehmen wir weiter an, daß wir 10^{-5} Sekunden, also eine zehntausendstel Sekunde, für jeden Vergleich brauchen. Dann benötigen wir also für alle Vergleiche bei einer erfolglosen Suche etwas mehr als 27 Stunden und 45 Minuten. Das ist ziemlich lang, wenn man bedenkt, daß die Suche auch wesentlich schneller vor sich gehen könnte, nämlich in etwa einer dreitausendstel Sekunde. Das geht natürlich nur dann, wenn wir Daten geschickt anordnen, und darüber werden wir uns im nächsten Kapitel Gedanken machen.

7.3 Aufgaben

1. Diese Aufgabe befaßt sich mit der Ausgabe von Karteikarten.

   (a) Formulieren Sie eine Funktion, die Buchdaten ausdruckt. Jedes Buchdatum soll hierbei mit einem erläuternden Text auf einer eigenen Zeile ausgedruckt sein.

   (b) Formulieren Sie unter Zuhilfenahme der gerade beschriebenen Funktion eine Funktion zur Ausgabe von Karteikarten, jede Zeichenkette soll mit einem erläuternden Text (z. B. Verfasser) in einer eigenen Zeile so gedruckt werden, daß mit Tabulatoren ein ordentliches Druckbild erscheint.

2. Der größte gemeinsame Teiler `ggT(a, b)` zweier positiver ganzer Zahlen `a` und `b` ist die größte ganze Zahl `c`, die beide teilt. Entwickeln Sie aus der Beziehung

   ```
   ggT(a, b) == ggT(a % b, a)
   ```

   (für `a > b`) eine rekursive Funktion zur Berechnung des größten gemeinsamen Teilers.

3. Im alten England (dem sog. *Merry Old England*) war die Währungseinheit das Pfund Sterling, das in Shilling und Pence unterteilt war. Zwölf Shilling machten ein Pfund aus, zwanzig Pence einen Shilling.

   (a) Formulieren Sie eine `struct PfundSterling` mit den drei angegebenen Komponenten, die ganzzahlig sein sollten.

   (b) Formulieren Sie eine Funktion zur Addition von Währungsbeträgen, und eine Funktion `Zins`, mit deren Hilfe Zinsberechnungen durchgeführt werden können, und die den Zinsbetrag als Wert zurückgibt. Die Signaturen der Funktionen sollen wie folgt sein:

```
PfundSterling * Addition(PfundSterling *, PfundSterling *);
PfundSterling * Zins(float, PfundSterling *);
```

4. Formulieren Sie eine Funktion zur Entfernung von Elementen aus einer Liste ganzer Zahlen. Diese Entfernungsfunktion soll auch dann korrekt arbeiten, wenn Elemente mehrfach in einer Liste vorhanden sind. Es sollen alle Vorkommen entfernt werden.

5. Schreiben Sie eine rekursive Funktion, die die Summe der Elemente einer Liste ganzer Zahlen berechnet.

6. Schreiben Sie eine rekursive Funktion zur Berechnung der Binomialkoeffizienten (vgl. Abschnitt 6.5.2).

7. Schreiben Sie eine rekursive Funktion **DreheUm** mit der Signatur

   ```
   Liste * DreheUm(Liste *)
   ```

   Diese Funktion soll ihr Argument umdrehen und einen Zeiger auf diese umgedrehte Liste zurückgeben.

   Hinweis Wenn wir Listen kurz hilfsweise notieren als z.B.

   ```
   1 2 3 4 5,
   ```

   so arbeitet **DreheUm** auf der obigen Liste so:

   ```
   5 DreheUm(1 2 3 4).
   ```

   Hilft das?

8. Schreiben Sie eine Funktion **Verschmelze** mit der Signatur

   ```
   void Verschmelze(Liste *, Liste *)
   ```

   Das letzte Element der ersten Liste soll nach dem Funktionsausruf auf das erste Element der zweiten Liste zeigen. Es soll also keine neue Liste allokiert werden.

9. Schreiben Sie eine Liste **KopiereListe** mit der Signatur

   ```
   Liste * KopiereListe(Liste *)
   ```

   Diese Funktion kopiert ihr Argument, allokiert also insbesondere eine neue Liste, und gibt einen Zeiger auf diese neue Liste zurück. Sie soll rekursiv arbeiten.

10. Schreiben Sie eine Funktion **VerschmelzeMitKopien** mit der Signatur

    ```
    Liste * VerschmelzeMit Kopie(Liste *, Liste *)
    ```

    Auch hier sollen Listen verschmolzen werden. Im Gegensatz zu Aufgabe 8 sollen aber Kopien der beiden Parameter miteinander verknüpft werden. Die Funktion gibt einen Zeiger auf die neue Liste zurück.

11. Diese Aufgabe implementiert eine Variante des populären Sortieralgorithmus **QuickSort** für verkettete Listen.

(a) Schreiben Sie eine Funktion **FiltereKleiner** mit der Signatur

```
Liste * FiltereKleiner (Liste *, int)
```

Die Funktion gibt einen Zeiger auf eine Liste zurück. Sie enthält alle Elemente der als Parameter übergebenen Liste, die kleiner als der zweite Parameter sind. Schreiben Sie analoge Funktionen **FiltereGleich** und **FiltereGroesser**.

(b) Schreiben Sie eine Funktion **QuickSort** mit der Signatur

```
void QuickSort(Liste *)
```

Die Funktion soll für die Liste `L` folgendermaßen arbeiten:

- Es wird ein *einigermaßen mittleres* Element `x` aus der Liste `L` herausgesucht;
- es werden Listen `L1`, `L2` und `L3` gebildet, die alle Elemente von `L` enthalten, die kleiner als, gleich bzw. größer als `x` sind;
- das Resultat besteht aus der Liste, die durch Verschmelzen von `QuickSort(L1)`, `Quicksort(L2)` und `QuickSort(L3)` in dieser Reihenfolge entsteht.

Das oben genannte *einigermaßen mittlere* Element kann so berechnet werden, daß man das mittlere Element auswählt, wenn man das erste und das letzte Element und ein weiteres Element in der Liste betrachtet. Vielleicht hilft es, eine eigene Funktion zur Auswahl dieses *Pivot-Elements* zu nehmen. Ich habe keine Abbruchbedingung formuliert. Offensichtlich kann der Aufruf

```
QuickSort(L)
```

die Liste `L` unverändert zurückgeben, wenn `L` leer ist oder nur ein Element enthält.

12. In dieser Aufgabe geht es um eine leichte Variante verketteter Listen.

(a) Vereinbaren Sie eine *doppelt verkettete Liste* ganzer Zahlen, also eine Liste, in der man vor- und zurücklaufen kann (statt nur in eine Richtung, wie es in den bisher behandelten Listen der Fall war). An den Enden der Liste ist natürlich nur eine Richtung möglich.

(b) Implementieren Sie die üblichen Operationen auf der Liste, nämlich

- Einfügen eines Elements,
- Entfernen eines Elements,
- Navigieren in der Liste bei vorgegebener Richtung,
- Drucken der Liste.

13. FREUNDELAND ist der Ferienpark der Hofzwerge (Eingang links neben dem Prater, Erkennungsmelodie *Im Prater blüh'n wieder die Bäume*). Eine gern ausgeübte Freizeitbeschäftigung ist das freundeländische Eisenbahnfahren. Das geht so: Es gibt im Freundeland sieben Eisenbahnstationen, die Bahn kann hin- und herfahren, die Linie ist jedoch nicht zyklisch. Die Abbildung 7.5 gibt einen Eindruck.

Man steigt ein, und gibt sein Fahrziel an. Das Fahrziel kann nun in Fahrtrichtung liegen oder nicht. Liegt es in der Fahrtrichtung, so bringt einen die Bahn direkt hin; liegt es in der Gegenrichtung, so muß man warten, bis die Bahn die Richtung wechselt. Das tut sie nur, wenn entweder eine Endstation erreicht ist, oder wenn alle Fahrgäste in die andere Richtung wollen. Nachdem es zu Tumulten unter der Hofzwergen gekommen ist, ist es übrigens verboten worden, die Einsteigestation als Fahrtziel anzugeben.

Sie sind der Wahrhaft Geheime Freundeländische Eisenbahndirektor, Ihnen obliegt es, den Zugbetrieb zu simulieren.

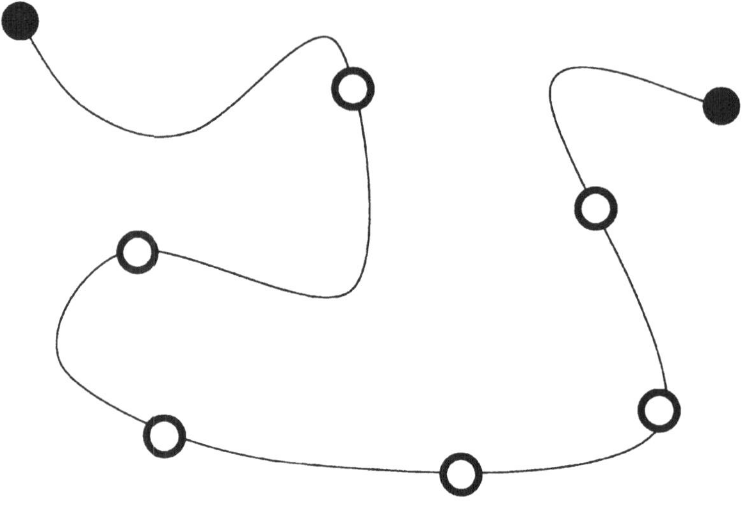

Abbildung 7.5: Stationen der Bahn im Freundeland

(a) Ein Fahrgast läßt sich darstellen durch sein Fahrziel. Fahrziele lassen sich zufällig erzeugen, indem Sie den Zufallsgenerator `rand` benutzen (eine Funktion mit der Signatur `int rand()`). Bei jedem Aufruf liefert `rand` eine neue, zufällige Zahl; wir sind nur an den Zahlen `0, ..., 6` interessiert, die sich durch den Aufruf `rand()%7` erzeugen lassen. Vereinbaren Sie eine `struct` zur Darstellung und eine Funktion zur zufälligen Erzeugung eines Fahrgastes.

(b) Der Zugbetrieb läßt sich nun durch eine doppelt verkettete Liste der Bahnhöfe und einen Zug darstellen. Der Zug ist selbst eine verkettete Liste von Fahrgästen, deren Kopf auf die Station zeigt, an der gerade gehalten wird. Dort steigen alle Fahrgäste mit dieser Station als Ziel aus (d.h. werden aus der Liste gelöscht), es steigen Fahrgäste ein (d.h. werden in die Liste aufgenommen), und die Richtung wird bestimmt. Implementieren Sie dieses Vorgehen.

Kapitel 8

Binäre Bäume und Suche

Inhaltsangabe

In diesem Kapitel möchte ich Sie mit einer wichtigen Datenstruktur bekannt machen, nämlich den binären Bäumen. Diese binären Bäume kommen in verschiedenen Geschmacksrichtungen vor, wir werden hier den Geschmack *binärer Suchbaum* diskutieren. Unser Programm für dieses Kapitel sieht so aus, daß zunächst binäre Suchbäume informell diskutiert werden, daß wir dann binäre Bäume allgemein besprechen, um die Grundlage für spätere Überlegungen zu haben, daß wir schließlich zu binären Suchbäumen zurückkehren und spezielle Eigenschaften dieser Bäume betrachten. Im Vorbeigehen werden dann im nächsten Kapitel Ein- und Ausgabedateien eingeführt, um uns in die Lage zu versetzen, das Ausgegebene nicht nur auf dem Bildschirm zu sehen, sondern auch schwarz auf weiß nach Hause tragen zu können. Wir werden dann überlegen, wie wir einen solchen binären Baum durchlaufen, wie wir also die in einem solchen binären Baum gespeicherte Information systematisch präsentieren können. Die Grundlagen dazu werden in diesem Kapitel gelegt.

8.1 Eine Suchstruktur

Nehmen wir an, die Zahlen *17, 4, 36, 2, 8, 19, 40, 6, 7, 37* werden uns mit dem Hintergedanken präsentiert, daß wir in dieser Menge später Elemente suchen werden. Wir könnten diese Menge von Zahlen in einer linearen Liste speichern, wie wir das im letzten Kapitel diskutiert haben, und der Suche gelassen entgegensehen. Die Überlegung, die ich am Ende des letzten Kapitels angestellt habe, zeigt jedoch, daß eine neue und effizientere Suchstruktur hilfreich

ist. Daher ordnen wir die Zahlen nicht in einer linearen Struktur an, sondern verwenden eine baumförmige Struktur.
Sie sehen diese Struktur in Abbildung 8.1.

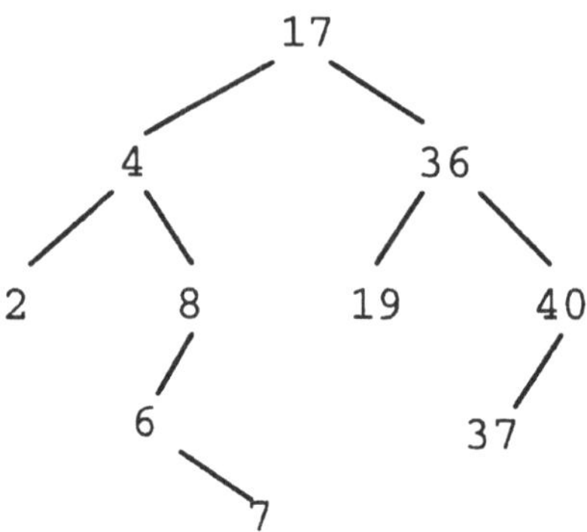

Abbildung 8.1: Binäre Suchstruktur

Bei der Einordnung der gegebenen Zahlen sind die relativen Größenverhältnisse wichtig gewesen: 17 kam als erste Zahl, danach wurde 4 eingegeben, da $4 < 17$ gilt, ist diese Zahl *links* von 17 einzuordnen. Als nächstes sehen wir die Zahl 36, da $17 < 36$ gilt, ist 36 *rechts* von 17 einzuordnen. Als nächste Zahl sehen wir die 2, und hier wiederholen wir unser Spiel: wegen $2 < 17$ ist 2 *links* von 17 einzuordnen, wegen $2 < 4$ ist 2 auch *links* von 4 einzuordnen. Sehen wir uns an, wie wir mit der 8 verfahren: daß diese Zahl *links* von 17 einzuordnen ist, ist klar, da $8 > 4$ gilt, ist 8 *rechts* von 4 einzuordnen. Diese Vorgehensweise *die kleineren nach links, die größeren nach rechts* ist auf alle Zahlen, die uns gegeben worden sind, angewandt worden.
Wollen wir jetzt eine Zahl suchen, so können wir nach diesem Prinzip auch im Baum navigieren: Suchen wir etwa die Zahl 10, so ist klar, an welcher Stelle diese Zahl eigentlich stehen müßte, durch Abbiegen nach links und nach rechts navigieren wir zu diesem Punkt und stellen fest, daß die Zahl dort nicht vorhanden ist. In analoger Weise können wir eine vorhandene Zahl sehr schnell finden, indem wir uns durch die Größenverhältnisse leiten lassen und an den Ort geführt werden, an dem sich diese Zahl befindet.
"Das ist alles ganz gut und schön", wird die verehrte Leserin jetzt denken. Wir haben aber noch nicht ganz das richtige Rüstzeug, um dies zu beschreiben, deshalb wollen wir uns ein wenig zurücklehnen und einen kurzen, erholsamen Ausflug ins Wunderland der Bäume machen. Wir werden zunächst binäre Bäume definieren, bevor wir zu den baumförmigen Strukturen, um die es eigentlich hier geht, zurückkehren werden. Diese baumförmigen Strukturen werden den Namen *binäre Suchbäume* tragen.

8.2 Binäre Bäume

Binäre Bäume werden rekursiv definiert, hier zeigt sich wieder, wie bei linearen Listen, daß Rekursion auch als Hilfsmittel zur Definition von Strukturen herangezogen werden kann. Da diese Struktur rekursiv formuliert wird, werden die meisten Algorithmen, die auf der Struktur

arbeiten, rekursiv sein, so daß wir ein hübsches Wechselspiel zwischen rekursiven Definitionen und rekursiven Funktionen beobachten können.
Aber genug der Vorrede: Wir wollen endlich einen binären Baum definieren. Ein binärer Baum kann zunächst leer sein, also keine Informationen enthalten. Ein binärer Baum kann aber auch die folgende Gestalt haben: Sind L und R binäre Bäume, so ist die in Abbildung 8.2 angegebene Struktur ebenfalls ein binärer Baum.

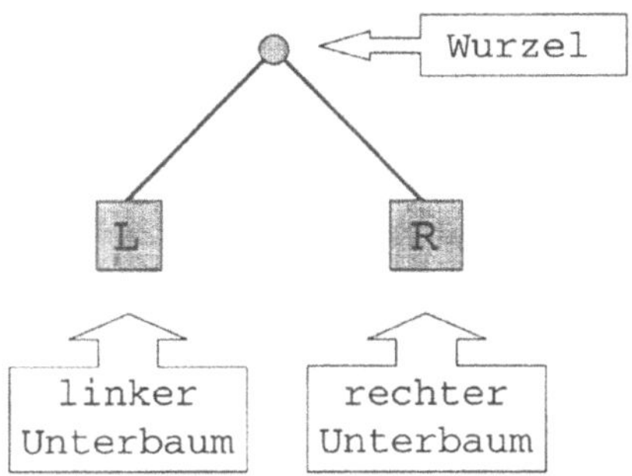

Abbildung 8.2: Rekursive Definition eines binären Baums

Die Grundidee bei der Definition eines binären Baums schafft also eine hierarchische Struktur mit höchstens zwei Entscheidungsmöglichkeiten. Dabei geht man so vor, daß man einen Ausgangspunkt (eine Wurzel) hat, diese Wurzel ist mit zwei Unterstrukturen verbunden, die selbst wieder den gleichen Aufbau wie der Baum selbst haben sollen, selbst also wieder binäre Bäume sind. Grenzfälle berücksichtigt man dadurch, daß man den leeren Baum, also den Baum, der keine Informationen enthält, unter die binären Bäume rechnet. Damit gelangen wir zu der rekursiven Definition, daß ein binärer Baum entweder leer ist oder aus einer Wurzel besteht, die als Unterbäume einen linken und einen rechten Teilbaum hat, die selbst wieder binäre Bäume sind. Diese zuletzt gebrauchte Formulierung ist eine leichte Umformulierung der gerade gegebenen Definition. Schauen wir uns als Beispiel einen binären Baum an, wie er in Abbildung 8.3 angegeben ist.

8.2.1 Zur Terminologie

Mit binären Bäumen sind einige einfache Begriffe verbunden. Zunächst ist der am weitesten oben stehender Knoten geometrisch ausgezeichnet, er wird *Wurzel* genannt. Weiterhin sind die unten stehenden Knoten, von denen keine weitere Verbindung nach unten ausgeht, ebenfalls geometrisch ausgezeichnet. Derartige Knoten heißen *Blätter*. Die Wurzel ist also dadurch charakterisiert, daß sie nicht von einem anderen Knoten abstammt, die Blätter dadurch, daß von ihnen keine weiteren Knoten ausgehen. Alle anderen Knoten, die also weder Wurzel noch Blätter sind, werden *innere Knoten* genannt. Die Zeichnung 8.4 verdeutlicht noch einmal diese Terminologie anhand des angegebenen Beispiels.
Es ist bemerkenswert, daß die Bäume in der Informatik die Wurzeln oben tragen. Man mag nun darüber philosophieren, ob dies geschieht, um in der Informatik die Bäume nicht in den Himmel wachsen zu lassen, es hat jedoch einen eher pragmatischen Grund: Dadurch lassen

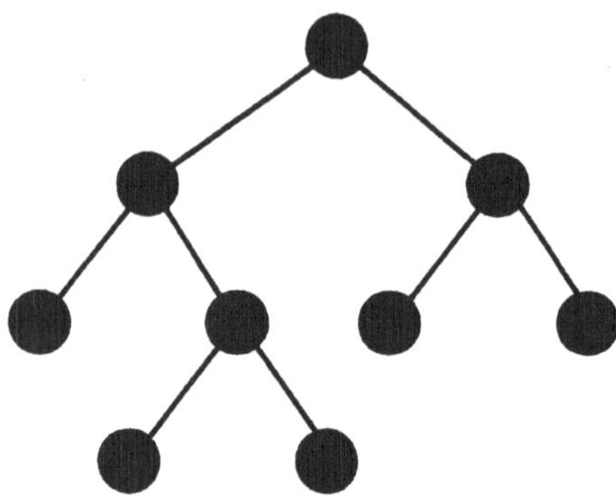

Abbildung 8.3: Ein binärer Baum

sich Bäume einfach leichter zeichnen. Wir werden uns also im Folgenden an diese Konvention halten: Die Wurzeln von Bäumen oben anzubringen, statt unten.

8.2.2 Die Datenstruktur

Kehren wir zur allgemeinen Diskussion zurück: Wir wollen binäre Bäume als Datenstruktur darstellen. Weil diese Bäume rekursiv definiert sind, können wir auch eine rekursive Definition des entsprechenden Datentyps angeben. Wir nehmen für die folgende Diskussion wieder an, daß ganze Zahlen in einzelnen Knoten gespeichert sind. Es könnten jedoch auch andere Typen sein. Die Deklaration des Datentyps `BinBaum` sehen Sie hier :

```
struct BinBaum {
        int Element;
        BinBaum *Lsohn, *Rsohn;
}
```

Ein Knoten in einem binären Baum ist also vom Typ `BinBaum`, er hat als eine Komponente den Inhalt, der hier ganzzahlig ist, weiterhin hat er jeweils einen Zeiger auf den linken und auf den rechten Unterbaum; die Komponente `Lsohn` ist ein Zeiger auf `BinBaum` und stellt einen Zeiger auf die Wurzel des linken Unterbaums dar, völlig analog ist der `Rsohn` ein Zeiger auf ein Element vom Typ `BinBaum` und stellt (einen Zeiger auf) den rechten Unterbaum dar.
Mit dem Grundvorrat an Operationen zur Manipulation verketteter Strukturen können wir jetzt binäre Bäume bearbeiten, es wird sich zeigen, daß unser Grundvorrat an Operationen erweitert werden muß, um der Nichtlinearität dieser Strukturen entgegenzukommen.
Wir kehren jetzt zum Ausgangspunkt unserer Überlegungen zurück, nämlich den binären Suchbäumen.

8.3 Definition von binären Suchbäumen

Ein binärer Suchbaum ist dadurch charakterisiert, daß jeder Knoten eine Beschriftung trägt. Die Beschriftung muß einer geordneten Menge entnommen sein, in unseren Beispielen sind dies meist die ganzen Zahlen. Die folgenden Eigenschaften charakterisieren binäre Suchbäume:

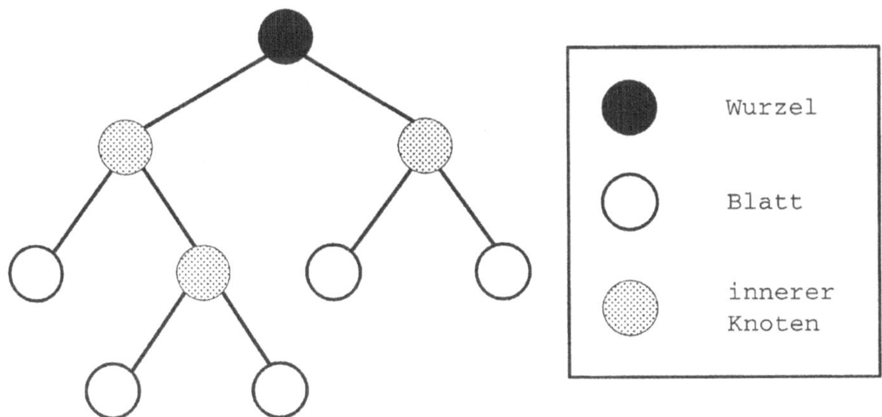

Abbildung 8.4: Binäre Bäume: Terminologie

- Die Beschriftung der Wurzel ist größer als die Beschriftung der Wurzel des linken Unterbaums und kleiner als die Beschriftung der Wurzel des rechten Unterbaums, steht also in der Mitte von beiden;
- der linke und der rechte Unterbaum sind selbst wieder binäre Suchbäume;
- der leere Baum ist ein binärer Suchbaum.

Die letzte Forderung soll kurz kommentiert werden, damit Sie die Rolle des leeren Baums besser einschätzen können: Viele der Algorithmen sind, wie bereits angedeutet, rekursiv. Der Aufruf einer solchen Prozedur spielt sich typischerweise folgendermaßen ab: Die Funktion wird für einen Baum aufgerufen, die rekursiven Aufrufe erfolgen für Teilbäume. Damit werden die Argumente für die rekursive Funktion immer kleiner, sie erzeugen dann meist keine weiteren Aufrufe, wenn der kleinste aller möglichen Bäume erreicht ist. Das ist eben der leere Baum. Schauen Sie sich den gerade konstruierten Baum unter dem Gesichtspunkt der Definition eines binären Suchbaums noch einmal genauer an: Sie stellen fest, daß das Einfügen in einen binären Suchbaum genau der Definition eines solchen Baums folgt. Die Zahl 4 wird links von 17 eingeordnet, weil 4 kleiner als 17 ist, die Zahl 36 wird rechts von 17 eingeordnet, weil 36 größer als 17 ist. In analoger Weise kann das Einfügen jedes einzelnen Elements aus der Definition verfolgt werden.

8.3.1 Binäre Suchbäume: Suchen

Aus der Definition eines binären Suchbaums ergibt sich jetzt leicht die Vorgehensweise bei der Suche nach einem Element in einem solchen Baum. Wir nehmen an, wir haben (einen Zeiger auf) einen binären Suchbaum `B` gegeben und suchen in `B` die Zahl `k`.
Die Frage, ob `k` in `B` zu finden ist, läßt sich wie folgt beantworten:

- Ist `k` in der Wurzel zu `B` zu finden, so lautet die Antwort *ja*;
- ist `k` kleiner als der Wert, der in der Wurzel `B` gespeichert ist, so lautet die Antwort: Schaue im linken Unterbaum von `B` nach und ermittle das Ergebnis dort;
- völlig analog: Ist `k` größer als die Zahl, die in der Wurzel gespeichert ist, so lautet die Antwort: Schaue im rechten Unterbaum von `B` nach und ermittle das Ergebnis dort;
- ist der leere Baum übergeben worden, so lautet die Antwort *nein*.

Diese Suchprozedur ist ein typisches Beispiel für die Vorgehensweise bei rekursiven Aufrufen für binäre Bäume. Es sollte klar sein, daß die Aufrufe, die sich für den linken bzw. rechten Unterbaum ergeben haben, rekursive Aufrufe unserer Suchfunktion sind. Jeder dieser Aufrufe verkleinert dementsprechend den als Parameter aufgerufenen Baum solange, bis er zum leeren Baum abgemagert wurde. Dies gilt natürlich nur, wenn das gewünschte Ergebnis noch nicht vorliegt, und die Unterbäume betrachtet werden müssen.
Die Suche in einem binären Suchbaum soll — ausgehend von dieser Idee — als Funktion formuliert werden. Um Ihnen diese Formulierung eingängiger zu machen, möchte ich noch einmal die informelle, gerade herausgearbeitete Vorgehensweise hernehmen und sie ein wenig formaler aufschreiben.
Unsere Aufgabe besteht darin, eine Zahl `k` in einem binären Suchbaum `B` zu suchen. Hierzu rufen wir die Funktion

```
Suche(k, B)
```

auf. Die Funktion arbeitet dann so:

- Gilt `k == B->Element`, so gib `ja` aus;
- gilt `B->Element < k`, so gib als Resultat das Ergebnis der Suche im *linken* Unterbaum, also des Aufrufs von `Suche(k, B->Lsohn)` aus;
- gilt `B->Element > k`, so gib als Resultat das Ergebnis das Ergebnis der Suche im *rechten* Unterbaum, also des Aufrufs von `Suche(k, B->Rsohn)` aus;
- gilt `B == NULL`, so gib `nein` zurück.

Die Suche in dem bekannten Baum wird an zwei Beispielen durchexerziert: An einer erfolglosen und an einer erfolgreichen Suche. Schauen Sie sich die Vorgehensweise in beiden Fällen genauer an, um zu einem Verständnis der rekursiv geprägten Vorgehensweise zu kommen (vgl. Abbildung 8.5).
Der Programmcode für die Suchoperation folgt dem angegebenen Schema sehr eng, es sollte lediglich angemerkt werden, daß wir den Fall eines leeren Baums zu Beginn abfangen müssen: Würden wir versuchen, den linken oder den rechten Teilbaum eines leeren binären Suchbaums anzusprechen oder auch den Inhalt eines solchen Baums, so würden wir eine Fehlermeldung reinsten Wassers erhalten. In diesem Falle greifen wir auf undefinierte Speicherbereiche, und das findet das Laufzeitsystem überhaupt nicht lustig. Der Code ist in Implementierung 8.3.1 angegeben.
Beim Studium des Texts für die Funktion `Suche` fällt auf, daß wir die rekursiven Aufrufe von den Größenvergleichen zwischen der zu suchenden Zahl `k` und dem Inhalt der Wurzel des gerade vorliegenden Baums abhängig machen. Daher müssen wir in der Lage sein, solche Vergleiche durchzuführen: Dies schränkt die Möglichkeiten für die Inhalte der Knoten solcher binären Suchbäume auf Elemente geordneter Mengen ein.

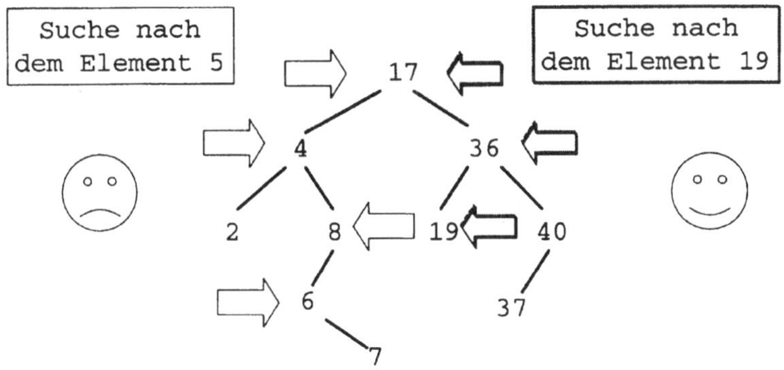

Abbildung 8.5: Suchen in einem binären Suchbaum

```
int Suche (BinBaum * B, int k) {
        if (B == NULL) return false;
        else {
                if (B->Element == k)
                        return true;
                else if (B->Element < k)
                        return Suche(B->Rsohn, k);
                else if (B->Element > k)
                        return Suche(B->Lsohn, k);
                }
}
```

Implementierung 8.3.1: Einfügen in einen binären Suchbaum

8.3.2 Binäre Suchbäume: Einfügen

Ein binärer Suchbaum wird durch wiederholtes Einfügen in einen ursprünglich leeren binären Suchbaum aufgebaut. Das Einfügen in einen solchen Baum folgt der gleichen Philosophie wie das Suchen, so daß wir in der angenehmen Situation sind, durch unsere Überlegungen gleich zwei Fliegen mit einer Lösungsidee erschlagen zu können.

Das Einfügen läuft also so ab, daß wir uns durch die Größenverhältnisse der einzufügenden Zahl beim Navigieren im Baum leiten lassen und dann an derjenigen Stelle, an die wir geführt werden, nachschauen, ob das einzufügende Element bereits vorhanden ist (bis hierher ist die Vorgehensweise buchstäblich mit der beim Suchen identisch). Ist das Element vorhanden, so tun wir nichts, ist das Element hingegen nicht vorhanden, so haben wir einen leeren Unterbaum vor uns. Hier haben wir also nichts anderes zu tun, als einen neuen Knoten zu erzeugen, das Inhaltsfeld des Knotens auf die einzufügende Zahl zu setzen und schließlich diesen neuen Knoten als Resultat der Einfüge-Operation zurückzugeben.

Das war recht einfach, erproben wir unsere Kräfte am allgemeineren Fall: Nehmen wir an, daß `k` im linken Unterbaum von `B` eingefügt werden soll, weil `k` kleiner als die Beschriftung der Wurzel von `B` ist. Dann fügen wir `k` in den linken Unterbaum ein, indem wir die Einfüge-Funktion mit den beiden entsprechenden Parametern aufrufen. Hierdurch ergibt sich ein modifizierter binärer Suchbaum, der dann als linker Teilbaum in unseren Baum eingefügt wird. Völlig analog argumentiert man im Falle der Einfügung in den rechten Teilbaum, die dann stattfinden muß, wenn `k` größer als die Beschriftung der Wurzel von `B` ist. Diese Überlegungen setzen voraus, daß `k` noch nicht in `B` enthalten ist. Dann wird keine Einfüge-Operation vorgenommen. Wir wollen auch hier zunächst wieder eine halbformale Beschreibung angeben, bevor wir zur genauen Formulierung als rekursiver Funktion schreiten. Die Funktion `Einfuegen` soll als Parameter eine ganze Zahl `k` und (einen Zeiger auf) einen binären Suchbaum `B` haben. Was gibt diese Funktion zurück? Sie soll den Baum zurückgeben, der entsteht, wenn wir `k` in `B` eingefügt haben. Also soll ein Zeiger auf einen binären Suchbaum zurückgegeben werden, so daß wir als Signatur für diese Funktion haben

```
BinBaum * Einfuegen(int, BinBaum*);
```

Die Funktion arbeitet also wie folgt:

- `B == NULL`: Erzeuge einen neuen Knoten, weise ihm `B` zu und setze `B->Element` auf `k`, `B` wird zurückgegeben.
- Ist `B` nicht der leere Baum, so wird `B` zurückgegeben, wobei im Fall `B->Element < k` zugewiesen wird: `B->Rsohn = Einfuegen(k, B->Rsohn)`. Im anderen Falle, daß nämlich `B->Element > k` gilt, wird Entsprechendes für den linken Sohn der Wurzel zugewiesen: `B->Lsohn = Einfuegen(k, B->Lsohn)`.

Damit können wir den Code für die Einfügung in Implementierung 8.3.2 angeben. Es soll auf die rekursiven Aufrufe hingewiesen werden: Wird in dem linken Teilbaum eingefügt, so entsteht ein modifizierter Baum, der dann linker Teilbaum des ursprünglich gegebenen Teilbaums wird.

```
BinBaum *Einfuegen (BinBaum * B, int k) {
   if (B == NULL){
     Binbaum *Hilf = new BinBaum;
     Hilf->Element = k;
     Hilf->Lsohn = Hilf->Rsohn = NULL;
     return Hilf;
   }
   else {
     if (B->Element < k)
               B->Rsohn = Einfuegen(B->Rsohn, k);
     else if (B->Element > k)
               B->Lsohn = Einfuegen(B->Lsohn, k);
     return B;
   }
}
```

Implementierung 8.3.2: Einfügen in einen binären Suchbaum

Dieser Gedanke ist ein wenig trickreich und sollte von Ihnen noch einmal in Ruhe nachvollzogen werden. Wichtig ist an dieser Stelle, daß zwar der entsprechende Unterbaum modifiziert wird, daß als Resultat aber der gesamte Baum zurückgegeben wird.

8.3.3 Eine kurze Analyse

Erinnern Sie sich: Ich hatte die kühne Behauptung aufgestellt, daß die Einfügung in eine lineare Liste vergleichsweise ineffizient gegenüber der Einfügung in eine neue, damals noch geheimnisvolle, neu zu definierende Struktur sei. Nun, wir haben diese Struktur erfunden, haben uns mit dieser Struktur vertraut gemacht und jetzt müssen wir sehen, ob wir die Behauptung denn tatsächlich auch verifizieren können. Dazu dienen die folgenden Überlegungen.
Die erste Frage ist eigentlich, wie schnell die Einfüge-Operation durchgeführt werden kann. Dies soll quantitativ erfaßt werden. Daher müssen wir uns überlegen, welches Maß wir hierzu heranziehen können. Es hat sich in den Diskussionen der Informatik herausgestellt, daß die Anzahl von Operationen und der Speicherplatzbedarf ein geeignetes Maß für die Güte von Algorithmen sein kann. Als Operationen kommen im wesentlichen Vergleiche in Frage, die Anzahl der anderen Operationen (als da sind: Neuaufrufe der Einfüge-Operation, Erzeugung von Knoten) ist proportional zur Anzahl der Vergleiche. Daher wollen wir uns im Hinblick auf die Operationen auf Vergleiche konzentrieren.
Der Speicherplatzbedarf für unseren Algorithmus ist einfach zu ermitteln: Für jede eingefügte Zahl ist ein Knoten anzulegen, der Knoten selbst hat das Inhaltsfeld und zwei Zeigerkomponenten, so daß der Speicherplatzbedarf proportional zur Anzahl der Elemente ist (übrigens ist dies vergleichbar zum Speicherplatzbedarf für lineare Listen, wenn auch mit einem anderen Proportionalitätsfaktor).
Damit haben wir die Überlegungen auf die Frage reduziert, wieviele Vergleiche beim Einfügen (oder, was praktisch dasselbe ist, bei der Suche) notwendig sind. Die Antwort freilich läßt sich nicht so einfach geben, wie die Frage gestellt werden kann. Im günstigsten Fall brauchen wir nur einen Vergleich durchzuführen, wenn lediglich mit der Wurzel verglichen werden muß. Der ungünstigste Fall ist auch recht klar: hier müssen wir den längsten Pfad im Baum durchlaufen, also den längsten Weg, der von der Wurzel zu einem Blatt führt. Der durchschnittliche Fall, also der Fall, den man als normaler Mensch erwartet, erfordert einiges an Überlegungen: Hier ist ein gerütteltes Maß Höherer Mathematik erforderlich, so daß wir darauf an dieser Stelle lieber nicht eingehen wollen.
Die erfolglose Suche ist offenbar der Fall, bei dem wir die meiste Zeit aufwenden müssen. Hier laufen wir von der Wurzel zu einem Blatt, jeder Knoten entspricht einem Vergleich. Um dies in den Griff zu bekommen, erweist es sich als hilfreich, die *Höhe eines Baums* zu definieren. Darunter versteht man die Länge des längsten Pfads von der Wurzel zu einem Blatt. Wie nicht anders zu erwarten, wird dies rekursiv definiert:

- Die Höhe des leeren Baums ist 0.
- Die Höhe eines nicht-leeren Baums ist $1 + \max\{\text{Höhe } Lsohn, \text{Höhe } Rsohn\}$.

Es ist klar, daß diese Definition der anschaulichen Definition der Höhe eines Unterbaums entspricht: Wenn Sie den Gipfel eines Baums ersteigen wollen und sich fragen, wieviele Klimmzüge Sie dazu machen müssen, so schwingen Sie sich auf den ersten Ast, berechnen die Anzahl der Klimmzüge vom ersten Ast aus und addieren 1 dazu. So einfach ist das.
Damit auch Tarzan unseren Überlegungen folgen kann, nehmen wir unseren Standard-Baum her, und berechnen die Höhe dieses Baums: Es stellt sich heraus, daß er die Höhe 5 hat. OK, Tarzan?
Man kann sich jetzt überlegen, daß man in einem binären Baum der Höhe n zwischen n und 2^{n-1} Knoten speichern kann. Durch Umkehrung der Rechnung (also durch Auflösen nach

dem Exponenten) kann man nun daraus herleiten, daß k Knoten in einem binären Suchbaum gespeichert werden können, dessen Höhe zwischen k und $log_2\ k$ liegt. Dieses Ergebnis erhält man recht einfach dadurch, daß man sich überlegt, innerhalb welcher Grenzen die Höhe eines Baums zu wählen ist, um diese k Knoten abzuspeichern. Daraus können wir nun ableiten, daß der ungünstigste Fall, also die Anzahl von Vergleichen für den Fall, daß das Element nicht im Baum vorhanden ist, k Vergleichsoperationen erfordert.
Damit sind binäre Suchbäume vielleicht nicht ganz so gut, wie ich es am Anfang plakativ dargestellt habe. Es muß aber hinzugefügt werden, daß dieser ungünstigste Fall in der Praxis sehr selten auftritt. Daher ziehen wir als Maß für die Operationen in einem solchen binären Suchbaum die durchschnittliche Anzahl von Operationen heran. Das Resultat ist empirisch abgesichert und lautet: Die erfolglose Suche in einem binären Suchbaum mit k Elementen erfordert im Durchschnitt (proportional zu) $log_2\ k$ Vergleichsoperationen. Das paßt schon eher zu meiner Behauptung.

8.4 Aufgaben

1. Zeichnen Sie die binären Suchbäume, die sich jeweils durch Einfügen der folgenden Elemente in der gegebenen Reihenfolge in einen leeren Suchbaum ergeben:
   - `1 2 3 4 5 6 7 8 9`
   - `7 6 4 9 1 3 2 5 8`
   - `9 8 7 6 5 4 3 2 1`
   - `4 5 7 6 8 2 1 9 3`
2. Wieviele verschiedene binäre Suchbäume gibt es, die vier Knoten enthalten? Zeichnen Sie alle.
3. Berechnen Sie die Anzahl der Elemente eines binären Baums, und die Höhe eines binären Baums durch geeignete rekursive Funktionen, denen als Parameter ein Zeiger auf die Wurzel des Baums übergeben wird.
4. Die Verkettung bei binären Bäumen geht vom Vater zu den Söhnen. Führen Sie einen zusätzlichen Zeiger ein, der jeden Knoten mit seinen Vater verkettet (die Wurzel ist ausgenommen). Implementieren Sie eine entsprechende `struct` und die Operationen
   - Initialisieren des Baums;
   - Einfügen eines Knotens;
   - Suchen eines Knotens.
5. In manchen Anwendungen ist es nützlich, die Blätter eines binären Baums zusätzlich zu verketten. Dann kann man alle Blätter durchlaufen, indem man über eine verkettete Liste iteriert. Hierzu führen wir den Datentyp

```
struct GuckMal {
        BinBaum * derKnoten;
        GuckMal * weiter;
}
```

ein. Eine Variable von diesem Typ besteht also aus einem Zeiger auf einen Knoten vom Typ `BinBaum` (vgl. Seite 116) und einem `weiter`-Zeiger, wie gewohnt. In dieser Aufgabe sollen Sie eine rekursive Funktion `BlaetterKette` mit der Signatur

```
GuckMal * BlaetterKette(BinBaum *)
```

schreiben, die eine entsprechende verkettete Liste liefert, wenn der Parameter einen Zeiger auf die Wurzel eines binären Baums darstellt. Die folgenden Bedingungen bestimmen diese Liste:

- Das am weitesten links stehende Blatt ist der Anfang, das am weitesten rechts stehende das Ende der Liste.
- Ist der Baum leer, so auch die Liste.
- Besteht der Baum nur aus einem einzigen Knoten, so besteht die Liste auch nur aus dem (Zeiger auf den) Knoten.
- Die Liste zum linken Unterbaum verkettet mit der Liste zum rechten Unterbaum ergibt die Gesamtliste.

Implementieren Sie die gesuchte Funktion `BlaetterKette`.

6. (Variante von Aufgabe 5) Verwenden Sie doppelt verkettete Listen zur Verkettung der Blätter eines Baums, wie sie in Aufgabe 12 in Abschnitt 7.3 eingeführt wurden.

7. Endliche Mengen ganzer Zahlen lassen sich durch binäre Suchbäume darstellen, denn ein Element ist höchstens einmal in einer Menge enthalten. Die leere Menge entspricht dann dem leeren Baum, die Vereinigung zweier Mengen entsteht so, daß die Inhalte zweier Bäume verschmolzen werden, und zur Berechnung des Durchschnitts schaut man sich die Elemente an, die in beiden Bäumen enthalten sind. Nun arbeiten mathematische Operationen zerstörungsfrei: Wenn Sie $A \cup B$ berechnen, so sind A und B nach der Vereinigung immer noch dieselben. Stellen Sie jedoch die Mengen A und B als binäre Bäume dar und fügen die Elemente von B in A ein, um die Vereinigung zu berechnen, so zerstören Sie A. Also müssen Kopien her (vgl. Aufgabe 6 in Abschnitt 12.8 auf Seite 195).

   (a) Entwerfen und implementieren Sie eine Funktion `Kopie` mit der Signatur

   ```
   BinBaum * Kopie(BinBaum *)
   ```

   Die Funktion soll ihr Argument rekursiv Knoten für Knoten kopieren und einen Zeiger auf die Wurzel der Kopie zurückgeben.

   (b) Entwerfen und implementieren Sie eine Funktion `LeereMenge` mit der Signatur

   ```
   BinBaum * LeereMenge()
   ```

   zur Darstellung der leeren Menge.

   (c) Entwerfen und implementieren Sie Funktionen zur Berechnung von Vereinigung, Durchschnitt und Differenz zweier Mengen. Die Mengen sollen als binäre Suchbäume dargestellt werden, also lautet z.B. für die Funktion `Vereinigung` die Signatur

   ```
   BinBaum * Vereinigung(BinBaum *, BinBaum *)
   ```

   Arbeiten Sie mit Kopien.

Kapitel 9

Einfache Dateibehandlung

Inhaltsangabe

Wir haben binäre Suchbäume kennengelernt, diese Bäume sollen im Folgenden angewandt werden, wobei wir uns das folgende Problem hergenommen haben: Es gilt, die Neujahrsansprache 1998 des Bundeskanzlers Gerhard Schröder zu betrachten; hierbei soll untersucht werden, welche Wörter in welcher Häufigkeit auftauchen. Die Wörter sollen dann in alphabetischer Reihenfolge ausgegeben werden.
Das Problem hat zunächst auf der Oberfläche ganz wenig mit binären Suchbäumen zu tun: Wo suchen wir hier? Wir wollen diese Anwendung der binären Suchbäume zunächst ein wenig hintanstellen, wollen zunächst Dateien einführen als Möglichkeit, Informationen langfristig aufzubewahren.

9.1 Dateien

Wir haben bis jetzt die Eingabe relativ einfach gehalten, indem wir von der Standard-Eingabe gelesen haben (d. h. wir haben die entsprechenden Eingaben über die Tastatur eingetippt), und wir haben auf die Standard-Ausgabe geschrieben, so daß also die Ausgabe des Programms jeweils auf dem Bildschirm erschienen ist. Bei umfangreicheren Texten ist das natürlich nicht besonders praktisch. Daher wollen wir in der Lage sein, Daten direkt aus Dateien zu lesen und auch wieder in Dateien zu schreiben (oder können Sie sich bei aller Volksnähe des Bundeskanzlers vorstellen, daß er Ihnen jedes Mal den Text seiner Neujahrsansprache eintippt, wenn Sie diesen Text analysieren wollen? Ich nicht). Die Einzelheiten des Dateisystems als desjenigen logischen und physischen Systems, das unsere Dateien aufnimmt, sind für uns an dieser Stelle ebenso wenig interessant wie die physische Realisierung von Dateien. Wir nehmen einfach an, daß Dateien dazu dienen, Informationen in Form von Zeichen zu speichern, diese Informationen können gelesen und geschrieben werden. Dabei nehmen wir weiterhin an, daß die Informationen in der Form von Texten vorliegen, daß also eine interne Strukturierung

in Form von Zeilen stattfindet, so daß wir die Informationen aus den Dateien genauso behandeln können, wie wir dies bei der Eingabe durch die Tastatur tun könnten. Die wichtigen Operationen auf einer Datei bestehen zunächst einmal darin, eine Datei für die vorgesehenen Operationen (dies sind Lesen oder Schreiben) zu öffnen und sie nach dieser Operation zu schließen.
Dateien werden im Programm über Variablen, also über die üblichen Namen angesprochen. Im Dateisystem, also außerhalb des Programms, haben solche Dateien ebenfalls Namen, und wir müssen den *internen* Namen in einem Programm mit dem *externen* Namen in Dateisystem in Verbindung bringen; dies geschieht, wenn wir ankündigen, daß wir von einer Datei lesen oder auf sie schreiben wollen und dabei den Dateinamen angeben. Umgekehrt ist es notwendig, diese Bindung auch wieder zu lösen, damit andere Programme auf diese Datei zugreifen können, oder damit derselbe Bezeichner sich auf andere Dateien beziehen kann.

9.2 Dateien: Lesen und Schreiben

Das Programm in Implementierung 9.2.1 ist auf jeden Fall politisch korrekt: Es liest die Neujahrsansprache Wort für Wort und gibt jedes Wort einzeln in einer Zeile wieder aus. Die grundlegenden Mechanismen bei der Arbeit mit Dateien werden freilich hier schon deutlich, so daß wir hier einiges haben, über das wir nachdenken sollten.
Neben den üblichen und bekannten Vereinbarungen sind im Programm 9.2.1 zwei Dateien zum Lesen bzw. zum Schreiben vereinbart. Die entsprechenden Datentypen heißen `ifstream` und `ofstream`. Dateien, die gelesen werden sollen, werden über `ifstream` vereinbart (`i` für *input*), Dateien zum Schreiben werden durch `ofstream` vereinbart (`o` für *output*). Die Bibliothek, in der diese Typen vereinbart sind, findet sich unter `fstream.h`. Sie sehen, daß sie über eine `include`-Anweisung benutzt wird.

9.3 Handhabung: Einzelheiten

Öffnen Mit `lesen.open ("NJA.txt")` wird die Datei `NJA.txt` zum Lesen geöffnet. Dateinamen werden also als Zeichenketten dargestellt. Es kann nun vorkommen, daß dieses Öffnen zum Lesen nicht erfolgreich ist: Dies ist etwa dann der Fall, wenn Sie keine Leseberechtigung für die Datei haben, oder wenn diese Datei nicht existiert. Sie sehen an dem Beispiel, daß der Dateiname dazu herangezogen werden kann, das erfolgreiche Öffnen der Datei zu überprüfen. Konnten wir die Datei nicht öffnen, so verlassen wir das Programm nach einer entsprechenden Fehlermeldung. Hierzu dient die `exit`-Anweisung. Technisch sieht sie aus wie der Aufruf einer Funktion mit einem ganzzahligen Parameter, der als Meldung an das Betriebssystem interpretiert werden kann. Das soll uns aber hier weiter nicht stören.
Völlig analog geschieht das Öffnen einer Datei zum Schreiben, es wird auch hier der entsprechende Dateiname als Zeichenkette übergeben, und es kann überprüft werden, ob das Öffnen zum Schreiben erfolgreich war. Dann wird von der einen Datei gelesen und das Gelesene auf die andere Datei geschrieben, anschließend werden mit `close` die entsprechenden Dateien wieder geschlossen.
Den Lesevorgang sehen wir uns jetzt ein wenig näher an. Betrachten wir also zunächst das Einlesen. Es fällt auf, daß der Dateiname `lesen` wie `cin` benutzt wird. Dies ist kein Zufall, denn die Standard-Eingabe ist ein Spezialfall solcher Eingabedateien. Insbesondere gelten die Konventionen, die wir für `cin` formuliert haben (vgl. etwa 3.1.3 auf Seite 33) Wir können

```
#include <fstream.h>
#include <conio.h>
#include <stdlib.h>

const int Max_LG = 30;
main(){

      ifstream lesen;
      ofstream schreiben;
      char  Gelesen[Max_LG];

      lesen.open("NJA.txt");
      if (!lesen) {
         cout << "konnte Datei nicht zum Lesen oeffnen\n";
         exit(-1);
      }

      schreiben.open("Aus.txt");
      if (!schreiben) {
         cout << "konnte Datei nicht zum Schreiben oeffnen\n";
         exit(-1);
      }

      while (!lesen.eof()) {
            lesen >> Gelesen;
            schreiben << Gelesen << endl;
      }

      lesen.close();
      schreiben.close();
}
```

Implementierung 9.2.1: Ein staatspolitisch unbedenkliches Programm

überprüfen, ob wir das Ende der Datei erreicht haben, indem wir die Standardfunktion `eof` für die entsprechende Datei aufrufen. Der Wert dieses Aufrufs ist genau dann nicht `0`, wenn das Ende der Datei noch nicht erreicht worden ist, wenn sich also weitere Informationen in der Datei befinden. Der Name der Funktion `eof` ist eine Abkürzung für *end of file*.
Man kann das Ende einer Datei durchaus mit dem Ende einer verketteten Liste vergleichen. Wir können schließlich auch Listen daraufhin überprüfen, ob wir bereits am Ende einer solchen Liste sind. Der wesentliche Unterschied ist freilich der, daß das Ende einer Liste von uns im Programm explizit gesetzt werden muß, während das Ende einer Datei vom umgebenden Betriebssystem bestimmt wird. Jeder Versuch eines benutzenden Programms, das Dateiende künstlich bei einer Zuweisung zu definieren, wäre schmählich zum Scheitern verurteilt.
Sie sehen übrigens, daß wir die Standardfunktionen wie `open`, `close` und `eof` durch Qualifikation der entsprechenden Dateivariablen benutzen. Wir werden auf diesen Punkt, nämlich die Benutzung von Funktionen durch Qualifikation in `structs` im nächsten Kapitel eingehen.
Die Benutzung von Dateien findet also völlig wie die Benutzung der Standard-Eingabe und -Ausgabe statt, als Dateityp für die Eingabe kommt der Datentyp `ifstream`, für die Ausgabe der Datentyp `ofstream` in Betracht. Dateivariablen im Programm werden an Dateien im Dateisystem beim Öffnen der entsprechenden Datei gebunden, die Dateivariable bekommt durch diese Bindung also ihren Wert. Öffnen Sie eine nicht vorhandene Datei zum Schreiben, so wird diese Datei angelegt, also neu erzeugt. Das ist anders als beim Lesen, wo die Datei natürlich vorhanden sein muß.

Schließen Dateien können durch die `close`-Funktion explizit geschlossen werden, dies kann aber auch automatisch geschehen, nämlich wenn der Block, in dem der Name für die Datei vereinbart ist, verlassen wird. Damit soll verhindert werden, daß auf die Dateien auch noch außerhalb des Gültigkeitsbereichs des entsprechenden Bezeichners zugegriffen werden kann. Insbesondere sind dann die Dateien nicht mehr blockiert, so daß auch andere Benutzer darauf zugreifen können.

Vorsicht Als wichtiges Detail ist die Regel festzuhalten, daß eine Datei, die zum Schreiben geöffnet wird, ihren bisherigen Inhalt verliert. Dies ist ein wichtiger Punkt, der vor allem am Anfang häufig übersehen wird und gelegentlich zu Ausrufen veranlaßt, vor denen in der Tanzstunde gern gewarnt wird.
Es soll jedoch flugs relativiert werden, daß Dateien, die zum Schreiben geöffnet werden, immer samt und sonders ihren vorherigen Inhalt verlieren. Es gibt andere Dateitypen in C++, die diese unangenehme Eigenschaft nicht haben, bei denen es also beispielsweise auch möglich ist, Inhalte an das Ende einer Datei anzuhängen (was in unserem Zugang nicht möglich ist). Weiterhin kann man durch geeignete Steuerkommandos das Dateiverhalten weiter beeinflussen, also etwa Dateien nur dann öffnen, wenn sie nicht existieren. Die Behandlung von Dateien ist ein weites Feld. Wir werden uns im weiteren nicht damit befassen, weil die Operationen, die wir hier benötigen, bereits vorgestellt worden sind.

9.4 Aufgaben

1. Kopieren Sie den Inhalt einer Datei in eine andere.
2. Stellen Sie fest, wieviele Zeichen sich in einer Datei befinden. Hierbei sollten Sie auch die von `cin` überlesenen Zeichen berücksichtigen.

3. Kopieren Sie eine Datei in eine andere, wobei Sie jeden fünften Buchstaben in einen Großbuchstaben verwandeln, falls das geht, und falls das sinnvoll ist.

4. Kopieren Sie eine Datei in eine andere, wobei Sie Caesars Chiffre anwenden (vgl. Seite 64). Entschlüsseln Sie die so verschlüsselte Datei und vergleichen Sie das Ergebnis mit dem Original.

   Vorsicht Hier kann man sich die Ohren brechen.

5. In einer Datei stehen pro Zeile Namen, Adressen und Telephon-Nummern, jeweils durch das Zeichen % voneinander getrennt. Drucken Sie die Datei aus, wobei die einzelnen Komponenten säulenförmig untereinander stehen.

   Hinweis Sie benötigen zwei Durchläufe, weil Sie die jeweilige maximale Länge nicht kennen.

6. Reversieren Sie eine Datei, schreiben Sie also den Inhalt einer Datei in umgekehrter Reihenfolge in eine andere.

   Hinweis Wenn die Datei nicht allzu lang ist, können Sie so vorgehen:

   - Speichern Sie den Inhalt der Datei blockweise in einer verketteten Liste ab (*blockweise*: z. B. in Blöcken zu jeweils dreißig Zeichen).
   - Drehen Sie den Inhalt der einzelnen Blöcke um (vgl. Aufgabe 5 in Kapitel 6.6 auf Seite 93).
   - Drehen Sie die Liste um.

   Ist die Datei zu lang dafür, so zerteilen Sie die Datei in einzelne Blöcke, die Sie nach dieser Methode umdrehen, und drehen die Folge der Blöcke dann um.

Kapitel 10

Funktionale Komponenten und Abstrakte Datentypen

Inhaltsangabe

In diesem Kapitel werden wir uns zunächst mit dem Problem befassen, das wir aus dem vorherigen Kapitel geerbt haben, wollen also die Neujahrsansprache des Bundeskanzlers unter die Lupe nehmen. Das gibt uns einen Anlaß, darüber nachzudenken, wie man Bäume durchläuft, also jeden Knoten eines Baums genau einmal besucht. Wir werden zunächst die Tiefensuche mit ihren Varianten kennenlernen. Die Breitensuche als Alternative wird uns dazu führen, eine neue Datenstruktur kennenzulernen und auch gleich den Umgang mit solchen Datenstrukturen auf eine stärker konzeptionell orientierte Ebene zu heben. Dies führt zu *Abstrakten Datentypen*. Sprachlich erweist es sich dabei als hilfreich, auch Funktionen in `structs` aufnehmen zu können. Auch das nehmen wir hier in Angriff.
Es gibt viel zu tun — packen wir's an.

10.1 Die Neujahrsansprache

Nachdem wir Dateien behandelt haben, kehren wir zu dem gerade genannten Problem zurück, die Wörter in der Neujahrsansprache des Bundeskanzlers zu zählen und sie gemeinsam mit ihrer Häufigkeit alphabetisch auszugeben. Hierzu habe ich im vorigen Kapitel Dateien eingeführt, denn der Text der Ansprache soll aus einer Datei kommen, das Ergebnis soll in eine Ausgabe-Datei geschrieben werden. Wir wollen nicht nur die Wörter zählen, sie sollen vielmehr auch alphabetisch geordnet ausgegeben werden.

10.1.1 Eine Kostprobe aus dem Text

Bevor wir mit der Arbeit beginnen, ein kurzer Ausschnitt aus der Neujahrsansprache.

> Liebe Mitbürgerinnen und Mitbürger,
>
> ich möchte mich heute zuallererst an Sie, an die jungen Menschen in unserem Land wenden - obwohl Sie am Neujahrstag sicher nicht unbedingt an Politik denken. Ihnen, den jungen Frauen und Männern in Deutschland, will ich sagen: Sie werden dringend gebraucht. Nur mit Ihnen gemeinsam können wir unser Land in eine Zukunft führen, in der es gerecht zugeht für die Menschen und gerecht auch für die Umwelt.
>
> Deshalb schlage ich Ihnen ein Abkommen vor: Wir tun alles dafür, daß Ihnen Bildung und Ausbildung offenstehen und Sie Ihren Platz einnehmen können: in der Wirtschaft, in der Wissenschaft, in der Arbeitswelt.
>
> Und dafür versprechen Sie, liebe Jugendliche, Ihre Fähigkeiten, Ihre Kreativität und Ihre Unternehmungslust einzusetzen.

10.1.2 Strategische Überlegungen

Zunächst überlegen wir uns, daß Wörter, also Zeichenketten, mit Hilfe der Funktion `strcmp` verglichen werden können, so daß die Menge der Wörter eine geordnete Menge bildet (vgl. z. B. Aufgabe 3 auf Seite 177). Dieser Umstand ist erfreulich, denn er erlaubt uns, binäre Suchbäume als Datenstruktur für unser Problem zu betrachten. Jeder Knoten in unserem binären Suchbaum trägt dann das entsprechende Wort (also die entsprechende Zeichenkette), zusätzlich bringen wir noch einen Zähler an, mit dessen Hilfe wir die Häufigkeit des Vorkommens für dieses Wort zählen. Dieser Zähler wird zu 1 initialisiert.

So weit, so gut: Wir wissen freilich noch nicht, wie wir die alphabetisch sortierte Ausgabe erzeugen können, aber hierzu werden wir gleich die notwendigen Hilfsmittel kennenlernen. Zunächst aber zur Datenstruktur: Diese Struktur wird für unser Problem ziemlich schnell klar. Wir können annehmen, daß die Zeichenketten, mit denen wir arbeiten, eine maximale Länge haben, die durch eine Konstante `maxLen` festgelegt wird. Die Definition der entsprechenden `struct` läßt sich flugs angeben:

```
struct BinBaum {
        char text[maxLen];
        int zaehler;
        BinBaum * LSohn, *RSohn;
}
```

Sie bemerken, daß wir eigentlich die Definition eines Knotens im binären Suchbaum reproduziert und einen zusätzlichen Zähler angebracht haben. Dieser Zähler residiert im Knoten und gibt — wie gerade überlegt — die Häufigkeit des Vorkommens an.
Die Strategie, nach der wir vorgehen, ist damit nicht allzu kompliziert: Wenn wir eine Zeichenkette gelesen haben, so suchen wir diese Zeichenkette in dem binären Suchbaum mit der uns nun sattsam bekannten Suchstrategie. Wir unterscheiden nun zwei Fälle: Haben wir die Zeichenkette nicht im Baum gefunden, so fügen wir wie bisher einen neuen Knoten ein und initialisieren zusätzlich den entsprechenden Zähler zu `1`. Haben wir jedoch — und das ist der zweite Fall — die Zeichenkette gefunden, so erhöhen wir den entsprechenden Zähler um `1`. Wir finden den Zähler in demjenigen Knoten, der zu der Zeichenkette gehört. Damit ist der Code für die Einfüge-Prozedur eine leichte Variation des bisherigen Code, *Variation* deshalb, weil wir die Zählermanipulation explizit mitaufgenommen haben.
Wir fügen eine Aktion für den Fall ein, daß die Zeichenkette sich bereits in dem Baum befindet. Das haben wir in der ursprünglichen Version ja nicht nötig gehabt, da wir lediglich nach dem Vorhandensein eines entsprechenden Inhalts schauen mußten. Davon abgesehen, enthält der Code für die Einfüge-Funktion wenig Überraschendes, vgl. Implementierung 10.1.1.

10.1.3 Die alphabetisch geordnete Ausgabe

Jetzt kommt eigentlich der spannende Teil, nämlich die alphabetisch geordnete Ausgabe. Wir müssen also einen Weg finden, die in einem binären Suchbaum untergebrachten Zeichenketten ihrer Größe, also ihrer Ordnung nach, auszugeben. Hierzu wird die folgende Strategie angewandt. Man durchlaufe einen binären Suchbaum mit Wurzel `w` rekursiv:

- Durchlauf durch den linken Unterbaum von `w`;
- Ausdruck des Inhalts der Wurzel `w`;
- Durchlauf durch den rechten Unterbaum von `w`.

Als Resultat, so wird behauptet, ergibt sich die geordnete Ausgabe wie gewünscht. Wir demonstrieren diese Art des Baumdurchlaufs zunächst an dem binären Suchbaum aus Abbildung 10.1. Seine Knoten enthalten der Einfachheit halber ganze Zahlen (statt Zeichenketten). Wenn Sie diesen Baum also in der angegebenen Strategie durchlaufen, so erhalten Sie Knoten in der folgenden Reihenfolge: `4,6,7,17,18,23,26`. Offenbar arbeitet in diesem Beispiel die

```
BinBaum * Einfuegen(BinBaum *B, char * k) {
        void strcpy(char *, char *);
        int strcmp(char *, char *);

        if (B == NULL) {
                BinBaum *Hilf = new BinBaum;
                strcpy(Hilf->text, k);
                Hilf->zaehler = 1; Hilf->LSohn = Hilf->RSohn = NULL;
                return Hilf;
                }
        else {
                int Vergl = strcmp(B->text,k);
                if (Vergl < 0)       B->RSohn = Einfuegen(B->RSohn, k);
                else if (Vergl > 0)  B->LSohn = Einfuegen(B->LSohn, k);
                else if (Vergl == 0) B->zaehler += 1;
                return B;
                }
}
```

Implementierung 10.1.1: Einfügen in einen binären Baum mit Zähler

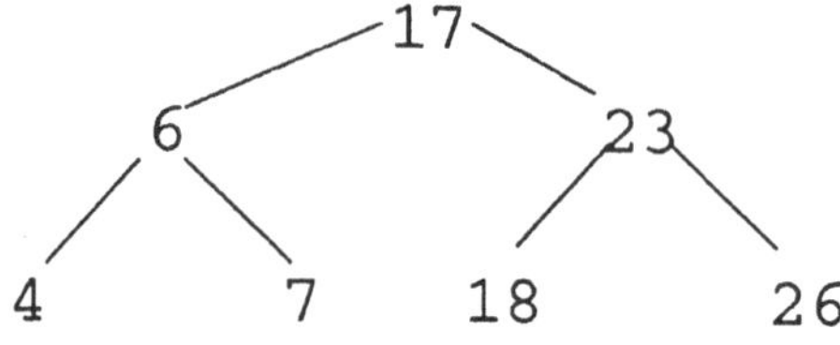

Abbildung 10.1: Baum zur Demonstration der Durchlaufstrategien

Strategie wie gewünscht. Wir sollten uns aber vergewissern, daß dies allgemein der Fall ist. Hierzu müßten wir eine Beweisidee parat haben, und die auf der Hand liegende Vorgehensweise besteht darin, durch vollständige Induktion nach der Anzahl der Knoten vorzugehen.

Ein klitzekleiner Beweis Der *Induktionsbeginn*, nämlich keine Knoten zu haben, ist trivial: In diesem Fall wird die leere Knotenmenge geordnet ausgegeben. Wir nehmen im *Induktionsschritt* für einen binären Suchbaum als Induktionsvoraussetzung an, daß für alle binären Suchbäume, die eine kleinere Anzahl von Knoten als der vorgelegte haben, unsere Behauptung gilt. Insbesondere gilt diese Behauptung dann für den rechten und auch für den linken Unterbaum des gegebenen binären Suchbaums. Daraus folgt, daß der linke Unterbaum geordnet ausgegeben wird, danach wird die Wurzel ausgegeben (die, wie Sie sich erinnern, größer als jedes Element im linken und kleiner als jedes Element im rechten Unterbaum ist), danach wird der rechte Unterbaum geordnet ausgegeben. Da die Wurzel — wie angedeutet — bezüglich der Ordnung in der Mitte steht, haben wir auf diese Weise bewiesen, daß die Ausgabe in der

Tat mit dieser Durchlaufsstrategie der Größe nach geordnet erfolgt.

Anmerkung zum Beweis Ein kleiner Kommentar sollte diesen Beweis begleiten. Die Eigenschaften von Algorithmen sind meist nicht trivial, das gilt ganz besonders dann, wenn behauptet wird, daß ein Algorithmus genau das tut, was von ihm erwartet wird. Da die Informatik trotz aller gegenteiligen Bemühungen immer noch nicht in solchen Fachbereichen untergebracht ist, die sich durch besondere Glaubensstärke auszeichnen, ist man dazu aufgefordert, solche Eigenschaften von Algorithmen nicht nur zu formulieren (was bereits schwierig genug sein kann), sondern auch zu beweisen. Sie haben einen kleinen Beweis hier gesehen. Die formale Seite des Beweises war nicht besonders ausgeprägt, so daß wir hier eher eine begründete Plausibilitätsbetrachtung vor uns haben. Gelegentlich werden wir an geeigneter Stelle jedoch darauf zurückgreifen, daß wir die Eigenschaften von Programmen oder Algorithmen auch beweisen oder zumindest so plausibel machen müssen, daß man daraus einen Beweis konstruieren kann. Es gibt keinen sichereren Weg, sich der korrekten Arbeitsweise eines Algorithmus zu vergewissern.
Vielleicht doch? Magie? Wunderglaube?
Ich biete Ihnen den ERSTEN MERSEBURGER ZAUBERSPRUCH als Alternative an (man kann ja nie wissen ...):

> Eiris sâzun idisi, sâzun hera duoder.
> suma hapt heptidun, suma heri lezidun,
> suma clâbôdun umbi cuoniouidi:
> insprinc haptbandun, invar vîgandum!

Vielleicht hilft er ja, Beweise zu vermeiden? Über Hinweise zur Wirksamkeit würde ich mich freuen.

10.1.4 Formulierung des Programms

Der Programmtext für diese Funktion realisiert die angegebene Durchlaufstrategie und druckt den Inhalt eines Knotens in eine Ausgabedatei, die wir als Parameter übergeben. Der Programmtext für das Einlesen ist in Implementierung 10.1.2 wiedergegeben. Wir wollen uns kurz anschauen, was geschieht, wenn das letzte Wort der Datei gelesen wird. Vor dem Lesen liefert `inp->eof()` des Wert falsch. Nach dem Lesen auch, also wird die `while`-Schleife noch einmal betreten und der gerade gelesene Wert eingetragen. Erst dann bemerkt das Programm, daß keine Eingabe mehr vorliegt. Erst jetzt daß der Aufruf `inp->eof()` den Wert falsch liefert. Das letzte Wort wird also korrekt in den Baum eingefügt, dann terminiert die Schleife.
Das gesamte Programm ist in Implementierung 10.1.3 auf Seite 137 angegeben. Es realisiert die Überlegungen anhand von Ein- und Ausgabe-Dateien, deren Namen vom Benutzer angegeben werden. Von den benutzten Algorithmen her faßt das Programm die bisherige Diskussion zusammen. Mit einem kleinen Ausschnitt aus der Ausgabe in 10.1.1 (vgl. Seite 138) verabschieden wir uns vom Text (Sie finden links die Häufigkeit des rechts angegebenen Worts).

10.1.5 Anmerkungen zur Realisierung: Dateibehandlung

Wenn Sie sich das Programm noch einmal kurz im Hinblick auf die verwendeten Ein- und Ausgabe-Dateien ansehen, so stellen Sie fest, daß wir hier nicht mit Dateien selbst, sondern mit Zeigern darauf arbeiten. Dies deutet wiederum darauf hin, daß die entsprechenden Datentypen

```
BinBaum * Einlesen(ifstream *inp) {

        BinBaum *bst = NULL,  * Einfuegen(BinBaum *, char *);
        char gelesen[maxLen];

        *inp >> gelesen;
        while (!inp->eof()) {
                bst = Einfuegen(bst, gelesen);
                *inp >> gelesen;
        }
        return bst;
}
```

Implementierung 10.1.2: Einlesen eines binären Suchbaums

genau wie alle anderen verwendet werden können. Es ist insbesondere möglich, Zeiger auf die entsprechenden Variablen zu setzen. Die Initialisierungen werden in diesem Fall über die bekannte Standard-Funktion `new` realisiert, als Argument wird der jeweilige Dateiname übergeben. Die betrifft den Fall, daß der Name der Datei entweder als Konstante bekannt ist, wie es etwa in

```
ofstream *Ausgabe = new ofstream("von.aus")
```

der Fall ist. Der Dateiname kann aber auch in einer Variable gespeichert sein.
Wir haben hier eine Variante der Allokation von Referenzen vor uns, die eine Initialisierung einschließt. Ich merke das für den späteren Gebrauch an, da wir uns später damit auseinandersetzen müssen, wenn es um die Erzeugung und Initialisierung von Objekten geht. Das wird in Abschnitt 13.3 näher beschrieben.

Verkapselung des Baums Aber schauen wir uns die Einlese-Funktion noch einmal genauer an. Als Feinheit ist einmal zu bemerken, daß ein Zeiger `*inp` auf eine Eingabedatei als Parameter übergeben wird, und Sie sehen, wie etwa mit der Funktion zur Überprüfung des Dateiendes gearbeitet wird. Der Algorithmus besagt, daß so lange gelesen wird, wie es noch etwas zu Lesen gibt; das Gelesene wird dann mit Hilfe der Einfüge-Funktion in den binären Suchbaum übergeben, das Ergebnis dieser Einfügung wird wieder diesem binären Suchbaum zugewiesen. Am Anfang wird der binäre Suchbaum als leerer Baum definiert, die Funktion übergibt als Resultat einen Zeiger auf den Suchbaum. Damit hat das aufrufende Programm mit den Innereien des binären Suchbaums kaum etwas zu tun, so daß die Einfüge-Operation auf dem Baum verkapselt, also für den Benutzer nicht von direktem Interesse ist. Das ist auch gut so, denn wir wollen uns ja mit dem binären Suchbaum als Ganzem befassen und nicht mit einzelnen Knoten. Die Aufgaben haben wir auf diese Weise an Funktionen delegiert.

10.2 Tiefensuche in binären Bäumen

Wir haben gerade die Möglichkeit kennengelernt, einen binären Suchbaum so zu durchlaufen, daß wir seinen Inhalt in geordneter Reihenfolge ausdrucken können. Dies haben wir uns

```
const int maxLen = 70;

struct BinBaum {...};

main() {
        BinBaum * Einlesen(ifstream *), *BST;
        void Ausdrucken(BinBaum *, ofstream *);
        ifstream *EingabeDatei; ofstream *Ausgabe;
        char inpDat[80], outpDat[80];

        cout << "bitte Eingabedatei angeben: "; cin >> inpDat;
        cout << "bitte AusgabeDatei angeben: "; cin >> outpDat;
        cout << "Danke" << endl;
        EingabeDatei = new ifstream (inpDat);
        Ausgabe = new ofstream(outpDat);

        if (!EingabeDatei) {cout << "Problem: Eingabe\n";}

        BST = Einlesen(EingabeDatei); Ausdrucken(BST, Ausgabe);
        cout << "fertig" << endl;
}

BinBaum * Einlesen(ifstream *inp) {...}

BinBaum * Einfuegen(BinBaum *B, char * k) {...}

void Ausdrucken(BinBaum *K, ofstream *aus) {
     void KnotenDruck(BinBaum *, ofstream *);
     if (K != NULL) {
        Ausdrucken(K->LSohn, aus);
        KnotenDruck(K, aus);
        Ausdrucken(K->RSohn, aus);
     }
}

void KnotenDruck(BinBaum *T, ofstream *aus){
     void Schreiben(char *, int, ofstream *);
     Schreiben(T->text, T->zaehler, aus);
}


void Schreiben(char * s, int k, ofstream *aus) {
     *aus << k << "\t\t\t" << s << endl;
}
```

Implementierung 10.1.3: Programm zur Analyse der Neujahrsansprache

Ausgabe 10.1.1 Ausgabe des Analyseprogramms 10.1.3

```
1                        halbes
3                        hat
1                        hat.
4                        heute
1                        hineingelangen,
1                        hohe
6                        ich
1                        ihr
2                        ihren
1                        ihrer
1                        im
1                        immer
25                       in
```

sogar an einem kleinen Beweis plausibel gemacht. Diese Art, einen binären Suchbaum zu durchlaufen, ist ein Spezialfall für die Lösung des folgenden Problems: Gegeben ist ein binärer Baum, man besuche jeden Knoten genau einmal. Hierzu werden wir jetzt drei Strategien kennenlernen, die gerade dies bewirken werden.
Diesen Strategien ist gemeinsam, daß sie von einem Knoten aus sehr schnell in die Tiefe gehen, also von einem Knoten aus direkt die Unterbäume des entsprechenden Knotens betrachten. Die Alternative, nämlich in einem Knoten sitzend seine Nachbarn zu betrachten, wird *Breitensuche* genannt und soll anschließend behandelt werden.

10.2.1 Inorder-Durchlauf

Wir haben bereits eine Strategie kennengelernt, die sich folgendermaßen dargestellt hat, wenn wir in einem Knoten `w` sind:

- Durchlauf des linken Unterbaums von `w`;
- Ausdrucken der Informationen in `w`;
- Durchlauf des rechten Unterbaums von `w`.

Die Durchläufe durch die jeweiligen Unterbäume werden natürlich in der gleichen Art vorgenommen: Es wird zunächst der linke Unterbaum durchlaufen, dann die Informationen in dem Knoten gedruckt und dann der rechte Unterbaum durchlaufen. Da die Behandlung des Knotens, von dem der jeweilige Durchlauf ausgeht, sozusagen zwischen die Aufrufe für den linken und den rechten Unterbaum eingequetscht ist, nennt man diese Art des Durchlaufs *Inorder*-Durchlauf.
Der Code sollte klar sein, vgl. Implementierung 10.2.1.

10.2.2 Präorder-Durchlauf

In dieser Art, einen Baum zu durchlaufen, wird zunächst die Information im Knoten `w`, von dem der Aufruf ausgeht, ausgedruckt, dann werden der linke und der rechte Unterbaum aufgerufen:

```
void Inorder(BinBaum *B) {
    void BehandleKnoten(BinBaum *);
    if (B == NULL) return;
    Inorder(B->LSohn);
    BehandleKnoten(B);
    Inorder(B->Rsohn);
  }
```

Implementierung 10.2.1: Inorder-Durchlauf durch einen binären Baum

- Ausdrucken der Informationen in w;
- Durchlauf des linken Unterbaums von w;
- Durchlauf des rechten Unterbaums von w.

Betrachten Sie das Standard-Beispiel in Abbildung 10.1, so sehen Sie, daß in der Reihenfolge

```
17 6 4 7 23 18 26
```

ausgedruckt wird.
Das kommt so zustande: Wenn wir den Aufruf in der Wurzel beginnen, so wird zunächst 17 ausgedruckt, dann wird der Durchlauf für den Knoten 6, nach dessen Fertigstellung der Durchlauf für den Knoten 23 aufgerufen. Der Aufruf für den linken Unterbaum, also den Unterbaum mit der Wurzel 6, ergibt den Ausdruck 6 4 7, und analog erklärt sich auch der Ausdruck für den rechten Unterbaum, also den Unterbaum mit Wurzel 23.
Auch hier bietet der Code wenig Überraschungen, vgl. Implementierung 10.2.2.

```
void Praeorder(BinBaum *B) {
    void BehandleKnoten(BinBaum *);
    if (B == NULL) return;
    BehandleKnoten(B);
    Praeorder(B->LSohn);
    Praeorder(B->Rsohn);
  }
```

Implementierung 10.2.2: Präorder-Durchlauf durch einen binären Baum

10.2.3 Postorder-Durchlauf

Bleibt schließlich noch der Fall zu betrachten, daß die Wurzel *zuletzt* behandelt wird, daß also beim Aufruf im Knoten w so vorgegangen wird (vgl. Implementierung 10.2.3):

- Durchlauf des linken Unterbaums von w;
- Durchlauf des rechten Unterbaums von w;
- Ausdrucken der Informationen in w.

```
void Postorder(BinBaum *B) {
     void BehandleKnoten(BinBaum *);
     if (B == NULL) return;
     Postorder(B->LSohn);
     Postorder(B->Rsohn);
     BehandleKnoten(B);
  }
```

Implementierung 10.2.3: Postorder-Durchlauf durch einen binären Baum

Unser Referenzbeispiel in der Abbildung 10.1 ergibt als Ausgabe des Postorder-Durchlaufs

`4 7 6 18 26 23 17.`

Wie kommt das Ergebnis zustande? Das ist vielleicht ein wenig schwieriger nachzuvollziehen, als es bei den anderen Durchlauf-Strategien ist, deshalb soll es kurz vorgerechnet werden: Der Aufruf ausgehend von 17 erzeugt zunächst einen Aufruf von 6, denn dieser Knoten stellt die Wurzel des linken Unterbaums dar, er bewirkt einen Aufruf im Knoten 4. Hier folgen nun keine weiteren Aufrufe mehr, da wir an einem Blatt gelandet sind, also kann weder ein Aufruf für den linken noch den rechten Unterbaum erfolgen. Also wird 4 ausgedruckt. Da dieser Funktionsaufruf nun abgeschlossen ist, kehren wir zu der aufrufenden Funktion zurück: Dies war der Aufruf von Postorder im Knoten 6, der Postorder-Durchlauf für dessen linken Unterbaum ist ja jetzt abgearbeitet. Jetzt folgt der Postorder-Durchlauf für den rechten Unterbaum, also der Durchlauf für den Unterbaum mit Wurzel 7. Da es sich hier ebenfalls um ein Blatt handelt, wird der Knoteninhalt, also 7 ausgedruckt, und wir kehren zum Aufrufer zurück. Im Aufrufer haben wir jetzt die beiden Aufrufe für den linken und den rechten Unterbaum abgearbeitet, danach wollten wir, so sagt es unser Algorithmus, den Inhalt des Knotens drucken. Also drucken wir 6, haben damit den Aufruf, der vom Knoten 17 ausgegangen ist, abgeschlossen, und rufen nun Postorder für den rechten Unterbaum von 17 auf, müssen uns also jetzt überlegen, was wir im Knoten 23 anstellen wollen. Hier geht das Spiel ganz genauso: Wir rufen unsere Funktion für den linken Unterbaum auf, drucken dabei 18, rufen dann den rechten Unterbaum auf, drucken also 26, haben dann beide Aufrufe abgeschlossen, drucken den Inhalt des Knotens, also 23, haben dann für die Wurzel 17 alle Aufrufe abgeschlossen und können jetzt den Inhalt der Wurzel 17 ausdrucken.
Das war eine möglicherweise arg schweißtreibende Übung, aber es hat, denke ich, gezeigt, wie Rekursion in einem etwas schwierigeren Zusammenhang arbeitet. Man muß sich in jedem Fall überlegen, von welchem Punkt aus ein Aufruf angestoßen worden ist, so daß man nach Abarbeiten aller daraus hervorgehenden Aufrufe wieder zu diesem Punkt zurückkehrt und die nächsten Anweisungen ausführt.

10.2.4 Tiefensuche

Sie sehen jetzt deutlicher, daß diese drei behandelten Strategien recht ähnlichen Mustern folgen: Es wird jeweils von einem Knoten ausgehend in die Tiefe gegangen. So wird auch die Bezeichnung *Tiefensuche* verständlicher. In diesen drei Strategien wird übrigens der linke vor dem rechten Unterbaum behandelt. Das muß nicht unbedingt immer so sein, eine Anwendung kann auch eine andere Reihenfolge erfordern. Charakteristisch ist für diese Familie von Strategien, daß wir uns ohne einen Blick auf die Nachbarn in die Tiefe stürzen.

10.3 Breitensuche

Im Gegensatz zur Tiefensuche steht die Breitensuche, mit deren Hilfe ein Baum sozusagen schichtenweise abgetragen wird. Zunächst wird also die Wurzel ausgedruckt, dann durchläuft sie die beiden Söhne der Wurzel von links nach rechts, dann jeweils deren Söhne wieder von links nach rechts usw., bis alle Knoten besucht worden sind. In unserem Beispiel aus Abbildung 10.1 ergibt sich als Ausdruck:

```
17 6 23 4 7 18 26.
```

10.3.1 Eine Warteschlange als Hilfsstruktur

Es erhebt sich die Frage nach der Realisierung dieser Durchlauf-Strategie. Im Falle der Tiefensuche haben wir es relativ leicht gehabt: Wenn wir dort zur Wurzel eines Unterbaums gehen wollten, haben wir einfach die entsprechende Strategie wieder aufgerufen. Eine solche rekursive Strategie verbietet sich jedoch bei der Breitensuche. Dies liegt wohl daran, daß wir in einem Aufruf nicht unbedingt mehr rückverfolgen müssen, woher dieser Aufruf für einen Knoten gekommen ist. Wir werden einen anderen Zugang realisieren, nämlich eine Warteschlange aufbauen, also eine Datenstruktur, die nach dem Prinzip *wer zuerst kommt, mahlt zuerst* arbeitet.
Die Warteschlange ist zu Beginn leer, als erster Knoten wird die Wurzel eingefügt. Die Bearbeitung der Wurzel endet damit, daß der linke und der rechte Sohn der Wurzel in dieser Reihenfolge in die Warteschlange eingefügt und — oh Undank! — die Wurzel entfernt wird. Bearbeiten wir einen Knoten in der Warteschlange, so drucken wir seinen Inhalt aus und fügen seine Söhne (falls vorhanden) von links nach rechts ans Ende der Warteschlange an. Dann wird der Knoten, der gerade bearbeitet wird, aus der Warteschlange entfernt. Die Abbildung 10.2 zeigt unseren Paradebaum und die Warteschlange nach dem Verlassen des Knotens `23`.

***FIFO*-Speicher** Eine Warteschlange arbeitet also überraschenderweise genau so, wie man es sich vorstellt. Der Knoten, der zuerst eingefügt wird, wird auch als erster bearbeitet, deshalb nennt man die Art, wie mit einer Warteschlange gearbeitet wird, auch *FIFO*-Speicher, wobei *FIFO* für *first in first out* steht.
Diese Vorgehensweise soll kurz an unserem Standard-Beispiel betrachtet werden: Nehmen Sie an, daß wir gerade mit der Bearbeitung des Knotens `23` fertig sind, vgl. Abbildung 10.2. Die Warteschlange enthält dann in dieser Reihenfolge die Knoten `4 7 18 26`. Die ersten beiden Knoten sind durch die Bearbeitung des Knotens `6` in die Warteschlange aufgenommen worden, die Bearbeitung des Knotens `23` hat dafür gesorgt, daß die beiden Knoten `18` und `26` in dieser Reihenfolge angehängt worden sind.
Zusammengefaßt arbeitet unser Algorithmus so:

- Die Warteschlange wird mit der Wurzel des Baums initialisiert.
- Solange die Warteschlange noch Elemente enthält, tun wir folgendes:
  - Wir drucken die Information des Knotens, der am Anfang der Warteschlange steht.

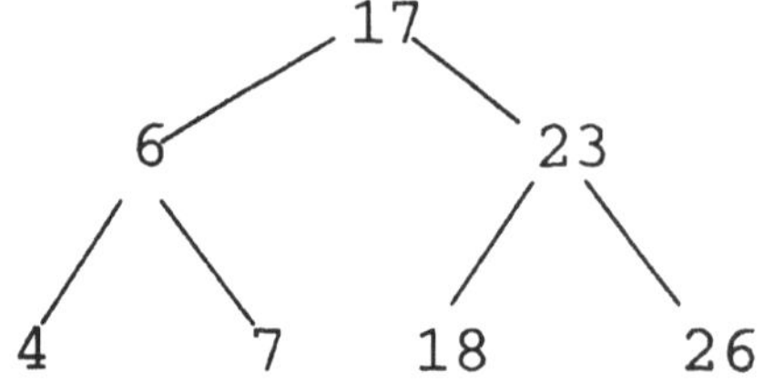

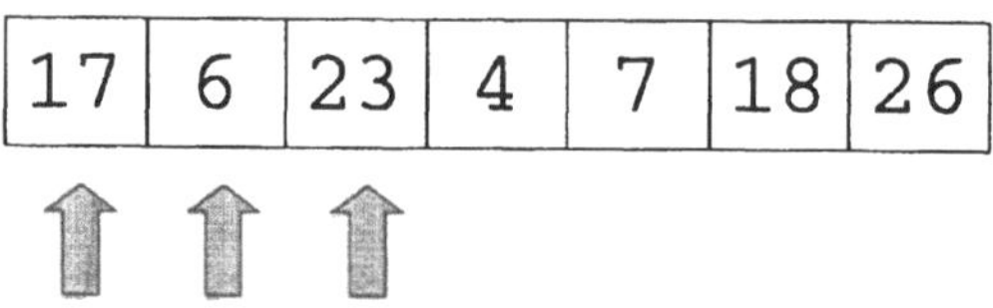

Abbildung 10.2: Schnappschuß: Breitendurchlauf

- Wir fügen die Söhne dieses Knotens in der Reihenfolge von links nach rechts an das Ende der Warteschlange an.
- Wir entfernen den gerade gedruckten Knoten.

10.3.2 Realisierung der Warteschlange

Wir werden im folgenden diese Warteschlange realisieren und hierbei auf einige neue Gesichtspunkte stoßen. Zunächst überlegen wir uns die Arbeitsweise, also die Menge der wirklich wichtigen Operationen auf einer solchen Warteschlange.

Eine erste wichtige Operation ist die Initialisierung einer Warteschlange: Hierdurch tritt eine neue, frische Warteschlange in die Welt und kann von ihren Benutzern verwendet werden. Weitere wichtige Operationen sind die Einfügung von Elementen am Ende der Warteschlange und das Entfernen des Elements am Anfang.

Vielleicht vergegenwärtigen Sie sich diese Operationen noch einmal, indem Sie an den Busverkehr in London oder Castrop-Rauxel denken.

Wir haben in einer Warteschlange zwei ausgezeichnete Positionen. Da ist einmal der `Kopf`, der das jeweils aktuelle Element enthält und damit die Position angibt, an der aus der Warteschlange gelöscht wird. Dann haben wir das Element `Fuss`, das dazu dient, das Ende der Warteschlange zu markieren und damit die Position, an der in die Warteschlange eingefügt wird. Weil wir meist nicht wissen, wieviel Elemente wir in der Warteschlange haben werden, bietet es sich an, eine Warteschlange als verkettete Liste zu realisieren. Hier kommen uns natürlich unsere Erfahrungen in der Manipulation von Listen entgegen, denn wir wissen ja schon, wie wir Elemente ans Ende einer Liste einfügen und wir wissen auch, wie wir das erste Element einer Liste entfernen.

Eine naheliegende Idee? Da wir Warteschlangen als Listen realisieren wollen, liegt die Überlegung nah, eine beliebige Liste herzunehmen und sie zur Warteschlange zu ernennen. Diese Idee ist leicht realisierbar, sie birgt jedoch die Gefahr, daß das Spezifische der Warteschlangenoperationen nicht genügend beachtet wird und eine Liste, die eigentlich als Warteschlange verwendet werden sollte, für andere Zwecke entfremdet werden kann. Es könnte ja sein, daß wir auf die Liste, die unsere Warteschlange darstellen soll, auch noch auf eine andere Weise zugreifen, indem wir, sagen wir, in die Mitte dieser Warteschlange etwas einfügen wollen. Wenn Sie jemals auf einen Bus in London wartend versucht haben, in die Mitte einer Warteschlange diszipliniert wartender Engländer einzudringen und sich an deren böse Blicke erinnern, so werden Sie bald Zweifel an der Zweckmäßigkeit dieser Vorgehensweise nähren. Ich jedenfalls habe noch lebhaft meinen Versuch vor Augen, eine Warteschlange älterer englischer Damen in BLENHEIM PALACE zu durchkreuzen, um von einem Ende eines Raums in diesem Nationalheiligtum zu einem anderen zu kommen: Sankt Georg selbst war mir wohl gram.
Praktischerweise möchten wir mit einer Warteschlange die Information über den Umgang mit ihr verbinden. Ja, es geht sogar noch weiter: Es wäre praktisch, auch die Funktionen, mit denen diese Daten manipuliert werden sollen, mit diesen Daten gemeinsam in einer einzigen Struktur zur Verfügung zu haben.

Ein Schatzkästlein Daten und Operationen sollten also sozusagen in einer Kapsel zusammengeführt sein, alle Operationen, die wir auf den Daten ausführen wollen, sollen diesem Schatzkästlein entnommen sein. Dieses Prinzip nennt man *Verkapselung* (von Daten und Operationen), ihm werden wir uns im folgenden verstärkt zuwenden. Es wird sich zeigen, daß diese Kapselung sehr nah am Zentrum der Objektorientierung ist, deshalb lohnt sich der Aufwand, hier ein wenig gründlicher und ausführlicher vorzugehen.

10.3.3 Funktionale Komponenten

Technisch gehen wir jetzt so vor, daß wir die Daten, die wir in einer `struct` aufgeschrieben haben, um die Angabe von Funktionen ergänzen. Dies ist ein erweitertes Verständnis von `structs`: Neben Daten werden in dieser Typdefinition auch Operationen vereinbart.
Auf unser Beispiel übertragen: Wir schreiben die `struct Warteschlange` auf (vgl. Implementierung 10.3.1), indem wir, wie vorher, die entsprechenden passiven Elemente angeben, nämlich die Daten mit ihrer Typisierung. Dazu geben wir die Signatur dieser Funktionen an. Wir legen den Datentyp `IntListe` zugrunde, also eine verkettete Liste ganzer Zahlen. Da wir keine besonderen Ansprüche an diesen Typ haben (außer, daß er für Demonstrationszwecke freundlicherweise zur Verfügung steht), formulieren wir ihn hier nicht aus. Das holen wir bei passender Gelegenheit nach; die auf Vollständigkeit bedachte Leserin kann die Ausformulierung ohne Schwierigkeit selbst vornehmen.
Sie sehen, daß wir zu den Operationen *Initialisierung*, *Einfügen* und *Entfernen* auch noch eine Operation zum Drucken angegeben haben, daneben wollen wir mit der Funktion `DerKopf` auch in der Lage sein, das erste Element der Warteschlange zu inspizieren, also lesend darauf zuzugreifen.
Die Signaturen, also die Strukturen der Operationen, werden gemeinsam mit den Daten für die Operationen deklariert. Damit sind alle charakteristischen Eigenschaften des Datentyps `Warteschlange` in einer einzigen Struktur zusammengefaßt. Dies kommt dem gerade geäußerten Wunsch nach Verkapselung von Daten und Operationen sehr entgegen.

```
struct Warteschlange {
       IntListe * DieListe;
       IntListe * Kopf, * Fuss;
       IntListe * Einfuegen(int);
       IntListe * Entfernen();
       IntListe * Init();
       int DerKopf();
       void ListenDruck (ofstream *);
};
```

Implementierung 10.3.1: Erste Definition der `struct` Warteschlange

Zwischenüberlegung Ich möchte kurz auf die Vorteile dieser Vorgehensweise eingehen, bevor ich Ihnen zeige, wie die Implementierung der einzelnen Funktionen vor sich geht. *Allora*: Durch die gemeinsame Deklaration von Daten und Operationen wird es möglich, Änderungen an den Operationen lokal zu halten; wenn Sie Operationen ändern wollen, so können Sie dies an einer *wohldefinierten* Stelle tun. Würden Sie diese Operationen in unabhängigen Funktionen realisieren wollen, die vielleicht auch noch über den gesamten Code verstreut sind, so hätten Sie das Problem, die Vollständigkeit der Änderungsoperationen garantieren zu können. Weiterhin dient diese Zusammenfassung der Übersichtlichkeit. Sie können, wenn Sie die wesentlichen Operationen auf einem Datentyp auf diese Weise realisiert haben, auf einen Blick feststellen, welche Operationen der Datentyp unterstützt und welche nicht. Auch dies ist in anderem Falle nicht so einfach möglich. Schließlich dient diese Vorgehensweise auch der Verständlichkeit, da Sie die einzelnen Operationen nicht über den gesamten Code verstreut realisieren müssen.

10.3.4 Nun endlich: die Implementierung

Die verehrte Leserin wird nun denken: "Das ist alles gut und schön, wir müssen aber jetzt irgendwo den Code der entsprechenden Operationen nachtragen." Recht haben Sie, Willenskraft allein bringt's nicht: Wir kennen bislang lediglich die Signaturen der einzelnen Operationen, müssen also, um den Datentyp verwenden zu können, die Implementierung angeben. Dieser Code wird getrennt von der Definition des zusammengesetzten Datentyps vereinbart. Das geschieht in der Analogie zu der Vorgehensweise, die wir bereits bei Funktionen kennen: Wenn eine Funktion eine andere benutzt, so erweist es sich als hilfreich, das Profil dieser benutzten Operation im Rumpf der benutzenden Funktion anzugeben. Dasselbe geschieht hier: Eine `struct` verwendet eine Operation, dazu wird ihr gesagt, welche Modalitäten hierbei zu beachten sind. Die Vereinbarung der Initialisierungsoperation ist in Implementierung 10.3.2 angegeben. Wenn Sie den Text genauer anschauen, so stellen Sie fest, daß es sich hier fast um eine *normale*, also bisher gebräuchliche Deklaration handelt. Sie sieht freilich ein wenig umständlicher dadurch aus, daß der Name der `struct`, also der Name des Datentyps, ebenfalls angegeben wird. Die Syntax erscheint ein wenig spröde (aber so ist es nun einmal). Der Zweck dieses Datentyp-Zusatzes ist offensichtlich: Da mehrere Datentypen eine Funktion namens `Init` besitzen können, muß sichergestellt sein, daß eine eindeutige Zuordnung möglich ist. Dies ist der einzige Grund dafür, daß der Name des Datentyps vor die Operation gesetzt wird. Die Abbildung 10.3 faßt noch einmal die wesentlichen Eigenschaften zusammen.

```
IntListe * Warteschlange::Init() {
            Kopf = Fuss = NULL;
            return Kopf;
            };
```

Implementierung 10.3.2: Initialisierung einer Warteschlange

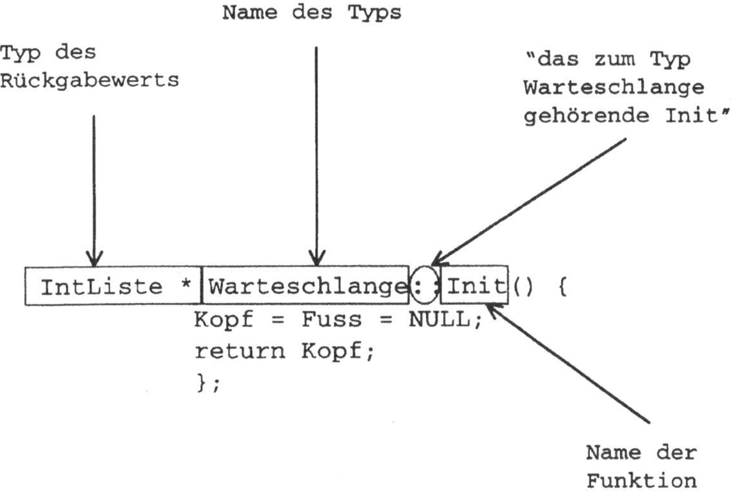

Abbildung 10.3: Syntax der Deklaration für Komponentenfunktionen

Namensraum Es ist besonders zu bemerken, daß die Namen (Variable, Funktionen), die in der Definition einer `struct` angegeben sind, in der Definition der entsprechenden Operation verwendet werden können. Die in der `struct`-Vereinbarung definierten Namen `Kopf` und `Fuss` sind hier sichtbar. Auch diese neuen `structs` bilden also einen Namensraum, wie wir ihn bereits in der schlichteren Vorgängerversion im Abschnitt 7.1.6 kennengelernt haben.

Weitere Beispiele Sehen wir uns weitere Beispiele für solche verkapselten Funktionen an: Die Inspektion des ersten Elements, die wir in einer Operation `DerKopf` formuliert haben, und die Operation zum Drucken, die wir `ListenDruck` genannt haben. Die letztgenannte Funktion hat als Parameter einen Zeiger auf eine Ausgabe-Datei. In völlig analoger Weise ist die Funktion zum Entfernen einer Warteschlange formuliert, vgl. Implementierung 10.3.3. Sie sehen, daß der Aufruf `DerKopf(L)` einfach den Wert `-1` zurückgibt, wenn `L` die leere Liste ist. Dieser Wert sollte natürlich kein legaler Listenwert sein.

Zur Benutzung Die Benutzung einer Warteschlange bietet syntaktisch wenig Überraschungen: Es wird auf Komponenten zugegriffen, indem qualifiziert oder dereferenziert wird. Was zum weiteren Nachdenken auffordern kann, ist freilich die Tatsache, daß nun jedes Objekt vom Typ Warteschlange seine eigenen Operationen mit sich trägt. Damit sind diese Warteschlangen

```
int Warteschlange::DerKopf() {
    return (DieListe == NULL ?  -1 : DieListe->Element);
};

void Warteschlange::ListenDruck(ofstream *aus) {
     IntListe * Laeufer = Kopf;

     while (Laeufer != NULL) {
            *aus << Laeufer->Element << endl;
            Laeufer = Laeufer->weiter;
     }
};

IntListe * Warteschlange::Entfernen() {
            if (Kopf == NULL)
               return NULL;
            else {
                if (Kopf == Fuss) Kopf = Fuss = NULL;
                else  Kopf = Kopf->weiter;
                return Kopf;
            }
};
```

Implementierung 10.3.3: Die Funktionen `DerKopf`, `ListenDruck` und `Entfernen`

zu Kapseln in dem Sinne geworden, wie es bei der Einführung dieser Operation angekündigt worden ist: Daten und Operationen werden zusammengehalten. Als Konsequenz ergibt sich, daß jede Warteschlange auch ihre eigenen Operationen hat, die von Operationen anderer Warteschlangen unabhängig sind.

Damit haben wir unsere Ausdrucksmächtigkeit beträchtlich erweitert: Wir sind nun nicht nur in der Lage, zusammengesetzte Daten zu formulieren, wir können mit dieser Formulierung ebenfalls die Operationen auf diesen Daten leicht angeben. Die Trennung zwischen Daten und Operationen, die sich ursprünglich andeutete, als wir in einem Programm Daten in entsprechenden Vereinbarungen und Funktionen in separaten Vereinbarungen außerhalb der benutzenden Funktionen formulieren mußten, ist aufgehoben zugunsten einer eher integrierten Sichtweise, die Daten und die Operationen darauf zusammenhält.

Aber genug.

Die Benutzung der Warteschlange ist in der Implementierung 10.3.4 zu finden. Wir deklarieren in diesem Beispiel eine Ausgabe-Datei, dann vereinbaren wir `W` als Variable vom Typ `Warteschlange`. Diese Warteschlange wird durch den Aufruf der Initialisierungsoperation `W.Init()` initialisiert. Nach dieser Operation steht die Warteschlange zur Benutzung zur Verfügung, wie fügen neun Zahlen in diese Warteschlange ein. Dies geschieht durch eine entsprechende Schleife, in jedem Schleifendurchlauf wird die Einfügeoperation `W.Einfuegen(i)` aufgerufen. Danach haben wir die ersten neun positiven natürlichen Zahlen in der Warteschlange, die durch den Aufruf der Druckoperation für `W` ausgedruckt werden. Schließlich rufen dann die Operation `W.ListenDruck` auf, wobei wir einen Zeiger auf Ausgabe-Datei als Parameter übergeben.

```
main() {
        ofstream *out = new ofstream("aus.aus");
        Warteschlange W;

        W.Init();
        for (int i=1; i < 10; i++) W.Einfuegen(i);
        W.ListenDruck(out);
}
```

Implementierung 10.3.4: Benutzung der Warteschlange

10.4 Zugriffsspezifikationen

Wenn wir noch einmal die Argumentation, die zu unserer Vereinbarung von Warteschlangen geführt hat, betrachten, dann stellen wir rückblickend fest, daß einige Komponenten nicht von einer benutzenden Funktion benötigt werden: Ein Benutzer einer Warteschlange benötigt keine Informationen über den *internen* Zustand der Warteschlage, also darüber, wieviel und welche Elemente sich in dieser Warteschlange befinden. Es sollte auch gleichgültig sein, daß die Warteschlange als verkettete Liste realisiert wird. Informationen über den Inhalt des letzten Elements dieser Liste sind ebenfalls für den Benutzer nicht notwendig. Auf der anderen Seite kann in unserer Formulierung jeder Benutzer dieser Datenstruktur auf diese Interna zugreifen, kann also den Inhalt der einzelnen Listenelemente nach Lust und Laune ändern.

Diese Situation kann recht mißlich sein, da eine wirkungsvolle Strategie der Informationsverkapselung auf diese Art nicht realisiert werden kann. Man überlegt sich leicht, daß es sehr wertvoll sein kann, gewisse Informationen zwar zur Verfügung *zu haben*, sie aber nach außen nicht verfügbar *zu machen*.
Die Konsequenz aus dieser Überlegung ist die folgende: Man unterteile die Komponenten einer `struct` in solche, die nach außen verfügbar gemacht werden sollen, und solche, die zwar für die Interna der arbeitenden Struktur wichtig sind, aber nach außen verborgen sein sollten. Insbesondere hat eine solche Aufteilung zur Folge, daß man auf kritische Daten von außen nur über die entsprechenden Operationen zugreifen sollte. Haben wir diese Möglichkeit zur Verfügung, so kann der Konstrukteur einer solchen `struct` festlegen, auf welche Art und Weise auf die Daten dieser Struktur zugegriffen werden kann.
Wenn wir diese Überlegungen auf die Warteschlange anwenden, so gelangen wir zu einer Klassifikation der einzelnen Komponenten. Ich möchte mit Ihnen kurz die einzelnen Komponenten durchgehen, um zu überlegen, ob diese Komponenten von außen verfügbar gemacht werden sollen, oder ob sie lediglich für die Arbeit der Warteschlange als private Informationen verfügbar sein sollten.
Wir haben die folgenden Komponenten:

- `DieListe`, `Kopf`, `Fuss`: Diese Komponenten stellen die interne Realisierung der Datenstruktur dar, nämlich die Liste selbst, dann das erste und das letzte Element der Liste. Diese Informationen sollten als private Informationen behandelt werden, da sie lediglich die Arbeitsweise der Warteschlange betreffen.

  Nun könnten Sie dagegen halten, daß wir auf das erste Element dieser Liste ja zugreifen wollen, weil wir es ausdrucken oder anderweitig verarbeiten möchten. Das ist wahr: Wir werden uns gleich um Ihren Einwand kümmern.

- `Einfuegen`, `Entfernen`, `Init`, `ListenDruck`: Dies sind die Operationen, mit deren Hilfe wir die Warteschlange benutzen wollen. Daher können wir wohl nicht darauf verzichten, diese Operationen öffentlich zugänglich zu machen.

- `DerKopf`: Diese Operation spielt sozusagen eine Sonderrolle. Sie erlaubt es, den Inhalt des ersten Elementes zu inspizieren, daher sollte diese Operation öffentlich zugänglich gemacht werden. Dieser Inhalt soll von außen nicht geschrieben werden können, es soll also keine Möglichkeit geben, ihn von außen zu ändern, also privatisieren wir ihn. Gleichzeitig möchten wir aber gerne sehen, welche Informationen sich dahinter verbergen. Also konstruieren wir eine Funktion, die lediglich diesen Wert zurückgibt. Damit haben wir diese Komponente vor der Änderung von außen geschützt, erlauben gleichwohl aber ihre Inspektion. Dieses Prinzip werden wir später eingehend benutzen.

Die Überlegung zur beschränkten Zugangsmöglichkeit von Komponenten führt dazu, daß wir unsere Warteschlange neu deklarieren. Sie sehen diese Modifikation in der Implementierung 10.4.1.
Wir führen Schlüsselwörter ein, mit deren Hilfe der Zugriff auf die entsprechende Komponente spezifiziert werden kann. Das Schlüsselwort `private` charakterisiert die darauf folgenden Bezeichner als privat, also als nicht von außen zugreifbar. Das Schlüsselwort `public` deutet an, daß es sich hierbei um öffentliche Komponenten handelt, auf die jeder Benutzer zugreifen kann. Damit sind z. B. bei der Deklaration

```
Warteschlange W
```

```
struct Warteschlange {
  private:
       IntListe * DieListe;
       IntListe * Kopf, * Fuss;
  public:
       void Einfuegen(int);
       void Entfernen();
       void Init();
       int DerKopf();
       void ListenDruck(ofstream *);
  };
```

Implementierung 10.4.1: Modifizierte Vereinbarung von Warteschlange

die folgenden Operationen zulässig:

```
W.Init(),
W.Einfuegen(45),
W.DerKopf().
```

Dies ist auch gut so, denn die entsprechenden Komponenten sind als öffentliche Komponenten deklariert. Nicht legal sind z. B.

```
W.Kopf,
W.Liste,
W.Fuss.
```

Das liegt daran, daß die entsprechenden Namen in der Deklaration als `private` gekennzeichnet sind. Der Übersetzer prüft das nach und macht Sie auf Probleme aufmerksam.
Sie sehen eine weitere Änderung im Vergleich zur vorherigen Vereinbarung: Die Operationen zur Initialisierung, zum Einfügen und zum Entfernen haben nun als Rückgabewert den Datentyp `void` bekommen. Dies liegt daran, daß die entsprechenden Operationen auf solche Werte zugreifen, deren Namen in der `struct` vereinbart sind, die also für die gesamte Definition der `struct` Gültigkeit besitzen. Ähnlich wie auf globale Variablen in Programmen und ähnlich wie auf lokale Variablen in Funktionen lesend und schreibend zugegriffen werden kann, verändern die Operationen zur Manipulation der verketteten Listen nur solche Werte, die in der `struct` vereinbart sind. Daher ist es unnötig, entsprechende Rückgabewerte zu vereinbaren.

Diskussion Das entsprechende Vorgehen ist im Fall der globalen Variablen als wenig wünschenswert charakterisiert worden, wie sich die verehrte Leserin erinnern wird. Verhalten wir uns also hier inkonsistent, wenn wir eine solche Vorgehensweise für angemessen erklären?
Na ja, die Verwendung *globaler Variablen* hat in Programmen möglicherweise unkontrollierbare Effekte für die Werte dieser Variablen. Daher kann der Benutzer in aller Regel nicht entscheiden, wer auf die Variablen schreibend oder auch lesend zugegriffen haben mag. Die Situation ist im vorliegenden Falle grundsätzlich anders. Die Operationen, die auf diese *sichtbaren Variablen* zugreifen, sind allesamt bekannt, so daß ausschließlich kontrollierte Zugriffe

möglich sind. Daher ist das vorhin charakterisierte Verhalten durchaus sinnvoll und mit dem bisher dargestellten Zugang verträglich.
Diskutieren wir diese Vorgehensweise konkret am Beispiel der Komponente `Kopf`. Sie wurde als `private` deklariert. Der Zugriff darauf wird durch die Zugriffsfunktion explizit gemacht. Er kann also wesentlich besser kontrolliert werden, als in einer Situation, in der ohne weitere Einschränkungen auf Komponenten zugegriffen werden kann.

Mögliche Ergänzung Man könnte übrigens daran denken, den lesenden Zugriff durch einen explizit schreibenden Zugriff zu ergänzen. Dies könnte geschehen, indem man eine Funktion mit der Signatur

```
void SetzeKopf(int)
```

vereinbart. Der Effekt dieser Funktion soll sein, daß wir die als Parameter übergebene ganze Zahl als Inhalt in das entsprechende Element einfügen. Auch hier sehen Sie den Effekt: Wir machen die Operation zum Schreiben der Komponente explizit. Nach unseren Überlegungen kann von außen dann nur über diese Operation schreibend auf die Komponente zugegriffen werden.

Voreingestellter Wert Bei Komponenten von `structs` ist `public` für Zugriffsspezifikationen voreingestellt. Beim Fehlen entsprechender Angaben sind also die entsprechenden Komponenten öffentlich zugänglich. Die Beispieldeklaration der Warteschlange zeigt Ihnen übrigens auch, daß die Zugriffsspezifikation von ihrem Auftreten entweder bis zum Ende der Vereinbarung oder bis zum Auftreten der nächsten Zugriffspezifikation in Kraft ist.

10.5 Warteschlangen als Abstrakte Datentypen

Wir haben Warteschlangen als *Abstrakte Datentypen* definiert. Dies ist ein Begriff, mit dem wir wegen seiner Wichtigkeit im weiteren Verlauf unserer Überlegungen immer wieder arbeiten werden. Zusammenfassend lassen sich solche Abstrakten Datentypen (*ADT*s) charakterisieren durch das *Offenlegen* der Schnittstellen, d. h. die Angabe der Signaturen in der Vereinbarung der entsprechenden Komponenten und das *Verbergen* der Implementierung.

10.6 Zurück zur Breitensuche

Warteschlangen, Abstrakte Datentypen und all das sind eingeführt worden, als wir auf das Problem der Breitensuche in binären Bäumen zu sprechen kamen. Dabei hat sich die Breitensuche als ausgesprochen fruchtbares Problem erwiesen, denn sie hat Gelegenheit gegeben, neue Begriffe und eine neue Vorgehensweise einzuführen.
Wir sind jetzt in der Lage, das entsprechende Programm wunschgemäß zu realisieren. Hierzu nehmen wir eine Warteschlange her, in der die Knoten des Baums aufbewahrt werden sollen. Die Warteschlange bekommt nach ihrer Initialisierung als erstes Element den Wurzelknoten des Baums zugewiesen, dann arbeiten wir mit der Warteschlange solange, bis sie leer ist. Bei jedem Iterationsschritt gehen wir so vor, daß wir den Knoten am Anfang der Warteschlange hernehmen, seine Söhne — falls vorhanden — in die Warteschlange einfügen, den Knoten drucken und ihn dann aus der Warteschlange entfernen. Dadurch erreichen wir, daß jeder

Knoten des Baums genau einmal in die Warteschlange aufgenommen und von hinten nach vorne durchgeschoben wird. Das geschieht solange, bis er an ihrem Kopf angekommen ist. Dann wird er verarbeitet und verläßt die Warteschlange wieder. Jeder Knoten des Baums wird auf diese Weise genau einmal ausgedruckt.

10.6.1 Anpassung der Datentypen

Zur Implementierung müssen wir zunächst die Datentypen anpassen. Zunächst werden die Listenelemente angepasst. Jedes Listenelement ist dann ein Zeiger auf den binären Baum. Die Vereinbarung der Warteschlange wird ebenfalls entsprechend justiert. Das alles ist in Implementierung 10.6.1 dargestellt.

```
struct BaumListe {
       BinBaum * Element;
       BaumListe * weiter;
};

struct Warteschlange {
  private:
       BaumListe * DieListe;
       BaumListe * Kopf, * Fuss;
  public:
       void Einfuegen(BinBaum *);
       void Entfernen();
       void Init();
       int IstLeer();
       BinBaum * DerKopf();
  };
```

Implementierung 10.6.1: Anpassung der `BaumListe` und der Warteschlange

Auf diese Weise stellen wir sicher, daß jedes Element in dieser Warteschlange ein Baumelement ist. Vielleicht geht Ihnen an dieser Stelle noch einmal die Diskussion um Zugriffsspezifikationen durch den Kopf. Da die Warteschlange hier eher eine dienstleistende Funktion hat, sollte vermieden werden, daß bei der Benutzung der Warteschlange die entsprechenden Baumknoten geändert werden können. Voilá: Hier haben wir also gleich ein Beispiel dafür, wie hilfreich Zugriffsspezifikationen sind.

10.6.2 Die Funktion `BreitenSuche`

Die zentrale Prozedur ist die Funktion **`BreitenSuche`**, die in Implementierung 10.6.2 dargestellt ist. Wir übergeben einen Zeiger auf einen binären Baum als Parameter, ebenfalls wird ein Zeiger auf eine Ausgabedatei übergeben. Die Funktion benutzt die Funktion **`KnotenDruck`**, mit deren Hilfe wir einen Knoten ausdrucken, weiterhin wird eine Warteschlange `W` vereinbart. Nach der Initialisierung von `W` fügen wir die Wurzel des Baums in `W` ein, dann iterieren wir über die Warteschlange `W` so lange, wie sie noch Elemente enthält. In jedem Iterationsschritt nehmen wir uns das erste Element der Warteschlange her, entfernen es daraus und fügen den linken und den rechten Sohn in die Warteschlange ein. Dann wird der entsprechende Knoten gedruckt. Sie sehen übrigens, daß wir hier von der Möglichkeit Gebrauch gemacht haben, lokale Variablen in ziemlich weit innen liegenden Blöcken zu verwenden: Die Variable `L` ist ein Zeiger auf einen binären Baum. Da wir diese Hilfsvariablen nur in dem Block verwenden, in dem wir über die Warteschlange iterieren, erweist es sich als sinnvoll, sie auch lediglich dort lokal zur Verfügung zu haben.

```
void BreitenSuche(BinBaum *K, ofstream *aus) {
   void KnotenDruck(BinBaum *, ofstream *);
   Warteschlange W;

   W.Init();
   W.Einfuegen(K);
   while (!W.IstLeer()) {
        BinBaum *L = W.DerKopf();
        W.Entfernen();
        W.Einfuegen(L->LSohn);
        W.Einfuegen(L->RSohn);
        KnotenDruck(L, aus);
   }
}
```

Implementierung 10.6.2: Die Breitensuche

10.7 Statische Komponenten

Wenn wir zwei Variablen `BusCastrop` und `BusBottrop` vom Typ `Warteschlange` vereinbaren, so hat jede dieser Variablen ihre eigenen Komponenten; die Zeiger `BusCastrop.DieListe` und `BusBottrop.DieListe` existieren ebenso unabhängig voneinander wie etwa `BusCastrop.Kopf` und `BusBottrop.Kopf`. Die einzelnen Komponenten sind also an die Variablen der `struct` gebunden.
Wir haben mit statischen Variablen in Kapitel 5.4 eine Alternative kennengelernt: Eine statische Variable, erinnern Sie sich, wurde nicht bei jedem Funktionsaufruf neu angelegt, es wurde vielmehr auf eine bereits vorhandene Variable zurückgegriffen.
Unsere `structs` können statische Komponenten haben. Das Beispiel in der Implementierung 10.7.1 und der Ausgabe 10.7.1 zeigt Ihnen, wie das geht. Die

```
struct gensym
```

ist so konzipiert, daß die Aufrufe von

```
gs.dieZahl
```

eine fortlaufende Reihe von Zahlen ausgeben. Die Variable `z` ist als `static` deklariert und existiert nur in einer Ausprägung, nämlich für die `struct`, so daß Variablen dieses Typs nicht jeweils eine eigene Version von `z` haben. Man sieht an den Beispielprogramm, daß die beide Variablen `gs` und `gt` offensichtlich auf dieselbe Komponente `z` zugreifen.

```
struct gensym {
private:
  static int z;
public:
  static int dieZahl();
};

int gensym::z = 0;
int gensym::DieZahl() {return ++z;}

main() {
       gensym gs, gt;
       int i;
       for (i = 0; i < 17; i++)
           cout << gs.dieZahl() << (i % 5 == 4? '\n': '\t');
       cout << "\n----------\n";
       for (i = 0; i < 17; i++)
           cout << gt.dieZahl() << (i % 5 == 4? '\n': '\t');
}
```

Implementierung 10.7.1: Die Klasse gensym und ihre Benutzung

Ausgabe 10.7.1 Ausgabe des Programms in 10.7.1

```
1       2       3       4       5
6       7       8       9       10
11      12      13      14      15
16      17
----------
18      19      20      21      22
23      24      25      26      27
28      29      30      31      32
33      34
```

Einige Feinheiten sind zu bemerken: Die Komponente `z` bekommt ihren Wert außerhalb der Definition der `struct`, ähnlich wie ja auch die Vereinbarungen funktionaler Komponenten außerhalb der `struct`-Definitionen stattfinden. Sie sehen, daß ich auch eine statische Funktion vereinbart habe. Für statische Funktionen gilt dasselbe wie für die bereits besprochenen Komponenten: Auch sie werden nur einmal für die `struct` angelegt, und nicht separat für jede Variable des entsprechenden Typs. Eine solche statische Funktion darf nur auf statische Komponenten der `struct` zugreifen, nicht-statische Komponenten sind tabu. Das ist klar: Nicht-statische Komponenten gehören zu einzelnen, sozusagen individuellen Ausprägungen einer `struct`.

Und jetzt kommt ein Clou Da statische Komponenten zur `struct`, also zum Typ, und nicht zu einzelnen Variablen des Typs gehören, kann man sie auch über den Namen der `struct` ansprechen. Das folgende Beispiel in Implementierung 10.7.2 demonstriert das. Es werden die Zahlen von 1 bis 34 ausgedruckt (was sich die Leserin ohne Zweifel ganz gut vorstellen kann, so daß ich auf einen Ausdruck verzichte). Die syntaktische Bauregel ist `struct::StatKomp`.

Wozu? Statische Komponenten erweisen sich als nützlich, wenn man Eigenschaften an einen Typ binden möchte (und nicht an einzelne Variablen eines Typs). Ein Beispiel könnte die fortlaufende Numerierung von Exemplaren darstellen, so daß man sich merken kann, wieviele Variablen eines Typs existieren (und wenn Sie sich einen Typ `VersandhausKunde` vorstellen, gelangen Sie leicht zu Kundennummern).

```
main() {
  int i;
  for (i = 0; i < 34; i++)
    cout << gensym::dieZahl()<< (i % 5 == 4? '\n': '\t');
}
```

Implementierung 10.7.2: Benutzung statischer Komponenten

10.8 Was haben wir gelernt?

Wir sind in diesem Kapitel einen recht weiten Weg gegangen: Ausgehend von binären Bäumen haben wir zunächst einmal drei sehr wichtige rekursive Algorithmen kennengelernt, mit deren Hilfe wir einen binären Baum durchlaufen können. Diese Algorithmen sind Varianten der Tiefensuche, die zuerst in die Tiefe, also von einem Knoten zu seinen Söhnen geht und nicht in die Breite, also von einem Knoten zu seinen Brüdern.

Die Breitensuche haben wir ebenfalls realisiert. Hierbei sind wir auf einige interessante Phänomene gestoßen. Wir haben zunächst die Möglichkeit, eine solche Breitensuche überhaupt algorithmisch zu realisieren, diskutiert. Die Diskussion hat uns dazu gebracht, Warteschlangen einzuführen. Diese Warteschlangen sollten freilich vor anderen verketteten Listen dadurch ausgezeichnet werden, daß wir auf wohldefinierte Art auf ihre Inhalte zugreifen: Nämlich Einfügen am Ende und Entfernen am Anfang. Um dies nun sicherzustellen, haben wir den Datentyp `Warteschlange` definiert. Dieser Datentyp hat die neue Eigenschaft, daß er nicht

nur die Daten, sondern auch die Operationen auf diesen Daten wie in einer Kapsel mit sich trägt.
Diese Überlegungen zu *Abstrakten Datentypen* sind präzisiert worden, als wir uns überlegt haben, daß es durchaus sinnvoll sein kann, den Zugriff auf einzelne Komponenten zu erlauben oder zu verbieten. Das hat zur Unterscheidung der Zugriffsspezifikationen `public` und `private` geführt (man hört ja heute soviel über PUBLIC-PRIVATE PARTNERSHIPS). Schließlich haben wir als Anwendung dieser Überlegungen Warteschlangen in die Realisierung der Breitensuche für einen Baum integriert und als Sprachelemente statische Komponenten in `structs` kennengelernt.

10.9 Aufgaben

1. Schreiben Sie eine Funktion `Reversi` mit der Signatur

   ```
   IntListe * Reversi(IntListe *)
   ```

   die eine `IntListe` umkehrt. Hierbei sollen Kopien der Elemente des aktuellen Parameters angefertigt werden, so daß die als Parameter angegebene Liste selbst unverändert bleibt.

   Entwickeln Sie eine rekursive und eine iterative Variante.

2. Durchlaufen Sie einen binären Baum in der umgekehrten Reihenfolge der Breitensuche (unser Musterbaum in Abb. 10.1 auf Seite 134 würde also als Ausdruck

   ```
   26 18 7 4 23 6 1
   ```

   erzeugen).

   Hinweis Verwenden Sie eine Warteschlange, aus der Sie jedoch kein Element entfernen, und drehen Sie diese Warteschlange um.

3. Formulieren und implementieren Sie die

   ```
   struct BinSuchBaum
   ```

   in der funktionale Komponenten zum Aufbau und zum Inorder-Durchlauf vorhanden sind. Wählen Sie geeignete Zugriffspezifikationen für die Komponenten.

   Hinweis Es geht hier also darum, die bereits bekannten Funktionen für binäre Suchbäume als Komponenten einer `struct` zu integieren.

4. Entwickeln Sie eine

   ```
   struct GeheimerText
   ```

   wie folgt: Wir haben zwei Komponenten, eine Zeichenkette `DieKette` und ein Schlüsselbuchstabe `TheKey`. Außerdem können wir die Zeichenkette ausgeben: Dazu geben wir einen Buchstaben an; stimmt er mit `TheKey` überein, so wird `DieKette` ausgegeben, sonst geben wir nur einen Hinweis darauf aus, daß wir nichts ausgeben (also z.B. den Text "`War nix!`").

(a) Entwickeln Sie den Abstrakten Datentyp; achten Sie hierbei auf geeignete Zugriffsspezifikationen (sollte jeder Benutzer die Komponente `TheKey` ändern können? Oder lesen können?)

(b) Implementieren Sie die `struct GeheimerText`.

5. Eine zirkuläre Liste entsteht aus einer linearen Liste, indem das letzte Element mit dem ersten verkettet wird. Implementieren Sie eine zirkuläre Liste und schreiben Sie eine Funktion, mit deren Hilfe Sie jedes Element der Liste genau einmal ausdrucken.

   Hinweis Wenn `ListenZeiger` auf ein ausgezeichnetes Element der Liste zeigt, so ist das Einfügen recht einfach. Das Durchlaufen und damit das Drucken könnte von `ListenZeiger` ausgehen, die Terminierungsbedingung überprüft, ob `ListenZeiger` schon erreicht ist.

   Anmerkung Die Aufgabe ist bewußt unscharf gestellt: Überlegen Sie, wo Sie `structs` verwenden (z. B.: eigene `struct ZirkulaereListe`?) und welche Operationen Sie über Einfügen und Drucken hinaus realisieren wollen (Entfernen?).

6. Implementieren Sie eine

```
struct ZeichenketteMitGleichheit
```

   Sie soll eine private Zeichenkette als Komponente haben, die durch geeignete funktionale Komponenten gelesen und ausgegeben werden. Weiter soll eine öffentliche Funktion `Gleich` mit der Signatur

```
int Gleich(ZeichenketteMitGleichheit *)
```

   vorhanden sein, mit der die Gleichheit überprüft werden kann.

   Hinweis Zwei Zeichenketten sind genau dann gleich, wenn sie die gleiche Länge haben und wenn sie zeichenweise übereinstimmen, vgl. die Funktion `strcmp` auf Seite 85.

7. Kellerspeicher sind ähnlich wie Warteschlangen wichtige Datenstrukturen, die ihre Elemente nach der Reihenfolge ihrer Ankunft behandeln, allerdings als *LIFO*-Speicher (*last in-first out*). Ein Beispiel dafür bietet ein Stapel von Tabletts in einer Kantine: Das zuletzt aufgelegte wird zuerst wieder entfernt.

   (a) Spezifizieren Sie den Abstrakten Datentyp `KellerSpeicher` (der Typ der zu speichernden Elemente sei `int`), wobei Sie die folgenden Operationen berücksichtigen sollten:

   - Überprüfung, ob der Speicher leer ist;
   - Entfernen des ersten Elements;
   - Anschauen des ersten Elements;
   - Hinzufügen eines Elements;
   - Drucken der Elemente in der Reihenfolge ihrer Ankunft.

   Schreiben Sie hierzu eine `struct` mit den entsprechenden Komponenten auf; überlegen Sie schon hier, welche Zugriffsspezifikationen Sie benötigen.

(b) Implementieren Sie den Abstrakten Datentyp `KellerSpeicher` mit Hilfe von Listen ganzer Zahlen.

Anmerkung Das Entfernen eines Elements fällt schwer, wenn der Kellerspeicher leer ist. Diese Ausnahmesituation wird in Aufgabe 6 in Abschnitt 19.4 auf Seite 316 angesprochen.

8. Spielen Sie doch mal SCHIFFE VERSENKEN mit Ihrem (oder gegen Ihren) Computer.

9. Ein *Termin* besteht aus

   - einem Datum;
   - einer Uhrzeit;
   - einer Dauer;
   - einer Zeichenkette.

   Entwerfen Sie eine `struct` zur Darstellung eines Termins. Berücksichtigen Sie dabei das Überprüfen, das Vereinbaren und das Löschen von Terminen. Hierzu sollten Sie die Komponenten *Datum* und *Uhrzeit* durch eigene `structs` realisieren. Diese Typen sollten mit eigenen Funktionen zum Überprüfen, Setzen und Löschen versehen werden.

Kapitel 11

Prioritätswarteschlangen

Inhaltsangabe

Warteschlangen werden nach dem Prinzip *wer zuerst kommt, mahlt zuerst* verwaltet. Im täglichen Leben müssen aber meist gewisse Prioritäten respektiert werden. Eine Arbeit, die dringend ist, sollte früher erledigt werden als solche Arbeiten, deren Dringlichkeit auf der Liste nicht ganz oben steht (hierbei spielt das *Lustprinzip* keine Rolle, es ist eher an die sogenannte *eiserne Pflicht* gedacht). Wenn man solche Aufgaben verwalten möchte, so ist eine Warteschlange nicht die angemessene Datenstruktur.
Erinnern Sie sich: Eine Warteschlange hat strikt nach dem Prinzip *first in first out* gearbeitet, so daß kein Platz für eine Prioritätensteuerung da ist. Eine andere Datenstruktur muß also her! Wenn man priorisierte Aufgaben verwalten möchte, so bietet sich naturgemäß als Datenstruktur eine Prioritätswarteschlange an, mit deren Hilfe Aufgaben ihrer Priorität gemäß abgearbeitet werden können: Die Aufgabe mit der höchsten Priorität wird auch als nächste bearbeitet. Dafür sorgt diese Datenstruktur.

In diesem Kapitel möchte ich Ihnen zeigen, wie man diese Prioritätswarteschlangen ordentlich modelliert. Es geht auch darum, den gerade gewonnenen Begriff des Abstrakten Datentyps effektvoll einzusetzen, um zu zeigen, daß solche Typen in der Tat recht hilfreiche Tierchen sein können. Nach der Beschreibung des Abstrakten Datentyps überlegen wir uns eine geeignete Implementierung. Es stellt sich heraus, daß ein binärer Baum eine gute Realisierung hierfür darstellt (wer hätte das gedacht?), daß sich dieser binäre Baum mit Hilfe eines Felds realisieren läßt und daß ein populärer Sortieralgorithmus im Hintergrund lauert. Auch das möchte ich gerne in diesem Kapitel mit Ihnen besprechen.

11.1 Der Abstrakte Datentyp *Prioritätswarteschlange*

Zur Formulierung unseres Abstrakten Datentyps nehmen wir an, daß wir einen Prozessor haben, vor dem eine Menge von Jobs wartet. Der Begriff *Prozessor* dient hier als abstrakte Begriffsbildung; dies kann z. B. ein Arzt sein, in dessen Wartezimmer eine Menge von Patienten geduldig ausharrt, aber auch auch ein Laserdrucker, auf dessen Zuteilung eine Menge von Druckaufgaben wartet. Ein solcher Prozessor kann schließlich auch ein Bankangestellter sein, vor dessen Bürotür sich kreditsuchende Kunden tummeln. Gemeinsam ist all diesen Szenarien, daß nach Prioritäten vorgegangen wird: Der Arzt wird meist denjenigen Patienten behandeln, dessen Behandlung am dringendsten ist, der Drucker wird solche Druckaufträge zuerst abarbeiten, die entweder von privilegierten Benutzern stammen oder hinreichend klein — und damit schnell abgearbeitet — sind, ein Bankangestellter wird solche Kunden bevorzugt behandeln, bei denen der Geschäftsabschluß den meisten Profit verspricht.
Wenn wir dies ein wenig abstrakter beschreiben, so kommen wir auf die folgende Situation: Die vor einem Prozessor wartenden Jobs haben eine Rangnummer zugeordnet bekommen, aus der sich die Priorität der Abarbeitung ergibt. Je niedriger die Rangnummer ist, desto höher ist die *Priorität.* Der Job mit der höchsten Priorität (also der kleinsten Rangnummer) wird zuerst abgearbeitet. Wir nehmen ähnlich wie im täglichen Leben an, daß die Anzahl der wartenden Jobs, also sozusagen die Kapazität des Prozessors, nach oben beschränkt ist.
Getreu unserer Devise, Abstrakte Datentypen zu betrachten, formulieren wir zunächst einmal die Operationen auf einer solchen Prioritätswarteschlange, ohne daß wir uns gleich Gedanken über die Realisierung machen.
Wenn Sie über eine solche Prioritätswarteschlange nachdenken, so werden nach kurzer Zeit Ihnen folgende Operationen als notwendig zur Sicherung der Funktionalität der Prioritätswarteschlange erscheinen:

- Initialisierung der Struktur;
- Einfügen eines Jobs entsprechend seiner Rangnummer (und damit seiner Priorität);
- Entfernung des Jobs, der als nächster abgearbeitet werden wird;
- Inspektion des nächsten Jobs im Hinblick auf seine Priorität;
- Überprüfungen: Ist die Prioritätswarteschlange leer? Ist sie voll?

  Im ersten Fall haben wir keinen Job, der abgearbeitet werden muß (der Arzt kann also einen Kaffee trinken gehen), im zweiten Fall können keine weiteren Jobs in die Warteschlange einfügen und müssen warten, bis ein Platz frei wird.
- Drucken der Prioritätswarteschlange.

Wenn Sie sich diese Kollektion von Aufgaben anschauen, so stellen Sie fest, daß wir bereits jetzt in der Lage sind, mit solchen Prioritätswarteschlangen zu arbeiten, *sofern* wir die Signaturen für die entsprechenden Operationen angeben. Wir können dann zwar die entsprechenden Algorithmen noch nicht ausführen, sind aber sehr wohl in der Lage, Prioritätswarteschlangen bei der Deklaration anderer Funktionen zu berücksichtigen und auch entsprechende Aufrufe von Funktionen zu planen.

Realisierung als geordnetes Feld Als erste Realisierungsmöglichkeit für einen solchen abstrakten Typ kommt das geordnete Feld in Betracht: Man sortiere die Jobs aufsteigend gemäß ihrer Rangfolge, so daß der Job mit dem kleinsten Rang (also mit der höchsten Priorität) am Anfang des Feldes steht. Man hat dann Zugriff auf den gewünschten Job mit der höchsten Priorität, indem man auf das erste Element des Felds zugreift.
Sehen wir uns kurz die Realisierung der gerade herausgearbeiteten Operationen an:

- Initialisierung der Struktur: trivial;
- Einfügen eines Jobs: Man sortiere den Job entsprechend der Ordnung in das Feld ein;
- Entfernung eines Jobs: Man entferne den Job am Anfang und lasse die restlichen Jobs jeweils eine Position aufrücken;
- Inspektion des nächsten Jobs: Man sehe sich das nächste Element an;
- Überprüfung, ob die Warteschlange voll oder leer ist: ebenfalls trivial;
- Drucken der Kollektion: auch einfach.

Sie sehen also, daß die meisten Operationen trivial sind. Die Überprüfung, ob wir eine volle oder eine leere Warteschlange haben, läßt sich etwa leicht anhand eines mitgeführten Zählers realisieren.

Abschätzung des Rechenaufwands Das sieht insgesamt doch ganz gut aus. Die gewitzte Leserin wird sich fragen, wo denn nun das Problem liegt. Man überlegt sich, daß diese Realisierung nicht besonders effizient ist. Nehmen wir an, wir haben n Elemente, so sind im schlechtesten Fall linear viele Operationen durchzuführen: Es müssen n Vergleiche durchgeführt werden (dies ist der schlechteste Fall, falls das neue Element nämlich einen Rang hat, der höher ist als der aller anderen Elemente) oder es müssen im schlechtesten Fall n Elemente verschoben werden (dies ist der Fall, wenn das neue Element die höchste Priorität aller bereits vorhandenen Elemente hat: dann rückt es direkt nach vorne).
Hat man n Elemente insgesamt zu verwalten, so stellt sich heraus, daß dieser naive Ansatz des Sortierens durch Einfügen im schlechtesten Fall etwa n^2 Operationen erfordert (im durchschnittlichen Fall übrigens auch). Um tausend Elemente zu verwalten, hätten wir etwa eine Million Operationen durchzuführen.
Wir werden in der Folge eine Methode kennenlernen, mit der es möglich ist, bei tausend Elementen mit etwa zehntausend Operationen auszukommen, was offenbar eine erhebliche Reduktion der Rechenzeit bedeutet.

Dicht vorbei ist auch daneben Analysieren wir die Ausgangssituation, so stellen wir fest, daß wir mit der Konstruktion eines geordneten Feldes weit über das Ziel hinaus geschossen sind. Es kommt für unser Problem doch nur darauf an, daß wir Zugriff auf das *kleinste Element* einer Menge haben. Die Sortierung befaßt sich mit *allen Elementen* des zugrunde gelegten Feldes. Man könnte jetzt also versuchen, das kleinste Element eines Feldes stets griffbereit zu halten, ohne gleich alle Elemente zu sortieren.

Der naheliegende Versuch besteht nun darin, das Feld nicht weiter zu verarbeiten, sondern bei Bedarf lediglich das kleinste Element zu suchen und das dann herauszugeben. Man überlegt sich mit einer Argumentation völlig analog der zum Sortieren eines Feldes durch Einfügen, daß zur Verarbeitung von n Elementen wieder etwa n^2 Operationen notwendig sind. Dies liegt daran, daß man im schlechtesten Fall bei einem vorgegebenen Element n Vergleiche durchzuführen hat.

Diese einfachen Möglichkeiten sind offenbar nicht dazu geeignet, unser Problem effizient zu lösen. Wir führen deshalb eine neue Datenstruktur ein, die *Heap* genannt wird.

11.2 Heaps

Ein Beispiel für einen Heap finden Sie in Abbildung 11.1 dargestellt.

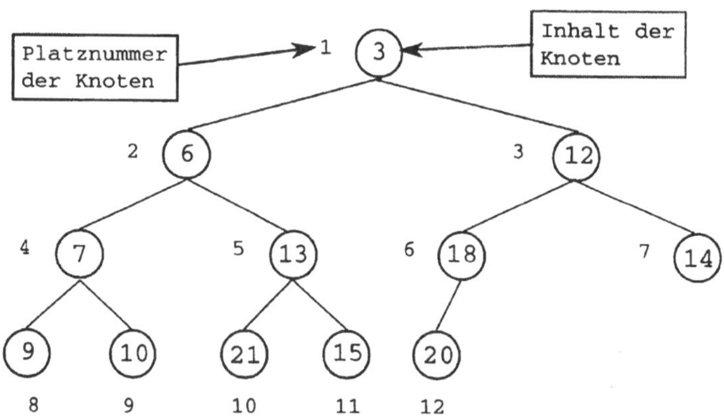

Abbildung 11.1: Ein Heap

Ein Heap ist, wie Sie unschwer an der Abbildung erkennen können, ein binärer Baum. In jedem Knoten ist eine ganze Zahl zu finden, wobei wir Rangfolgen durch ganze Zahlen modellieren, was wir in der Folge tun. Zusätzlich hat jeder Knoten eine Platznummer, die in der Abbildung neben dem Knoten selbst steht und mit deren Hilfe wir mit einer Breitensuche oder auch mit bloßem Auge die Position des Knoten charakterisieren können.

Sie sehen, ohne auf Eigenschaften dieses binären Baums weiter einzugehen, daß das kleinste Element dieser Kollektion in der Wurzel steht. Daher haben wir es mit der Konstruktion von Heaps erreicht, schnell einen Zugriff auf das kleinste Element zu bekommen. Wie dies geschieht, soll im folgenden näher diskutiert werden.

11.2.1 Definition eines Heaps

Ein Heap ist also ein binärer Baum, für den folgendes gilt:

- Der Baum hat keine Löcher in der Mitte.
- Jeder Knoten trägt eine ganze Zahl als Beschriftung (also als Inhalt).
- Die Beschriftung jedes Knotens ist kleiner als die Beschriftung seiner Söhne.

Sie überprüfen diese Eigenschaften leicht anhand des vorgelegten Beispiels, die leicht funkelnde Formulierung *hat keine Löcher in der Mitte* muß natürlich noch präzisiert werden. Dies geschieht weiter unten.
Wir verteilen Platznummern für die einzelnen Knoten. Dies tun wir analog zum Breitendurchlauf durch binäre Bäume, die wir ja hinreichend gut kennen. Anders als bei der Breitensuche können wir diese Platznummern genauer charakterisieren: Die Wurzel bekommt die Platznummer *1*, hat ein Knoten die Platznummer i, so bekommt sein *linker Sohn* die Platznummer $2i$ und sein *rechter Sohn* die Platznummer $2i + 1$.
Gehen Sie doch noch einmal zurück zum ersten Beispiel unseres Heaps, und überprüfen Sie die Platznummern der einzelnen Knoten.
Danke schön.
Sie sollten sich auch klar machen, daß ein Heap kein binärer Suchbaum ist: Sie können das leicht erkennen, indem Sie die Größenverhältnisse innerhalb der einzelnen Unterbäume betrachten. Wäre nämlich der vorgelegte Baum ein binärer Suchbaum, so dürfte der linke Unterbaum der Wurzel nur Elemente enthalten, die kleiner als 3 sind.
Damit läßt sich jetzt auch unsere Definition vervollständigen. Wenn wir n Knoten haben, so sollen alle n Platznummern auch tatsächlich vergeben sein. Dies ist unsere Forderung, daß ein Heap *in der Mitte frei von den Löchern ist.* Sie könnten vielleicht versuchen, einen binären Baum mit Löchern zu konstruieren, in dem die angegebene Bedingung nicht erfüllt ist.

11.2.2 Heaps als Felder

Die Formulierung eines Heap als binärer Baum liegt nahe: Wir haben hinreichend viel Übung, solche Strukturen zu implementieren. Es gibt aber eine wesentlich einfachere Realisierungsmöglichkeit, die das Jonglieren mit Zeigern nicht erfordert. Wir können einen Heap als Feld darstellen, und diese Möglichkeit möchte ich jetzt diskutieren. Wenn wir einen binären Baum ohne Löcher haben, so können wir daraus ein Feld konstruieren, in dem jedes Element besetzt ist: Wir ordnen dem Knoten `i` das Feldelement `a[i]` zu. Dieser *Konversionstrick* arbeitet natürlich genauso gut in umgekehrter Reihenfolge, wie Sie sich leicht klar machen können. Mit dieser Überlegung der Gleichwertigkeit der Darstellung von Feldern und Bäumen (zumindest in diesem Spezialfall) lassen sich Heaps jetzt sehr einfach charakterisieren.
Ein Feld a ganzer Zahlen heißt ein *Heap*, falls `a[i/2] < a[i]` für alle Indizes `i = 1,..., n` gilt.
Als erwünschte Konsequenz ergibt sich jetzt direkt, daß in einem Heap das kleinste Element stets in der Wurzel steht, also im Element `a[1]`.
Es sei angemerkt, daß wir Felder üblicherweise mit dem Index `0` begonnen haben. Wegen der hübschen geometrischen Entsprechung zwischen Feldern und Bäumen halten wir uns hier jedoch an die Konvention, daß wir die zu bearbeitenden Feldelemente vom ersten Index abspeichern, das Element mit dem Index `0` also unberücksichtigt lassen. Dies ist eine Verschwendung von Speicherplatz, die uns den Schlaf nicht rauben sollte.

11.2.3 Konstruktion von Heaps

Wir werden Heaps aufbauen, indem wir Elemente schrittweise in einen anfangs leeren Baum einfügen. Wie diese Einfüge-Operation arbeitet, sei an dem Beispiel in Abbildung 11.2 verdeutlicht.

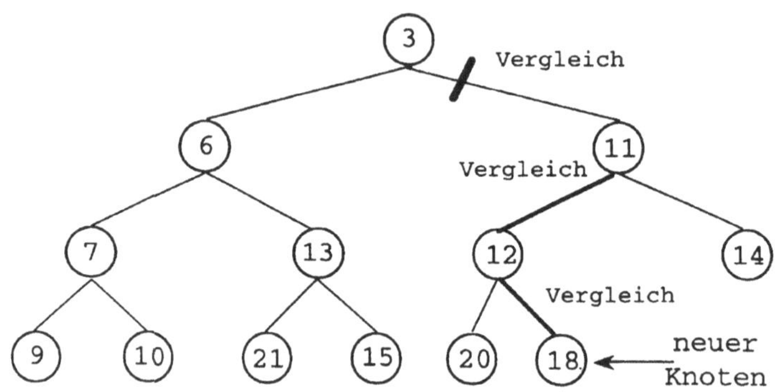

Abbildung 11.2: Der Heap nach Einfügen von 11

Nehmen wir an, wir haben den dargestellten Heap gegeben und wollen die Zahl **11**, die offensichtlich nicht im Baum enthalten ist, in den Heap einfügen. Wir verschaffen uns zunächst einen neuen Knoten, den wir rechts vom Knoten mit dem Inhalt **20** einfügen und verbinden diesen neuen Knoten mit dessen Vaterknoten. Offensichtlich ist hier die Heap-Bedingung verletzt, da **18** größer als **11** ist. Wir vertauschen die Zahlen **18** und **11**, auch hier ist die Heap-Bedingung jedoch wieder verletzt, weil **12** größer als **11** ist. Also vertauschen wir **12** und **11**. Sie sehen, daß die Elemente **12** und **18** im Baum nach unten, also in Richtung der Blätter wandern. Nun ist die Welt in Ordnung: **3** ist größer als **11**, es braucht keine weitere Tausch-Operation durchgeführt zu werden.
Damit haben wir bei der Einfügung eines neuen Elementes durch diese Überlegungen die Heap-Eigenschaft wieder hergestellt. Der Knoten, mit dem ein neu zu schaffender Knoten als Vaterknoten zu verbinden ist, ergibt sich unmittelbar aus der geometrischen Struktur des Baums: Wollen wir ein weiteres Element einfügen, so müssen wir beim gegenwärtigen Stand der Dinge einen Knoten erzeugen, der als Vaterknoten den mit **14** beschrifteten Knoten enthalten würde. Wir wandern also auf der Ebene der Blätter von links nach rechts, sollte diese Ebene bereits gefüllt sein, so fangen wir eben eine neue an. Aber das sollte klar sein.

11.2.4 Der Algorithmus zum Einfügen

Den Einfüge-Algorithmus können wir nun ein wenig präziser darstellen. Als Eingabe dienen ein Heap **a** mit **n** Elementen und ein neues Element **x**, das ganzzahlig sein sollte. Als Ausgabe erwarten wir einen Heap **a** mit **n+1** Elementen, hierbei ist das neue Element **x** seiner Größe gemäß eingefügt. Dabei gehen wir folgendermaßen vor: Wir erzeugen einen neuen Knoten **n+1**, setzen `a[n+1] = x` (fügen also den neuen Knoten **n+1** mit Beschriftung **x** in den Baum ein). Dann rufen wir die Funktion `Einfuegen[n+1]` auf.

Es bleibt also lediglich die Formulierung der Funktion zum Einfügen zu formulieren, dann haben wir zumindest eine informelle Darstellung unseres Algorithmus. Sie arbeitet wie folgt:

- Ist `k = 1`, so ist nichts zu tun;
- ist `k > 1`, so geschieht folgendes: Falls `a[k/2] > a[k]` gilt, so vertausche `a[k/2]` mit `a[k]`, und rufe dann **`Einfuegen(k/2)`** auf.

Die zentrale Operation der Einfügung ist naturgemäß rekursiv. Wenn wir den Knoten **`k`** betrachten, so ist in dem Fall, daß es sich um den Wurzelknoten handelt, nichts zu tun (das ist der Fall `k = 1`). Sind wir jedoch nicht in der Wurzel, so hat der entsprechende Knoten einen Vater im Baum. Die Inhalte dieses Knotens und seines Vaters werden miteinander verglichen. Falls die Heap-Bedingung verletzt ist, so werden die beiden Inhalte miteinander vertauscht, und die Einfüge-Operation wird dann für den Vaterknoten aufgerufen.
Obgleich die rekursive Formulierung hier nicht zwingend ist (man hätte die Arbeit durch eine Schleife erledigen können), zeigt sich doch hier, daß die Rekursion ein sehr natürliches Ausdrucksmittel ist, mit dessen Hilfe Algorithmen anschaulich und knapp formuliert werden können.
Damit sind wir in der Lage, die Einfüge-Operation auch als Funktion in unserer Programmiersprache zu formulieren, aus Gründen, die gleich klar werden sollten, habe ich diese Funktion **`insert`** genannt. Sie ist in der Implementierung 11.2.1 dargestellt und entpuppt sich als typische Hilfsfunktion, denn das neue Element befindet sich bereits im Baum und muß nur noch seinen Platz finden. Bei dieser Formulierung ist bemerkenswert, daß beim Aufruf der Tausch-Operation die Adressen zum Tauschen herangezogen werden und nicht die Feldelemente selbst.

```
void insert(int Knoten) {
   if (Knoten > 1) {
      int DerVater = Knoten/2;
      if (a[Knoten] < a[DerVater]) {
         Tausche(&a[Knoten], &a[DerVater]);
         insert(DerVater);
   }
  }
}
```

Implementierung 11.2.1: Einfügen in einen Heap

Mit dieser Funktion haben wir den Kern unseres abstrakten Datentyps zur Formulierung von Prioritätswarteschlangen erarbeitet. Es wird nun die entsprechende Struktur definiert. Den Code finden Sie in der Implementierung 11.2.2.
Wir nennen diesen Typ **`PrioritaetsWarteschlange`**. Sie sehen, daß wir hier die Einteilung in private und öffentliche Attribute vorsehen. Es ist offensichtlich, daß man die Warteschlange mit Namen **`Schlange`** selbst verbergen möchte, um keinen Zugriff auf die einzelnen Elemente zu geben. Ebenfalls ist es verständlich, daß wir die Anzahl der in der Warteschlange gespeicherten Jobs privat halten, um einem böswilligen oder ungeschickten Benutzer nicht die Möglichkeit zu geben, diese Anzahl von Jobs zu verändern (das hat auch einen programmiertechnischen Grund: Die Anzahl der Jobs bestimmt die Geometrie des Baums, daher wollen

```
struct PrioritaetsWarteschlange {
  private:
        int Schlange[maxJobs + 1];
        int AnzahlJobs;
        void insert(int);
        void Tausche(int *, int *);
  public:
        void Init();
        void Einfuegen(int);
        void Entfernen();
        int IstLeer();
        int IstVoll();
        int DasMinimum();
        int WievieleJobs();
        void Druck();
};
```

Implementierung 11.2.2: Definition der `struct PrioritaetsWarteschlange`

wir keine Spielereien damit zulassen). Wir haben auch Funktionen als `private` deklariert, nämlich die Einfüge-Operation `insert` und die Tausch-Operation.
Durch diese Zugriffsspezifikationen gestatten wir es dem Benutzer nicht, die Art der Einfügung zu manipulieren. Auch daß getauscht werden muß, sollte dem Benutzer verborgen sein. Die öffentlichen Komponenten sollten nun ebenfalls einsichtig sein. Es ist offensichtlich, daß einige der öffentlichen Funktionen sich auf die privaten Funktionen abstützen (hierzu gehört das Einfügen, das die entsprechenden privaten Funktionen benutzt).
Der Code für die Einfüge-Operation läßt sich nun leicht angeben:

```
void PrioritaetsWarteschlange::Einfuegen(int Job) {
  if (!IstVoll()) {
       Schlange[++AnzahlJobs] = Job;
       insert(AnzahlJobs);
  }
}
```

Es zeigt sich hier, daß man sehr elegant die Einfügung mit der Justierung des privaten Zählers `AnzahlJobs` kombinieren kann. Das geschieht, indem zunächst dieser Zähler erhöht wird, dann an die entsprechende Stelle im Feld geschrieben und schließlich die Einfüge-Operation durchgeführt wird. All das kann natürlich nur unter der Voraussetzung geschehen, daß die Prioritätswarteschlange noch nicht voll ist. Die Formulierungen der Funktion `IstVoll` und einiger weiterer, die offensichtlich sein sollten, geben wir hier nicht an.

11.2.5 Entfernung des kleinsten Elements

Wir haben noch keine Vorsorge dafür getroffen, die Entfernung des kleinsten Elements zu realisieren. Wir können auf das kleinste Element über die Funktion `DasMinimum` zugreifen, haben aber die Entfernung dieses Elements noch nicht betrachtet. Eine Möglichkeit, die aber deutlich suboptimal ist, ist die folgende: Man entnehme dem Heap das kleinste Element und baue einen neuen Heap aus den verbleibenden Elementen.

Diese Vorgehensweise berücksichtigt nicht, daß unter den restlichen Elementen die Heap-Eigenschaft erfüllt ist. Deshalb ist sie nicht optimal (oder auch nur akzeptabel). Wenn wir einen Heap haben, so sind der linke und der rechte Unterbaum der Wurzel ganz offensichtlich ebenfalls Heaps. Wir belassen es jedoch für den Augenblick bei dieser schlechten Lösung und werden uns eine bessere Lösung weiter unten in Abschnitt 11.3.3 überlegen.

Diese Art des Vorgehens kann jedoch gelegentlich hilfreich sein, und deshalb führen wir sie hier an. Manchmal kommt es vor, daß man die richtige oder eine optimale Lösung für einen Algorithmus noch nicht finden kann. Das kann z. B. daran liegen, daß noch nicht alle Einzelheiten bekannt sind. Trotzdem arbeitet man dann manchmal so, daß man eine schlechtere Lösung implementiert, im Bewußtsein, später eine bessere zu finden. So wird die Arbeitsfähigkeit hergestellt, und das kann ja auch recht hilfreich sein.

Um das Maß also voll zu machen, wird der Code für die suboptimale Entfernung eines Elements in der Implementierung 11.2.3 angegeben.

```
void PrioritaetsWarteschlange::Entfernen() {
//
//   oh?
//
     int Anz, HilfsSchlange[maxJobs + 1];
     Anz = WievieleJobs();
     for (int i = 1; i < Anz; i++)
         HilfsSchlange[i] = Schlange[i + 1];
     Init();
     for (i = 1; i < Anz; i++)
         Einfuegen(HilfsSchlange[i]);
 }
```

Implementierung 11.2.3: Suboptimaler Algorithmus zur Entfernung aus einem Heap

11.2.6 Zwischenbilanz

An dieser Stelle können wir eine kurze Zwischenbilanz ziehen. Es zeigt sich, daß wir unser Ziel fast erreicht haben: Wir können nun eine Prioritätswarteschlange realisieren. Allerdings haben wir bislang noch Probleme, die Entfernung aus einer solchen Prioritätswarteschlange zufriedenstellend zu implementieren.

Wir werden uns also im folgenden darum bemühen müssen, diese Entfernungsoperation angemessen und effizient formulieren zu können. Daraus wird sich dann übrigens Heapsort als Sortieralgorithmus gewinnen lassen, einer der wichtigen Sortieralgorithmen, der zudem — wie wir gesehen haben — eine interessante Datenstruktur verfügbar macht. Das ist nicht bei allen Sortieralgorithmen der Fall.

11.3 Noch einmal: Einfügen in einen Heap

Wir lokalisieren zunächst die Heap-Bedingung für den Fall, daß sie nicht im ganzen Baum, sondern lediglich in einem Unterbaum erfüllt ist. Dies dient der Erleichterung der Sprechweise. Wir wollen sagen, daß ein Feld a ganzer Zahlen *in einem Knoten* i *die Heap-Bedingung erfüllt*, wenn `a[j/2] < a[j]` für alle j im Unterbaum mit dem Knoten i gilt. Wir haben diese Bedingung geometrisch gefaßt, damit wir uns nicht in endlose Indexrechnereien verstricken müssen, nur um festzustellen, ob sich ein Knoten j im Unterbaum zu einem Knoten i befindet. Insbesondere folgt aus der angegebenen Definition, daß das vorgelegte Feld ein Heap ist, wenn die Heap-Bedingung im Knoten 1 erfüllt ist.
Wir werden jetzt gleich sehen, daß es für das weitere Vorgehen tatsächlich ziemlich hilfreich ist, die Heap-Bedingung so abzuschwächen, daß sie lediglich in einem Unterbaum gilt. Unser Ziel wird es sein, aus kleineren Heaps immer größere zu machen, indem wir systematisch die Heap-Bedingung für immer größere Unterbäume herstellen.

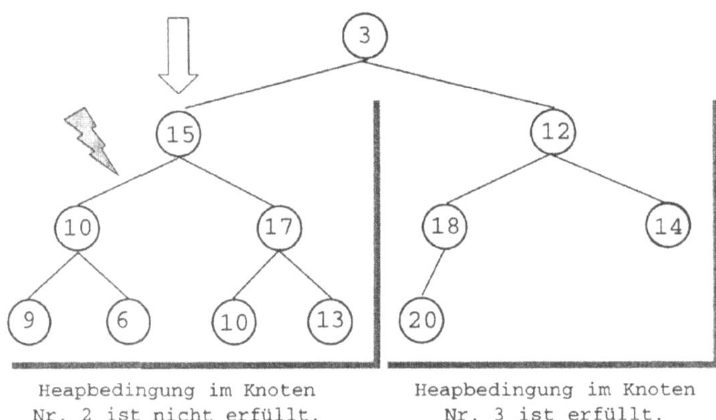

Abbildung 11.3: Verletzung der Heapbedingung in einem Unterbaum

Betrachten Sie das Beispiel in Abbildung 11.3. Es zeigt, daß die Heap-Bedingung im Knoten 2 nicht erfüllt ist, da 15 offensichtlich größer als 10 ist. Im Unterbaum zum Knoten 3 ist die Heap-Bedingung erfüllt.

11.3.1 Erzeugung eines Heaps

Wenn wir uns der Frage zuwenden, wie man einen Heap erzeugt, so stellen wir zunächst bescheiden fest, daß jedes Blatt in einem Baum die Heap-Bedingung erfüllt (so daß wir also bereits viele kleine Teilheaps herumliegen haben). Die allgemeine Situation, in der der gleich betrachtete Algorithmus arbeitet, stellt sich so dar: Wir haben einen Knoten, dessen linker und rechter Unterbaum jeweils bereits die Heap-Bedingung erfüllt, vgl. Abbildung 11.4.
Erfüllt die Wurzel die Heap-Bedingung, so ist der gesamte Baum ein Heap. Wenn dagegen die Wurzel die Heap-Bedingung nicht erfüllt, so werden wir das erzwingen müssen. Die Idee besteht darin, die Beschriftung der Wurzel einsinken zu lassen. Für den Fall der Verletzung der Heap-Bedingung in der Wurzel lassen wir also durch geeignete Tausch-Operationen den

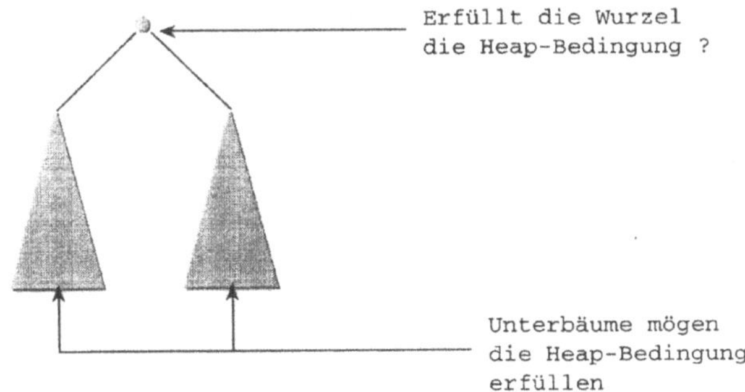

Abbildung 11.4: Schematische Darstellung der Situation in der Wurzel

Wert, der jetzt in der Wurzel steht, im linken oder im rechten Unterbaum einsinken, dabei versuchen wir, die Erfüllung der Heap-Bedingung herbeizuführen.
Operational läuft diese Idee auf das Folgende hinaus: Man vergleiche die Wurzel mit ihren Söhnen. Falls der Knoten kleiner ist als die beiden Söhne, so ist die Heap-Bedingung erfüllt. Falls der Knoten k hingegen eine Beschriftung trägt, die nicht kleiner ist als beide Söhne, so müssen wir den Missetäter einfangen. Wir ermitteln dazu den kleineren der beiden Söhne und vertauschen den Knoten mit diesem Sohn. Wir haben aber jetzt möglicherweise ein Problem an demjenigen Knoten, an dem wir vertauscht haben.
Bevor wir uns darum kümmern: Sie sehen — der Knoten sinkt nach unten, also in Richtung der Blätter. Das Einsinken muß jedoch nach einiger Zeit beendet sein, weil ein Heap nur endlich viele Knoten haben kann. Damit ist das Terminieren dieses Vorgehens garantiert, denn die Heap-Bedingung ist ja automatisch erfüllt, wenn der Knoten in einem Blatt gelandet ist. Unsere Aussichten sind also glänzend!

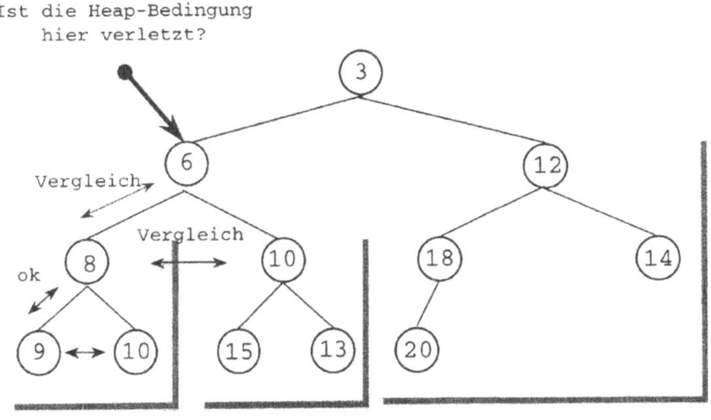

Abbildung 11.5: Einsinken der Wurzel

Betrachten wir diese Angelegenheit an dem Beispiel in Abbildung 11.5. Sie zeigt Ihnen, daß wir an der Stelle, an die die Wurzel sinkt, keinen allzu großen Schaden angerichtet haben: Möglicherweise ist die Heap-Bedingung in diesem Knoten nicht mehr erfüllt. Das macht aber gar nichts: Wir können ja diesen Knoten weiter einsinken lassen. Und genau das tun wir, wie Sie in der Abbildung sehen können.
Also, kein Grund zur Panik!
Die Funktion, mit deren Hilfe diese Überlegung realisiert wird, soll nun angegeben werden. Sie nimmt als formalen Parameter zunächst das Feld `A`, dann den `Knoten`, dessen Unterbaum in Ordnung gebracht werden soll, und einen weiteren Parameter `Anzahl`, ein Parameter, dessen Rolle erläutert werden sollte: Er dient dazu, die Größe des Heaps festzuhalten. Sie werden weiter unten sehen, warum ein solcher Parameter nützlich ist.
Die Funktion `heapify` soll die Arbeit für uns tun. Sie hat die in Implementierung 11.3.1 gezeigte Gestalt. Die Funktion `heapify` unterscheidet also zunächst den Fall, daß der linke Sohn des Knotens im Baum liegt, der rechte Sohn aber nicht mehr (Fall 1) von dem Fall, daß der linke und der rechte Sohn beide im Baum liegen (Fall 2).

```
void heapify(int * A, int Knoten, int Anzahl) {
  int LinkerSohn = 2 * Knoten,  RechterSohn = 2 * Knoten + 1, DerSohn;
  if (LinkerSohn <= Anzahl && RechterSohn > Anzahl) {
       if (A[LinkerSohn] < A[Knoten])
            Tausche(&A[Knoten], &A[LinkerSohn]); }
       else if (RechterSohn <= Anzahl) {
            DerSohn =
               (A[LinkerSohn] < A[RechterSohn] ? LinkerSohn : RechterSohn);
            if (A[DerSohn] < A[Knoten]){
                    Tausche(&A[Knoten], &A[DerSohn]);
                    heapify(A, DerSohn, Anzahl);
               }
         }
       }
```

Implementierung 11.3.1: Die Funktion `heapify`

Fall 1 Hier muß lediglich der linke Sohn mit dem Knoten verglichen werden und ggf. eine Tausch-Operation durchgeführt werden. Da der linke Sohn in dem Fall ein Blatt sein muß (wieso?), ist die Welt an dieser Stelle in schönster Ordnung.

Fall 2 In diesem Fall ermitteln wir den Sohn, der die kleinere Beschriftung trägt, und vergleichen diesen Sohn mit dem Knoten. Möglicherweise muß hier getauscht werden, dann wird auch die Prozedur `heapify` für den neuen Knoten aufgerufen. Der Knoten sinkt also weiter in Richtung der Blätter. Dieser Fall ist wohl der Normalfall.

Der Aufruf `heapify (A, Knoten, Anzahl)` ist offensichtlich nur dann sinnvoll, wenn die folgenden Bedingungen für die Parameter erfüllt sind:

- `Knoten` ist ein innerer Knoten im Baum mit insgesamt `Anzahl` Knoten. Es gilt also

  `2 * Knoten < = Anzahl`

- der Unterbaum mit der Wurzel

  ```
  LinkerSohn := 2 * Knoten
  ```

  erfüllt die Heap-Bedingung;

- falls

  ```
  RechterSohn := 2 * Knoten + 1
  ```

  noch im betrachteten Baum liegt, muß dessen Unterbaum ebenfalls die Heap-Bedingung erfüllen.

Man überlegt sich leicht, daß `LinkerSohn` noch im Baum liegt, `RechterSohn` aber nicht mehr, bei zwanzig Knoten hat Knoten 10 den linken Sohn 20 und den rechten Sohn 21.
Zergliedern wir also unsere Funktion ein wenig weiter:

- Falls `RechterSohn` nicht mehr im Baum liegt, genügt der Vergleich zwischen Knoten und `LinkerSohn`:

  ```
  if (LinkerSohn <= Anzahl && RechterSohn > Anzahl)
         if (A[LinkerSohn] < A[Knoten])
            Tausche(&A[Knoten], &A[LinkerSohn]);
  ```

- Falls beide Söhne im Baum liegen, muß zunächst der kleinere der beiden Söhne ermittelt werden:

  ```
  else if (RechterSohn <= Anzahl) {
        DerSohn = (A[LinkerSohn] < A[RechterSohn] ?
                                    LinkerSohn :RechterSohn);
  }
  ```

- Erst dann wird mit `Knoten` verglichen, ggf. vertauscht und dieselbe Überlegung für den Sohn durchgeführt:

  ```
  if (A[DerSohn] < A[Knoten]) {
         Tausche(&A[Knoten], &A[DerSohn]);
         heapify(DerSohn, Anzahl);
  }
  ```

11.3.2 Anpassung der `struct`

Wir sollten nach diesen Überlegungen die `struct` für die Prioritätswarteschlange anpassen, indem wir die Funktion `heapify` einfügen. Hierzu müssen wir wohl entscheiden, mit welcher Zugriffsspezifikation wir diese Funktion versehen wollen. Die folgende Überlegung scheint den Ausschlag zu geben: Da wir nicht direkt von außen auf diese Funktion zugreifen werden (und wollen), ist es sinnvoll, sie als `private` zu deklarieren. Die Funktion wird auf dem bereits vereinbarten Feld `Schlange` arbeiten. Sie bekommt zwei ganzzahlige Parameter. Der erste gibt den Knoten an, auf dem gearbeitet wird, der zweite ist die Größe des Baums.

Ein Rückgabewert ist wie oben nicht vorgesehen. Sie vermissen möglicherweise den Parameter, der das Feld angibt: Der Zugriff auf das Feld ist geregelt, denn das Feld wird durch den sichtbaren Namen **Schlange** repräsentiert. Die revidierte **struct** finden Sie in Implementierung 11.3.2 wiedergegeben.

```
struct PrioritaetsWarteschlange {
  private:
        int Schlange[maxJobs + 1];
        int AnzahlJobs;
        void insert(int);
        void heapify(int, int);
        void Tausche(int *, int *);
  public:
        void Init();
        void Einfuegen(int);
        void Entfernen();
        int IstLeer();
        int IstVoll();
        int DasMinimum();
        int WievieleJobs();
        void Druck();
};
```

Implementierung 11.3.2: Revidierte `struct PrioritaetsWarteschlange`

11.3.3 Realisierung der Entferungsoperation

Damit kann nun die Entfernungsoperation angemessen durchgeführt werden:

- Wir setzen das letzte Element in die Wurzel.
- Dann vermindern wir die Anzahl der Elemente, die noch betrachtet werden müssen, also die Größe des aktuell zu betrachtenden Baums um 1 (damit erklärt sich der zweite Parameter für `heapify`).
- Schließlich rufen wir `heapify` auf, um den restlichen Baum wieder zum Heap zu machen.

Im Gegensatz zu dem früheren Versuch, die Heap-Eigenschaft wiederherzustellen, wird an dieser Stelle davon Gebrauch gemacht, daß der linke und der rechte Unterbaum bereits Heaps sind. Daraus hatten wir oben kein Kapital geschlagen. Die Formulierung der Entfernungsoperation überrascht durch ihre elegante Einfachheit (vgl. Implementierung 11.3.3).

11.3.4 Anmerkung zur Heap-Konstruktion

Die jetzt konstruierte Funktion **heapify** kann erstaunlicherweise dazu herangezogen werden, einen Heap zu konstruieren. Wenn wir uns nämlich die Arbeitsweise dieser Funktion noch einmal vor Augen führen, so stellen wir fest, daß diese Funktion aus einem Baum, in dem der linke und der rechte Unterbaum die Heap-Eigenschaft haben, einen Heap konstruiert.

```
void PrioritaetsWarteschlange::Entfernen() {
   Schlange[1] = Schlange[AnzahlJobs--];
   heapify(1, AnzahlJobs);
   }
```

Implementierung 11.3.3: Entfernen eines Elements aus einem Heap

Kombinieren wir dies mit der Beobachtung, daß jedes Blatt bereits einen kleinen Heap bildet, so können wir schrittweise aus kleineren Heaps größere herstellen, indem wir rückwärts durch den Baum laufen. Der Code hierfür ist ganz einfach:

```
for (int j = n/2; j > 1; j--) heapify(A, j, n);
```

Wenn Sie diese Schleife ausführen, so ist das Feld `A` ein Heap. Aus Gründen der Durchsichtigkeit haben wir das Feld `A` wieder als Parameter in die Funktion `heapify` aufgenommen. Dies ist die Beobachtung, die R. FLOYD Mitte der sechziger Jahre dazu bewogen hat, die ursprünglich von J. W. J. WILLIAMS im Jahre 1962 vorgeschlagene Prozedur zur Heap-Konstruktion zu modifizieren. Heapsort ist dadurch als Algorithmus wesentlich eleganter geworden.

11.4 Der Sortieralgorithmus Heapsort

Mit diesen Überlegungen haben wir einen wichtigen Algorithmus gewonnen: Das kleinste Element in einem Heap steht immer in der Wurzel, also vertauschen wir bei `n` Elementen das erste Element mit dem Element an der Stelle `n`, rufen `heapify` für das restliche Feld mit `n - 1` Elementen auf und führen diesen Prozeß nun mit `n - 1` Elementen fort. Dies geschieht solange, bis wir alle Elemente des Felds durchlaufen haben. Auf diese Weise wird das Feld absteigend sortiert. Das in 11.4.1 wiedergegebene Programm formuliert Heapsort ohne Rückgriff auf Prioritätswarteschlangen.
Heapsort arbeitet in den angegebenen beiden Phasen:

- Aufbau eines Heap aus einem Feld;
- schrittweise Abbau des Heap, indem das erste Element mit dem letzten vertauscht wird, die Anzahl der aktuellen Elemente um eins vermindert wird und schließlich die Heap-Bedingung für die restlichen Elemente rekonstruiert wird.

Der Kern beider Verfahren, also der Verwaltung von Prioritätswarteschlangen und von Heapsort besteht in der Konstruktion und Rekonstruktion von Heaps durch die Einfüge-Operation oder die Funktion `heapify`.
Wir hatten zu Beginn der Diskussion von Prioritätswarteschlangen überlegt, daß die einfachen Verfahren, die darauf hinausgelaufen sind, eine geordneten Liste zu verwalten oder das kleinste Element zu finden, ohne weitere Vorbereitungen bei n Elementen etwa n^2 Operationen benötigen. Wir haben dann behauptet, daß ein effizienteres Verfahren diskutiert werden würde, den Beweis aber bislang nicht geführt. Nun, Heapsort ist im Detail sehr schwer zu analysieren, es sollen jedoch einige Richtwerte gegeben werden.
Man überlegt sich leicht, daß die Funktion `insert`, die ein neues Element in einen Heap der Größe n einfügt, im schlechtesten Fall $\log n$ Operationen benötigt. Dies liegt daran, daß der

```
void Tausche(int *a, int *b) {
  int temp = *a; *a = *b; *b = temp;
  }

void Druck(int * A, int oben) {
   for (int i = 1; i <= oben; i++) {
        cout << "\t" << A[i] << (i % 4 == 0 ? "\n": "\t#");
        }
}

void heapify(int * A, int Knoten, int Anzahl) {
  int LinkerSohn  = 2*Knoten,
      RechterSohn = 2*Knoten + 1, DerSohn;
      if (LinkerSohn <= Anzahl && RechterSohn > Anzahl) {
         if (A[LinkerSohn] < A[Knoten])
            Tausche(&A[Knoten], &A[LinkerSohn]);
           }
         else if (RechterSohn <= Anzahl) {
                 DerSohn = (A[LinkerSohn] < A[RechterSohn] ?
                              LinkerSohn : RechterSohn);
                 if (A[DerSohn] < A[Knoten]) {
                    Tausche(&A[Knoten], &A[DerSohn]);
                    heapify(A, DerSohn, Anzahl);
                 }
         }
}

main() {
        int a[8] = {0, 12, 13, 6, 8, 9, 4, 5};
        int n = 7;

        cout << "\ndas Feld sieht so aus: \n"; Druck(a, n);
        for (int j = n/2; j >= 1; j--) heapify(a, j, n);
        for (int t = n; t > 1; t--) {
             Tausche(&a[1], &a[t]); heapify(a, 1, t - 1);
        }
        cout << "\n\nsortiert: \n";
        Druck(a, n);
}
```

Implementierung 11.4.1: Heapsort

Pfad von einem Blatt zur Wurzel gerade diese Länge hat. Insgesamt braucht damit der Aufbau eines Heaps mit Hilfe der `insert` Operation etwa $n \log n$ Operationen. Dies trifft übrigens auch für den Heap-Aufbau mit der Funktion `heapify` zu, die Argumentation ist dieselbe. Die Rekonstruktion der Heap-Eigenschaft nach Entfernung der Wurzel benötigt mit Hilfe von `heapify` in jedem Einzelfall ebenfalls logarithmisch viele Operationen, so daß auch für die zweite Phase von Heapsort etwa $n \log n$ Operationen benötigt werden. Insgesamt benötigt dieser Sortieralgorithmus also $n \log n$ Operationen, ist daher effizienter als *Sortieren durch Einfügen*. Diese Überlegungen schließen die Manipulation von Prioritätswarteschlangen als Heaps ein.

11.5 Ein kurzer Rückblick

Rückblickend auf die Entwicklung fassen wir zusammen, daß wir zunächst binäre Suchbäume und allgemeine binäre Bäume kennengelernt haben. Dies ist die erste, etwas komplexere Datenstruktur gewesen, die wir betrachten konnten. Sie hat sich deshalb als komplexer erwiesen, weil die Operationen wie etwa Einfügen oder Durchlaufen nicht ganz so einfach wie bei einem Feld oder einer linearen Liste zu formulieren sind. Die Diskussion hat dann auch zu den Möglichkeiten geführt, einen binären Baum mit Tiefensuche zu durchlaufen. Die Aufgabe, den Baum schichtweise abzutragen, hat dann dazu geführt, eine Warteschlange als Hilfsstruktur heranzuziehen.
Wir haben uns dabei überlegt, daß es hilfreich ist, nicht direkt die Implementierung der Warteschlange vorzunehmen, sondern vielmehr zu planen, welche Operationen wir auf dieser Datenstruktur durchführen wollen. Dann erst haben wir die Implementierung auf der Grundlage dieser Überlegungen durchgeführt. Dies hat einmal zu einer Erweiterung unserer `struct`-Konstruktion um funktionale Komponenten geführt, zum anderen zu der Entwicklung des wichtigen Begriffs *Abstrakter Datentyp*, der sich insbesondere im Zusammenhang mit der objektorientierten Softwareentwicklung als überaus tragfähig erweisen wird. Auch ohne Objektorientierung hat es sich gezeigt, daß man mit Abstrakten Datentypen eine Menge anfangen kann. Wir haben dies am Abstrakten Datentyp *Prioritätswarteschlange* erprobt, der uns zur Datenstruktur `heap` geführt hat. Er hat neben den Überlegungen, wie man Daten ihrer Priorität gemäß verwalten kann, auch dazu geführt, den populären Sortieralgorithmus Heapsort zu formulieren. Sie finden die Entwicklung in der Abbildung 11.6 noch einmal zusammengefasst.

Abstrakte Datentypen vs. Datenstrukturen Ein abschließendes Wort zur Unterscheidung zwischen Abstrakten Datentypen und Datenstrukturen: Ein *Abstrakter Datentyp* ist im wesentlichen eine Kollektion von Funktionen (wohl besser gesagt: von Signaturen). Eine *Datenstruktur* ist eine wohlüberlegte Art, Daten im Speicher zu arrangieren (denken Sie etwa an binäre Bäume). Ein Abstrakter Datentyp wird *realisiert*, indem man die Funktion, deren Signaturen man kennt, *implementiert*. Dabei kann eine Datenstruktur entstehen. Eine Datenstruktur ist damit eher physisch am Layout der Daten orientiert, ein Abstrakter Datentyp eher mathematisch an den funktionalen Eigenschaften solcher Strukturen.

11.6 Aufgaben

1. Gegeben sind die Zahlen `65, 12, 43, 6, 55, 44, 69, 84, 29, 31, 45, 15`. Konstruieren Sie daraus einen Heap

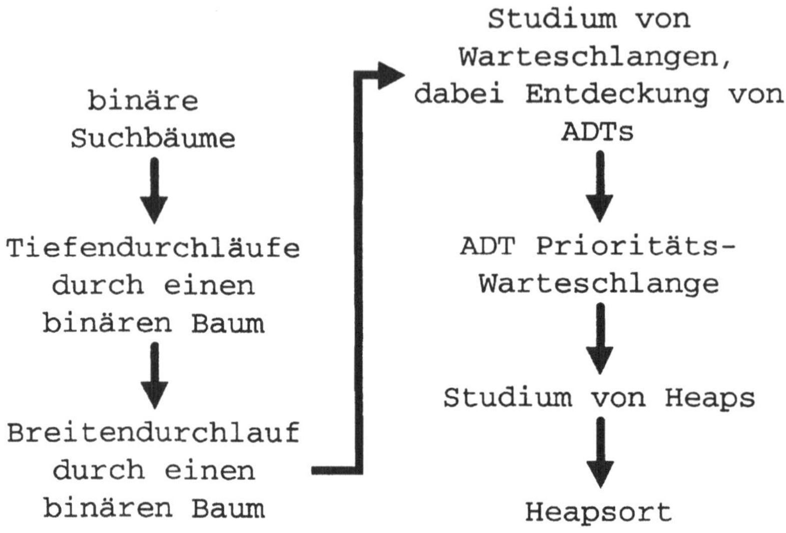

Abbildung 11.6: Zusammenfassung der Entwicklung

- durch wiederholtes Einfügen in einen leeren Baum;
- durch Anwendung der Funktion **heapify** (ausgehend von den Blättern zur Wurzel).

2. Wir simulieren den Umgang mit einer Prioritätswarteschlange zum Zwecke der Verbesserung unseres Gesundheitswesens. Ein Wartezimmer hat Platz für 30 Patienten. Jeder eintretende Patient bekommt eine zufällig gewählte Zahl als Priorität zugewiesen. Er wird gemäß dieser Priorität in eine Prioritätswarteschlange, die das Wartezimmer repräsentiert, eingefügt. Zur Erzeugung von Zufallszahlen wählen wir die aus dem FREUNDELAND bekannte Funktion **rand**, vgl. Aufgabe 13 auf Seite 111 in Abschnitt 7.3.

   Und jetzt geht's los:

   - Am Anfang einer Behandlungsperiode wird das Wartezimmer gefüllt, indem dreißig zufällige Zahlen erzeugt werden.
   - Dann geschieht folgendes solange, bis entweder das Wartezimmer leer oder 4321 Zyklen durchlaufen wurden:
     - Es wird eine Zahl zwischen 0 und 3 zufällig erzeugt.
     - Bei 0 oder 3 wird der nächste Patient behandelt, also aus der Prioritätswarteschlange entfernt.
     - Bei 1 kommt ein neuer Patient ins Wartezimmer.
     - Bei 2 verläßt der ungeduldige Patient unbehandelt das Wartezimmer.

   Hinweis Entfernen und Einfügen in die Prioritätswarteschlange erfordern natürlich, daß sie nach der Operation wieder die charakteristischen Eigenschaften hat (das nennt man *Invarianten*).

Legen Sie Ihr Programm so an, daß Sie die folgenden Fragen beantworten können:

- Wieviele Patienten wurden behandelt?
- Wieviele Patienten verließen unbehandelt das Wartezimmer?
- Wieviele Patienten saßen am Ende noch im Wartezimmer?
- Welche Haarfarbe hat der Arzt? Welche die Sprechstundenhilfe?

3. Ursprünglich gab es noch eine dritte Kategorie von Hofzwergen, die BIBLIOPHAGEN (genauer waren sie sogar in zwei Klassen unterteilt, die für Pferde bzw. für Gletscherspalten zuständig waren). Sie waren für die Aufstellung der Bücher in der Hofburg und in den Bezirkshauptmannschaften zuständig und arbeiteten nach einem bemerkenswerten Prinzip: Eine Bücherlieferung wurde so verarbeitet, daß die Bücher alphabetisch nach dem Namen des Verfassers aufgestellt wurden. War das Regal voll, so wurden die restlichen Bücher an den Buchhändler zurückgegeben.

   Dieses Vorgehen soll implementiert werden. Offensichtlich ist hier eine Prioritätswarteschlange notwendig, denn das Sortieren der Bücher nach Verfassernamen lohnt nicht. Der Einfachheit halber betrachten wir nur die Nachnamen der Verfasser, und wir lassen jeden Verfasser nur ein Buch schreiben. Also sind Zeichenketten statt ganzer Zahlen in der Warteschlange zu betrachten. Eine Ordnung auf den Zeichenketten ist durch die Funktion `strcmp` gegeben (vgl. Seite 62): Wir sagen, die Zeichenkette `a` kleiner als die Zeichenkette `b` ist, falls `a` lexikographisch vor `b` steht, falls also

   ```
   strcmp(a, b)
   ```

   einen negativen Wert zurückgibt. Passen Sie die Klasse `PrioritätsWarteschlange` von Seite 11.2.2 geeignet an.

Kapitel 12

Graphen

Inhaltsangabe

Wir beginnen nun mit der Diskussion von Graphen, einer sehr wichtigen Struktur in der Informatik. Graphen sind Verallgemeinerungen von Bäumen (andersherum gesagt: Jeder Baum ist ein Graph). Sie sehen ein Exemplar dieser Gattung in Abbildung 12.1 (vgl. [AHU73]) vor sich.

Es ist offensichtlich, daß das Gebilde, das Sie hier zeichnerisch dargestellt sehen, kein Baum sein kann. Dies liegt schon daran, daß die Aufteilung in eine Wurzel und in Unterbäume hier nicht stattfinden kann. Daher wird man für Graphen auch keine kanonische Darstellung wie etwa für Bäume finden können, die Verhältnisse sind hier ein wenig komplizierter.

Wir werden uns zunächst mit der Darstellung von Graphen befassen, zuerst als mathematisches Gebilde, dann in ihrer Realisierung als Datenstruktur. In dieser zweiten Abteilung

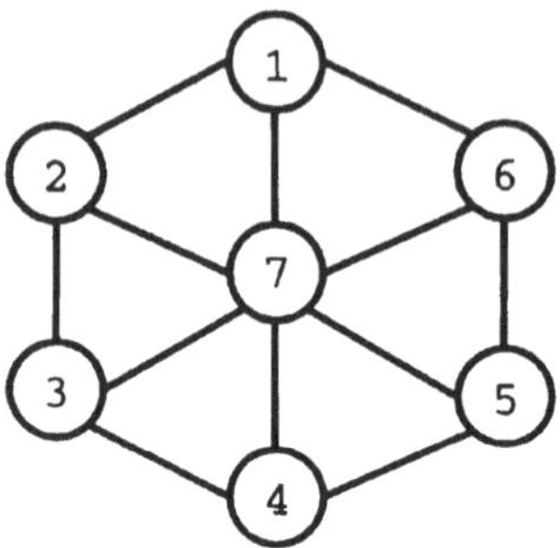

Abbildung 12.1: Ein erster Graph

werden wir den Weg gehen, den wir ja nun schon einige Male gegangen sind: Wir werden Abstrakte Datentypen dazu benutzen, die Gedanken zu ordnen und ein wenig Licht in die doch recht komplexe Implementiererei zu bringen.
Der Belohnungen sind vielfach. Außer der tiefen Befriedigung, eine recht komplizierte Struktur implementiert zu haben, steht danach die Implementierung des Abstrakten Datentypen **Graph** zur Verfügung. Sie kann dann verwendet werden, um andere Problemstellungen zu bearbeiten. Wir werden freilich an dieser Stelle die Verwendung nicht allzu intensiv weiterbetreiben, da es mir wesentlich darauf ankommt, diese abstrakten Strukturen einzuführen und zu realisieren. Falls Ihnen dieser Standpunkt zu unbefriedigend erscheint, sind Sie herzlich eingeladen, Ihre Energien in den Übungsaufgaben auszutoben.

12.1 Zur Definition von Graphen

Ich habe gerade angemerkt, daß Graphen eine wichtige Struktur in der Informatik und in ihren Anwendungen darstellen. Die Anwendungsmöglichkeiten sind breit gestreut: Mit Graphen kann man etwa Telephonnetze modellieren, man kann den Straßenverkehr formal damit darstellen und dies zur Simulation etwa von Verkehrsströmen heranziehen, man kann soziale Beziehungen über Graphen modellieren und in der Elektrotechnik Layout-Fragen bei Schaltungen mit Graphen darstellen. Eine hübsche Anwendung findet sich in D. E. Knuths Buch [Knu94, 1.3]: Dort werden die Beziehungen zwischen Personen in bekannten Romanen durch Graphen dargestellt; die Personen bilden die Punkte, zwischen zwei Knoten wird eine Kante gezogen, wenn sie sich begegnen. Der Graph der Ilias von HOMER beispielsweise hat 561 Knoten und 1629 Kanten. Knuth bemerkt trocken: "However, most of the characters in Homer's story appear only as they are dying in battle."
Dies ist nur ein sehr kleiner Ausschnitt aus den Anwendungen der Graphentheorie. Entsprechend vielfältig sind auch dann die Fragestellungen, die sich graphentheoretisch verkleiden lassen. Eine wichtige Frage ist etwa die Erreichbarkeit eines Knoten von einem anderen aus, möglicherweise möchte man sogar im Falle der Erreichbarkeit die kürzesten Pfade erkennen können. Andere Fragestellungen befassen sich mit dem Zusammenhang von Graphen, mit der Minimierung von Kosten, wenn man etwa einen Graphen durchläuft und das Durchqueren jeder Kante einen bestimmten Betrag kostet. Weiterhin gibt es analog zu Bäumen die Frage nach dem systematischen Durchlauf durch einen Graphen.

Zunächst aber sollte definiert werden, worüber wir hier eigentlich sprechen. Wenn Sie an unser erstes Bild eines Graphen denken, so sehen Sie, daß ein Graph offensichtlich zwei strukturelle Komponenten hat: nämlich *Knoten* und *Kanten*. Zwei Knoten (nicht mehr, nicht weniger) werden durch eine Kante miteinander verbunden. Es kann im Prinzip möglich sein, daß eine Kante eine Richtung hat, es ist aber auch denkbar, daß eine solche Richtung für die Anwendung nicht wichtig ist. Das ist wie bei Straßen: Manche Straßen können Sie in zwei Richtungen benutzen (so daß es auf die Richtung nicht ankommt, wenn Sie etwa wissen wollen, ob Sie die Straße dazu benutzen können, von der Hofburg zum Burgtheater zu kommen). Andere Straßen wiederum sind Einbahnstraßen, bei denen es sehr wohl auf die Richtung ankommt, wenn Sie sie benutzen wollen. So ist das auch bei Graphen: Wir gehen zunächst davon aus, daß die Richtung einer Kante nicht wichtig ist, wir definieren also *ungerichtete Graphen*.

12.1.1 Definition eines ungerichteten Graphen

Ein *ungerichteter Graph* G besteht aus einer Menge V von Knoten und eine Menge E von ungerichteten Kanten. Jede Kante kann durch Angabe der beiden Punkte notiert werden, die durch sie verbunden werden. Verbindet die Kante k die Knoten x und y, so notieren wir k als $\{x, y\}$.

Wenn wir unseren Beispielgraphen ansehen, so können wir die Menge der Knoten aufschreiben als $V = \{1, \ldots, 7\}$. Die Kante zwischen den Knoten 3 und 4 wird notiert als $\{3, 4\}$, also als die Menge, die lediglich die beiden Elemente 3 und 4 enthält. Als Menge der Kanten haben wir explizit

$$E = \{\{1,2\},\{2,3\},\{3,4\},\{4,5\},\{5,6\},\{6,1\},\{1,7\},\{2,7\},\{3,7\},\{4,7\},\{5,7\},\{6,7\}\}$$

12.1.2 Folgerungen aus der Definition

Die Verwendung von *Mengen* zur Notation von Kanten und das Aufschreiben aller Kanten als Menge hat einige Konsequenzen, die für die praktische Handhabung recht wichtig sind. Weil nämlich die Menge E der Kanten eine Menge ist, können zwischen zwei Knoten nicht zwei oder mehr Kanten gezogen werden: Eine Menge kann ein Element höchstens einmal enthalten, mehrfaches Vorkommen eines Elements wird zum einfachen Vorkommen zusammengestrichen. Das ist die erste Konsequenz. Die zweite Konsequenz besteht darin, daß die Reihenfolge der Aufzählung bei Elementen einer Menge unwesentlich ist: $\{a, b\} = \{b, a\}$, also gilt für die Kante zwischen 1 und 7, daß $\{1, 7\}$ mit $\{7, 1\}$ übereinstimmt. Es ist also keine Richtung vor der anderen ausgezeichnet. Diese Eigenschaften bekommen wir gratis und franko aus der Art und Weise, wie in der Mathematik mit Mengen umgegangen wird.

Weiterhin wird gefordert, daß jede Kante genau zwei Elemente enthält. Daraus folgt, daß *Schlingen* nicht erlaubt sind: Denn eine Schlinge hätte ja die Form $\{a, a\}$, was nach dem gerade Gesagten mit $\{a\}$ übereinstimmt. Das kann aber keine Kante sein, da diese kleine Menge ja nur ein einziges Element enthält. Als Konsequenz ziehen wir daraus, daß kein Knoten in einem ungerichteten Graphen mit sich selbst verbunden ist.

Anschaulich gesprochen muß ein Graph nicht zusammenhängend sein. Intuitiv ist ein Graph *zusammenhängend*, wenn er aus einem Stück besteht. Denkt man ein wenig über diesen Begriff nach, so ergibt sich als leichter darstellbare Bedingung für den Zusammenhang eines Graphen, daß wir von jedem Knoten zu jedem anderen über die Kanten des Graphen gelangen können. Davon war aber bei der Definition des Graphen nicht die Rede: Sehen Sie sich den Graphen in Abbildung 12.2 an. Sie stellen fest, daß es sich um einen sozusagen staatlich geprüften und überaus wohlgefälligen Graphen handelt, der aber die genannte Bedingung für den Zusammenhang nicht hat: Sie können mit einer Kante nicht von einem Knoten auf der linken Seite zu einem Knoten auf der rechten Seite kommen.

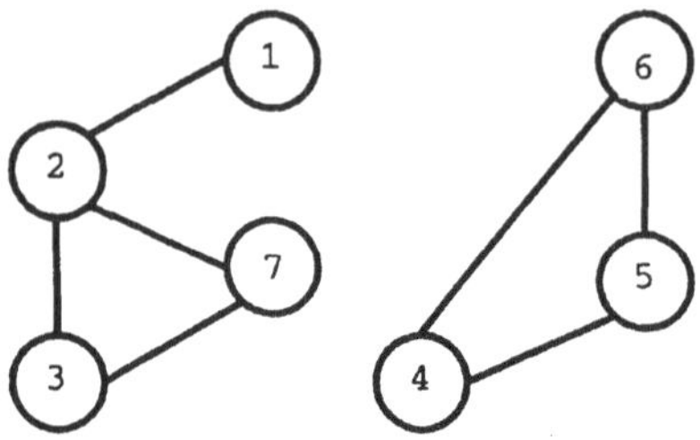

Abbildung 12.2: Ein unzusammenhängender Graph

Die Diskussionen dieses Kapitels betreffen ungerichtete Graphen. Gerichtete Graphen werden analog behandelt, wir befassen uns hier aber nur am Rande mit ihnen, vgl. Aufgabe 3 in Kapitel 19.4 auf Seite 314.

12.1.3 Repräsentation

Wir wissen, wie wir Graphen auf dem Papier zeichnen: Wir malen die Knoten auf ein Blatt Papier, schauen uns die Kanten an und verbinden in der Zeichnung solche Knoten, die als Kantenenden angegeben sind. Dies ergibt in aller Regel eine ziemlich krude Zeichnung des Graphen. Wenn man gewisse ästhetische oder inhaltliche Anforderungen an die Zeichnung stellt, wird die Sache schon kompliziert: Die edle Kunst des Graphenzeichnens ist recht schwierig und komplex. Das Problem jedoch, das wir zuerst zu betrachten haben, ist die *interne* Repräsentation eines Graphen in einem Programm.

Hier ergibt sich schnell die Überlegung, daß man einen Graphen ja als Matrix, also als zweidimensionales Feld aufschreiben könnte: Ist der Knoten `i` mit dem Knoten `j` durch eine Kante verbunden, so setzt man in der Matrix das entsprechende Element `a[i][j]` auf `1`, sonst auf `0`. Da `i` mit `j` genau dann verbunden ist, wenn `j` mit `i` verbunden ist, kommt man mit einer Dreiecksmatrix aus, in dieser Matrix darf sogar die Diagonale (also die Elemente mit `a[i][i]`) fehlen, weil wir wissen, daß kein Element mit sich selbst verbunden ist. Also kommt man mit $n(n-1)/2$ Speicherplätzen aus. In der Praxis erweist sich diese kanonische Darstellung als Matrix jedoch nicht als besonders vorteilhaft, weil Graphen meist dünn besetzt sind, meist also bis auf einen konstanten Faktor etwa so viele Knoten wie Kanten haben. Dadurch verschwenden wir also ziemlich viel Speicherplatz. Nun möchte man einwenden, daß Speicherplatz billig sei, daß es also darauf nicht ankomme. In realen Anwendungen können Graphen jedoch gelegentlich eine Million Knoten oder mehr haben, und dann sind wir bereits in der Größenordnung der Verschwendung von Megabyte. Das kostet nicht nur Platz, sondern auch Zeit zur Verarbeitung und sollte schon aus diesem Grunde vermieden werden. Gleichwohl wird die Alternative der Darstellung dichter Graphen durch Matrizen in Aufgabe 8 betrachtet, das Thema wird im Zusammenhang mit der Behandlung von Ausnahmen im Abschnitt 19.4 in Aufgabe 3 auf Seite 314 noch einmal aufgenommen.

Eine Alternative zu dieser Vorgehensweise besteht darin, für jeden Knoten zu notieren, welche

Nachbarn er hat: Wir speichern für jeden Knoten eine Liste seiner Nachbarn. Diese Darstellung ist vergleichsweise platzsparend, sie ist jedoch — auch das soll vermerkt werden — im Hinblick auf die Entscheidung der Frage, ob der Knoten `i` mit dem Knoten `j` verbunden ist, ein wenig umständlicher. Wollen wir diese Frage beantworten, so müssen wir für den Knoten `i` die Liste aller Nachbarn durchsuchen und nach `j` schauen. In der Matrix-Darstellung müßten wir lediglich das entsprechende Element überprüfen, was entschieden einfacher ist. Die Darstellung durch die Liste der Nachbarn wird *Adjazenz-Liste* genannt. Sie bietet insgesamt so viele Vorteile, daß wir dabei bleiben werden.
Schauen wir uns ein Beispiel an: Für unseren Beispielgraphen schreiben wir auf, wie die Darstellung über die Adjazenz-Listen aussieht.

Knoten	*Nachbarn*
1	$\{2,6,7\}$
2	$\{1,3,7\}$
3	$\{2,4,7\}$
4	$\{3,5,7\}$
5	$\{4,6,7\}$
6	$\{1,5,7\}$
7	$\{1,\ldots,6\}$

Aus der Darstellung können wir ablesen, daß die Adjazenz-Liste z. B. des Knotens 1 aus den Knoten $2,6,7$ besteht.

12.2 Zur abstrakten Realisierung ungerichteter Graphen

Wir haben gesehen, wie wir ungerichtete Graphen *mathematisch* realisieren, nämlich durch Adjazenz-Listen, die Variante *Adjazenz-Matrix* wurde ebenfalls kurz diskutiert. Jetzt geht es darum, eine tragfähige Implementierung für diese Idee zu erarbeiten.
Wir haben Abstrakte Datentypen ausgiebig diskutiert, und es ist hilfreich, auch hier diese Ideen zum Tragen zu bringen. Wir werden einen Abstrakten Datentyp **`UndirGraph`** beschreiben. Da ein Graph auf Knoten und auf Kanten beruht, erweist es sich als sinnvoll, nach einer ersten Betrachtung zu **`UndirGraph`** diese Grundbestandteile des Graphen näher zu diskutieren. Das ist wie beim Kochen: Wenn Sie ein kompliziertes Gericht kochen, erweist es sich als durchaus sinnvoll, sich zunächst über die Zutaten herzumachen, die als Halbfertigprodukte vorhanden sind. So auch hier: Wir werden uns nach einer ersten Diskussion dem Abstrakten Datentyp **`Knoten`** zuwenden und beschreiben, wie wir ihn realisieren. Schließlich werden wir zur Realisierung des Abstrakten Datentypen zur Implementierung von Graphen zurückkehren.
Damit ist das Programm für die Behandlung ungerichteter Graphen kurz skizziert.

12.3 Der Abstrakte Datentyp `UndirGraph`

Zur Erinnerung: Ein Abstrakter Datentyp beschreibt zunächst die Signaturen der beteiligten Funktionen, ebenfalls wird beschrieben, welche Attribute der Typ haben soll und welche anderen Datentypen bei seiner Beschreibung mitwirken. Wenn wir uns Gedanken darüber gemacht haben, welche Operationen auf einem Graphen durchgeführt werden, so sollten wir

in der Lage sein, die Signaturen zu beschreiben. Haben wir das getan, so erweist es sich als sinnvoll, die entsprechende `struct` zu formulieren.
Wir können diese Diskussion offensichtlich nicht vollständig unabhängig von den entsprechenden Bausteinen, also den Knoten führen. Als Minimalannahme treffen wir zunächst eine Vereinbarung darüber, welche Inhalte in den Knoten vorhanden sind: Wir nehmen an, daß wir Zeichenketten als Knoteninhalte haben.
Die folgende Diskussion wird im wesentlichen unabhängig von den spezifischen Knoten*inhalten* sein. Sie werden an der einen oder anderen Stelle merken, daß einige Eigenschaften des Datentyps `Zeichenkette` in die Diskussion eingehen (etwa, wenn wir diskutieren, wann zwei Knoten identisch sind). Sie werden aber genauso schnell sehen, daß der Aufbau der Struktur eines solchen ungerichteten Graphen nur sehr oberflächlich von der zugrundegelegten Datenstruktur abhängt.

12.3.1 Operationen auf dem Graphen

Die folgende Liste gibt an, welche Operationen auf dem Graphen durchgeführt werden.

Initialisierung des Graphen Anschaulich läßt sich die Initialisierung des Graphen so darstellen, daß man mit der leeren Menge von Knoten beginnt. Die Menge der Kanten ist auch leer, so daß diese beiden leeren Mengen einen Graphen darstellen, mit dem weitergearbeitet werden kann.

Einfügen eines Knotens Diese Operation zerfällt genau genommen in zwei Teile. Zunächst ist zu überlegen, ob es zu einer vorgegebenen Zeichenkette einen Knoten im Graphen gibt, der diese Zeichenkette zum Inhalt hat (dies ist eine Test-Operation). Hierbei nehmen wir stillschweigend an, daß die Beschriftung der Knoten durch Zeichenketten eindeutig ist, daß also keine zwei Knoten dieselbe Beschriftung tragen. Damit kann man sogar die Frage, ob ein Knoten in dem Graphen vorhanden ist, darauf reduzieren, ob es einen Knoten im Graphen mit einer vorgegebenen Beschriftung gibt. Diese Frage sollte also vor dem Einfügen eines Knotens beantwortet werden. Das Einfügen eines Knotens erfordert ebenfalls die Möglichkeit, einen Knoten zu konstruieren. Genauer: Eine Zeichenkette ist gegeben, als Resultat hätten wir gern einen neuen Knoten, der gerade diese Zeichenkette als Inhalt enthält.

Einfügen einer Kante Analog ist zu überprüfen, ob bei zwei vorgegebenen Knoten eine Kante zwischen den Knoten existiert.

Druck des Graphen Der Graph soll mit seinen Knoten und seinen Kanten angemessen dargestellt werden. Hierzu ist es notwendig, separat Knoten und Kanten darzustellen.

In weiteren Ausbaustufen müßte man sicherlich einige weitere Operationen hinzunehmen: das Entfernen von Kanten, das Entfernen von Knoten und auch — wie wir es bei Bäumen ja ausführlich diskutiert haben — das Durchlaufen eines Graphen nach bestimmten strukturorientierten Kriterien. Das alles soll hier jedoch zunächst nicht betrachtet werden, weil es an dieser Stelle zunächst um elementare Überlegungen zur Repräsentation von Graphen geht. Die Übungsaufgaben freilich widmen sich der Erweiterung dieses Abstrakten Datentyps ausführlicher.

12.3.2 Repräsentation der Gesamtheit aller Knoten

Wenn wir die Darstellung der Knoten und Kanten angemessen bearbeitet haben, so bleibt doch noch die Frage nach der Repräsentation aller Knoten. Sie ist ja damit nicht beantwortet. Die Knoten eines Graphen bilden eine Menge, also müssen wir diese Menge angemessen repräsentieren. Dazu sind wir schon mit unseren Hilfsmitteln in der Lage: Wir könnten binäre Suchbäume oder verkettete Listen dazu heranziehen. Die Realisierung durch binäre Suchbäume liegt an dieser Stelle nahe, weil wir Zeichenketten als Beschriftungen haben.
Unglücklicherweise ist das ein Spezialfall: Wir können nicht davon ausgehen, daß wir stets Knoten über einer geordneten Menge formulieren können, wenn wir mit Graphen arbeiten. Daher greifen wir dazu, die Menge aller Knoten als verkettete Liste darzustellen.
Die verkettete Liste, die wir hier aufbauen, hat mit der *Struktur* des Graphen nichts zu tun. Es handelt sich hierbei um strukturunabhängige Verwaltungsinformationen.

12.3.3 Der Datentyp `Graph`

Der Datentyp `Graph` wird in seiner ersten Formulierung in der `struct` in der Implementierung 12.3.1 dargestellt.

```
struct Graph {
  private:
       Knoten * EinKnoten;
       Knoten * DaIstDerKnoten(Knoten *, Knoten *);
  public:
       void Init();
       Knoten * MkKnoten(char *);
       int KnotenTesten(Knoten *);
       int KanteTesten(Knoten *, Knoten *);
       void KnotenEinfuegen(Knoten *);
       void KanteEinfuegen(Knoten *, Knoten *);
       void Druck(char *, char *);
   };
```

Implementierung 12.3.1: Erste Formulierung des Datentyps `Graph`

Die private Hilfsfunktion `DaIstDerKnoten` ist überraschend: Ich habe sie nicht diskutiert, da ich sie nur aus technischen Gründen benötige, was später klar werden wird. Sie ist für die *strukturelle* Diskussion im Augenblick nicht besonders wichtig.
Es ist vielleicht bemerkenswert, daß wir noch nicht formuliert haben, wie wir uns die Knoten genauer vorstellen. Wir haben die Repräsentation des Abstrakten Datentyps `Knoten` *verkapselt* und benutzen diesen Datentyp hier.
Die kritische Leserin wird jetzt denken "Das ist ganz schön frech: Etwas zu benutzen, was noch nicht formuliert worden ist". Aber sehen Sie: Dies ist ja gerade einer der Vorteile des Vorgehens mit Abstrakten Datentypen. Wir verlassen uns darauf, daß die Strukturen, mit denen wir arbeiten, die gewünschten Eigenschaften haben. Im Hinblick auf den Abstrakten Datentyp `Knoten` haben wir bislang lediglich angenommen, daß er existiert (und ein wenig haben wir auch benutzt, daß er Zeichenketten enthält, aber das war lediglich zur Motivation und hatte keine technischen Konsequenzen).

Klar?
Ja.
Weiterhin sollte angemerkt werden, daß wir bei angegebenen Funktionen nicht auf dem Knoten selbst arbeiten, sondern vielmehr Zeiger auf Knoten verwalten. Dies reflektiert eine weitgehende Gewohnheit in C++ und anderen objektorientierten Programmiersprachen, den Umgang mit Zeigern dem mit den Objekten selbst vorzuziehen. Der hauptsächliche Grund liegt in der Implementierung dieser Strukturen, dies wiederum hat sehr viel mit der Effizienz der ablaufenden Programme zu tun. Aber das sollte uns an dieser Stelle nicht kümmern. Führen Sie sich gleichwohl die Tatsache, daß wir Zeiger verwenden, im Hinblick auf die Parameter-Übergabe für Funktionen noch einmal vor Augen.
Die ***Zugriffsspezifikationen*** sollen ebenfalls kurz angesprochen werden: Daß die Knoten des Graphen privat sind, ist eigentlich verständlich. Der Benutzer soll nicht unkontrolliert auf die Inhalte des Graphen zugreifen können. Die Öffentlichkeit der anderen Methoden ist ebenfalls vollständig einsichtig, denn man wird sich wohl dieser `struct` bedienen, indem man die entsprechenden Funktionen aufruft. Die Parameter für die Funktion `Druck` sind zunächst einmal nicht besonders plausibel. Sie dienen dazu, wie ich Ihnen später zeigen werde, zusätzliche Zeichen wie etwa geschweifte Klammern zur Notation von Mengen ausgeben zu können.
Bleibt noch die merkwürdige Funktion `DaIstDerKnoten`. Die Funktion ist nicht deshalb als `private` vereinbart worden, weil sie schützenswerte Inhalte vor frechen Zugriffen bewahren soll, sondern um zu verhindern, daß sie von außen aufgerufen wird. Wir haben dieses Phänomen bereits bei Warteschlangen kennengelernt: Man deklariere eine Funktion als `private`, wenn man sicher sein will, daß sie von außen nicht aufgerufen wird (so daß sie also nur als Hilfsfunktion für andere Funktionen dienen kann). Der Zweck dieser Funktion ist damit nicht aufgeklärt, das geschieht weiter unten.

12.4 Pausenmusik

Die Diskussion wird nun endgültig ziemlich technisch. Da ich Ihnen keine entspannende Musik bieten kann, Sie trotzdem in einer vielleicht als etwas trocken empfundenen Diskussion nicht verlieren möchte, biete ich Ihnen ein Gedicht an.

Ihr Freunde hänget, wann ich gestorben bin,
Die kleine Harfe hinter dem Altar auf,
Wo an der Wand die Totenkränze
Manches verstorbenen Mädchens schimmern.

Der Küster zeigt dann freundlich dem Reisenden
Die kleine Harfe, rauscht mit dem roten Band,
Das, an der Harfe festgeschlungen,
Unter den goldenen Saiten flattert.

Ein leicht melancholischer Ausflug in den *Sturm und Drang* (der Verfasser, LUDWIG CHRISTOPH HEINRICH HÖLTY, starb 1776 im Alter von 28 Jahren an Tuberkulose. Von ihm stammt auch der Megahit "Üb' immer Treu und Redlichkeit").
Wir sollten uns jetzt der Formulierung der Knoten zuwenden.

12.5 Der Datentyp `Knoten`

Einige Aufgaben dieses Abstrakten Datentyps sind offensichtlich: Wir müssen einen Knoten konstruieren können und sollten in der Lage sein, die Beschriftung eines Knotens durch eine geeignete Funktion verfügbar zu machen, sollten also den Inhalt eines Knotens lesen können.

Wir gehen bei der Beschreibung der Knoten übrigens einen etwas anderen Weg als bisher gewohnt: Die Überlegungen zum Abstrakten Datentyp werden gleich in die Komponenten einer `struct` formuliert und — soweit möglich — auch realisiert. Dieses Vorgehen wird als *inkrementell* bezeichnet.
Es ergibt sich eine erste Formulierung für unsere `struct`:

```
struct Knoten {
  private:
       char  * Inhalt;
       ...
  public:
       void SetzeWert(char *);
       char * LeseWert();
       ...
  };
```

Hier sind also in einem ersten Schritt die Komponenten angegeben, über die wir uns gerade Gedanken gemacht haben; die drei Punkte deuten an, daß an dieser Stelle noch einiges zu tun sein wird. Wir können jetzt partiell die Funktion realisieren, die mit einer Zeichenkette als Argument einen Knoten produziert. Auch hier werden Informationen nachzutragen sein:

```
void Knoten::SetzeWert(char *s) {
     for (int j = 0; s[j] != '\0'; j++);
     Inhalt = new char [j];
     Inhalt = s;
     ...
  }
```

Zunächst berechnen wir also die Länge der Zeichenkette, die als Argument übergeben wird, wobei wir hier wieder mit der Dualität von Zeigern und Feldern arbeiten. Dann verschaffen wir uns ein entsprechend großes Feld, indem wir die Standardfunktion `new` aufrufen und mit ihrer Hilfe ein Feld von Zeichen allokieren, das groß genug ist. Diesem Feld weisen wir den Wert des Parameters zu. Sie sehen, daß wir mit dem Attribut `Inhalt`, das in der `struct` (als `private`) vereinbart ist, arbeiten können, indem wir innerhalb der lokalen Funktionen für eine `struct` lesend und schreibend darauf zugreifen.
Die Funktion zum Auslesen des Inhalts eines Knotens ist flugs formuliert:

```
char * Knoten::LeseWert() {return Inhalt;}
```

Offensichtlich ist auch der Test auf Gleichheit notwendig: Gegeben sei ein Knoten, wir wollen entscheiden können, ob der vorgelegte Knoten mit dem gegenwärtig behandelten (in dessen Deklaration wir uns befinden) übereinstimmt. Die Formulierung greift auf einige alte Bekannte bei der Verarbeitung der Zeichenketten zurück:

```
int Knoten::Gleich(Knoten * K) {
    int strcmp(char *, char *);
    return (strcmp(K->Inhalt, Inhalt) == 0);
 }
```

12.5.1 ... und inkrementell weiter

Wir fügen jetzt schrittweise der ursprünglichen Beschreibung weitere Eigenschaften hinzu. Hierzu gehört vordringlich die Behandlung von Nachbarn: Wir verwalten die Adjazenz-Liste zu einem Knoten als verkettete Liste.
Dies ist eine Entscheidung, die (wie alle Entwurfsentscheidungen) diskutiert werden sollte. Wir haben gesehen, daß die Adjazenz-Liste eines Knotens eine Menge darstellt, so daß sich auch hier die Frage nach der geeigneten Repräsentation von Mengen stellt. Analog zu dem, was bei der Diskussion zur Realisierung der Menge aller Knoten gesagt worden ist, käme auch eine Darstellung der Adjazenz-Liste eines Knotens als binärer Suchbaum in Frage. Auch an dieser Stelle entscheiden wir uns gegen eine Darstellung als Baum, weil sie zu stark davon abhängig ist, daß die Menge der Knoten über einer geordneten Grundgesamtheit formuliert ist. Es kommt als weiteres Argument hinzu, daß die Menge der Nachbarn eines Knotens in aller Regel nicht allzu groß ist. Wir sind oben von der Überlegung ausgegangen, daß die Anzahl der Kanten eines Graphen meist proportional zur Anzahl der Knoten des Graphen ist, so daß jeder Knoten etwa konstant viele Nachbarn hat. Dies ist freilich eine Plausibilitätsbetrachtung, die vom Umgang mit Graphen eher nahegelegt als von strikt ableitbaren Tatsachen diktiert wird. Insgesamt bieten sich dann verkettete Listen an, wenn man den Aufwand der Implementierung gegen den Laufzeitgewinn abwägt.
Technisch fügen wir das Attribut `Adjazenz` einem Knoten als privates Attribut hinzu. Es soll einen Zeiger auf die Adjazenz-Liste darstellen. Auch hier sollte klar sein, warum wir das Attribut als `private` deklarieren: Wir wollen beabsichtigte oder unbeabsichtigte, auf jedem Fall unberechtigte Änderungen durch Benutzer verhindern.
Die entsprechende `struct` ist in Implementierung 12.5.1 wiedergegeben. Das neue Attribut `Adjazenz` soll durch entsprechende öffentliche Funktionen bearbeitet werden können, um uns in die Lage zu versetzen, eine Adjazenz-Liste zu lesen und auch einen Knoten in die Adjazenz-Liste einzufügen. Die Realisierung wird in der folgenden Diskussion besprochen.

```
struct Knoten {
  private:
       char * Inhalt;
       Knoten * Adjazenz;
       ...
  public:
       void SetzeWert(char *);
       char * LeseWert();
       int Gleich(Knoten *);
       ...
       Knoten * LeseAdjazenz();
       void SetzeAdjazenz(Knoten *);
};
```

Implementierung 12.5.1: Formulierung für die `struct Knoten`

Für das Lesen der Adjazenz, also für die Funktion, die ihrem Aufrufer einen Zeiger auf die Adjazenz-Liste zurückgibt, läßt sich eine einfache Formulierung finden:

```
Knoten * Knoten::LeseAdjazenz() {return Adjazenz;}
```

Ein wenig komplizierter ist die Formulierung für das Einfügen eines Knotens in die Adjazenz-Liste. Dies wird durch die Funktion `SetzeAdjazenz` erledigt, die Sie in der Implementierung 12.5.2 sehen. Wir erzeugen also zunächst einen Knoten `L`. Dieser Knoten bekommt als Wert eine Kopie der Zeichenkette des übergebenen Knotens, dann wird der Knoten `L` an den Anfang der `AdjazenzListe` gesetzt. Das setzt natürlich voraus, daß die Adjazenz-Liste bereits vorhanden ist, setzt also am Beginn der Arbeit vernünftigerweise voraus, daß die Adjazenz-Liste zur leeren Liste initialisiert worden ist.

```
void Knoten::SetzeAdjazenz(Knoten * K) {
            Knoten * L = new Knoten;
            ...;
            L->SetzeWert(K->LeseWert());
            L->Adjazenz = Adjazenz;
            Adjazenz = L;
   }
```

Implementierung 12.5.2: Setzen der Adjazenz

12.5.2 Zur Definition der Knoten

Nach dieser Diskussion sind wir jetzt in der Lage, die Repräsentation eines Knotens im Graphen insgesamt zu diskutieren: Neben dem Inhalt und einem Verweis auf seine Adjazenz-Liste ist die Verwaltungsinformation zu berücksichtigen. Die Abbildung 12.3 zeigt einen typischen Knoten: er stellt sich dreigeteilt dar: der eigentliche Inhalt, der Zeiger auf seine Nachbarn und schließlich die Verwaltungsinformation. Die ersten beiden Komponenten sind durch die Struktur des Graphen vorgegeben.

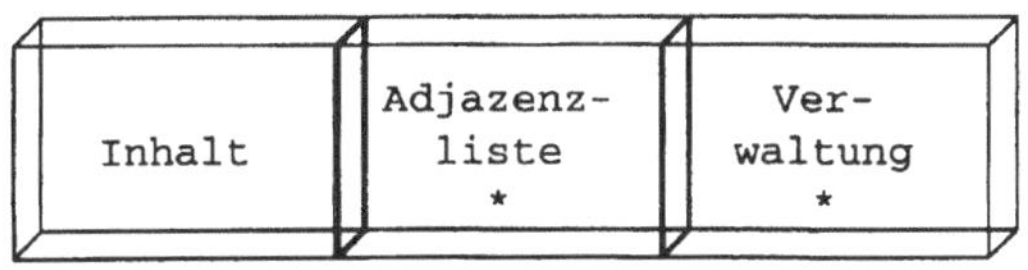

Abbildung 12.3: Summarische Darstellung eines Knotens

Damit können wir jetzt unseren Knoten als `struct` vollständig definieren. Sie sehen ihn in der Implementierung 12.5.3 angegeben. Die Darstellung faßt unsere Diskussion zusammen, die weiterhin ein wenig mysteriöse Funktion `Druck` wird weiter unten vereinbart.

Wir diskutieren jetzt die Definition einiger Funktionen in dieser `struct`. Zunächst sind die Operationen, die sich mit der Verwaltung befassen, nicht besonders kompliziert zu durchschauen, vgl. Implementierung 12.5.4.

Das Rätsel um die `Druck`-Funktion läßt sich jetzt auch lösen: Es erweist sich als hilfreich, den Inhalt eines Knotens in zwei Zeichenketten einzubetten, also etwa geschweifte Klammern oder Steuerzeichen. Da dies von Knoten zu Knoten geändert werden kann oder doch zumindest geändert werden können sollte, sehen wir entsprechende Parameter vor:

```
struct Knoten {
  private:
       char  * Inhalt;
       Knoten * Adjazenz;
       Knoten * Verwaltung;
  public:
       void SetzeWert(char *);
       char * LeseWert();
       int Gleich(Knoten *);
       Knoten * LeseVerwaltung();
       Knoten * LeseAdjazenz();
       void SetzeVerwaltung(Knoten *);
       void SetzeAdjazenz(Knoten *);
       void Druck(char *, char *);
  };
```

Implementierung 12.5.3: Vollständige Definition der `struct Knoten`

```
Knoten *  Knoten::LeseVerwaltung() {
          return Verwaltung;
  }

void Knoten::SetzeVerwaltung(Knoten * K) {
     K->Verwaltung = Verwaltung;
     Verwaltung = K;
 }
```

Implementierung 12.5.4: Einfache Verwaltungsfunktionen

```
void Knoten::Druck(char * vor, char * nach) {
     *ausgabe << vor << Inhalt << nach;
  }
```

Sie sehen, daß wir die Ausgabe in die Datei vorsehen, auf die **ausgabe** zeigt. Sie ist in einem übergeordneten Sichtbarkeitsbereich vereinbart.

12.5.3 Ein kleines Schichtenmodell

Wenn wir zurückblickend zusammenfassen, so haben wir den Graphen und seine Grundoperation skizziert und haben dabei Knoten und ihre Grundoperationen realisiert. Dies sind zwei Schichten, wobei sich die Graphenschicht auf die Knotenschicht abstützt. Es zeigt sich bei weiterem Nachdenken über das Verhältnis zwischen Knoten und Graphen, daß eine kleine Zwischenschicht hilfreich ist. Sie ist in Abbildung 12.4 dargestellt und enthält einige Operationen, die für das Weitere hilfreich sind. Auf der anderen Seite sind sie nicht so vital, daß sie entweder in die Formulierung des Graphen oder in die Formulierung des Knoten hätten aufgenommen werden sollen. Insbesondere finden wir sie nicht bei der Formulierung der entsprechenden abstrakten Datentypen.

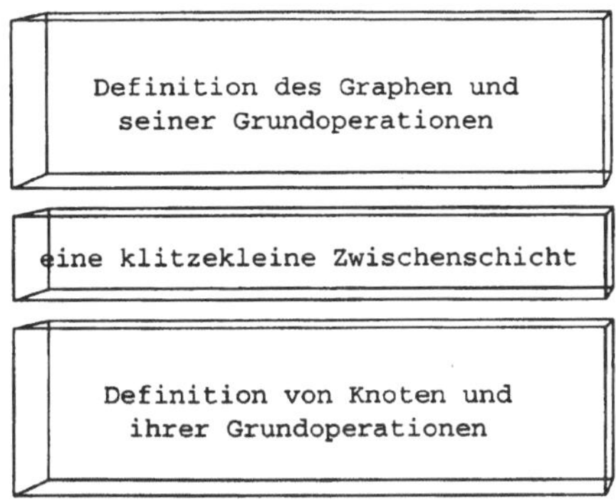

Abbildung 12.4: Eine Zwischenschicht

Wir wollen diese Zwischenschicht in den folgenden Überlegungen kurz skizzieren. Bei den in der Zwischenschicht realisierten Operationen handelt es sich um

- Operationen zum Finden eines Knotens in der Verwaltungsliste eines anderen (Funktion `VerwFinde`);
- Einfügen eines Knotens in diese Liste;
- Finden eines Knotens in der Adjazenz-Liste eines anderen (Funktion `AdjFinde`);
- Drucken der Adjazenz-Liste eines Knotens.

Der Code für diese Funktionen wird hier nicht explizit angegeben, da sie auf Standardoperationen mit verketteten Listen beruht. Sie sind nach dem, was wir bislang besprochen haben, ziemlich einfach zu programmieren.

12.6 Realisierung des Graphen

Rekapitulieren wir noch einmal das Vorgehen bei der Beschreibung des Graphen: Hier mußte entschieden werden,

- welche Operationen benötigt werden,
- welche Komponenten versteckt werden sollen;
- schließlich: welche Operationen öffentlich zugänglich gemacht werden sollen (bei `Knoten` haben wir das ja gerade durchexerziert).

Die letzten beiden Probleme werden durch geeignete Zugriffsspezifikationen gelöst.

12.6.1 Eine Anmerkung zur Rolle privater Vereinbarungen

Die Diskussion zeigt, daß eine Vereinbarung als `private` in einer `struct` zweierlei Zwecken dienen kann: Einmal kann es darum gehen, Eigenschaften nicht öffentlich sichtbar zu machen, sie also vor dem Zugriff von außen zu schützen oder sie zu verstecken. Der Benutzer kann dadurch vor einer ablenkenden Informationsflut geschützt werden, ihm können aber auch Informationen bewußt vorenthalten werden. Die andere Funktion privater Vereinbarungen besteht darin, Hilfsfunktionen, die zwar notwendig für das erwünschte Arbeiten von Funktionen sind, die aber außerhalb des lokalen Kontexts einer `struct` entweder nicht interessant sind oder nicht ordentlich arbeiten, zu verstecken.
Es wäre natürlich wünschenswert, wenn Zugriffsspezifikationen diese beiden strukturell recht verschiedenden Anliegen auch sprachlich voneinander trennen könnten. Das ist leider nicht der Fall. Gleichwohl gilt der gute alte Spruch *some things are best done in private.*

12.6.2 Diskussion einiger ausgewählter Funktionen

Wir greifen noch einmal auf die Liste der Operationen zurück, die wir am Anfang bei der Überlegung zur Formulierung des Abstrakten Datentypen `UndirGraph` angestellt haben. Diese Liste möchte ich gerne mit Ihnen kurz durchgehen, um Ihnen zu zeigen, wie sich unsere Überlegungen inzwischen darstellen.

- Die Initialisierung des Graphen ist trivial, `EinKnoten` wird auf `NULL` gesetzt.
- Die Hilfsfunktion `DaIstDerKnoten` soll nachschauen, wo ein Knoten in der Verwaltungsliste eines anderen steckt. Ein Zeiger auf diesen Knoten wird zurückgegeben. Es erweist sich als sinnvoll, diese Funktion als `private` zu vereinbaren, da sie lediglich lokal verwendet wird.
- Wir haben Testfunktionen, die nachschauen, ob ein Knoten mit einem bestimmten Inhalt im Graphen vorhanden ist (Funktion `KnotenTesten`), bzw. ob zwei Knoten mit einer Kante verbunden sind (Funktion `KanteTesten`).
- Aus den Testfunktionen können wir in der üblichen Art eine Einfüge-Operation für Knoten und Kanten gewinnen. Wir schauen zunächst nach, ob die gesuchten Knoten überhaupt schon vorhanden sind, falls nicht, fügen wir sie ein. Danach überprüfen wir, ob die Kante bereits vorhanden ist. Ist dies nicht der Fall, setzen wir die Adjazenz-Felder *beider* Knoten entsprechend. Die Funktion zum Einfügen einer Kante hat damit die angegebene Gestalt.

```
void Graph::KanteEinfuegen(Knoten *K, Knoten *L) {
        if (!KnotenTesten(K)) KnotenEinfuegen(K);
        if (!KnotenTesten(L)) KnotenEinfuegen(L);
        if (!KanteTesten(K, L)) {
            K->SetzeAdjazenz(L);
            L->SetzeAdjazenz(K);
    }
}
```

- Aus einer Zeichenkette wird ein neuer Knoten im Graphen konstruiert. Hierzu dient die Funktion `MkKnoten`, die so formuliert ist:

```
Knoten * Graph::MkKnoten(char * s) {
        Knoten * K = new Knoten, * L;
        K->SetzeWert(s);
        L = DaIstDerKnoten(K, EinKnoten);
        return (L == NULL ? K : L);
}
```

- Der Druck des gesamten Graphen läßt sich so bewerkstelligen, daß wir jeden Knoten drucken und dann für jeden Knoten seine Adjazenz-Liste drucken. Die letzte Funktion kommt aus der oben geschilderten Zwischenschicht. Der Code für diese Druck-Funktion ist jetzt hier zu finden:

```
void Graph::Druck(char * vor, char * nach) {
        void ListenDruck(Knoten *);
        for (Knoten * K = EinKnoten; K != NULL;
                                     K = K->LeseVerwaltung()) {
            *ausgabe << "ADJ("; K->Druck(vor, nach);
            ListenDruck(K->LeseAdjazenz());
        }
    }
```

12.7 Beispielprogramm

Ich zeige Ihnen an einem einfachen Beispielprogramm, wie wir mit diesen Datentypen umgehen können. Das Programm ist in Implementierung 12.7.1 abgedruckt. Der zu Beginn dargestellte Beispielgraph wird realisiert. Wir definieren einen Zeiger `G` auf den Graphen, und initialisieren ein Feld von Zeichenketten, das die gewünschten Beschriftungen enthält. Das erste Element in diesem Feld wird beliebig gesetzt, weil wir darauf nicht zugreifen werden. Weiterhin definieren wir ein Feld `K` von Zeigern auf Knoten.

Der Graph wird durch Aufruf seiner Initialisierungsfunktion `G->Init()` initialisiert, die Knoten werden in dem Graphen konstruiert und an die einzelnen Feldelemente zugewiesen. Dann werden die Knoten, die Sie dem Beispielgraphen entnehmen können, eingefügt. Schließlich wird der Graph ausgedruckt.

Sie sehen die Ausgabe in 12.7.1 abgedruckt und können sich davon überzeugen, daß die Ausgabe des Programms mit der zeichnerischen Spezifikation übereinstimmt.

```
main() {
  Graph * G = new Graph;
  char * ara[] =
        {"\t", "eins", "zwei", "drei", "vier", "fünf",  "sechs", "sieben"};
  Knoten * K[8];

  G->Init();
  for (int i = 1; i < 8; i++)
       K[i] = G->MkKnoten(ara[i]);

       G->KanteEinfuegen(K[1], K[2]);
       ...
       G->KanteEinfuegen(K[6], K[7]);
       G->Druck("", ") = {");
}
```

Implementierung 12.7.1: Ein einfaches Programm zur Arbeit mit Graphen

Ausgabe 12.7.1 Ausgabe des einfachen Programms

```
ADJ(eins)        = {sieben, sechs, zwei},
ADJ(sieben)      = {sechs, fünf, vier, drei, zwei, eins},
ADJ(sechs)       = {sieben, eins, fünf},
ADJ(fünf)        = {sieben, sechs, vier},
ADJ(vier)        = {sieben, fünf, drei},
ADJ(drei)        = {sieben, vier, zwei},
ADJ(zwei)        = {sieben, drei, eins},
```

Damit haben wir die relativ komplexe Aufgabe gelöst, Graphen darzustellen und sie mit einer einfachen Anwendung (Einlesen, Ausgeben) zu verwenden. Das Programm ist insgesamt schon recht lang. Da Sie für sich die einzelnen Bestandteile zusammenstellen können, verzichten wir darauf, es in ganzer Länge und Schönheit noch einmal darzustellen.

12.8 Aufgaben

1. Stellen Sie jeden Verein der Ersten Fußball-Bundesliga als Knoten dar, und verbinden Sie zwei Knoten miteinander, wenn die entsprechenden Vereine am letzten Sonntag gegeneinander gespielt haben. Schreiben Sie ein Programm, das den entsprechenden Graphen einliest und wieder ausgibt.

2. Implementieren Sie die Entfernung einer Kante aus einem gerichteten Graphen.

3. Implementieren Sie die Entfernung eines Knotens aus einem gerichteten Graphen.

   Hinweis Mit einem Knoten müssen Sie seine Adjanzenzliste entfernen, ebenfalls darf der Knoten in keiner Adjazenzliste seiner Nachbarn mehr auftauchen.

4. Die Tiefensuche in einem Graphen geht so vor sich: Am Anfang werden alle Knoten als *unbesucht* markiert. Hat man einen Knoten besucht, so markiere man ihn als *besucht* und besuche einen bislang noch nicht besuchten Nachbarn (in Tiefensuche). Dies kann solange durchgeführt werden, bis alle Knoten als *besucht* markiert worden sind. Implementieren Sie dieses Vorgehen.

   Hinweis Passen Sie die `struct` für `Knoten` an, indem Sie ein öffentliches Attribut `besucht` einführen, das Sie am Anfang für alle Knoten mit `false` initialisieren.

5. Die Breitensuche in einem Graphen läuft ebenfalls ziemlich analog zur Breitensuche für Bäume ab. Am Anfang sind alle Knoten als *unbesucht* markiert, und eine Warteschlange wird mit einem beliebigen Knoten initialisiert. Das erste Element der Warteschlange wird jeweils besucht, als *besucht* markiert und aus der Warteschlange entfernt. In die Warteschlange aufgenommen werden alle unbesuchten Nachbarn des gerade besuchten Knotens. Dies kann solange durchgeführt werden, bis alle Knoten als `besucht` markiert worden sind. Implementieren Sie dieses Vorgehen.

   Hinweis Siehe Aufgabe 4.

6. Die *flache Kopie* eines Graphen kopiert einen Graphen, indem auf jeden Knoten ein Verweis, also ein Zeiger, angelegt wird, und Kanten zwischen diesen Verweisen genau dann vorhanden sind, wenn Kanten zwischen den referenzierten Knoten existieren. Eine *tiefe Kopie* eines Graphen fertigt auch für jeden Knoten eine Kopie an. Implementieren Sie flache und tiefe Kopien eines Graphen.

   Anmerkung In der englischsprachigen Literatur heißen flache Kopien *shallow copies*; sie sind dann nützlich, wenn die Knoten selbst in der Kopie nicht modifiziert werden und wenn Speicherplatz gespart werden kann. Wenn sich jedoch Änderungen an den Knoten ergeben und der ursprüngliche Graph unverändert bleiben soll, sind tiefe Kopien (engl.: *deep copies*) angemessener.

7. In einem Graphen G ist ein Knoten k von einem Knoten ℓ aus erreichbar, falls eine der folgenden Bedingungen erfüllt ist:

   - k und ℓ stimmen überein;
   - $\{k, \ell\}$ ist eine Kante;
   - für einen Knoten k' gilt: $\{k, k'\}$ ist eine Kante, und k' ist von ℓ aus erreichbar.

   Schreiben Sie eine Funktion `Erreicht` mit der Signatur

   ```
   int Erreicht(Graph *, Knoten *, Knoten *)
   ```

   so daß `Erreicht(G, k1, k2)` genau dann den Wert `true` zurückgibt, wenn der Knoten `k1` im Graphen `G` vom Knoten `k2` aus erreicht werden kann.

   Hinweis Die Definition der Erreichbarkeit schlägt eine rekursive Formulierung vor.

8. Nehmen wir an, daß die Knoten eines Graphen der Menge $\{1, \ldots, k\}$ für eine natürliche Zahl k entnommen sind, und nehmen wir weiter an, daß der Graph dicht besetzt ist, daß er also ziemlich viele Kanten hat. Dann kann es sich lohnen, einen Graphen als Matrix zu realisieren, was wir ja in unserer Diskussion für schwach besetzte Graphen als eher unpraktisch erkannt haben. Implementieren Sie den abstrakten Datentyp `Graph` als Matrix ganzer Zahlen.

   Hinweis Vereinbaren Sie eine Graphen `G` als `int ** G` und verwenden Sie die im Abschnitt 6.5.1 benutzten Techniken zur Allokation von `G` und zur Manipulation von `G[i][j]`.

9. Das Kinderspiel LEITER nimmt sich ein Wort fester Länge (z. B. maus) und versucht, es jeweils durch Änderung genau eines Buchstabens schrittweise in ein anderes (z. B. gans) zu überführen:

   maus
   haus
   hans
   gans

   Das kann wie in [Knu94] graphentheoretisch interpretiert werden: Es sei eine Menge $\mathcal{M}$ gleichlanger Wörter gegeben[1]. Die Knoten des Graphen sind gerade die Wörter, und zwischen zwei Knoten ist genau dann eine Kante, wenn sich die Wörter in genau einem Buchstaben unterscheiden. In diesem Graphen kann man das Spiel mit zwei Wörtern dann spielen, wenn das zweite Wort vom ersten aus erreichbar ist, wie in Aufgabe 7 definiert.

   (a) Implementieren Sie diesen Graphen mit einem zweidimensionalen Feld wie in Aufgabe 8. Hierzu wird den Wörtern in der Reihenfolge ihres Auftretens eine Platznummer zugeordnet, so daß das Wort durch Angabe der Platznummer wiedergefunden werden kann. $\mathcal{M}$ soll von einer Datei eingelesen werden. Speichern Sie die Wörter in einem binären Suchbaum, jedes Wort soll dabei auch seine Platznummer speichern.

[1] Sie finden Dateien mit allen Wörtern dieses Buchs der Länge 3...19 unter `ftp://ls10-www.cs.uni-dortmund.de/pub/c++-buch/`

(b) Geben Sie zwei Wörter an und bestimmen Sie, ob Sie eine Leiter bauen können.

(c) Bestimmen Sie eine Leiter zwischen zwei Wörtern, falls eine existiert.

Kapitel 13

Klassen — Konstruktionen und Beispiele

Inhaltsangabe

In diesem Kapitel werden wir uns mit dem Klassenkonzept befassen. Dieses Konzept stellt ein mächtiges Hilfsmittel zur objektorientierten Programmierung dar. Wir führen zunächst das Konzept mit einem Beispiel vor und machen uns dann einige allgemeine Gedanken dazu. In den nächsten Kapiteln werden wir diese Ideen anwenden und dabei verfeinern.

13.1 Die Klasse Punkt

Wir wollen zweidimensionale Punkte modellieren, also den Abstrakten Datentyp `Punkt`. Die geometrische Anschauung sagt uns, daß ein Punkt durch seine x- und y-Koordinaten charakterisiert ist. Wir sollten also die Koordinaten setzen und lesen können. Weiter möchten wir gern einen Punkt verschieben und die Koordinaten des Punkts drucken können. Die Feststellung der Gleichheit von Punkten ist eine weitere fundamentale Operation.
Die Formulierung von Punkten als `struct` ist trivial. Wir schreiben allerdings jetzt unseren Datentyp als Klasse, wie Sie in der Implementierung 13.1.1 sehen.

```
class Punkt {
  private:
        int x, y;
  public:
        void xSetze(int a);
        void ySetze(int a);
        int xWert();
        int yWert();
        void Druck(char *);
        void Verschiebe(int, int);
        int Gleich(Punkt);
};
```

Implementierung 13.1.1: Die Klasse Punkt: erste Version

Die Klasse stellt sich syntaktisch genauso dar wie die entsprechende `struct`, lediglich das Schlüsselwort `class` deutet an, daß es sich hier um etwas anderes handeln könnte. Der Aufbau einer Klasse ist völlig analog zu dem einer `struct`: Es finden sich Angaben von Komponenten, die entweder Attribute oder Funktionen sein können. Zugriffsspezifikationen bezüglich privater und öffentlicher Bestandteile sind ebenfalls völlig analog zu denen in einer `struct`. Die Handhabung wird sich ebenfalls als sehr ähnlich herausstellen, so daß wir lediglich auf einige wenige Unterschiede hinweisen, die dann aber recht gewichtig sind. Wir werden übrigens im folgenden der allgemeinen Sprechweise folgen und statt von *Funktionen* meist von *Methoden* sprechen.

Die geneigte und nun schon kritikerprobte Leserin wird sich fragen, warum denn neben die wohlbekannten und wohlerprobten Strukturen eine weitere Konstruktion eingeführt wird. Widerspricht das nicht der Ökonomie bei der Definition von Programmiersprachen? Dieses so wertvolle Prinzip sagt ja aus, daß möglichst wenige, aber dafür orthogonale, also voneinander unabhängige, Sprachkonstrukte eingeführt werden sollen.

Die Antwort ist nicht einfach zu geben, wie dies in C++ ja öfter der Fall ist. Es sind zunächst einige pragmatische Aspekte zu berücksichtigen: Das Konstrukt *Klasse* ist konzeptionell feiner als sein Stiefzwilling *Struktur* ausgearbeitet. Insbesondere sind solche Dinge wie Konstruktoren und Destruktoren, einfache und mehrfache Vererbung zwar für Klassen, aber nicht für Strukturen definiert (worum es sich hier im einzelnen handelt, werden wir im folgenden sehen). Es sind auch Unterschiede in der Voreinstellung von Zugriffsspezifikationen zu bemerken, die bei Klassen die Verkapselung von Daten stärker betont. Die Einstellung bei `struct` war bekanntlich so, daß beim Fehlen einer expliziten Angabe alle Komponenten öffentlich zugreifbar sind; wir haben von dieser Eigenschaft am Anfang bei der Einführung von `structs` implizit Gebrauch gemacht. In Klassen dagegen sind alle Komponenten als `private` voreingestellt, so daß ohne zusätzliche Maßnahmen (sozusagen ohne zusätzliche Freigaben) kein Zugriff erfolgen kann. Wir werden im folgenden sehen, daß es für Klassen eine weitere Zugriffsspezifikation gibt. Aber, um mit HAMILKAR SCHASS zu reden: *Alles wird geregelt werden zu seiner Zeit.*

Das stellt unsere Leserin noch nicht zufrieden, und auch der Hinweis, daß man ja später sehen werde, ist irgendwie unbefriedigend. Wollte man einen Grund für die Einführung von Klassen holzschnittartig angeben, so würde man sicher die Möglichkeit der Vererbung nennen, die bei Strukturen nicht vorgesehen ist. Wie diskutieren die Vererbung in Kapitel 13.6.

Wir können nun spezifisch die Klasse Punkt aus Implementierung 13.1.1 diskutieren. Aus den inzwischen sattsam bekannten Gründen haben wir uns dazu entschlossen, die Koordinaten eines Punkts nicht öffentlich zugänglich zu machen, um sie vor dem Zugriff von außen zu schützen. Alle anderen Komponenten sind dagegen als `public` vereinbart.

Da wir die Koordinaten nicht öffentlich zugänglich gemacht haben, gehen wir wie bei einer `struct` so vor, daß wir Methoden zum Setzen und zum Lesen eines Werts explizit formulieren. Sie sehen das Bündel der Methoden in Implementierung 13.1.2

```
void Punkt::xSetze(int a) { x = a; }
void Punkt::ySetze(int a) { y = a; }
int  Punkt::xWert()       { return x; }
int  Punkt::yWert()       { return y; }
```

Implementierung 13.1.2: Einige Methoden für die Klasse Punkt

Die ersten beiden Methoden setzen die Werte, die letzten beiden Methoden lesen die Werte, geben sie also an den Benutzer zur weiteren Verarbeitung zurück (der Begriff *Lesen* mag Ihnen ein wenig zweideutig erscheinen: Gemeint ist, daß wir den Wert eines privaten Attributes, also einen Teils des inneren Zustands lesen und nach außen transportieren).

Die anderen Methoden zum Drucken, zum Verschieben und zum Testen auf die Gleichheit mit einem anderen Punkt sind recht einfach zu formulieren, sie sind in der Implementierung 13.1.3 angegeben.

```
void Punkt::Druck(char * s) {
     cout << s << "x-Wert: " << x
          << ", y-Wert: "    << y << ";\n";
}

void Punkt::Verschiebe(int dx, int dy) {
     x = x + dx; y = y + dy;
}

int Punkt::Gleich(Punkt p) {
    return (x == p.x && y == p.y);
}
```

Implementierung 13.1.3: Weitere Methoden für die Klasse Punkt

Das Programm in seiner vollen Schönheit ist als Implementierung 13.1.4 wiedergegeben, vgl. Ausgabe 13.1.1.

Die Unterschiede zwischen Klassen und Strukturen sind gegenwärtig vielleicht noch nicht besonders ausgeprägt. Dieselben Operationen hätten ja auch mit einer `struct` durchgeführt werden können, so daß sich an dieser Stelle nichts Bemerkenswertes ergibt. Die Idee bei `structs` war es doch, Daten und Operationen aus diesen Daten zusammenzuhalten. Dies ist völlig analog bei Klassen. Damit könnte die Vermutung gestützt werden, daß sich die Einführung einer neuen Konstruktion bislang noch nicht gelohnt hat. Aber wir werden sehen...

```
main(){
      Punkt p, q;
      p.xSetze(4); p.ySetze(7); p.Druck("p: ");
      q.xSetze(13); q.ySetze(9); q.Druck("q: ");
      cout << "p = q? "  << (p.Gleich(q) ? "true" : "false") << endl;
      p.Verschiebe(9, 2);
      cout << "p = q? "  << (p.Gleich(q) ? "true" : "false") << endl;
}
```

Implementierung 13.1.4: Verwendung von `Punkt`-Objekten

Ausgabe 13.1.1 Ausgabe: `Punkt`-Objekte

```
p: x-Wert: 4, y-Wert: 7;
q: x-Wert: 13, y-Wert: 9;
p = q? false
p = q? true
```

Sprechweise Ich möchte diese Gelegenheit gleich beim Schopf packen und eine neue Sprechweise einführen: Die *Instanzen* einer Klasse, also z. B. die Variablen oder Konstanten, die vom Typ dieser Klasse sind, heißen ihre *Objekte*. Damit ist der mysteriöse Begriff des Objekts in der Welt, und wir werden sehen, was wir damit tun können.

13.2 Überladen von Methoden

Den Test auf Gleichheit, den wir in der Klasse `Punkt` ja bereits formuliert haben, möchte ich gern technisch erweitern. In der Formulierung haben wir die Signatur der Gleichheit so formuliert, daß wir einen Punkt übergeben haben, dessen Koordinaten mit denen des vorliegenden Punkts selbst verglichen worden sind. Ein Boolescher Wert sollte zurückgegeben werden.
In den meisten Anwendungsfällen erweist es sich jedoch als praktisch, wenn nicht ein `Punkt`, sondern ein Zeiger auf einen `Punkt` übergeben wird. Nun könnten wir so vorgehen, wie wir es an anderer Stelle schon gemacht haben: Wenn sich neue Erkenntnisse oder neue Bedürfnisse ergeben haben, haben wir die `struct` einfach neu definiert. Das könnten wir hier auch tun, könnten also die Methode `Gleich` neu definieren. Damit würde sie ihre ursprüngliche Bedeutung verlieren. Wir können es aber besser!

13.2.1 Gleichheit für Punkte und für Zeiger auf Punkte

Wir führen eine weitere Funktion mit demselben Namen ein. Diese Funktion muß jedoch eine andere Signatur haben (nämlich statt eines Punktes einen Zeiger auf einen Punkt). Wir *überladen* also die Gleichheitsfunktion. Die beiden Versionen, die alte und die neue, werden dann beim Aufruf durch die verschiedenen Typen der Argumente voneinander unterschieden, können aber sonst ko-existieren. Welche Version der Funktion vorliegt, kann zur Übersetzungszeit anhand der Auswertung der Parametertypen bestimmt werden. Wir erweitern unsere Klasse `Punkt` also jetzt um die entsprechende neue Funktion, wie Sie in Implementierung 13.2.1 sehen. Die Implementierung der beiden Funktionen wird auch gleich in Implementierung 13.2.2 angegeben.

```
class Punkt {
   private:
        int x, y;
   public:
        void xSetze(int a);
        void ySetze(int a);
        int xWert();
        int yWert();
        void Druck(char *);
        void Verschiebe(int, int);
        int Gleich(Punkt);
        int Gleich(Punkt*);
};
```

Implementierung 13.2.1: Neudefinition der Klasse Punkt

```
int Punkt::Gleich(Punkt p) {
    cout <<  "(verwendete Version: Punkte)\n";
    return (x == p.x && y == p.y);
}

int Punkt::Gleich(Punkt * pStern) {
    cout << "(verwendete Version: Zeiger auf Punkte)\n";
    return (x == pStern->x &&  y == pStern->y);
}
```

Implementierung 13.2.2: Die beiden Methoden `Punkt::Gleich`

Sie sehen, daß wir vorsichtshalber einen erläuternden Text in die Vereinbarung der Methode aufgenommen haben, damit wir bei einem demonstrativen Programmlauf sehen können, welche Version der Methode denn nun aufgerufen worden ist.
Sie finden ein Programmfragment in der Implementierung 13.2.3, in der auch gleich die beiden Versionen der Methode `Gleich` verwendet werden. Die Resultate finden Sie in Ausgabe 13.2.1. Es ist offensichtlich, daß die intendierte Version der Methode beim Aufruf jeweils eindeutig bestimmt werden kann. Dies kann am Typ des aktuellen Parameters gelesen werden. Der Übersetzer muß in die Lage versetzt werden, diese Arbeit zu leisten.

13.2.2 Bemerkungen zum Überladen von Methoden

Das Überladen von Funktionen ist eine recht wichtige Technik, die gleichwohl, wie wir gesehen haben, auf der *syntaktischen* Ebene stehen bleibt. Wenn sich nämlich erst zur Laufzeit der wahre Typ einer Variablen zeigt (wir werden sehen, daß dies bei der Vererbung gelegentlich der Fall sein kann), dann steht der Übersetzer machtlos da: Er kann zur Übersetzungszeit

```
main() {
        Punkt p, *q = new Punkt;
        p.xSetze(4); p.ySetze(7); ...
        q->xSetze(13); q->ySetze(9); ...
        cout << "p = q? "  << (p.Gleich(*q) ? "true" : "false")  << endl;
        ...
        cout << "p = q? "  << (p.Gleich(q) ? "true" : "false")  << endl;
  }
```

Implementierung 13.2.3: Vergleich von Punkten

Ausgabe 13.2.1 Ausgabe: Vergleich von Punkten

```
p = q? (verwendete Version: Punkte)
false
p = q? (verwendete Version: Zeiger auf Punkte)
true
```

nicht mehr entscheiden, welche Version einer in mehreren Varianten vorliegenden Funktion ausgeführt werden soll. Auch hier werden wir Möglichkeiten finden müssen, die richtige Version zu identifizieren.

Überladene Funktionsaufrufe müssen vom Compiler aufgelöst werden können. Das ist eine wesentliche Forderung bei der Verwendung dieser Technik. Das später zu studierende Phänomen, das wir hier bereits vage angedeutet haben, ist in objektorientierten Kreisen sehr viel populärer und dort unter dem Namen *Polymorphie* bekannt. Hier kann die Auflösung erst zur Laufzeit geschehen.

13.3 Konstruktoren

Wenn wir bislang Instanzen einer Klasse oder auch einer `struct` vereinbart haben, so diente das zunächst lediglich dazu, einen Namen innerhalb seines Sichtbarkeitsbereichs bekannt zu machen. Der zugehörige Speicherplatz wird bekanntlich bei der Vereinbarung von Zeigervariablen nicht reserviert, das muß explizit mit Hilfe der Standardfunktion `new` geschehen. Dies ist die gängige Vorgehensweise.

Es erweist sich jedoch manchmal als geschickt, diesen Vorgang der *Allokation von Speicherplatz* auch mit einer *Initialisierung* zu verbinden. Sie erinnern sich: Die Allokation von Speicherplatz stellt lediglich den Speicherplatz zur Verfügung, sie bringt noch keine Initialisierung mit sich. Dieser Gedanke der Verbindung von Bereitstellung von Speicherplatz und Vergabe von Anfangswerten kann sogar noch weiter getrieben werden. Abhängig von der Problemstellung kann es sinnvoll sein, lediglich Speicherplatz zu allokieren. Es kann aber auch sinnvoll sein, zusätzlich noch die Möglichkeit zu einer Initialisierung zu bekommen. Das läuft darauf hinaus, daß es zwei Arten der Konstruktion solcher Objekte geben kann. Diese Arten von Allokation mit und ohne Initialisierung werden unter dem Begriff des *Konstruktors* zusammengefaßt.

Es können auch andere Operationen bei der Geburt eines Objekts durchgeführt werden, z. B.

- die Benachrichtigung der Umgebung, daß das Objekt vorhanden ist (also das Verschicken von Geburtsanzeigen);
- das Setzen von lokalen Werten;
- das Aufrufen von Funktionen oder von Methoden, wenn bei der Geburt eines Objekts weitere Maßnahmen ergriffen werden müssen.

Der Phantasie sind keine Grenzen gesetzt.
Wir wollen dieses Phänomen zunächst an unserer Klasse `Punkt` studieren. Bevor wir eine weitere modifizierte Vereinbarung der Klasse angeben, sollen kurz einige allgemeine Eigenschaften dieser Konstruktoren angegeben werden.

13.3.1 Eigenschaften von Konstruktoren

Konstruktoren dienen allgemein dazu, die zur Erzeugung eines Objekts notwendigen Operationen durchzuführen. Sie haben einige bemerkenswerte Eigenschaften:

- Sie heißen wie die Klassen, die sie konstruieren.
- Sie geben keinen Wert zurück.
- Sie können überladen werden, wodurch verschiedene Arten der Initialisierung unterstützt werden.

Wir versehen die Klasse `Punkt` mit zwei Konstruktoren: Ein Konstruktor ist parameterlos und stellt eine Instanz der Klasse ohne weitere Schnörkel oder Klimbim zur Verfügung, der zweite übergibt zwei ganzzahlige Parameter, die dazu dienen (Sie werden es kaum glauben), die Koordinaten zu initialisieren. Die neue Klasse ist im Codefragment 13.3.1 angegeben.

```
class Punkt {
   private:
        int x, y;
   public:
        Punkt();
        Punkt(int, int);
        void Druck(char *);
        ...
        int yWert();
};
```

Implementierung 13.3.1: Zwei Konstruktoren in der Klasse `Punkt`

Wir geben die Implementierung der beiden Konstruktoren auch gleich in der Implementierung 13.3.2 an. Der parameterlose Konstruktor `Punkt()` wird als voreingestellte Konstruktor aufgerufen, wenn ein Objekt vom Typ `Punkt` vereinbart und kein Konstruktor angegeben wird. Das ist immer so: Ein parameterloser Konstruktor wird immer als voreingestellte Methode zur Konstruktion von Objekten verwendet; er ist also auch immer verfügbar. Er steht also auch dann zu Diensten, wenn in der Klasse explizit kein Konstruktor vereinbart wird.

```
Punkt::Punkt() {
   cout << "damit ist der Punkt"  << " initialisiert" << endl;
   x = y = 0;
}

Punkt::Punkt(int x1, int y1) {
   x = x1; y = y1;
}
```

Implementierung 13.3.2: Vereinbarung von Konstruktoren für die Klasse Punkt

Im Prinzip muß daher kein Konstruktor angegeben werden, allerdings beraubt man sich dann der Möglichkeit, die Konstruktion eines Objekts zu beeinflussen.
Der parametrisierte Konstruktor initialisiert das Objekt entsprechend. Es ist meistens eine gute Idee, daß die wichtigsten Attribute eines Objekts in einem Konstruktor ihre Anfangswerte erhalten. Sie sehen, daß ich das in dem voreingestellten Konstruktor auch getan habe, indem ich den Punkt auf den Ursprung gesetzt habe.
Ein Punkt `p`, der die Koordinaten `(3,6)` haben soll, kann unter Verwendung des zweiten parametrisierten Konstruktors nun als `Punkt p(3,6)` vereinbart werden. Auch hier greifen die Regeln, die sich beim Überladen von Funktionen angeboten haben: Bei einer solchen Vereinbarung wird derjenige Konstruktor aufgerufen, der auf der Grundlage der mitgegebenen Parameter identifiziert werden kann.
Diese Regel ist gut und schön, sie legt dem Programmierer jedoch die Verpflichtung auf, die Konstruktoren so zu vereinbaren, daß sie auch richtig aufgerufen werden können. Es dürfen sich also hier keine Zweideutigkeiten ergeben, die Zuordnung muß eindeutig sein.

13.3.2 Verwendung von Zeigern

Mit Zeigern auf Objekte können wir wie bisher umgehen. Wir rufen mit Hilfe der Standardfunktion `new` den entsprechenden Konstruktor auf, der Speicherplatz und möglicherweise initiale Werte für das Objekt bereitstellt. Die folgenden Beispiele sind hilfreich:

```
Punkt * q = new Punkt(13, 9);
Punkt * r = new Punkt();
Punkt * t = new Punkt;
```

13.4 Destruktoren

Wo Konstruktoren definiert werden können, sollten auch *Destruktoren* vereinbart werden können. Destruktoren sind solche Methoden, mit denen die Arbeit von Konstruktoren rückgängig gemacht werden kann. Diese Destruktoren verfolgen einen nachvollziehbaren, durchaus ehrenwerten Auftrag: Sie geben Speicher und andere Ressourcen dann frei, wenn sie nicht mehr benötigt werden.
Das mag in einer Zeit, in der die Speicher von Rechnern ins fast Unabsehbare wachsen, überflüssig erscheinen. Trotzdem ist gelegentlich Speicherplatz Mangelware: Denken Sie an eingebettete Systeme, wo im wahrsten Sinne des Wortes mit jedem Bit gerechnet werden muß

(Ihre Waschmaschine und Ihr Handy enthalten solche Systeme). Destruktoren können aber auch andere Aufgaben wahrnehmen, die weitläufig mit *Aufräumarbeiten* bezeichnet werden können. Beispiele hierfür sind leicht zu finden: Es kann die Freigabe von Dateien betreffen oder die Mitteilung an den Benutzer, die ihm davon abraten, dieses Objekt weiter zu verwenden.

13.4.1 Invers zu `new`: `delete`

Bevor wir Destruktoren im einzelnen besprechen, soll erwähnt werden, daß die Operation `new` eine exakt inverse Operation `delete` besitzt. Ist `z` eine Variable eines *Zeiger*typs, so gibt `delete z` den von dieser Variable referenzierten Speicherplatz frei. Hier ist zu beachten, daß es sich um einen Zeiger handeln muß. Speicher kann nicht *direkt*, also nicht von nichtverzeigerten Variablen freigegeben werden (wenn Sie diesen Satz verstanden haben, dann wird Ihnen das Folgende auch nicht allzu schwer fallen).

Die gerade angegebene Funktion `delete` ist nützlich, wenn Speicher knapp ist und wenn bestimmt werden kann, daß das Objekt nicht mehr benötigt wird. Aber wie das bei manchen nützlichen Dingen so ist, kann diese Funktion bei nachlässiger Verwendung gefährlich sein. Eine Situation, die bei systemnaher Programmierung mit C++ immer wieder auftritt, ist die folgende: Der Programmierer benutzt eine Zeigervariable, er ist der Ansicht, daß die Variable an einem Punkt des Programms nicht mehr benötigt wird, und gibt brav den entsprechenden Speicherplatz frei. Während das Programm läuft, wird aber just auf diesen Speicherplatz noch einmal zugegriffen. Was passiert? Es werden unkontrollierbare Werte verwendet, man gerät also in einer Situation, die auch ein gestandener Softwaretechniker ähnlich fürchtet wie der Teufel das Weihwasser.

Die explizite Verwendung dieser Funktion `delete` ist eine der Gefahrenpunkte der Sprache C++. Deshalb haben andere, modernere Sprachen wie etwa JAVA dieses Hilfsmittel der expliziten Speicherfreigabe in den Giftschrank gesperrt und erlauben lediglich die sehr kontrollierte Arbeit damit.

13.4.2 Zur Vereinbarung von Destruktoren

Die Klasse `Punkt` wird neu deklariert, diesmal kommt der *Destruktor* für die Klasse hinzu. Der Destruktor ist leicht daran zu erkennen, daß er den Namen der Klasse trägt, der Name wird allerdings zur Unterscheidung von Konstruktoren mit einer vorangesetzten Tilde (~) gekennzeichnet. Destruktoren sind stets parameterlos, und sie geben nie einen Wert zurück. Die reichen Formulierungsmöglichkeiten, die wir bei Konstruktoren haben, stehen uns bei Destruktoren nicht zur Verfügung, was allerdings auch nicht besonders bedauerlich ist, denn die Gestaltungsvielfalt von Konstruktoren ist bei Destruktoren nicht erforderlich. Destruktoren sollen schließlich Aufräumarbeiten und nichts weiter verrichten. In der Implementierung 13.4.1 finden Sie unsere Klasse `Punkt` um den Destruktor erweitert.

Jetzt haben wir auf der einen Seite Destruktoren, auf der anderen Seite die `delete`-Operation. Es stellt sich hier die Frage, welche dieser Operationen übergeordnet ist. Es wird hier die Regel etabliert, daß Destruktoren die übergeordneten Operationen sind. Wird ein Zeiger auf ein Objekt der `delete`-Operation unterworfen, so wird der entsprechende Destruktor aufgerufen, falls er vorhanden ist.

Ähnlich wie bei Konstruktoren sind Destruktoren für Klassen nicht lebensnotwendig, erlauben aber eine disziplinierte und nachvollziehbare Vorgehensweise.

```
class Punkt {
   private:
        int x, y;
   public:
        Punkt();
        Punkt(int, int);
        ~Punkt();
        void Druck(char *);
        ...
        int yWert();
};

Punkt::~Punkt() {
   cout << "Destruktor aufgerufen, Wert von s: " << s << endl;
}
```

Implementierung 13.4.1: Die Klasse Punkt mit Destruktor

Das Hauptprogramm in Implementierung 13.4.2 ruft zur Illustration Destruktoren und die delete-Operation auf. Es ist mit Kommentaren versehen, so daß die Reihenfolge der Aufrufe transparent wird, vgl. Ausgabe 13.4.1.

```
Punkt rt(34, 78);
main() {
       Punkt p;
       p.xSetze(4); p.ySetze(7); p.Druck("p: ");
       Punkt * q = new Punkt(13, 9);
       q->Druck("q: ");
       cout << "p = q? "  << (p.Gleich(*q) ? "true" : "false")  << endl;
       p.Verschiebe(9, 2);
       cout << "p = q? "  << (p.Gleich(q) ? "true" : "false") << endl;
       delete &rt;  s = 1;
       q->~Punkt();
       s = 2;
       cout << "Wir haben fertig" << endl;
   }
```

Implementierung 13.4.2: Aufruf des Destruktors für Punkt

13.5 Regeln für die Anwendung von Konstruktoren und Destruktoren

Das letzte Beispiel zeigt, daß der Umgang mit Konstruktoren und Destruktoren ein wenig trickreich sein kann. Insbesondere stellt sich die Frage, wie es mit der Konstruktion von zusammengesetzten Objekten aussieht. Nehmen wir weiter an, daß wir ein zusammengesetztes

Ausgabe 13.4.1 Resultat: Aufruf des Destruktors

```
Destruktor aufgerufen, Wert von s: 0
Destruktor aufgerufen, Wert von s: 0
Destruktor aufgerufen, Wert von s: 1
     Wir haben fertig
Destruktor aufgerufen, Wert von s: 2
Destruktor aufgerufen, Wert von s: 2
```

Objekt erzeugen. Nehmen wir an, daß in diesem Objekt ebenfalls einzelne Komponenten erzeugt werden müssen. In welcher Reihenfolge erfolgt nun die Konstruktion?
Na, die Antwort ist trivial: Zuerst müssen die Komponenten erzeugt werden, dann kann das zusammengesetzte Objekt selbst erzeugt werden. Bei der Dekonstruktion ist die Reihenfolge ganz offensichtlich umgekehrt: Zuerst wird das Objekt sozusagen als Behälter seiner Komponenten zerstört, dann werden die Einzelteile selbst de-konstruiert (merkwürdiges Wort, aber *zerstören* klingt so *destruktiv*). In analoger Weise stellt sich die Frage, in welcher Reihenfolge die Elemente eines Felds erzeugt werden: Hier wird nach der Reihung der Indizes vorgegangen, in umgekehrter Reihenfolge bei der Destruktion.
Die folgenden Regeln (vgl. [Die96, 12.2]) sollen Ihnen helfen, die Konstruktoren und die Dekonstruktoren richtig anzuwenden:

Allgemeine Regel. Werden mehrere globale Objekte oder innerhalb eines Blocks mehrere lokale Objekte definiert, so werden

- die Konstruktoren in der Reihenfolge der Aufschreibung,
- die Destruktoren in der umgekehrten Reihenfolge

aufgerufen.

Für ein globales Objekt wird

- der Konstruktor zu Beginn der Lebensdauer des Objekts, also vor der öffnenden Klammer des 'Blocks zu `main`,
- der Destruktor hinter der schließenden Klammer des Blocks zu `main`

aufgerufen.

Für ein lokales Objekt wird

- der Konstruktor an der Definitionsstelle des Objekts,
- der Destruktor am Ende des definierenden Blocks

aufgerufen.

Für ein dynamisches Objekt wird

- der Konstruktor beim Aufruf von `new`,
- der Destruktor beim Aufruf von `delete` für den zugehörigen Zeiger

aufgerufen.

Für ein Objekt mit Klassenkomponenten werden

- die Konstruktor der Komponenten *vor* dem Konstruktor der umfassenden Klasse,
- die Destruktoren am Ende der Lebensdauer in der umgekehrten Reihenfolge

aufgerufen.

Für ein Feld von Objekten wird

- bei der Definition für jedes Element, beginnend beim Index `0`, der Konstruktor aufgerufen,
- am Ende der Lebensdauer der Destruktor in umgekehrter Reihenfolge für jedes Element

aufgerufen.

13.6 Aufgaben

1. Entwerfen und implementieren Sie eine Klasse `Bruch` zur Bruchrechnung.
   (a) Zähler und Nenner sind ganzzahlig,
   (b) der Konstruktor soll den Bruch initialisieren, die interne Darstellung des Bruchs soll Zähler und Nenner als teilerfremde Zahlen darstellen,
   Hinweis Berechnen Sie den größten gemeinsamen Teiler von Zähler und Nenner, vgl. Aufgabe 2 in Abschnitt 7.3.
   (c) die Klasse soll Methoden zur Realisierung der Grundrechenarten (Addition, Subtraktion, Multiplikation, Division) enthalten,
   (d) die Methode `Gleich` soll die Gleichheit des Bruchs mit einem vorgelegten entscheiden
   Hinweis $\frac{a}{b} = \frac{c}{d}$ genau dann, wenn $a \cdot d = b \cdot c$ gilt.
   (e) es soll eine Methode `Druck` zum Ausdruck des Bruchs vorhanden sein.

2. Entwerfen und implementieren Sie für die primitiven Datentypen `char`, `char *`, `int` und `float` entsprechende Klassen `charKlasse`, `charSternKlasse`, `intKlasse` bzw. `floatKlasse`. Jeder dieser Klassen soll ein privates Attribut zur Aufnahme des Datums haben, einen Konstruktor, der das Datum initialisiert, sowie eine Methode zum Setzen und eine zum Herausgeben des Datums.

   Anmerkung Solche Klassen heißen *einhüllende Klassen* (engl. *wrapper classes*; vgl. [DD99, 2.6]). Zwar ist `char *` kein primitiver Datentyp, es ist aber zweckmäßig, ihn gleich mitzubetrachten.

3. Entwerfen und implementieren Sie eine Klasse `Primzahlen`. Diese Klasse berechnet und speichert alle Primzahlen, die nicht größer als `maxPrim` sind. Die Folge der Aufrufe der parameterlosen Methode `naechstePrimzahl` produziert die Folge der Primzahlen bis `maxPrim`. Ist diese Folge erschöpft, so wird `0` ausgegeben.

Hinweis Verwenden Sie zur Berechnung der Primzahlen den in Aufgabe 5 in Abschnitt 3.4 auf Seite 49 vorgeschlagenen Algorithmus, `maxPrim` sollte vom Konstruktor benutzt werden, um ein angemessen großes Feld zu allokieren. Die Methode `naechstePrimzahl` sollte auf eine statische Variable der Klasse zugreifen.

4. Eine Sardinendose hat eine Aufschrift mit höchstens zwanzig Zeichen, eine Preis in Euro und Cent, ein Gewicht in Gramm und eine Anzahl von Sardinen. Entwerfen und implementieren Sie eine Klasse `SardinenDose`, die zusätzlich einen Konstruktor und eine Methode zum Druck aller Attribute enthält. Der Konstruktor soll als Parameter die Zeichenkette haben, die als Aufschrift dient.

5. Entwerfen und implementieren Sie eine Klasse `Brief`, die auf dem Briefkopf von Aufgabe 2 in Abschnitt 2.9 auf Seite 24 eine Nachricht schreibt. Eine Nachricht besteht dabei aus höchstens zwanzig Zeilen zu je maximal 65 Anschlägen. Die Klasse soll die Angaben zum Briefkopf als statische, private Komponenten enthalten, die Nachricht von der Tastatur lesen, sie speichern und mit der Methode `SchreibMalWieder` ausdrucken.

6. Orte werden im Index eines Atlas gern beschrieben durch ihren Namen, die geographische Länge und Breite sowie die Seite im Atlas. Der Name ist eine Zeichenkette, die Geodaten Länge und Breite sind jeweils durch Grad g, Minuten m und Sekunden s gegeben, wobei gelten soll (*Normaldarstellung*):

$$\begin{array}{ccccc} 0 & \leq & g & \leq & 360, \\ 0 & \leq & m & \leq & 60, \\ 0 & \leq & s & \leq & 60. \end{array}$$

   (a) Entwerfen und implementieren Sie eine Klasse `GeoDatum`, die Grad, Minuten und Sekunden als ganzzahlige Komponenten enthält. Diese Komponenten sollen gesetzt, herausgegeben und normalisiert werden können:

   - Gradzahlen, die denselben Divisionsrest durch 360 haben, werden als gleich behandelt,
   - Minuten- und Sekundenzahlen lassen sich durch Divisionsrest und Übertrag in die gewünschte Form bringen.

   Hinweis Eine private Methode könnte alles in Sekunden umrechnen und daraus eine Normaldarstellung gewinnen.

   (b) Implementieren Sie eine Klasse `AtlasEintrag`. Verwenden Sie hierzu Zeiger auf Instanzen der Klasse `GeoDatum`. Ort, geographische Angaben und Seitenzahl sollen gesetzt, herausgegeben und gedruckt werden können.

   (c) Bauen Sie einen binären Suchbaum auf, der Instanzen der Klassen `AtlasEintrag` speichert, wobei die Ordnung durch die Zeichenkette gegeben ist (vgl. Seite 62). Schreiben Sie eine Funktion, die für einen Ortsnamen die geographischen Daten und die Seite im Atlas herausgibt.

7. Dateien in einem Dateisystem werden in einem Verzeichnis katalogisiert, jedes Verzeichnis (mit Ausnahme des Wurzelverzeichnisses) hat ein Vaterverzeichnis, hierbei werden Verzeichnisse gern als Bäume dargestellt. Dateien haben Namen. Entwerfen und implementieren Sie entsprechende Klassen `Verzeichnis` und `Datei`.

8. Eine Mini-Maschine (MM) liest nicht-negative ganze Zahlen nacheinander ein und gibt als Ergebnis der Arbeit jeweils auch wieder eine nicht-negative ganze Zahl aus, deren Wert sich aus der Eingabe und einem inneren Zustand der MM berechnen. Dieser Zustand ist ebenfalls durch eine nicht-negative ganze Zahl gegeben. Die Maschine hält an, wenn sie einen Zustand ein zweites Mal annimmt. Die jeweils erreichten Zustände werden in einem Feld gespeichert. Die MM vollzieht die folgenden Arbeitsschritte:

   - Ausgabe des aktuellen Zustands,
   - Einlesen der nächsten Eingabe `x` im Zustand `z`,
   - Berechnung des neuen Zustands der MM als `(x + z) % 11`,
   - Berechnung der Ausgabe als `x + z`,
   - Überprüfung des Abbruch-Kriteriums und eventueller Abbruch.

   Realisieren Sie die MM als Klasse, die mit einem Startzustand intialisiert wird und die solange eine Eingabe fordert, bis die Maschine anhält. Die bereits angenommenen Zustände sollen in einem Feld gespeichert werden.

Kapitel 14

Einfache Vererbung

Inhaltsangabe

Durch die Einführung von Klassen wird es möglich, die Vererbung zu diskutieren.
Vererbung?
Wir werden zwei Klassen miteinander in Beziehung setzen, so daß eine Klasse von einer anderen *erbt*, so daß also Eigenschaften der erbenden Klasse von denen der vererbenden Klasse übernommen werden können. Das ist eine sehr tragfähige und fruchtbare Konstruktion, die einige Phänomene unserer Umwelt, aus der die Problemstellungen der Informatik schließlich stammen, genauer und angemessener als bisher zu modellieren gestattet. Beispielweise ist jeder Hase ein Säugetier. In der Sprache der objektorientierten Modellierung drücken wir das so aus, daß die Klasse `Hase` von der Klasse `Saeugetier` erbt (Biologen mögen einwenden, daß dies über mehrere Stufen geschieht: gleichwohl). Das bedeutet, daß wesentliche Eigenschaften, die Hasen haben, bereits in der Klasse aller Säugetiere angelegt sind.
Aber soweit möchten wir hier nicht gehen. Wir wollen an einfachen Beispielen das Phänomen der Vererbung einführen und studieren, dann wollen wir versuchen, einige Einzelphänomene

herauszudestillieren und sie etwas genauer zu betrachten. Wir werden hierzu in einem einführenden Beispiel Zeichenketten behandeln und die wesentlichen Eigenschaften der Vererbung schon hier erläutern können.

14.1 Ein einführendes Beispiel zur Vererbung

Wir befassen uns also noch einmal mit Zeichenketten, die wir nun als Klasse formulieren. Die bereits diskutierten Operationen auf Zeichenketten wie etwa Vergleichen oder Kopieren bleiben im Augenblick unberücksichtigt, wir können sie dann wieder einführen, wenn sie uns als hilfreich erscheinen. Zunächst ist es wichtig, diese Klasse zu formulieren, auch um ein Gefühl für das Klassen-Konzept zu bekommen.

14.1.1 Formulierung der Klasse `string`

Die Klasse `string` ist in Implementierung 14.1.1 formuliert.

```
class string {
  private:
       char * s;
       int laenge;
  public:
       string(char *);
       ~string();
       int lies(char *);
       void schreib();
       char * dieKette();
       int DieLaenge();
  };
```

Implementierung 14.1.1: Vereinbarung der Klasse `string`

Sie sehen, daß die Zeichenkette und ihre Länge als `private` gekennzeichnet sind, damit kein Außenstehender sie unkontrolliert lesen oder verändern kann. Die anderen Komponenten sollten von außen zugreifbar sein: Hierbei handelt es sich um

- jeweils einen Konstruktor und einen Destruktor;
- eine Lese- und eine Schreiboperation;
- zwei Operationen, mit denen die Werte der privaten Komponenten dem Benutzer kontrolliert zur Verfügung gestellt werden.

Werfen wir einen kurzen Blick auf die Implementierung der Methoden dieser Klasse, zunächst auf den Konstruktor, der in der Implementierung 14.1.2 dargestellt ist. Er nimmt ein Feld von Zeichen, das mit dem üblichen Endzeichen abgeschlossen ist, als Parameter. Seine Arbeit besteht darin, die Länge der Zeichenkette festzustellen, entsprechend viel Speicherplatz zu allokieren und an die private Komponente von `string` weiterzugeben. Ebenfalls wird hier die Länge der Zeichenkette festgestellt. Der Destruktor ist ebenfalls ziemlich kanonisch: Die Länge

```
string::string (char *t) {
        void strcpy(char *, char *);
        int strlen(char *);
        int lgth = strlen(t);
        s = new char[lgth];
        strcpy(s, t);
        laenge = lgth;
}
```

Implementierung 14.1.2: Konstruktor für die Klasse **string**

der Zeichenkette wird auf -1 gesetzt, dann wird der Operator **delete** auf die Zeichenkette selbst angewandt, siehe Implementierung 14.1.3.

```
string::~string() {
        laenge = -1;
        delete &s;
 }
```

Implementierung 14.1.3: Destruktor für **string**

Die Funktion zum Lesen soll so arbeiten, daß eine Zeichenkette `r` kopiert wird, aber nur dann, wenn genug Platz vorhanden ist. In diesem Fall wird die private Komponente `s` von **string** modifiziert, und der Wert von **laenge** angepaßt, vgl. Implementierung 14.1.4.

```
int string::lies(char * r) {
    int strlen(char *);
    if (strlen(r) <= laenge) {
       laenge = strlen(r);
       strcpy(s, r);
       return true;
    }
    else
       return false;
}
```

Implementierung 14.1.4: Methode zum Lesen einer Zeichenkette

Die restlichen Methoden von **string** sind der Vollständigkeit halber in Implementierung 14.1.5 angegeben.
Das ist alles nicht besonders aufregend und dient eigentlich nur dazu, uns warm zu diskutieren.

14.1.2 Die neue Klasse Woerter: Beschreibung

Jetzt wird's aber lustig: Wir wollen aus der Klasse **string** eine neue Klasse **Woerter** gewinnen. Die Instanzen der Klasse **Woerter** sollen *fast* so aussehen wie die bislang diskutierten Zeichenketten. Wir wollen jedoch eine kleine, aber wichtige Änderung vornehmen: Jeder

```
void string::schreib() {
     cout << s << endl;
  }

char * string::dieKette() {
       return s;
   }

int string::DieLaenge() {
    return laenge;
  }
```

Implementierung 14.1.5: Methoden für die Klasse `string`

Buchstabe in der Zeichenkette einer Instanz von `Woerter` soll nämlich ein Großbuchstabe sein. Die Operationen auf der Klasse `Woerter` sollen denen in der Klasse `string` entsprechen. Insbesondere sollen alle Attribute der neuen Klasse mit den Attributen der alten Klasse zusammenfallen. Es sollen also die Attribute `s` und `Laenge` vorhanden sein. Diese Attribute sollen dieselbe Bedeutung wie bisher haben. Wir wollen ebenfalls dieselben Methoden (also z. B. `schreib` und `lies`) zur Verfügung haben. Die Arbeitsweise dieser Methoden soll mit denen aus der "alten" Klasse übereinstimmen, allerdings mit einer Ausnahme: Die Methode `schreib` soll für die Klasse `Woerter` ein klitzekleines bißchen anders arbeiten als für die Klasse `string`. Worin dieses *bißchen anders* besteht, werden wir gleich sehen.

14.1.3 Seltsame Situation

Jetzt sind wir in einer ein wenig merkwürdigen Situation: Wir haben eigentlich bei der Formulierung der Klasse `string` die wesentliche Arbeit geleistet. Wir können aber mit unseren bisherigen Sprachmitteln diese Arbeit nicht direkt für die neue Klasse fruchtbar machen. Bislang haben wir ja keine Möglichkeit, die unbestreitbare Ähnlichkeit dieser beiden Klassen auszudrücken, geschweige denn die Tatsache, daß die neue Klasse aus der alten irgendwie *abgeleitet* werden soll. Die bisherigen Sprachmittel legen daher nahe, daß wir die neue Klasse neu definieren und möglicherweise den Code, den wir übernehmen wollen, in die neue Klasse hineinkopieren.
Dieses Verfahren bietet jedoch einige gravierende Nachteile: Zum einen ist es langweilig in dem Sinne, daß bereits durchgeführte Überlegungen noch einmal wiederholt werden müssen (das ist bei den relativ kleinen Klassen, die wir hier diskutieren, vielleicht nicht besonders gravierend, fällt aber bei großen Klassen deutlich ins Gewicht). Diese Vorgehensweise lädt Fehler nachgerade ein: Beim Kopieren übersieht man gern einige Feinheiten, so daß man den Code zwar kopiert hat, wichtige Details aber übersehen oder nicht an jeder Stelle gebührend berücksichtigt hat. Auch ist diese Vorgehensweise nicht besonders änderungsfreundlich. Hierzu machen wir in Gedanken ein kleines Experiment: Wir nehmen an, wir wollen eine Methode `M` in der ursprünglichen Klasse definieren, diese Methode soll modifiziert in der neuen Klasse auftauchen. Das bedeutet, daß wir die neue Methode in die Klasse `string` einfügen müssen und eine vielleicht minimal geänderte Version `M1` in die neue Klasse `Woerter`. Auch dieses Verfahren ist hochgradig fehleranfällig.

14.2 Vererbung: das neue Zauberwort

Durch Vererbung sind wir in der Lage, eine Klasse aus einer anderen durch Modifikationen abzuleiten. Wie das in unserem Beispiel funktioniert, sehen Sie an der Klasse `Woerter` in Implementation 14.2.1.

```
class Woerter : public string {
  public:
        Woerter(char *);
        void schreib();
  };
```

Implementierung 14.2.1: Die abgeleitete Klasse `Woerter`

Die Syntax drückt aus, daß die Klasse `Woerter` von der Klasse `string` erbt. Alle Attribute und alle Methoden der vererbenden Klasse sind in der erbenden Klasse verfügbar. Das Schlüsselwort `public` deutet an, daß die Zugriffsspezifikationen aus der vererbenden Klasse in die erbende Klasse übernommen werden. Weiterhin enthält diese Klassendefinition einen Konstruktor (erinnern Sie sich: Die Konstruktoren müssen ebenso wie die Destruktoren die Namen ihrer Klassen tragen), also ist es unausweichlich, daß, wenn wir einen Konstruktor für eine abgeleitete Klasse haben wollen, wir ihn auch mit dem Namen der Klasse versehen müssen. Wie anfänglich überlegt, wollten wir die Methode `schreib` geringfügig gegenüber der gleichnamigen Methode in der Klasse `string` ändern, so daß wir an dieser Stelle den Namen einer entprechenden Methode angegeben haben.

14.2.1 Lehnen wir uns kurz zurück: die Idee

Diskutieren wir kurz die Idee bei der Vererbung: Wenn die Klasse `B` von der Klasse `A` erbt, so hat die Klasse `B` im wesentlichen die Eigenschaften der Klasse `A`. Möglicherweise werden wir jedoch Modifikationen anbringen können. Offensichtlich können mehrere Klassen von einer Klasse erben, so daß sich eine Klassenhierarchie ergibt, die ähnlich einer Klassifikationshierarchie baumförmig angeordnet werden kann (vgl. Abbildung 14.2 auf Seite 222).
Das bedeutet im einzelnen:

- `B` kennt die Attribute und Methoden von `A`.
- Die Klasse `B` fügt neue Attribute und neue Methoden zu denen von `A` hinzu, es können bei Bedarf die bereits vorhandenen Methoden neu definiert werden.
- Jede Instanz von `B` ist auch Instanz von `A`.

Die letzte Bedingung kommt recht unscheinbar daher, sie wird im folgenden jedoch weidlich ausgenutzt, weil sie eine wesentliche Eigenschaft der Objektorientierung (in Fachkreisen *Polymorphie* genannt) reflektiert. Ich werde darauf zurückkommen.

Zugriffsspezifikationen Ich hatte gerade gesagt, daß das Schlüsselwort `public` darauf hindeutet, daß auch die Zugriffsspezifikationen bei der Vererbung erhalten bleiben. Das muß ein wenig genauer geschildert werden. Da Vererbung offenbar eine Art Familienangelegenheit ist,

können wir uns dieser Diskussion auch über familiäre Gegebenheiten nähern: Gelegentlich sollen Angelegenheiten vor Kindern geheim gehalten werden; in diesem Fall würde man die Zugriffsspezifikation `private` wählen. In unserem Kontext bedeutet das, daß die Klasse `A` Eigenschaften für sich behalten und nicht beim Vererben weitergeben möchte. Auf der anderen Seite gibt es auch Familiengeheimnisse, also solche Geheimnisse, die beim Vererben von Generation zu Generation wandern, aber Außenstehenden nicht mitgeteilt werden. Hier führen wir eine neue Zugriffsspezifikation ein, nämlich die Spezifikation `protected`.
Damit haben wir — zusammenfassend — drei Zugriffsspezifikationen:

- die Spezifikation `public`, die Sie dann anwenden sollten, wenn das entsprechende Attribut oder die entsprechende Methode öffentlich zugänglich sein soll;
- die Spezifikation `protected`, die zu wählen ist, wenn Sie das Attribut oder die Methode zwar an die Erben der Klasse weitergeben möchten, aber nicht nach außen sichtbar machen wollen;
- die Zugriffsspezifikation `private`, die schließlich dann zu wählen ist, wenn die entsprechenden Methoden oder Attribute in ihrer Sichtbarkeit ausschließlich auf die Klasse beschränkt sein sollen.

Die Abbildung 14.1 faßt als Klassifikationshierarchie die Eigenschaften von Zugriffsspezifikationen zusammen. Sie sehen die drei Möglichkeiten, auf Attribute oder Methoden zuzugreifen, mit ihren Eigenschaften kurz charakterisiert.

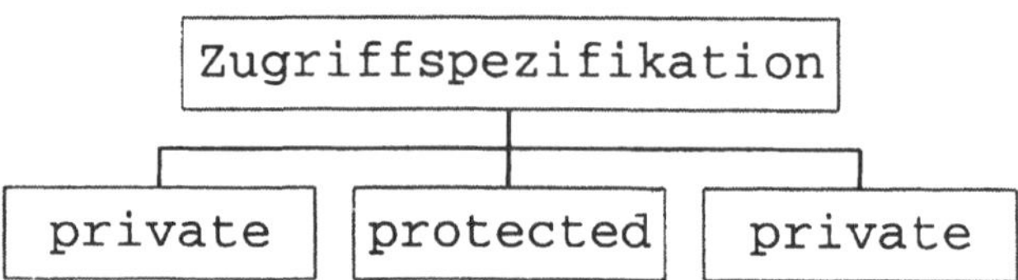

Abbildung 14.1: Klassifikation der Zugriffsspezifikationen

Wir werden einzelne Beispiele kennenlernen, bei denen wir Zugriffsspezifikationen differenziert anwenden können. Damit sollte deutlich werden, daß diese Spezifikationen in der Tat sehr nützlich sind.

Modifikation von `string` Im Licht dieser Diskussion sollten wir freilich die Klasse `string` entsprechend modifizieren: Da wir bei der Konzeption der Klasse `Woerter` stillschweigend angenommen haben, daß die Zeichenkette selbst und ihre Länge natürlich beim Erben weitergegeben werden sollen, können wir die Klasse `string` nach dem Verursacherprinzip verändern, vgl. Implementierung 14.2.2.
An der Stelle der ursprünglich verwendeten Zugriffsspezifikation `private` finden Sie nun bei der Neudeklaration die Spezifikation `protected`, um dieser Forderung gerecht zu werden. Um es noch einmal zu verdeutlichen: Die Zeichenkette selbst steht mit dieser Konstruktion also lediglich und ausschließlich für die Erben dieser Klasse zur Verfügung, nicht aber für außenstehende Benutzer oder Klassen.

```
class string {
  protected:
       char * s;
       int laenge;
  public:
       string(char *);
       ~string();
       int lies(char *);
       void schreib();
       char * dieKette();
       int DieLaenge();
  };
```

Implementierung 14.2.2: Modifikation der Klasse `string`

14.2.2 Einzelheiten der Klasse `Woerter`

Kehren wir zur Deklaration der Klasse **`Woerter`** zurück: Die Art des Erbens ist durch das Schlüsselwort `public` näher beschrieben worden. In der präziseren Bedeutung besagt es hier nun, daß die Zugriffsspezifikationen für die Komponenten beim Erben erhalten bleiben.
Wir machen uns daran, die Attribute und Methoden für die erbende Klasse **`Woerter`** aufzuschreiben und beginnen mit dem Konstruktor. Sie finden seine Formulierung in Implementierung 14.2.3.

```
Woerter::Woerter(char * t) : string(t) {
         for (int i=0; i < laenge ; i++)
              if (islower(s[i]))  s[i] = toUpper(s[i]);
}
```

Implementierung 14.2.3: Der Konstruktor für die Klasse **`Woerter`**

Sie stellen fest, daß wir vor dem Block, der den eigentlichen Code der Methode ausmacht, einen Aufruf des Konstruktors der zugehörigen Oberklasse `string` finden. Beim Aufruf dieses Konstruktors wird zuerst der Konstruktor für die Oberklasse aufgerufen. Das hat die erfreuliche Konsequenz, daß damit ein Objekt vom Typ `string` zur Verfügung steht. Es kann jetzt den Vorgaben der Klasse **`Woerter`** entsprechend manipuliert werden. Das finden Sie in dem definierenden Block für diesen Konstruktor.
Festzuhalten ist also, daß Konstruktoren die Möglichkeit haben, auf die Konstruktoren ihrer Oberklassen zurückzugreifen. Aus der Verwendung der entsprechenden Namen **`s`** und **`Laenge`** wird klar, daß wir die entsprechenden Attribute aus der Oberklasse verwenden können. Das folgt ja bereits aus dem Prinzip der Vererbung, bei dem wir gesagt hatten, daß Eigenschaften und Methoden der vererbenden Klasse zugänglich sein sollen. Der Konstruktor hat den ganz offensichtlichen Effekt, daß ein Objekt vom Typ **`Woerter`** geschaffen wird, hierbei sind die Buchstaben der initialisierenden Zeichenkette Großbuchstaben. Falls dies nicht bei der Parameterübergabe der Fall ist, wird dies durch unsere Konstruktion erzwungen. Diese Vorgehensweise ist jedoch nur möglich, wenn wir uns *vorher* eine Instanz von `string` verschaffen. Das geschieht durch den Aufruf des Konstruktors für die Vaterklasse.

14.2.3 Neudefinition einer Methode

Kommen wir zur Methode **schreib**, die nach der Spezifikation der Klasse für **Woerter** ein wenig anders aussehen sollte als für Instanzen der Klasse **string**. Die Änderung ist fast albern: Es soll lediglich ein zusätzlicher Text ausgeschrieben werden, dann soll die alte Methode aufgerufen werden. Ich habe diese Änderung aus schierer Lust am Ändern eingefügt, um Ihnen zu zeigen, wie Methoden unter Verwendung der bereits vorhandenen gleichnamigen Methoden in der übergeordneten Klasse verwendet werden können. Der Code ist in Implementierung 14.2.4 zu sehen.

```
void Woerter::schreib(){
     cout << "ueberschriebene Methode " << "(Achtung)\t\t";
     string::schreib();
}
```

Implementierung 14.2.4: Neudefinition der Methode **schreib**

Es wird hier sichtbar, wie die Methode der Vaterklasse in die Formulierung der neuen Methode eingeht: Zunächst wird der Name der Vaterklasse angegeben, dann findet sich nach den zwei Doppelpunkten der Name der aufgerufenen Methode.

Diese Vorgehensweise, in erbenden Klassen bereits in Vaterklassen vorhandene Methoden neu zu definieren, nennt man *Überschreiben* oder *Redefinieren* von Methoden. Sie sehen an diesem Beispiel, wie Methoden der Vaterklasse hilfreich herangezogen werden können. In der Tat geht man gern so vor, daß man sich der Methoden der Vaterklasse bedient, wenn die Änderungen lediglich darin bestehen, zur Arbeit dieser Methode etwas hinzuzufügen.

Unter Verwendung dieser Änderungen können wir das Beispielprogramm aus Implementierung 14.2.5 ausführen, das Ergebnis ist in Ausgabe 14.2.1 abgedruckt.

```
main() {
     string *s = new string ("abra");
     s->schreib();
     s->~string();
     Woerter * grS = new Woerter("abra");
     grS->schreib();
     cout << "Laenge: " << grS->DieLaenge();
}
```

Implementierung 14.2.5: Hauptprogramm mit **Woertern**

Ausgabe 14.2.1 Ausgabe des Programms 14.2.5

```
abra
ueberschriebene Methode (Achtung)               ABRA
Laenge: 5
```

14.2.4 Erste Anmerkungen zur Vererbung

Die Vererbung hat viele weitreichende programmiertechnische Eigenschaften, die wir in den folgenden Diskussionen ausführlicher besprechen müssen. Es ist durch die Vererbung möglich, zuerst allgemeine Klassen zu beschreiben und aus diesen allgemeinen Klassen durch Spezialisierung andere so herzuleiten, daß sie den Bedürfnissen der Anwendungen entsprechen.
Wir haben die Verkapselung der Informationen in Klassen studiert, mit deren Hilfe es möglich ist, Informationen vor der Umwelt zu verbergen. Jetzt sehen wir: Eine Klasse bekommt Zugriff zu manchen lokalen Daten einer anderen Klasse, die Verkapselung wird also aufgebrochen, zwar nicht allgemein, aber es entsteht immerhin ein ziemlich breites Leck.
Wie verträgt sich das?
Tja, gnädige Frau: ganz und gar nicht. Ein altes englisches Sprichwort sagt *Inheritance breaks encapsulation*. Das ist so. Nun sollte man anmerken, daß die Verkapselung wirklich nur lokal durchbrochen wird, und daß dieses Durchbrechen durch Zugriffsspezifikationen gesteuert werden kann. So schlimm wie der Bruch eines Prinzips ist es also auch wieder nicht.
Bevor wir dies an einem kleinen Beispiel verdeutlichen, nämlich an der programmtechnischen (!) Modellierung von Männern und Frauen, mag die feministisch versierte Leserin fragen, warum man es hier mit *Vater*klassen zu tun hat. Ist das wirklich politisch korrekt?

Ah, gnädige Frau: Die politische Korrektheit . . .

14.2.5 Zusammenfassung

Ich möchte kurz den Fortschritt unserer Diskussion dokumentieren und fasse die Entwicklung zusammen: Die Klasse `Woerter` wurde als Spezialfall der Klasse `string` definiert. Sie sollte eine definierende Eigenschaft haben, die sicherstellt, daß jede Instanz der neuen Klasse auch eine Instanz der alten Klasse ist. Wir haben die Klasse `Woerter` definiert, dabei haben wir die Zugriffsspezifikation `protected` eingeführt, um den Zugriff auf Attribute angemessen zu regeln (dies wird natürlich auch für den Zugriff auf Methoden gelten). Die erbende Klasse kann nun auf alle nicht ausdrücklich als `private` gekennzeichnete Komponenten zugreifen.
Wegen der Spielregeln für Konstruktoren sollte ein neuer Konstruktor definiert werden, wobei der Konstruktor der Oberklasse verwendet werden konnte. Ich habe Ihnen gezeigt, wie das geht. Eine Methode wird redefiniert, hierbei haben Sie gesehen, wie man auf die gleichnamigen Methoden der Vaterklasse zugreifen kann.

14.3 Neues Problem: Männer und Frauen

Männer und Frauen sind als Objekte der Modellierung Spezialfälle von Personen: Sie haben gemeinsame Eigenschaften, nämlich einen Namen, Eltern und andere Attribute wie etwa Adressen. Wir beschränken uns auf einige wenige Eigenschaften, um die Vorgehensweise zu verdeutlichen. Man könnte nun so vorgehen, daß man eine Klasse `Frau` und eine Klasse `Mann` einführt und dort die gemeinsamen Eigenschaften jeweils separat formuliert. Im Sinne eines möglichst ökonomischen Vorgehens ist dies jedoch ein Zugang, den wir unter dem Blickwinkel der Vererbung besser gestalten können: Wir führen eine gemeinsame Oberklasse ein (diese Oberklasse ist *abstrakt* im Sinne des Abschnitts 14.4, weil wir aus ihr keine Objekte direkt gewinnen können) und modellieren dort die gemeinsamen Phänomene. Wir leiten also aus der gemeinsamen Oberklasse `Person` die uns interessierenden Klassen `Frau` sowie `Mann` ab und formulieren in den abgeleiteten Klassen die spezifischen Eigenschaften, die sich nicht in der

Oberklasse finden lassen. In unserem Beispiel wollen wir — ganz konservativ — eine **Frau** mit einem **Mann** verheiraten (und umgekehrt).
Die Klassifikationshierarchie ist in Abbildung 14.2 abgebildet. Wir gehen hier wie bei den Hofzwergen vor: Die allgemeine Klasse steht oben, der Schwerkraft folgend werden wir immer spezifischer.

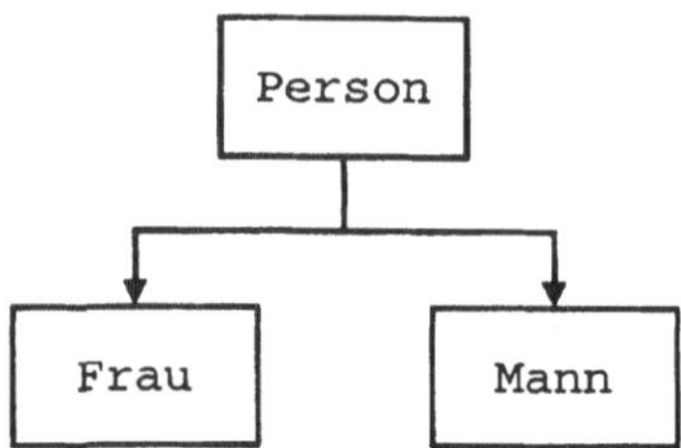

Abbildung 14.2: Eine kleine Hierarchie: Frau und Mann

Wir können jetzt eine Klasse **Person** formulieren, dies geschieht in Implementierung 14.3.1.

```
class Person {
  private:
       string * Vorname;
       Frau * Mutter;
       Mann * Vater;
  public:
       Person(char *);
       Person(string *);
       ~Person();
       string * DerVorname();
       void SetzeMutter(Frau *);
       void SetzeVater(Mann *);
       void Druck(char *);
  };
```

Implementierung 14.3.1: Die Klasse **Person**

Sie sehen, daß ich in die Formulierung der Klasse **Person** offensichtliche Eigenschaften aufgenommen habe. Wir haben einen Namen und haben die Attribute **Vater** und **Mutter** formuliert; dies sind private Eigenschaften. Wir finden in dieser Klasse auch Konstruktoren und haben schließlich einige weitere Methoden angegeben, über die wir gleich nachdenken werden. Die gemeinsamen Eigenschaften haben wir als **private** formuliert, damit sie weder von außen noch von den Erben verändert werden können: Man möchte ja nun gerne verhindern, daß Außenstehende oder Kinder Eigenschaften ihrer Eltern zu verändern imstande sind. Dieses einfache Beispiel zeigt schon, daß es sinnvoll ist, solche Eigenschaften zu haben, die wir gerade oben als Geheimnisse charakterisiert haben, die also auch vor den Kindern geheim zu halten sind. Hätten wir die Eigenschaften so angelegt, daß sie auch von Erben verändert werden können (nicht aber von der Außenwelt), so hätten wir sie als **protected** vereinbaren müssen. Wir haben bei der Formulierung dieser Klasse **Person** ein kleines Problem eingebaut, das Sie vielleicht schon sehen, und auf das wir auch gleich zu sprechen kommen werden.

14.3.1 Modellierung der Klassen Frau und Mann

Die Konstruktion ist so angelegt, daß die uns eigentlich interessierenden Klassen von der Klasse **Person** erben, also müssen wir ihr beim Erben mindestens einen Konstruktor mitgeben. Wir wollen Instanzen der Klasse **Frau** einer Instanz der Klasse **Mann** als Attribut hinzufügen. Die Heirat soll durch eine separate Methode **NehmeZumManne** implementiert werden, und schließlich wollen wir auch notieren können, wie es mit dem Ehestand der Person aussieht. Hierzu formulieren wir eine Methode **EhefrauVon**. Den Code für die Klasse finden Sie in Implementierung 14.3.2

```
class Frau: public Person {
  public:
       Frau(char *);
       Frau (Person *);
       Mann * Ehemann;
       void NehmeZumManne(Mann *);
       Mann * EhefrauVon();
  };
```

Implementierung 14.3.2: Die Klasse **Frau** als Erbe der Klasse **Person**

In völlig analoger Weise nehmen wir die Vereinbarung der Klasse **Mann** vor, vgl. Implementierung 14.3.3.

```
class Mann: public Person {
  public:
       Mann(char *);
       Mann (Person *);
       Frau * Ehefrau;
       void NehmeZurFrau(Frau *);
       Frau * EhemannVon();
  };
```

Implementierung 14.3.3: Die Klasse **Mann** als Erbe der Klasse **Person**

Zirkularität Jetzt haben wir aber ein Problem: Die Definitionen sind uns zirkulär geraten. Um etwa die Klasse **Frau** formulieren zu können, müssen wir die Klassen **Person** und **Mann** kennen, die Klasse **Person** erfordert die Kenntnis der beiden Klassen **Frau** sowie **Mann**. Sie sehen die Abhängigkeit dieser beiden Klassen von den jeweils anderen. Diese Zirkularität ist nicht in der Ungeschicklichkeit der Modellierung angelegt, sie liegt vielmehr daran, daß das Problem *inhärent* zirkulär ist. Es erinnert ein wenig an das *Henne-und-Ei*-Problem.

Glücklicherweise gibt es Möglichkeiten, diese Zirkulärität unwirksam zu machen (aufheben können wir sie ja nicht). Wir machen zunächst die Klassen*namen* bekannt, schreiben also ohne weitere Erläuterung auf, daß es sich bei den Bezeichnern `Frau` und `Mann` um Klassennamen handelt. Erst jetzt, nachdem diese Namen bekannt gemacht worden sind, gehen wir zur Definition der einzelnen Klassen. Auf diese Weise ist gesichert, daß der Übersetzer auch mit solchen Klassen umgehen kann, die ihm lediglich als Namen, aber nicht als Definitionen begegnet sind. Schematisch sieht diese Vorgehensweise in unserem Beispiel wie in der Implementierung 14.3.4 angegeben aus.

```
class Mann;
class Frau;
class Person { ... };
class Frau: public Person { ... };
class Mann: public Person { ... };
```

Implementierung 14.3.4: Brechen der Zirkularität

Weiterführung der Konstruktion Sie haben bemerkt, daß bei der Klassenformulierung für `Person` auf die Klasse `string` zugegriffen wird. Dies hilft jetzt, die Konstruktoren für die Klasse `Person` zu formulieren. Diese Konstruktoren sind überladen: einmal haben sie als Parameter eine Zeichenkette, die dann in einen `string` verwandelt wird, zum anderen haben wir gleich einen `string` als Parameter (Implementierung 14.3.5).

```
Person::Person(char * v) {
        Vorname = new string(v);
        Vater = NULL; Mutter = NULL;
  }

Person::Person(string * s) {
        Vorname = s; Vater = NULL; Mutter = NULL;
  }
```

Implementierung 14.3.5: Konstruktoren für die Klasse `Person`

Wir geben zwei Konstruktoren an. Es kann sich als sinnvoll erweisen, einmal eine Zeichenkette, ein andermal eine Instanz der Klasse `string` als Parameter zu übergeben.
Der Destruktor soll lediglich den Destruktor für die Zeichenkette aufrufen. Daher ist die Formulierung nicht besonders kompliziert, wie Sie in Implementierung 14.3.6 sehen.

```
Person::~Person() {
        Vorname->~string();
  }
```

Implementierung 14.3.6: Destruktor für die Klasse `Person`

Bei der Formulierung dieses Destruktors beobachten wir ein Phänomen, das gelegentlich auf-

tritt, wenn eine Klasse die Instanz einer anderen Klasse verwendet. Es kommt hier nicht so sehr darauf an, eine Instanz vom Typ **Person** freizugeben, sondern vielmehr die verwendete Zeichenkette, also eine Komponente. Mithin ruft der Destruktor für die Klasse **Person** nur den Destruktor für die Klasse **string** auf. Würden andere Attribute in der Klasse vorkommen, die im Hinblick auf ihren Speicherplatzbedarf kritisch sind, so wäre dieser Destruktor genau die Stelle, an der der Speicherplatz wieder freigegeben werden sollte.
Die anderen Methoden werden hier nicht explizit angegeben, da sie ziemlich trivial sind. Eine Ausnahme bildet die Methode **Druck**, die den Vornamen ausdruckt und ggf. die Druckmethode für **Vater** und für **Mutter** aufruft. Ihre Formulierung finden Sie in Implementierung 14.3.7.

```
void Person::Druck(char * s) {
     cout << s << "(Vorname) " << Vorname->dieKette() << endl;
     if(Mutter != NULL) {
        cout << "\nDaten der Mutter:\n";
        Mutter->Druck("");
       }
     if(Vater != NULL) {
        cout << "\nDaten des Vaters:\n ";
        Vater->Druck("");
       }
};
```

Implementierung 14.3.7: Die **Druck**-Methode für die Klasse **Person**

Ohne nähere Kenntnisse würde man beim Studium dieser Methode vermuten, daß in den Klassen **Frau** und **Mann** ebenfalls eine Methode **Druck** definiert wird. Die angegebenen Aufrufe benutzen jedoch die Tatsachen, daß es sich beim Vater und der Mutter einer Person jeweils um eine Person handelt, daß also die entsprechenden Methoden für die Instanzen der Klasse **Person** auch für Instanzen der Klasse **Frau** und **Mann** zur Verfügung stehen. Wenn Sie sich die Deklarationen der beiden abgeleiteten Klassen ansehen, so stellen Sie dann auch fest, daß in diesen Klassen keine neue Methode **Druck** vereinbart worden ist.
Dieser Hinweis läßt deutlich werden, daß wir mit der Vererbung ein Konzept zur Verfügung haben, das mächtiger ist, als das bloße Auge entdecken mag. Wir werden im folgenden versuchen, die Möglichkeiten dieses Konzepts sichtbar zu machen, ohne dabei freilich die Schwierigkeiten oder die verborgenen Kompliziertheiten zu verbergen.
Sie finden in der Implementierung 14.3.8 die Konstruktoren (nein, dieses Buch ist nicht die Genesis) und Methoden für die Klasse **Mann**. Die Zusammenfassung ist wenig überraschend, trotzdem lohnt sich die aufmerksame Lektüre, denn sie sollte Ihnen dabei helfen, sich mit den neuen Möglichkeiten in Konzept und Formulierung vertraut zu machen.

14.3.2 Die Heiratsroutine

Es handelt sich nicht um eine Handreichung für Polygamisten. Die Funktion **Verheirate** finden Sie in der Implementierung 14.3.9. Die Idee ist einfach: Wir setzen die entsprechenden Verweise des zukünftigen Ehepaares. Der **Mann** **m** nimmt die **Frau** **f** zur Frau, indem für **m** entsprechende Methode **NehmeZurFrau** mit dem Parameter **f** aufgerufen wird. Analog behandeln wir **f**.

```
Mann::Mann(char * v):Person(v) {
      Ehefrau = NULL;
}

Mann::Mann(Person *p):Person(p->DerVorname()){
      Ehefrau = NULL;
}

void Mann::NehmeZurFrau(Frau * thisLady) {
     Ehefrau = thisLady;
}

Frau * Mann::EhemannVon(){
       return Ehefrau;
}
```

Implementierung 14.3.8: Konstruktoren für `Frau` und `Mann`

Nota bene Trotzdem ist die Funktion bemerkenswert, weil sie nicht als Methode einer Klasse zugeordnet ist. Sie ist vielmehr eine Funktion ganz in dem Sinne, wie wir sie vor der Ankunft von Klassen (oder `structs`) studiert haben.

Das deutet daraufhin, daß es sozusagen zwei Ebenen der Formulierung von Funktionen gibt: einmal die gerade angesprochene *ursprüngliche* Ebene, in der Funktionen außerhalb von Klassen formuliert werden, und eine zweite, in der Funktionen als Methoden in Klassendefinitionen verkapselt sind. Diese letzte Kategorie von Methoden kann auch nur dann aufgerufen werden, wenn ein entsprechendes Objekt zur Verfügung steht, zu dem diese Methode gehört. Die Funktionen der ersten Ebene sind sozusagen beziehungslos, sie sind in ihrer Existenz nicht an das Vorhandensein von Klassen oder Instanzen (also von Objekten) gebunden. Gleichwohl können sie natürlich auch Objekte, also Instanzen von Klassen als Parameter haben. Daraus ergibt sich übrigens ein neuer Blickwinkel auf die Möglichkeiten, Funktionen als Parameter an andere Funktionen zu übergeben, vgl. Abschnitt 6.4 auf Seite 86.

Diese Mischung von Funktionen und Methoden mag gelegentlich unübersichtlich erscheinen. Stellt man sich auf den Standpunkt, daß ein Programm eine Kollektion interagierender Objekte ist, dann ist für ungebundene Funktionen kein Platz mehr. Dieser Gedanke wird in der Programmiersprache JAVA aufgenommen: Alle Funktionen sind hier als Methoden in Objekten verkapselt, ungebundene Funktionen in dem gerade besprochenen Sinne gibt es dort nicht.

```
void Verheirate(Mann * m, Frau * f){
     m->NehmeZurFrau(f); f->NehmeZumManne(m);
  }
```

Implementierung 14.3.9: Die Funktion `Verheirate`

```
main() {
      void Verheirate(Mann *, Frau *);
      Mann * Adam = new Mann("Adam");
      Frau * Eva = new Frau("Eva");
      Mann * Kain = new Mann("Kain");
      Kain->SetzeMutter(Eva); Kain->SetzeVater(Adam);
      Mann * Abel = new Mann("Abel");
      Abel->SetzeMutter(Eva); Abel->SetzeVater(Adam);
      Adam->Druck("Zu Adam: ");
      Eva->Druck("\nZu Eva:");
      Kain->Druck("-------\nAngaben zu Kain:");
      Abel->Druck("-------\nAngaben zu Abel:");
      Verheirate(Adam, Eva);
      cout << "\nverheiratet?\n";
      Eva->EhefrauVon()->Druck("...");
      Adam->EhemannVon()->Druck("...");
  }
```

Implementierung 14.3.10: Adam, Eva, Kain, Abel und all das

14.3.3 Adam und Eva

Wir schauen uns die allererste Familie an, die Eva und Adam gemeinsam gegründet haben. Dies ist im vorgelegten Programm formuliert, Sie sehen, wie wir den Schöpfungsakt am siebten Tage simulieren ("... *und er sah, daß es gut war* ..."). Programmtechnisch sind wenig Feinheiten vorhanden (vgl. Implementierung 14.3.10). Sie sollten sich insbesondere die Allokation neuer Objekte an diesem Beispiel noch einmal klarmachen. Den dritten Sohn, Seth, haben wir einfach unterschlagen, wie die bibelfeste[1] Leserin schnell bemerkt.
Die Ausgabe des Programms finden Sie in Ausgabe 14.3.1.

14.4 Abstrakte Klassen

Dieses Kapitel soll mit einer kurzen Bemerkung zum Thema *abstrakte Klassen* abgeschlossen werden. Blicken wir zurück zur Klasse `Person`. Sie ist ja konstruiert worden, um einen Rahmen für die Formulierung von Gemeinsamkeiten in den Klassen `Frau` und `Mann` aufzuspannen, nicht aber, weil wir Objekte aus dieser Klasse erzeugen wollen. Der Nutzen dieser Klasse liegt also darin, daß sie die Formulierung gemeinsamer Eigenschaften von Objekten ihrer Unterklassen gestattet.
Eine solche Klasse heißt *abstrakt*. Derartige Klassen werden zu dem Zweck konstruiert, gemeinsame Abstraktionen darzustellen, nicht aber, um Objekte direkt zu beschreiben. Wir werden bald feststellen, daß wir einige abstrakte Klassen nicht nur nicht instanziieren wollen, sondern dies auch nicht können (weil wir zwar die Signaturen einiger Methoden kennen, nicht aber ihre Implementierung). Wie nützlich solche abstrakten Klassen sind, haben wir in den

[1] Die kunstsinnige auch: Im berühmten Freskenzyklus *Die Kreuzlegende* (*Storia della Vera Croce*) in Arezzo zeigt Piero della Francesca die Aussendung des Seth beim Tode Adams.

Ausgabe 14.3.1 Familienverhältnisse

```
Zu Adam:        (Vorname) Adam

Zu Eva: (Vorname) Eva


Angaben zu Kain:        (Vorname) Kain

Daten der Mutter:
        (Vorname) Eva

Daten des Vaters:
        (Vorname) Adam


Angaben zu Abel:        (Vorname) Abel

Daten der Mutter:
        (Vorname) Eva

Daten des Vaters:
        (Vorname) Adam

verheiratet?
        Eva ist verheiratet mit:
        (Vorname) Adam
        Adam ist verheiratet mit:
        (Vorname) Eva
```

vorausgehenden Beispiel erfahren. Wenn wir die Diskussion zur Klasse der Hofzwerge wiederaufnehmen, werden wir weitere Belege für den Nutzen dieser auf den ersten Blick merkwürdig erscheinenden Konstruktion finden.

14.5 Aufgaben

1. Dreidimensionale Punkte können aus zweidimensionalen gewonnen werden, indem eine dritte Koordinate hinzugefügt wird. Diese zusätzliche Koordinate muß auch berücksichtigt werden, wenn ein Punkt gedruckt, verschoben oder auf Gleichheit (mit einem anderen dreidimensionalen Punkt) verglichen wird. Implementieren Sie die Klasse `Punkt3D` dreidimensionaler Punkte durch Vererbung aus der Klasse `Punkt`.

   Hinweis Sehen Sie neue Methoden `zSetze` und `zWert` vor, und redefinieren Sie die Methoden `Druck`, `Verschiebe` und `Gleich`. Es ist geschickt, sich der Methoden aus Klasse `Punkt` zu bedienen.

2. In Aufgabe 2 in Abschnitt 13.6 haben Sie für die primitiven Datentypen und für `char *` einhüllende Klassen konstruiert. Erweitern Sie diese einhüllenden Klassen durch Vererbung um Methoden `Kleiner` und `Gleich`, die jeweils einen Zeiger auf ein Objekt übergeben und das tun, was ihr Name sagt. Eine parameterlose Methode `Druck` soll ebenfalls vorgesehen werden.

3. Ein Tag kann ein Arbeitstag sein oder ein Wochenendtag, ein Termin kann ein Arbeitstermin oder ein Freizeittermin sein. Feiertage kennen wir im Augenblick nicht. Arbeitstage haben Arbeitstermine, Wochenendtage haben Freizeittermine. Wenn wir Schaltjahre vernachlässigen, haben wir in Abhängigkeit von der Anzahl der Tage drei Typen von Monaten. Entwickeln Sie eine Klassifikationshierarchie und implementieren Sie einen Terminkalender (vgl. Aufgabe 9 in Abschnitt 10.9 auf Seite 157).

4. Diese Aufgabe befaßt sich mit den Gemeinsamkeiten verketteter Strukturen. Bei Listen und bei Bäumen hat man den Eindruck, daß die Daten in einer Art Kapsel sitzen, und die Kapels werden auf verschiedene Arten miteinander verkettet: linear in einer verketten Liste, differenzierter verzweigt in einem Baum. Die folgenden Überlegungen sollen dieses Gefühl ein wenig stützen.

   Ein Informationsknoten ist Instanz einer Klasse, die aus einer privaten Information `info` vom Typ `int` besteht und aus Methoden zum Setzen und Lesen dieser Information, die mit der Zugrifsspezifikation `protected` versehen sind. In der Klasse ist weiterhin eine rein virtuelle, parameterlose Methode `Summe` gegeben, die eine ganze Zahl zurückgibt. Sie soll später dazu dienen, die Inhalte einer Liste und eines Baums aufzusummieren.

   (a) Vereinbaren Sie eine Klasse `InformationsKnoten`.

   (b) Implementieren Sie zwei Konstruktoren und die genannten Methoden.

   (c) Leiten Sie aus der Klasse `InformationsKnoten` die Klasse `ListeGanzerZahlen` mit den üblichen Operationen (Konstruktion, Einfügen eines Elements am Anfang der Liste, Drucken der Liste) ab Die Methode `Summe` soll die Elemente der Liste aufsummieren; dies soll rekursiv geschehen. Dies Summe der leeren Liste ist `0`.

   (d) Leiten Sie aus der Klasse `InformationsKnoten` die Klasse `BinSuchBaum` mit den üblichen Operationen (Konstruktion, Einfügen eines Elements, Tiefendurchlauf in Inorder, Drucken der Liste) ab. Die Methode `Summe` soll die Elemente des Baums aufsummieren; dies soll durch einen Postorder-Durchlauf geschehen. Der leere Baum hat die Summe `0`.

Die Aufgabe ist mit Absicht ein wenig unscharf gehalten, um Ihnen Gelegenheit zu geben, noch einmal über die wesentlichen Methoden für Listen und für binäre Suchbäume nachzudenken; Sie können, wenn Sie mögen, weitere Methoden zu den abgeleiteten Klassen hinzufügen.

5. In dieser Aufgabe geht es um die Modellierung des **ÖPNV**. Ein öffentliches Verkehrsmittel besitzt eine Liniennummer, einen Fahrer, sowie eine Start- und eine Zielhaltestelle, ein Bus besitzt zusätzlich die Anzahl der Sitzplätze, eine S-Bahn hat — zusätzlich zu seinen Eigenschaften als öffentliches Verkehrsmittel — den Namen des Schaffners, die Anzahl der Wagen und die Anzahl Sitzplätze pro Waggon. Die Namen der Fahrer, Schaffner und der Haltestellen werden als Zeichenketten angegeben. Die Liniennummer, die Anzahl der Wagen und die Sitzplätze werden als ganze Zahlen notiert. Die Daten sollen durch Aufruf der Methode `Info` ausgedruckt werden können.

   (a) Zeichnen Sie die Klassifikationshierarchie.

   (b) Modellieren Sie die entsprechenden Klassen

   - `Verkehrsmittel`;
   - `Bus`;
   - `SBahn`

   wobei Sie bei der Formulierung der Klassenhierarchie von der Vererbung Gebrauch machen. Geben Sie die Klassendeklarationen mit Attributen und Methoden an.

   (c) Implementieren Sie die virtuelle Methode `Info`, die in der Klasse `Verkehrsmittel` formuliert ist und für öffentliche Verkehrsmittel die Liniennumer, den Namen des Fahrers und die Start- und Zielhaltestelle ausdruckt.

   (d) Die Methode `Info` soll in den erbenden Klassen `Bus` und `SBahn` redefiniert werden. Es soll ausgedruckt werden:

   - für `Busse` zusätzlich zu den Angaben für öffentliche Verkehrsmittel die Anzahl der Sitzplätze;
   - für die `SBahn` zusätzlich zu den Angaben für öffentliche Verkehrsmittel der Name des Schaffners, und die Anzahl der Sitzplätze.

   (e) (Für Dortmunder Studenten) Erweitern Sie die Klassifikationshierachie und die Klassenhierarchie um die `HBahn`.

Kapitel 15

Virtuelle Methoden und andere Präzisierungen

Inhaltsangabe

Wir haben bislang den Begriff der Vererbung so kennengelernt, daß wir eine Klasse basierend auf einer anderen definieren können. Hierbei übernehmen wir Attribute und Methoden, möglicherweise werden vorhandene Methoden neu definiert. Wir wollen im folgenden diese Idee der Vererbung, die ja versucht, die Modellierung natürlicher Phänomene möglich angemessen zu unterstützen, weiter verfeinern. Dies betrifft insbesondere den Begriff der dynamischen Bindung oder *Polymorphie*, ein Begriff, der gern mit *Objektorientierung* gleichgesetzt wird.

Ich möchte Ihnen zunächst zeigen, auf welche Weise wir bewirken können, daß Methoden zur *Laufzeit* an Objekte gebunden werden und nicht zur *Übersetzungszeit*. Dies wird uns dann ein beträchtliches Maß an Flexibilität geben. Dann werden wir genauer betrachten, wie wir vorgehen müssen, wenn wir in der vererbenden Klasse noch keine präzisen Angaben darüber machen können (oder wollen), wie eine Methode ihre Arbeit verrichten soll, andererseits gleichwohl in der Lage sein wollen, sie schon zu benutzen (wir wollen also das Fell des Bären wirklich schon verteilen, ohne den Bären erlegt zu haben). Schließlich werden wir diese Überlegungen in Kapitel 15.3 auf die uns schon lange vertraute Klasse der Hofzwerge anwenden. Damit möchte ich Ihnen zeigen, wie wir diese Überlegungen an einem aus dem (zugegebenermaßen fiktiven) prallen Leben gegriffenen Beispiel nutzbar machen können.

15.1 Obst, Früchte und andere Agrarprodukte

Wir wenden uns zunächst aber der Landwirtschaft zu und betrachten eine Klassifikationshierarchie für Früchte. Früchte können z. B. Hülsenfrüchte sein (also etwa Erbsen oder Bohnen). Es kann sich bei Früchten aber auch um Obst handeln (also etwa um Äpfel oder Birnen). Schließlich können Früchte auch Südfrüchte sein, also z. B. Bananen oder Apfelsinen.
Wir wollen zunächst eine Klasse für diese Früchte definieren. Aus dieser Klasse werden wir jeweils Instanzen erzeugen, und wir wollen zu Kontrollzwecken ausdrucken, um welche Fruchtart es sich bei der betreffenden Instanz handelt. Die Methode zum Druck soll den Namen der Frucht und die Zugehörigkeit zu der entsprechenden Klasse drucken, mehr nicht.
Wir bauen eine Klassifikationshierarchie auf, die Sie in Abbildung 15.1 finden. Die Wurzel des Klassifikationsbaums wird durch sozusagen allgemeine Früchte gebildet. Hier haben wir den Namen als ein Attribut, das die Frucht selbst betrifft, und wir sehen eine Methode zum Druck vor.

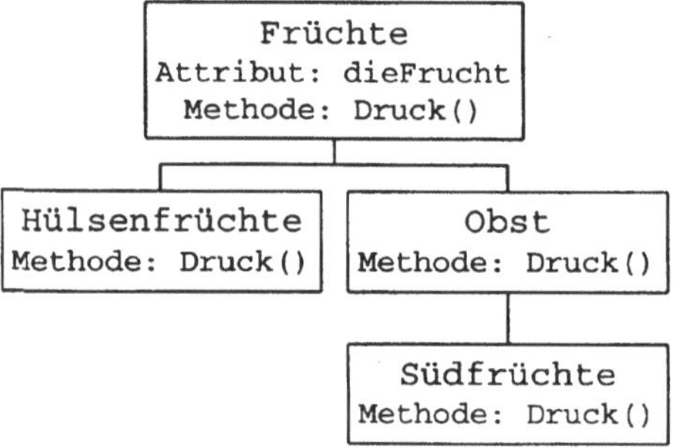

Abbildung 15.1: Eine Hierarchie von Früchten

Früchte werden dann im linken Ast spezialisiert zu Hülsenfrüchten, im rechten Ast zu Obst, das weiter durch die Klasse der Südfrüchte verfeinert wird. Für jede der angegebenen Klassen soll die Methode zum Drucken redefiniert werden, damit wir Auskunft darüber erhalten können, zu welcher Klasse ein Objekt gehört. Bei der Formulierung der entsprechenden Klasse erweist es sich als sinnvoll, zunächst die Gemeinsamkeiten zu diskutieren. Wir folgen hier der Philosophie, die wir schon bei der Formulierung der Klasse der Hofzwerge angewandt haben. Die allgemeinsten Eigenschaften werden in die Wurzel gesteckt, je spezialisierter eine Eigenschaft ist (und damit auch: Je weniger Objekte der allgemeinen Klasse diese Eigenschaft haben werden), desto tiefer wird die Eigenschaft in der Klassifikationshierarchie angebracht werden, wobei *tiefer* an dieser Stelle bedeutet *näher zu den Blättern*.
Gemeinsam ist all diesen Objekten zunächst ihr Name, den wir in die Zeichenkette `dieFrucht` packen. Dieser Name soll für alle Objekte derselbe sein, nach unseren Überlegungen zur Modellierung von Familiengeheimnissen wird die Zugriffsspezifikation also hier als `protected` angegeben (erinnern Sie sich: Falls ein Attribut als `protected` deklariert worden ist, ist sie außerhalb der Vererbungshierarchie nicht sichtbar, wohl aber innerhalb der Hierarchie für Objekte der Klasse und für Objekte aller erbenden Klassen); das gilt auch für Methoden.
Die Methode `Druck` sollte für jedes Objekt andeuten, aus welcher Klasse es stammt: Objekte der Klasse `Huelsenfruechte` sind insbesondere auch `Fruechte`, ebenso sehen wir, daß jedes

Objekt der Klasse `Obst` zur Klasse der `Fruechte` gehört, jede `Suedfrucht` ist schließlich auch eine Instanz von `Obst`. Die Deklaration der Klasse ist ziemlich offensichtlich, Sie finden sie in Implementierung 15.1.1 angegeben.

```
class Frucht {
  protected:
       char * dieFrucht;
  public:
       Frucht(char *);
       void Druck();
};
```

Implementierung 15.1.1: Vereinbarung der Klasse `Frucht`

Der Konstruktor (Implementierung 15.1.2) bekommt die Aufgabe, aus einer Zeichenkette das entsprechende lokale Attribut zu formen. Wenn Sie seinen Code studieren, so sehen Sie zunächst, daß eine Zeichenkette als Parameter übergeben wird. Diese Zeichenkette wird auf ihre Länge untersucht, dann wird für das lokale Attribut `dieFrucht` entsprechend Speicherplatz allokiert, und die übergebene Zeichenkette wird in dieses lokale Attribut hineinkopiert.

```
Frucht::Frucht(char * s) {
        int strlen(char *);
        void strcpy(char *, char *);
        dieFrucht = new char[strlen(s)];
        strcpy(dieFrucht, s);
}
```

Implementierung 15.1.2: Konstruktor für die Klasse `Frucht`

Völlig analog erfolgt die Deklaration der Druckmethode: Implementierung 15.1.3.

```
void Frucht::Druck() {
            *ausgabe << "(Frucht) " << dieFrucht << endl;
}
```

Implementierung 15.1.3: Die Druckmethode der Klasse `Frucht`

`Druck` ist nahezu trivial: Die Methode schreibt auf eine Ausgabedatei zuerst eine vorgegebene Zeichenkette und dann den Namen der Frucht.

Damit haben wir eine Klasse formuliert, die der Wurzelklasse in unserer Klassifikationshierarchie entspricht. Um die Klassifikationshierarchie vollständig zu transformieren, sollten wir die anderen Klassen formulieren. Das tun wir jetzt: Wir schreiben zunächst eine Klasse `Hfrucht` für Hülsenfrüchte auf. Diese Klasse ist nicht besonders überraschend, denn sie folgt demselben Muster wie die Klasse `Frucht`. Sie sehen die Formulierung in Implementierung 15.1.4.

Der Konstruktor trägt den gleichen Namen wie die Klasse, deshalb müssen wir den Konstruktor noch einmal separat angeben, was ein wenig lästig ist. Allerdings ist hier auch zu sehen, daß der Konstruktor lediglich den Konstruktor der Vaterklasse aufruft, der eigentliche Block

```
class Hfrucht: public Frucht {
  public:
        Hfrucht(char *);
        void Druck();
};

Hfrucht::Hfrucht(char * s) : Frucht(s) {}

void Hfrucht::Druck() {
  *ausgabe << "(Hfrucht) " << dieFrucht << endl;
}
```

Implementierung 15.1.4: Vereinbarung der Klasse `Hfrucht`

bleibt leer. Das verstärkt die Vermutung, daß der Unterhaltungseffekt noch nicht besonders hoch sein wird. Weil die Konstruktion der restlichen Klassen (`Obst` als Unterklasse von `Frucht` und die Klasse `Suedfruechte` als Unterklasse von `Obst`) recht kanonisch ist, überlassen wir die konkrete Ausformulierung der geneigten Leserin.
Wir wenden uns vielmehr dem Hauptprogramm in Implementierung 15.1.5 zu. Es arbeitet wie gewünscht: Wir deklarieren verschiedene Frucht- und Obstsorten, so daß sie der intuitiv zu erwartenden Klasse angehören, daher bietet die Ausgabe 15.1.1 auch keine Überraschung.

```
main() {
        Frucht * ruebe = new Frucht("Rübe");
        ruebe->Druck();
        Hfrucht * erbse = new Hfrucht("Erbse");
        erbse->Druck();
        Obst * apfel = new Obst("Apfel");
        apfel->Druck();
        SuedFrucht * banane = new SuedFrucht("Banane");
        banane->Druck();
}
```

Implementierung 15.1.5: Landwirtschaft

Ausgabe 15.1.1 Ernte: Ausgabe von Programm 15.1.5

```
(Frucht) Rübe
(Hfrucht) Erbse
(Obst) Apfel
(Südfrucht) Banane
```

Jetzt modifizieren wir das Hauptprogramm ein wenig und werden eine andere Ausgabe bekommen, als Sie vielleicht erwarten. Wir beobachten, daß jeder Apfel und jede Erbse eine Frucht sind. Daher vereinbaren wir zunächst eine Variable `f` als `Frucht`, rufen die `Druck`-Methode auf, weisen jetzt `f` einem `Apfel` zu und rufen dann die zugehörige `Druck`-Methode auf. Analoges geschieht mit der Zuweisung von `f` an `Erbse`, auch hier wird die `Druck`-Methode aufgerufen. Dies ist in der Implementierung 15.1.6 wiedergegeben.

```
Frucht * f = new Frucht("Frucht");
f->Druck();
f = apfel; f->Druck();
f = erbse; f->Druck();
Obst * g = new Obst("Obst");
g->Druck();
g = banane; g->Druck();
```

Implementierung 15.1.6: Veränderung in der Vereinbarung zu 15.1.5

Wenn Sie die Ausgabe 15.1.2 ansehen, so stellen Sie fest, daß die `Druck`-Methoden nicht sonderlich davon beeindruckt sind, ob es sich bei dem zugewiesenen Objekt nun um eine Hülsenfrucht oder um eine allgemeine Frucht handelt. Ähnlich sieht es an der Obsttheke aus.

Ausgabe 15.1.2 Neue Ernte: Ausgabe von Programm 15.1.6

```
(Obst) Banane
(Frucht) Apfel
(Frucht) Erbse
(Obst) Banane
```

Oh! Dieses Ergebnis ist insofern verblüffend, als sich das Programm nicht um die *Werte* von `f` gekümmert hat. Es wird stets angenommen, daß es sich um eine Frucht handelt, gleichgültig, um welche Ausprägung es sich jeweils handelt. Mit anderen Worten: Beim Aufruf der Methode `Druck` für `f` wird stets diejenige Methode aufgerufen, die in der Vaterklasse `Frucht` vereinbart worden ist, unabhängig von der ***aktuell vorliegenden*** Klassenzugehörigkeit des betreffenden Objekts. Diese Vaterklasse ist für den Aufruf insofern bedeutend, als ursprünglich die Variable `f` als Objekt vom Typ `Frucht` vereinbart worden ist.
Diese Beobachtung ist ziemlich ernüchternd, denn wir wollen Vererbung ja dazu benutzen, möglichst an das Problem angepaßt zu modellieren. Wenn nun eine `Frucht` zufällig eine `Banane` ist, so soll auch die entsprechende `Bananen`-Methode aufgerufen werden und nicht die allgemeine `Frucht`-Methode. Wir müssen also einen Weg finden, die Gegebenheiten zur Laufzeit durch entsprechende Methoden-Aufrufe zu realisieren. Mit den bisherigen sprachlichen Hilfsmitteln sind wir lediglich in der Lage, die Gegebenheiten zur Übersetzungszeit zu reproduzieren. Das ist ziemlich statisch und wird dem dynamischen Geschehen an der Obsttheke nicht gerecht.

15.1.1 Fabula Docet

Zunächst sehen wir, daß Zuweisungen entlang der Vererbungshierarchie möglich sind. In unserem Beispiel haben wir gesehen, daß `f` als `Frucht` vereinbart war, daß jede Erbse als Hülsenfrucht eine Frucht ist und daß demzufolge der Wert von `Erbse` an `f` zugewiesen werden kann.

Dies ist jedoch nur eine Seite der Medaille. Bei der Ausführung von Methoden wird so vorgegangen, wie wir es statisch am Programmtext ablesen können. Das bedeutet, daß diejenige Methode des Objekts ausgeführt wird, die zur Übersetzungszeit zu erkennen ist. In unserem Kontext hat das zur Folge, daß, gleichgültig welcher (Unter-)Klasse das Objekt `f` angehört hat, stets diejenige `Druck`-Methode ausgeführt worden ist, die bei der Vereinbarung von `f` als zugehörig identifiziert werden konnte. Die Abbildung 15.2 erläutert die hier zu erkennende Vorgehensweise.

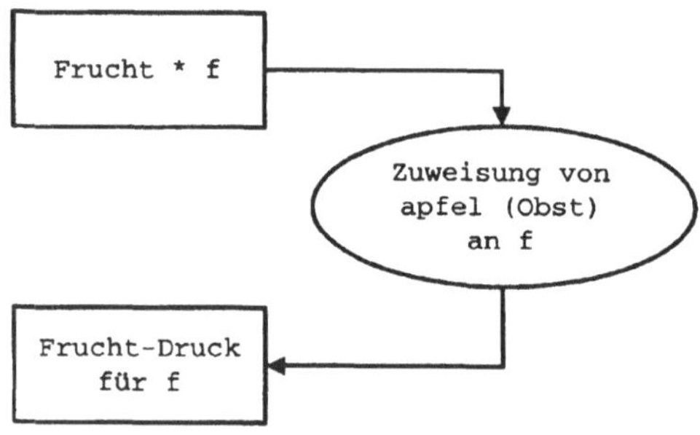

Abbildung 15.2: Statische Bindung

15.1.2 Bindungen

Unter einer *Bindung* verstehen wir wie bisher die Zuordnung eines Namens zu einem Wert. In unserem Zusammenhang handelt es sich bei dem Wert um den Aufruf einer Funktion. Daher interpretieren wir den Bindungsbegriff in diesem Abschnitt so, daß wir den Namen (eine Methode) mit der Implementierung (eine Funktion) verknüpfen. Die bislang betrachteten Bindungen werden *statisch* genannt. Diejenige Methode, die zur Zeit der Klassendefinition für das Objekt definiert worden ist, wird ausgeführt. Bei statischer Bindung ist es recht einfach, die Methode zu bestimmen, die zur Laufzeit ausgeführt wird. Man schaut sich das Objekt an, bestimmt, wes Geistes Kind dieses Objekt ist, bestimmt also, welcher Klasse das Objekt bei der Vereinbarung angehört und führt dann die entsprechende Methode dieser Klasse aus. In unserem Beispiel geht es also um die Ausführung der Methode `Druck`.

Diese Art, Methoden statisch zu binden, haben wir zur Genüge kennengelernt und für unser Problem gerade als unbefriedigend erkannt. Im Gegensatz dazu werden wir gleich sehen, wie es möglich wird, Methoden *dynamisch* zu binden: Es kann dann tatsächlich erst zur Laufzeit bestimmt werden, welche Methode ausgeführt wird.

In unserem Beispiel wird sich die dynamische Bindung wie folgt auswirken: Erhält ein Objekt, das ursprünglich als `Frucht` deklariert worden ist, als Wert eine `Banane` und möchte dieses Objekt dann eine `Druck`-Methode ausführen, so wird die Bananen-Methode ausgeführt (dies gilt natürlich insbesondere in Bananen-Republiken).

Die Abbildung 15.3 zeigt die erwünschte Vorgehensweise: Beachten Sie an dieser Stelle den Gegensatz zwischen Definitions- und Ausführungszeit einer Methode.

Die so zu verwendenden Methoden werden als *virtuell* bezeichnet. Solche dynamischen Methoden, also Methoden, die zur Laufzeit gebunden werden sollen, werden in der Oberklasse

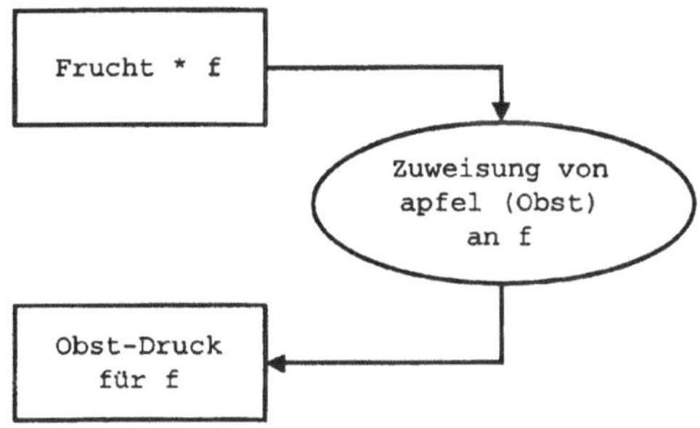

Abbildung 15.3: Dynamische Bindung

durch das Schlüsselwort `virtual` gekennzeichnet. Wenn eine Methode dieser Art beim Vererben redefiniert wird, so wird beim Aufruf für ein Objekt einer Unterklasse diejenige Methode ausgeführt, die sich aus dem *Laufzeit*-Typ des Objekts ergibt. Wir wollen das am Beispiel der Klasse `Frucht` diskutieren. Die modifizierte Vereinbarung dieser Klasse ist in Implementierung 15.1.7 wiedergegeben.

```
class Frucht {
  protected:
       char * dieFrucht;
  public:
       Frucht(char *);
       virtual void Druck();
};
```

Implementierung 15.1.7: Modifizierte Klasse `Frucht`

Die Kennzeichnung der Methode `Druck` als `virtual` hat den Effekt, daß Aufrufe für Instanzen von Unterklassen *dynamisch* die entsprechende Methode suchen. Weil dies so ist, bezeichnen wir dieses Phänomen als dynamische Bindung. Mit dieser neugewonnenen Konstruktionsmöglichkeit gehen wir erneut zu unserem Programmbeispiel und sehen, daß wir in der Tat den gewünschten Effekt erzielt haben: Jetzt wird jeder Frucht die korrekte Methode zum Drucken zugeordnet, wie Sie an der Ausgabe 15.1.3 sehen können. Sie sollten die Resultate dieser beiden Vorgehensweisen noch einmal sorgfältig studieren, um den Unterschied zwischen statischer und dynamischer Bindung wirklich zu verstehen.

Ausgabe 15.1.3 Ausgabe für die modifizierte Klasse

```
(Frucht) Frucht
(Obst) Apfel
(Hfrucht) Erbse
(Südfrucht) Banane
```

15.1.3 Achtung: Zeiger notwendig!

Die bisher betrachteten Beispiele waren nicht umsonst so konstruiert, daß die Objekte unserer Begierde sämtlich Zeiger waren, denn der Zauber arbeitet nur mit Zeigern (wegen der Alliteration?).
Verwenden wir keine Zeiger, so wird statisch gebunden, gleichgültig, ob wir die entsprechende Methode als virtuell gekennzeichnet haben oder nicht. Das liegt daran, daß die Objekte, auf die ein Zeiger zeigt, erst zur Laufzeit allokiert werden, dadurch also die erwünschte Flexibilität zeigen können. Im Gegensatz dazu werden Variablen, die nicht als Zeigertypen deklariert sind, bekanntlich bereits zur Übersetzungszeit festgelegt, so daß keinerlei Variationsmöglichkeit besteht. Der Compiler legt alle Eigenschaften fest, insbesondere auch die Methoden, die ausgeführt werden sollen.
Das folgende Beispiel

```
Obst p = Obst("Obst statisch");
p.Druck();
p = *banane; p.Druck();
```

demonstriert diesen Effekt noch einmal deutlich mit dieser Ausgabe:

```
(Obst) Obst statisch
(Obst) Banane
```

Zusammengefaßt: Falls Sie dynamische Methodenaufrufe durchführen wollen, so sollten Sie besser mit Zeigern arbeiten.

15.1.4 Redefinition virtueller Methoden

Es soll angemerkt werden, daß eine als virtuell definierte Methode nicht in jeder abgeleiteten Klasse redefiniert werden muß. Bei der Bestimmung der konkret zu verwendenden Methode wird nämlich der Vererbungsbaum von der Klasse aus nach oben (also in Richtung Wurzel) so lange durchwandert, bis eine Methode des gesuchten Namens gefunden worden ist. Das Beispiel in Implementierung 15.1.8 (vgl. [SK97]) soll das verdeutlichen.
Die Deklarationen dort sehen hinreichend verblüffend aus, deshalb sollen sie kurz noch einmal diskutiert werden: Die Klasse `Panther` enthält lediglich eine als virtuell vereinbarte Methode mit Namen `zeige`. Die Klasse `Tiger` erbt von der Klasse `Panther`, in dieser Klasse ändert sich lediglich durch Redefinition die Methode `zeige`. Die Klasse `Leopard` schließlich erbt nur von der Klasse `Tiger`, der Rumpf der Klassendefinition ist leer, so daß alles von der Vaterklasse übernommen wird. Das Hauptprogramm selbst definiert ein Feld mit vier Elementen von Zeigern auf die Klasse `Panther`. Dieses Feld wird auf bemerkenswerte Art initialisiert: Jedes Element wird neu erzeugt. Beachten Sie übrigens, daß keine der behandelten Klassen einen Konstruktor enthält, so daß auf den voreingestellten Konstruktor zurückgegriffen wird.
Wir führen jetzt für jedes dieser Feldelemente die `zeige`-Methode aus, dabei stellen wir fest, daß der erste Aufruf (der von `new Panther` herrührt), die Ausgabe `Panther` bewirkt, der zweite Aufruf rührt von `new Leopard` her. Hier greift nun unsere *Tarzan-Regel*. Wir wandern den Vererbungsbaum von der Klasse bis zur Wurzel, also konkret von der Klasse `Leopard` bis zur Klasse `Tiger`, in der wir allerdings schon die zugehörige Methode `zeige` finden (hätten wir sie hier nicht gefunden, so hätten wir zur Vaterklasse `Panther` der Klasse `Tiger` wandern müssen). Da wir aber bereits in `Tiger` fündig geworden sind, wird `Tiger` ausgedruckt. In

```
class Panther  {
  public:
       virtual void zeige();
};

class Tiger: public Panther  {
  public:
       void zeige();
};

class Leopard : public Tiger {};

void Panther::zeige() {cout  << " Panther "; }
void Tiger::zeige()   {cout  << " Tiger "; }

main() {
  Panther* zz[4] = {new Panther, new Leopard,
                    new Panther, new Tiger};
  for (int i = 0; i < 4; i++)
       zz[i]->zeige();
}
```

Implementierung 15.1.8: Merkwürdige Klassen

analoger Weise klären sich die Resultate des Ausdrucks **Panther** (von **new Panther**) und schließlich **Tiger** (von **new Tiger**).
Insgesamt wird ausgegeben: **Panther Tiger Panther Tiger**.

15.2 Rein virtuelle Methoden

Wir haben gesehen, daß durch das Schlüsselwort **virtual** eine dynamische Bindung bewirkt wird. Das hat zur Folge, daß die betreffende Methode zur Laufzeit bestimmt wird, indem die Vererbungshierarchie von unten nach oben, also in Richtung der Wurzel, so lange durchlaufen wird, bis eine passende Methode gefunden worden ist.
Nun werden wir Situationen kennenlernen, in denen es nicht besonders sinnvoll ist, überhaupt Methoden in einer Vaterklasse auszuformulieren, weil die Gegebenheiten in den erbenden Klassen wenig Gemeinsamkeiten zeigen, so daß eine gemeinsame Verfeinerung nicht angemessen erscheint. Wollen wir in dieser Situation dynamisch binden, so haben wir natürlich die Möglichkeit, eine virtuelle Methode in der Vaterklasse zu definieren und sie entweder mit einem leeren Block zu versehen oder mit einem Block, der später redefiniert wird, zu vereinbaren. Beides ist offensichtlich nicht besonders sinnvoll, vor allem erkennt man dadurch die Intention des Programmierers nicht besonders gut: daß die Definition einer Methode nämlich verzögert werden soll, um sie erst dann zu definieren, wenn der Erbe auch tatsächlich vereinbart wird.
Wir werden diese Vorgehensweise als sinnvoll kennenlernen, wenn wir uns daran machen, die

Klasse der Hofzwerge genauer auszuformulieren. Die Methoden, die wir zusätzlich zu den virtuellen Methoden jetzt kennenlernen werden, werden als *rein virtuell* bezeichnet.

```
class Frodo {
  public:
       virtual void deute() = 0;
       void zeige();
  };

void Frodo::zeige() {
     cout << "Aufruf von deute aus: ";
     deute();
}
```

Implementierung 15.2.1: Die Klasse `Frodo`

Der jetzt folgenden Diskussion liegt das Beispiel aus Implementierung 15.2.1 zugrunde, in der zunächst die Klasse `Frodo` vereinbart wird. Hier findet sich eine virtuelle Methode **`deute`**: Die Signatur dieser Funktion ist um `=0` erweitert. Das soll zeigen, daß eine *rein virtuelle* Methode vorliegt. Sie sehen, daß lediglich die Methode **`zeige`** ausformuliert ist, bei der Klasse **`Frodo`** findet sich keine explizite Ausformulierung der Methode **`deute`**. Die Klasse **`Frodo`** ist eine abstrakte Klasse in dem Sinne, daß wir keine Objekte dieser Klasse erzeugen können (vgl. Abschnitt 14.4).

Benutzung vs. Definition Die gerade geforderte Ausformulierung der rein virtuellen Methode muß bei erbenden Klassen vorgenommen werden, sofern diese erbenden Klassen Objekte erzeugen wollen. Was es mit dieser vielleicht überraschenden Formulierung auf sich hat, werden wir gleich sehen, vorher eine kurze Anmerkung zum angegebenen Beispiel. Es zeigt nämlich noch mehr: Es wird darauf hingewiesen, daß auch als rein virtuell deklarierte Methoden bereits aufgerufen werden können. Denn die Methode `zeige` enthält bereits einen Aufruf der Methode `deute`, ohne daß wir den Code von `deute` überhaupt kennen!
Diese Eigenschaft ist für die Modellierung von Systemen, wie es sich zeigen wird, überaus wertvoll: obgleich der Code noch nicht bekannt ist, kann man sich schon der Funktion bedienen. Damit kann man solche Eigenschaften in die Diskussion einbeziehen, die zwar vorhanden sein sollen, die aber noch nicht im einzelnen ausformuliert sind (so daß etwa die Ausformulierung für verschiedene Zweige in der Vererbungshierarchie verschieden aussehen kann).
Fassen wir kurz zusammen:

- Die Methode `zeige` wird als rein virtuell deklariert, sie bleibt undefiniert (hat also keinen Block, in dem sie definiert wird). Diese Tatsache wird durch `=0` nach der Angabe der Signatur angedeutet.
- Erbende Klassen müssen die Definition der Methode nachholen, sofern sie Objekte erzeugen wollen.
- Klassen, die rein virtuelle Methoden enthalten, können nicht instanziiert werden, können also nicht dazu herangezogen werden, Objekte zu bilden. Solche Klassen heißen *abstrakt*.
- Rein virtuelle Methoden können bei der Definition anderer Methoden der Klasse bereits benutzt werden.

Bislang hatten wir meist die Gelegenheit, Objekte durch Instanziierung aus unseren Klassen zu gewinnen. An dieser Stelle stellen wir wie schon in Abschnitt 14.4 fest, daß diese Möglichkeit nicht mehr vorhanden ist: Denn wenn eine Methode in einer Klasse als rein virtuell deklariert ist, so hat sie ja keinen definierenden Block, kann also nicht ausgeführt werden. Das hat zur Folge, daß kein Objekt aus dieser Klasse erzeugt werden kann (denn wie soll das Objekt reagieren, wenn die ausschließlich durch ihren Namen bekannte Methode aufgerufen wird?). Auch diese Klassen dienen hauptsächlich der Modellierung, daher ihre Bezeichnung als abstrakt.
Nun wird sich die pfiffige Leserin überlegen, daß hier eine Menge von Möglichkeiten begraben liegt, wenn sie sich die folgende Tatsache vor Augen führt. Auf der einen Seite beschreiben wir eine Methode als rein virtuell, weigern uns also schlankweg, den entsprechenden Code anzugeben und delegieren die Definition der Methode an ihre Erben. Auf der anderen Seite benutzen wir eine solche rein virtuelle Methode bereits. Nun sind die Erben bei der Definition der Methode lediglich durch die Signatur eingeschränkt. Sie müssen also, wenn sie die Methode definieren, dafür sorgen, daß die definierte Methode dieselbe Signatur wie die rein virtuelle Methode hat. Das ist aber auch schon alles! Daraus folgt insbesondere, daß Methoden mit verschiedener Bedeutung (aber gleicher Signatur) durchaus die Anforderungen erfüllen können, die eine rein virtuelle Methode an sie stellt.

Frameworks Diese Beobachtung ist die tragende Idee für eine Konstruktion, die in der objektorientierten Software-Konstruktion als *Framework* bezeichnet wird. Die Grundidee bei diesen Frameworks liegt genau hier: Wir haben die Möglichkeit, verschiedene Funktionen aufzurufen, sofern sie nur der gleichen Signatur gehorchen. Solche Funktionen, die zur Parametrisierung der Funktionalität eines Frameworks dienen, werden gelegentlich gern als ***Hotspots*** bezeichnet.

Zurück zum Beispiel Aber genug der Exkursionen. Wir definieren jetzt zwei erbende Klassen `Bilbo` und `Jonathan`, deren Aufgabe lediglich darin besteht, Sie, verehrte Leserin, über die Möglichkeiten rein virtueller Funktionen zu unterrichten. Hierzu formulieren wir nun die Methode `deute` aus, wie Sie am Beispiel der Klasse `Bilbo` in der Implementierung 15.2.2 feststellen können.

```
class Bilbo: public Frodo {
  public:
      void deute();
};

void Bilbo::deute() { cout << "Bilbo" << endl;}
```

Implementierung 15.2.2: Die Klasse `Bilbo`

Völlig analog definieren wir jetzt eine Klasse `Jonathan`, in deren Methode `deute` die Zeichenkette `Jonathan` gedruckt wird. Das Hauptprogramm ist in Implementierung 15.2.3 zu finden, beim Aufruf stellen wir folgendes fest:

```
Aufruf von deute aus: Bilbo
Aufruf von deute aus: Jonathan
```

```
main() {
        Frodo* Hobbit[2] = {new Bilbo, new Jonathan};
        for (int i = 0; i < 2; i++)
            Hobbit[i]->zeige();
   }
```

Implementierung 15.2.3: Die Wirkung rein virtueller Methoden

Sie sehen also, daß durch die Verwendung rein virtueller Methoden eine sehr flexible Möglichkeit geschaffen ist, zur Laufzeit die entsprechenden Methoden aufzurufen. Das Beispiel der drei Klassen `Frodo`, `Bilbo` und `Jonathan` zeigt Ihnen die Flexibilität dieser Konstruktion noch nicht in voller Schönheit, weil es vielleicht doch noch zu beschränkt ist. Es deutet jedoch an, daß wir mit dem Mechanismus der rein virtuellen Klassen die Möglichkeit besitzen, in sehr allgemeinen Klassen (also solchen Klassen, die recht hoch in der Vererbungshierarchie anzutreffen sind) bereits Rechnungen oder Beschreibungen vorwegnehmen können, deren Detail wir erst später ausfüllen müssen, nämlich dann, wenn wir alle dazu notwendigen Einzelheiten bereithalten können.
Das nächste Kapitel wird das Thema *Hofzwerge* wiederaufnehmen und Ihnen diese Sachverhalte an einem nicht vollständig trivialen Beispiel vor Augen führen. In der oben eingeführten Sprechweise: Wir werden ein Framework für die Hofzwerge konstruieren (oder *erstellen*? Die armen).

15.3 Aufgaben

1. Die Summe über die Elemente einer verketteten Liste ganzer Zahlen kann rekursiv einfach berechnet werden: Ist die Liste leer, so ist die Summe 0, ist sie nicht leer, so ist sie die Summe aus dem ersten Element und der Summe der restlichen Liste. Haben wir also n Listenelemente $\ell_0, \ldots, \ell_{n-1}$, so ist die Summe

$$\sum_{i=0}^{n-1} \ell_i$$

Nun kann man die Elemente einer verketteten Liste auch gewichten, indem man jedes Element ℓ_i der Liste mit einem ganzzahligen Gewicht w_i versieht. Die *gewichtete Summe* wird dann berechnet als

$$\sum_{i=0}^{n-1} w_i \cdot \ell_i$$

Auch die gewichtete Summe kann rekursiv berechnet werden.

   (a) Erweitern Sie die Klasse `IntListe` um eine virtuelle Methode `Summe` zu einer Klasse `IntListeMitSumme`, mit der die Summe wie oben berechnet werden kann.

   (b) Implementieren Sie eine Liste `GewIntListeMitSumme` gewichteter Listenelemente mit einer virtuellen Methode `Summe`, in der die gewichtete Summe berechnet werden kann.

(c) Bei Verkehrszählungen wird für jedes Autokennzeichen festgehalten, wie viele Autos mit wie vielen Mitfahrern in einer Stunde den Kontrollpunkt passieren. Autokennzeichen sind der Einfachheit halber ganze Zahlen zwischen `1` und `7655`. Simulieren Sie den Verkehr an einem Kontrollpunkt mit Hilfe der Funktion `rand` (vgl. Abschnitt 7.3, Aufgabe 13), indem Sie Autokennzeichen und Anzahl von Passagieren zufällig erzeugen und in eine Liste eintragen. Der Listeneintrag für das Kennzeichen `1376` enthält zu jedem Zeitpunkt die Anzahl der für `1376` gezählten Fahrzeuge und die Anzahl aller Passagiere in `1376`-Fahrzeugen. Geben Sie an, wieviele Fahrzeuge mit wievielen Passagieren insgesamt vorbeigefahren sind.

2. Eine `Spielfigur` hat eine Zeichenkette als Namen, einen Konstruktor, der diesen Namen setzt, und eine virtuelle Druckmethode, die den Namen ausgibt.

   (a) Implementieren Sie eine Klasse `Spielfigur`.

   (b) Leiten Sie daraus durch Vererbung die Klassen `Hase` und `Igel` ab, denen Namen die entsprechenden Zeichenketten sind.

   (c) Implementieren Sie diese Klassen `SpielfigurAlternativ`, `HaseAlternativ` und `IgelAlternativ` mit einer rein virtuellen Druckmethode.

3. Die Hobbits sind, wie wir aus Aufgabe 4 in Abschnitt 5.5 auf Seite 77 wissen, der Zukunft zugewandt. Sie wollen daher auch die leistungsbezogene Energieverteilung für Magier einführen (die Energie eines Magiers wird in `LeistungsZauber` gemessen und vom Berufsverband zugeteilt). Die GANDALFSCHE REFORMCOMMISSION hat dazu einen einleuchtenden Vorschlag gemacht: Die Zaubersprüche sollen als Entscheidungsgrundlage herangezogen werden. Aus den Zaubersprüchen wird das ungewichtete Leistungsmaß berechnet. Damit die jungen Magier eine Chance haben, soll durch eine lebensalterorientierte Maßzahl dividiert werden. Dieser Quotient wird als Bemessungsgrundlage in `LeistungsZauber` interpretiert.

   Magier tragen ihre Zaubersprüche bekanntlich in einer Textdatei mit sich herum (vgl. Kapitel 8.4; das sind diese kleinen Taschen, von denen nur Laien denken, sie würden Sternenstaub oder ähnlichen romantischen Unfug enthalten). Bei *Weißen Magiern* berechnet sich das ungewichtete Leistungsmaß als die Anzahl der Großbuchstaben, bei *Hellrosa Magiern* als die Anzahl der Ziffern in den Zaubersprüchen (man erkennt direkt die profunde Weisheit und Aussagekraft dieser Leistungsmaße). Bei Weißen Magiern ist das Lebensalter die Maßzahl, bei ihren Hellrosa Kollegen eine Zufallszahl (vgl. Aufgabe 1c), die zwischen `1` und ihrem Lebensalter liegt.

   (a) Beschreiben Sie die Klassifikationshierarchie für die Magier.

   (b) Implementieren Sie die Vorschläge der COMMISSION, wobei Sie in der Wurzel der Hierarchie das ungewichtete Leistungsmaß und die Maßzahl als rein virtuelle Methoden implementieren, auf die bei der Berechnung des `LeistungsZauber` schon zugegriffen werden kann.

4. Erweitern Sie in Fortsetzung der Aufgabe 3 die Klassifikationshierarchie und die Implementierung um die *Unpünktlichen Magier*. Ihr ungewichtetes Leistungsmaß ist die Anzahl der Zeilen ihrer Zaubersprüche, ihre Maßzahl ist `42` (bekanntlich die Antwort auf die ultimative Frage).

Kapitel 16

Zurück zu den Hofzwergen: die Implementierung

Inhaltsangabe

Nachdem wir uns mit vielen methodischen Hilfsmitteln und sprachlichen Werkzeugen ausgestattet haben, kommen wir jetzt zurück zur Modellierung der Klasse der Hofzwerge. Stellen Sie sich vor, der Zahlmeister in der Hofburg möchte gerne wissen, welche Gehaltszahlungen fällig werden, welche Steuern zu zahlen sind, welche Freibeträge er ausbringen muß und vielleicht auch noch ein wenig mehr.

Wir sollten also, um dem Zahlmeister zu helfen, die Klasse der Hofzwerge als Programm realisieren. Hierbei hilft uns die Klassifikationshierarchie, wie wir sie im ersten Kapitel kennengelernt haben. Uns wird auch helfen, daß wir über solche methodischen Instrumente wie dynamisches Binden und rein virtuelle Methoden, Vererbung und Ähnliches verfügen. Ich

möchte also in diesem Kapitel die Diskussion der Hofzwerge wieder aufnehmen und die *Klassifikationshierarchie*, wie wir sie im ersten Kapitel entwickelt haben, in eine *Klassenhierarchie* transformieren. Einige Aspekte dieser Transformation gelingen, wie Sie sehen werden, recht mechanisch. Es zeigt sich jedoch, daß wir diesen Prozeß der Transformation nicht vollständig mechanisch lösen können, weil wir einige Probleme doch auf der Grundlage unseres Verständnisses lösen müssen.
Dieses Kapitel wird sich mit der Implementierung der Klassenhierarchie befassen und den Zahlmeister der Hofburg mit Hilfe eines Programms unterstützen. Wir werden dann sehen, daß ein strikt prozeduraler Zugang, also ein solcher Zugang, der keine Vererbung kennt, wesentlich umständlicher ist. Um das zu verdeutlichen, möchte ich Ihnen zeigen, wie wir bei einer Erweiterung der Problemstellung auch die Klassenhierarchie auf einfache Weise erweitern können. Das läßt sich wesentlich unkomplizierter bewerkstelligen, als dies mit prozeduralen Hilfsmitteln möglich gewesen wäre.

16.1 Zum Programmentwurf

Wir haben die ohne Zweifel faszinierende Welt der Hofzwerge an der Stelle verlassen, an der es uns gelungen ist, die Klassifikationshierarchie zu formulieren, vgl. etwa Abbildung 1.3 auf Seite 6 in Abschnitt 1.2. Hierbei haben wir alle Informationen verwendet, die uns zur Verfügung gestanden haben. Beim Programmentwurf sollte diese Klassifikationshierarchie berücksichtigt werden. Wir hatten die Hierarchie so angelegt, daß ihre Wurzel die allgemeinsten, für alle verbindlichen Gegebenheiten festlegt, so daß auf dem Weg von oben (der Wurzel) nach unten (den Blättern) die Eigenschaften immer spezieller werden. Wenn wir dies in ein Programm übersetzen wollen, so halten wir zunächst fest, daß die Vererbung dieser Hierarchie folgt. Aus der *Vater/Sohn*-Beziehung in der Klassifikationshierarchie wird eine *vererbt/erbt*-Relation in der Klassenhierarchie.
Technisch ist zu vermerken, daß die in der Hierarchie angegebenen Attribute der einzelnen Knoten in Attribute für die zugehörigen Klassen übersetzt werden. Weiterhin ist auch klar, daß Attribute und Methoden so hoch wie möglich im Baum angebracht werden sollten, um einen möglichst hohen Wirkungsgrad zu erzielen.

Was heißt das? Je höher eine Methode im Baum angebracht wird, je näher also der entsprechende Knoten an der Wurzel ist, desto mehr Knoten (also Klassen) gibt es, in denen diese Methode sichtbar ist. In der Tat: Sie ist in allen Knoten verfügbar, die im Unterbaum zu diesem Knoten hängen. Je höher also eine Methode angebracht ist, desto mehr Klassen deckt sie ab. Dies gilt genauso für Attribute, ist also durchaus im Sinne eines möglichst allgemeinen Entwurfs.

Zusammenhang Sie sollten sich noch einmal den Zusammenhang zwischen der Klassifikationshierarchie und der Klassenhierarchie bewußt machen. Die Klassenhierarchie arbeitet auf der Ebene der Implementierung, die Klassifikationshierarchie hingegen auf der Ebene des Entwurfs. Die Klassifikationshierarchie bereitet die Klassenhierarchie vor. Idealerweise ist die Klassenhierarchie nicht nur eindeutig durch die Klassifikationshierarchie bestimmt (dies ist im wesentlichen bei uns der Fall), man kann vielmehr auch aus der Klassifikationshierarchie den Code ableiten. Ich habe das oben schon angedeutet, auch, daß das nicht in jedem Fall mechanisch möglich sein wird.

Festzuhalten ist in jedem Fall und für Ihren weiteren Lebensweg, daß ein solider Entwurf durch eine Klassifikationshierarchie unterstützt werden sollte.

16.1.1 Zur Rolle rein virtueller Methoden

Bei rein virtuellen, also abstrakten Methoden wird sichtbar, daß Klassifikations- und Klassenhierarchie einander nicht eindeutig entsprechen, also nicht isomorph sind. Das liegt daran, daß wir über die Abstraktheit einer Methode nicht unbedingt in der Klassifikationshierarchie Auskunft geben. Wir sollten daher überlegen, wo derartige abstrakte Methoden sinnvollerweise eingeführt werden sollten.
Wir können drei einfache Kriterien dafür angeben: rein virtuelle Methoden werden da eingeführt, wo

- der Name bereits bekannt sein sollte;
- der Name schon verwendet werden kann;
- der Code, also die Implementierung, noch nicht angegeben werden kann oder soll.

Gelegentlich möchte man nämlich einen Algorithmus an einen Methodennamen binden, um ihn (oder ihren Namen) bereits verwenden zu können, gibt aber die Implementierung für die Methode selbst noch nicht an. Das kann daran liegen, daß man die Realisierung an dieser Stelle verbergen möchte, oder daran, daß der Code sehr spezifisch von einer der abgeleiteten Klassen abhängt. Wir werden im folgenden einige Beispiele dafür studieren können.
Die Frage stellt sich, warum man den Namen an der Stelle überhaupt schon verwendet, warum man also nicht Implementierung und Vereinbarung zusammen in der entsprechenden Klasse realisiert. Diese Vorgehensweise hätte den — gelegentlich gravierenden — Nachteil, daß dann der Name der Methode noch nicht verwendet werden könnte. Die Verwendung des Namens wird hier jedoch möglich, wenn man diese Methode als rein virtuell definiert.

16.1.2 Zugriffsspezifikationen

Ein weiterer Gesichtspunkt, der in der Klassifikationshierarchie nur ungenügend berücksichtigt werden kann, ist durch die Verwendung von Zugriffsspezifikationen angedeutet. Sie werden in der Hierarchie nicht oder nicht recht angemessen dargestellt, so daß der Code hierfür zusätzlich Auskunft geben muß. Führt man einen Entwurf vollständig durch, so wird man in aller Regel die Klassifikationshierarchie durch schriftliche Dokumente begleiten. Sie beschreiben den Entwurf näher. An dieser Stelle sollte natürlich klargestellt werden, welche Zugriffsspezifikationen für Attribute und Methoden intendiert sind.
Gegebenenfalls hilft auch der sogenannte *gesunde Menschenverstand.*

16.2 Die Klasse `Hofarbeiter` als Wurzel

Nach diesen Überlegungen können wir die Klasse `Hofarbeiter` als Wurzel der Klassenhierarchie angeben, vgl. Implementierung 16.2.1. Sie finden dort als privates Attribut den Namen des entsprechenden Hofarbeiters, als geschütztes und statisches Attribut die Konstante, mit deren Hilfe der Basisfreibetrag angegeben wird (beachten Sie: Der Wert der Konstanten wird an dieser Stelle noch nicht angegeben). Der Zusatzfreibetrag wird auch als `protected` vereinbart. Sie sehen, daß die Methode `Gehalt` ebenso wie die Methode `DerZusatzfreibetrag` als rein virtuelle Funktionen angegeben sind. Daraus folgt zum einen, daß die Klasse `Hofarbeiter` eine abstrakte Klasse ist, also nicht dazu herangezogen werden kann, Instanzen zu bilden. Weiterhin folgt daraus, unserer obigen Diskussion folgend, daß wir die entsprechenden Funktionen bereits benutzen können.

```
class Hofarbeiter {
  private:
     char * Name;
  protected:
     static const int BasisFreibetrag;
     virtual int DerZusatzfreibetrag() = 0;
  public:
     Hofarbeiter(char *);
     virtual int Gehalt() = 0;
     int Freibetrag();
     int Steuer();
     char * DerName();
};
```

Implementierung 16.2.1: Vereinbarung der Klasse `Hofarbeiter`

Kommen wir zur Diskussion einzelner Vereinbarungen: Die Konstante `BasisFreibetrag` ist für alle Objekte notwendig, wie ein Blick auf die Klassifikationshierarchie lehrt. Die Wertzuweisung wird wie folgt vorgenommen:

```
const int Hofarbeiter::BasisFreibetrag = 10;
```

Die Konstante zum Basisfreibetrag außerhalb der Klasse definiert, was wir für Methoden ja bereits kennengelernt haben. Ein Blick auf die Vereinbarung der Klasse lehrt zudem, daß diese Konstante als `static` vereinbart wird.

```
Hofarbeiter::Hofarbeiter(char * t) {
             void strcpy(char *, char *);
             int strlen(char *);
             Name = new char[strlen(t)];
             strcpy(Name, t);
}
```

Implementierung 16.2.2: Konstruktor für die Klasse `Hofarbeiter`

Der Konstruktor für die Klasse `Hofarbeiter` ist ziemlich kanonisch (Implementierung 16.2.2), ist also nicht besonders aufregend. Wir übergeben eine Zeichenkette, die dann als Name des Hofarbeiters dienen soll. Die üblichen Techniken (Feststellen der Länge der Zeichenkette, Allokation eines geeigneten Felds und schließlich Kopie der Zeichenkette) sind in der Tat kanonisch und sollen nicht weiter kommentiert werden.

Über die Konsequenzen der reinen Virtualität für die Methode **Gehalt** haben wir ja bereits gesprochen. Wir haben noch nachzutragen, warum diese Methode als rein virtuell definiert worden ist: Dies liegt schlicht daran, daß es in unserer Welt der Hofzwerge keine einheitliche Möglichkeit gibt, die Berechnung der Gehaltszahlung festzulegen. Mit anderen Worten: Die Berechnung des Gehalts kann an dieser Stelle noch nicht formuliert werden, sie muß ***klassenspezifisch*** nachgetragen werden.
Als weitere Methode ist die Ausgabe des Namens zu nennen. Denken Sie daran, daß das Attribut Name als **private** vereinbart ist:

```
char * Hofarbeiter::DerName() {return Name;}
```

Die Berechnung des Freibetrags sollte nach unserer Aufgabenstellung so durchgeführt werden, daß die Summe aus dem Basisfreibetrag und dem Zusatzfreibetrag berechnet wird. Gegenwärtig ist der Code für die Methode zur Berechnung des Zusatzfreibetrags noch nicht bekannt, der Name für die Berechnung steht aber bereits zur Verfügung. Daher können wir die Berechnung des Freibetrags so durchführen:

```
int Hofarbeiter::Freibetrag() {
    return BasisFreibetrag + DerZusatzfreibetrag();
}
```

Wenn Sie die bisherige Entwicklung rekapitulieren, so sind virtuelle Methoden ja eingeführt worden, um dynamisches Binden des Methodennamens an die entsprechende Implementierung zu ermöglichen. Diese Vorgehensweise wird durch Verwendung rein virtueller Methoden noch einmal deutlich betont.

16.3 Die nächste Ebene

Nachdem wir also eine Entsprechung zwischen der Wurzel des Klassifikationsbaums und des Klassenbaums hergestellt haben, sollten wir uns um die nächste Ebene in beiden Bäumen kümmern. Die Verhältnisse bei den Hofzwergen sind nicht besonders kompliziert, es wird freilich ein wenig umständlicher, wenn wir über die Klasse der Zeitarbeiter reden.
Wir beginnen mit der Realisierung der Klasse der Hofzwerge.

16.3.1 Die Klasse der Hofzwerge

Diese Klassendefinition ist ziemlich einfach: Wir sagen, daß jeder Hofzwerg ein Hofarbeiter ist (dies entspricht haargenau der Klassifikationshierarchie). Allerdings müssen wir den Regeln der Sprache zufolge einen Konstruktor definieren, und diesen Konstruktor wollen wir ein wenig näher unter die Lupe nehmen (auch wenn ähnliche Konstruktionen bereits durchgeführt worden sind). Der Konstruktor wird bereits in der Vereinbarung der Klasse implementiert, er ruft nämlich den Konstruktor für die Vaterklasse auf und tut — wie wir am leeren Block für den Rumpf sehen — sonst nichts. Zusammen mit der Eingabe der Signatur einer Methode wird also ihre Implementierung in die Vereinbarung der entsprechenden Klasse geschrieben.
Der Effekt dieser Konstruktion ist bemerkenswert und soll später (vgl. Abschnitt 16.6.2 auf Seite 259) näher erläutert werden. Um den Fluß der Diskussion nicht zu stören, verlagern wir diese Erläuterung, merken aber für den vorläufigen Sprachgebrauch an, daß wir diese Art

der Vereinbarung mit inline-Vereinbarung bezeichnen. Diese Art der Vereinbarung einer Methode ist dadurch gekennzeichnet, daß der Code für die Implementierung schon in der Klassendefinition angegeben wird.
Die Hofzwerge erster Klasse stellen keine abstrakte Klasse dar, weil wir diese Klasse ja instanziieren, also Objekte für diese Klasse herstellen können. Technisch liegen alle Angaben zur Berechnung des Gehalts und der Steuer vor, so daß eigentlich kein Grund mehr dafür vorhanden ist, weiter mit abstrakten Methoden zu arbeiten. Daher müssen wir all die virtuellen Methoden implementieren, die in den Klassen, von denen wir erben, noch nicht realisiert worden sind. Insgesamt führt dies zu der in Implementierung 16.3.1 abgegebenen Definition für Hofzwerge erster Klasse.

```
class HofzwergErsterKlasse : public Hofzwerg {
  private:
       static const int FestGehalt;
       static const int Zusatzfreibetrag;
  public:
        HofzwergErsterKlasse(char * t): Hofzwerg(t) { }
        int Gehalt() { return FestGehalt; }
        int DerZusatzfreibetrag() {
               return Zusatzfreibetrag;
        }
};
```

Implementierung 16.3.1: Vereinbarung der Hofzwerge Erster Klasse

Die Klassendefinition zeigt, daß wir von der Klasse Hofzwerg erben. Es ist vielleicht ganz hilfreich, wenn Sie Ihre Aufmerksamkeit auf den Konstruktor und auf die Methoden richten, die sämtlich als inline-Vereinbarungen angegeben sind. Auch wenn wir diese Art von Formulierung von Methoden in einen späteren Abschnitt verschoben haben: Scheuen Sie sich nicht, diese Methoden gründlich anzuschauen — sie beißen nicht und tun praktisch überhaupt nicht weh.
Für die erstklassigen Hofzwerge bleiben die Werte von Konstanten zu definieren. Das geschieht hier:

```
const int HofzwergErsterKlasse::FestGehalt = 35;
const int HofzwergErsterKlasse::Zusatzfreibetrag = 3;
```

16.3.2 Die Klasse ZeitArbeiter

Die Realisierung der Klasse für die Zeitarbeiter ist ein wenig umständlicher, als dies bei den erst- oder zweitklassigen Zwergen der Fall gewesen ist. Das liegt daran, daß mehr Details zu berücksichtigen sind, die durch eine überlegte Mischung zwischen Konstanten und rein virtuellen Funktionen realisiert werden können. Die Einzelheiten sind hierdoch nicht weiter überraschend. Die rein virtuelle Methode DerZusatfreibetrag kann schon hier implementiert werden, da alle Angaben vorhanden sind. Wir führen allerdings eine rein virtuelle Methode DerStundenlohn ein. Das Ergebnis dieser Methode soll den Stundenlohn für die jeweilige Klasse angeben. Wir tun dies nach der gewiß sattsam bekannten Überlegung, daß wir die

Angaben zum Stundenlohn hier schon verwenden können, ohne daß der Wert bekannt sein muß. Diese Überlegung spricht auch dafür, die auf der Hand liegende Überlegung durch Konstanten zu verwerfen. Die Klasse **ZeitArbeiter** läßt sich nun einfach realisieren (vgl. Code in 16.3.2).

```
class ZeitArbeiter: public Hofarbeiter {
  private:
       static const int ZusatzFreibetrag;
  protected:
       int StundenZahl;
       int DerZusatzfreibetrag() {return ZusatzFreibetrag;}
  public:
       ZeitArbeiter(char * t):Hofarbeiter(t) {}
       virtual int DerStundenlohn() = 0;
       int Gehalt() {return DerStundenlohn() * DieStundenZahl();}
       void SetzeStunden(int v)  {StundenZahl = v; }
       int DieStundenZahl() {return StundenZahl;}
};
```

Implementierung 16.3.2: Vereinbarung der Klasse ZeitArbeiter

Der Vollständigkeit halber sei die Definition der einzigen Konstanten angegeben. Sie bezieht sich auf die Klasse ZeitArbeiter.

```
const int ZeitArbeiter::ZusatzFreibetrag = 4;
```

Der Rest der Implementierung ist ziemlich kanonisch und soll daher nicht weiter besprochen werden.
Als erste Spezialisierung dieser Klasse der Zeitarbeiter betrachten wir die Kammerkalligraphen. Diese Klasse ist nicht abstrakt, wir müssen die bislang virtuell gebliebenen Methoden und die spezifischen Konstanten definieren. Das haben wir bei Hofzwergen auch so gemacht. Die Vorgehensweise läßt sich auch hier gut an der entsprechenden Stelle in der Klassifikationshierarchie studieren, so daß wir hierauf nicht näher eingehen müssen. Die Klasse ist wie folgt definiert:

```
class Kammerkalligraph: public ZeitArbeiter {
  private:
       static const int Stundenlohn;
  public:
       Kammerkalligraph(char *, int);
       int DerStundenlohn() {return Stundenlohn;}
};
```

Dabei ist zum einen der Konstruktor zu formulieren

```
Kammerkalligraph::Kammerkalligraph(char * t, int w):
                                        ZeitArbeiter(t) {
       StundenZahl = w;
}
```

und wir sollten uns zum anderen über den Wert der Konstanten `Stundenlohn` Gedanken machen, der nach der Formulierung des Problems wie folgt gesetzt werden kann:

```
const int Kammerkalligraph::Stundenlohn = 2
```

Wir haben die Hofzwerge zweiter Klasse und die Hofpompfünebristen jetzt nicht an dieser Stelle realisiert. Man könnte ein bekanntes Goethe-Wort zitieren: *Getretener Quark wird breit nicht stark*, aber soweit wollen wir die Selbstironie hier vielleicht doch nicht treiben. Die Formulierungen sind völlig analog zu den hier angegebenen Definitionen, sie werden daher an dieser Stelle nicht angegeben, freilich ist die geneigte Leserin dazu eingeladen, diese Klasse zu implementieren.

16.4 Was haben wir denn jetzt daraus gelernt?

Fassen wir kurz zusammen, was wir in dieser Diskussion der Hofzwerge gelernt haben: Wir haben auf der Grundlage der Problembeschreibung eine Klassifikationshierarchie konstruiert, wobei wir die uns zur Verfügung stehenden Daten und das Verhalten, das später in Methoden umgesetzt wird, zugrundelegen konnten.
Dies ist ein Entwurfsschritt, der in jedem größeren Projekt durchgeführt werden muß. Meist ist es bei einer umfangreicheren Aufgabenstellung erforderlich, eine separate Phase, die *Anforderungsanalyse* vor diese Phase des Entwurfs der Klassifikationshierarchie zu stellen, um die Anforderungen an das zu konstruierende System exakt zu fassen. Das ist hier nicht nötig gewesen, weil die Aufgabenstellung schon so formuliert werden konnte, daß sie die Anforderungen sozusagen gleich mitformuliert hat.
Im Laufe der Diskussion haben wir recht systematisch aus der Klassifikationshierarchie eine Klassenhierarchie gemacht, wobei jedem Knoten im Klassifikationsbaum eine Klasse entsprochen hat, und die Baumstruktur in eine Vererbungsstruktur übertragen worden ist. Die Übersetzung hat sich nicht als voll mechanisierbar erwiesen, weil wir bei Attributen und Methoden unter anderem die Zugriffsspezifikationen nicht in die Klassifikationshierarchie aufnehmen konnten und weil wir keine Aussage über die Abstraktheit von Methoden gemacht haben. In technischer Sicht haben wir daran erinnert, daß Konstanten zwar in Klassen vereinbart werden können, daß aber die Wertzuweisung an Konstanten außerhalb der Klassendefinition vorgenommen wird. Wir haben `inline`-Code kennengelernt, also den Code solcher Methoden, deren Aufruf durch eine Ersetzung des Rumpfs realisiert wird.
In dieser Diskussion ist auch deutlich geworden, daß die Klassifikationshierarchie, wie wir sie betrachtet haben, lediglich die statischen Aspekte der Modellierung erfaßt. Über die dynamischen Aspekte gibt sie keine Auskunft; sie werden meist separat modelliert.

16.5 Der Zahlmeister der Hofburg

Wir haben oben gesagt, daß wir dem Zahlmeister der Hofburg helfen wollen, wenn er gern wissen möchte, was monatlich an Gehältern, Steuern und Freibeträgen zusammenkommt. Die Idee bei der Ermittlung dieser Daten ist klar. Man faßt die Bediensteten der Hofburg in einer verketteten Liste zusammen, iteriert über diese verkettete Liste und gewinnt so die erwünschten Daten. Spätestens an dieser Stelle wird sich die Flexibilität des verwendeten objektorientierten Zugangs erweisen.

16.5.1 Eine Alternative?

Lehnen wir uns einen Augenblick zurück und überlegen, was wir zu tun hätten, wenn wir nicht die Möglichkeit gehabt hätten, Klassen durch Vererbung zu konstruieren. Wir hätten andere Wege finden müssen, um die entsprechenden Stellenbeschreibungen umzusetzen. Es böte sich in einer solchen Situation an, eine `struct` zu konstruieren und die Stellenbeschreibungen jeweils mit einer Kennung zu kodieren. Unser Zahlmeister würde über die Liste der Instanzen dieser `struct` iterieren und seine Daten anhand der Kennung zu extrahieren versuchen. Das ist der gängige Weg, gegen den wenig einzuwenden ist, außer daß der hier vorgeschlagene objektorientierte Weg ohne Kennung arbeitet (die konkrete Art jeder Stelle, also das manifeste *So-Sein* des Hofzwergs wird zur Laufzeit festgestellt). Es wird sich dann zeigen, daß bei einer Erweiterung der Stellenhierarchie eine Änderung der Iteration über die Liste überhaupt nicht notwendig ist!
Das steht im krassen Gegensatz dazu, daß wir im alternativen Fall erhebliche Vorkehrungen treffen müssen, um auch wirklich alle Stellen im Code zu bedenken, an denen wir Änderungen durchführen müßten. Das gilt insbesondere dann, wenn wir neue Stellentypen hinzufügen. Nun mag Ihnen das Problem der Übersichtlichkeit an dieser Stelle nicht so gravierend erscheinen. Man soll jedoch von komplexeren Klassifikationshierarchien gehört haben, die mehr als sieben Knoten umfassen. Dann, so können Sie sich vorstellen, greift das Argument der Übersichtlichkeit nachhaltiger.

16.5.2 Konstruktion der Liste

Wir werden eine Liste aus den entsprechenden Bediensteten konstruieren. Dazu konstruieren wir eine Klasse, die — Sie werden es kaum glauben — den Namen `HofburgListe` erhalten wird. Die Operationen auf dieser Liste sind weitgehend kanonisch und geben im wesentlichen Überlegungen wieder, die wir bei früheren Gelegenheiten für Listen durchgeführt haben. Daher können wir diese Diskussion auch in der gebotenen Kürze durchführen.
Zunächst überlegen wir, welche Attribute diese neue Klasse haben sollte. Wir kommen auf die folgenden Attribute:

```
Hofarbeiter * Angestellter;
HofburgListe * weiter;
HofburgListe * Kopf;
HofburgListe * AktuellesElement;
```

Die Attribute `Kopf` und `AktuellesElement` dienen dazu, den Anfang der Liste zu verzeichnen, beziehungsweise über die Liste zu iterieren.
Als Methoden sehen wir die folgenden vor:

- Einfügen eines Elements in die Liste (was in der *realen* Welt dem Engagieren eines Hofarbeiters entspricht);
- Starten der Iteration über die Liste;
- Inspektion des aktuellen Elements mit Extraktion der gesuchten Werte;
- Weiterschalten in der Liste, bis das Ende erreicht ist.

```
class HofburgListe {
  private:
       //Attribute
  public:
       HofburgListe() {
                // inline
                };
       void Engagieren(Hofarbeiter *);
       void StartIteration() {/* inline */}
       Hofarbeiter *  DieserAngestellte() {
            // inline
            }
       int WeiterSchalten();
};
```

Implementierung 16.5.1: Vereinbarung der Klasse `HofburgListe`

Die Klasse `HofburgListe` ist in Implementierung 16.5.1 dargestellt. Ich möchte nun nicht alle Methoden für diese Klasse im Detail diskutieren, vielmehr einige Hinweise zu ihrer Implementierung geben:

- Der Konstruktor initialisiert alle Zeiger zu `NULL`.
- Die Methode `StartIteration` arbeitet so, daß das Attribut `AktuellesElement` auf `Kopf` gesetzt wird.
- Die Methode `DieserAngestellte`, die zur Inspektion des gegenwärtig aktuellen Elementes dient, gibt `AktuellesElement->Angestellter` als Wert zurück.

Das Engagieren eines Hofarbeiters wird durch die gleichnamige Methode realisiert, vgl. Implementierung 16.5.2. Es handelt sich hier also um das Einfügen an den Anfang einer verketteten Liste, wie wir es in eher abstrakter Form ja bereits gründlich kennengelernt haben.

```
void HofburgListe::Engagieren(Hofarbeiter * wen) {
     HofburgListe * HilfsKopf = new HofburgListe();
     HilfsKopf->Angestellter = wen;
     HilfsKopf->weiter = Kopf;
     Kopf = HilfsKopf;
  }
```

Implementierung 16.5.2: Engagieren eines Hofarbeiters

Die Methode `Weiterschalten` dient zur Mitteilung, ob die Liste bereits zu Ende durchlaufen worden ist oder nicht. In dem Fall, daß wir am Ende der Liste angelangt sind, gibt die Methode den Wert `-1` aus, sonst `0`, wie Implementierung 16.5.3 zeigt.

```
int HofburgListe::WeiterSchalten() {
    if (AktuellesElement->weiter == NULL)
       return -1;
    else {
       AktuellesElement = AktuellesElement->weiter;
       return 0;
  }
}
```

Implementierung 16.5.3: Iteration über die `HofburgListe`

16.5.3 Erzeugung der Liste

Unglücklicherweise können wir uns der Gehaltslisten der Hofburg nicht mehr bedienen, weil die k.u.k.-Monarchie seit nun mehr als achtzig Jahren von der Bildfläche verschwunden ist. Die Frage stellt sich, wie die Liste denn nun entstehen kann, und hier greifen wir auf einen Zugang zurück, der für *Simulationen* üblich ist. Wir erzeugen zufällige Zahlen, schauen uns jede der erzeugten Zahlen genauer an und konstruieren daraus ein Element der Liste. Die Erzeugung von Zufallszahlen ist fast eine schwarze Kunst: Man muß hier bei einer Folge von ganzen Zahlen erzeugen, die zufällig aussehen, bei denen also keine wie auch immer geartete Gesetzmäßigkeit erkennbar ist. Die Diskussion von Algorithmen zur Erzeugung von Zufallszahlen ist recht tiefliegend und soll hier nicht geführt werden. Wenn Sie's interessiert, ist [Knu93c] eine erstklassige Referenz.

Uns kommt es lediglich darauf an, daß die Sprache einen Zufallszahlengenerator `rand` zur Verfügung stellt, eine Funktion mit der Signatur `int rand()`. Wir haben uns dieser Funktion gelegentlich bereits bedient, etwa in Aufgabe 13 in Abschnitt 7.3 auf Seite 111. Jeder Aufruf dieser Funktion erzeugt eine neue, zufällig aussehende Zahl.

Wir berechnen den Divisionsrest bei der Division dieser Zahl durch 4 und nehmen diesen Divisionsrest zum Anlaß, einen entsprechenden Hofzwerg zu erzeugen und in unsere Liste einzufügen. Dies ist in der Funktion `Erzeugen` näher beschrieben, die Sie in der Implementierung 16.5.4 finden können.

Da wir für jeden Bediensteten einen Namen brauchen, nehmen wir die erzeugte Zahl noch einmal her und verwandeln sie in eine Zeichenkette. Dies geschieht durch die Funktion `itoa` (vgl. Übungsaufgabe 6.6 in Kapitel 6.6 auf Seite 92). Der Name dieser Funktion ist übrigens recht kryptisch; ich vermute, daß es sich hier um eine Abkürzung des englischen *integer to array* handelt, also *eine Zahl in ein Feld* (von Zeichen) zu verwandeln.

Das Hauptprogramm sieht dann wie in Implementierung 16.5.5 aus. Der wesentliche Punkt in diesem Hauptprogramm findet sich in der Iteration über die Liste. Sie sehen, daß die konkrete Ausprägung der Klasse des gerade betrachteten Listenobjektes keine Rolle bei der Berechnung der Gehaltssumme spielt. Vielmehr werden die entsprechenden Funktionen zur Berechnung des Gehalts, der Steuer und des Freibetrags aufgerufen. Durch die dynamische Bindung sind wir in der Lage, die *richtigen* Versionen der entsprechenden Funktionen aufzurufen.

Sie bekommen vielleicht ein Gefühl dafür, mit welchem mächtigen und flexiblen Instrument wir bei der Vererbung in Verbindung mit dynamischem Binden umgehen können.

Die oben angedeutete Einführung einer Kennung für jede Stellenart in einem alternativen Zugang ohne Vererbung, die an die Stelle der Ausnutzung dynamischer Bindung treten könnte,

```
HofburgListe * Erzeugen(int j) {
  HofburgListe * dieListe = new HofburgListe();
  for (int t = 0; t < j; t++) {
       int zufall = rand();
       char * nme = new char (5);
       int KammerStunden = zufall % 82;
       int HofpompStunden = zufall % 44;
       Hofarbeiter * einArbeiter;
       itoa(zufall, nme, 10);
       int sw = zufall % 4;
       if (sw == 0)
              einArbeiter  = new HofzwergErsterKlasse(nme);
       else if (sw == 1)
              einArbeiter  = new HofzwergZweiterKlasse(nme);
       else if (sw == 2)
              einArbeiter  = new Kammerkalligraph(nme, KammerStunden);
       else if (sw == 3)
              einArbeiter  = new Hofpompfuenebrer(nme, HofpompStunden);
       dieListe->Engagieren(einArbeiter);
       return dieListe;
    }
}
```

Implementierung 16.5.4: Simulierte Erzeugung der Liste aller Bediensteten

```
main() {
       HofburgListe *eineListe ... ;
       eineListe->StartIteration();
       Hofarbeiter * hoferl  = eineListe->DieserAngestellte();
       long int gehaltsSumme = hoferl->Gehalt();
       long int steuerSumme  = hoferl->Steuer();
       long int freiBetragsSumme = hoferl->Freibetrag();
       while (eineListe->WeiterSchalten() == 0) {
            hoferl            = eineListe->DieserAngestellte();
            gehaltsSumme     += hoferl->Gehalt();
            steuerSumme      += hoferl->Steuer();
            freiBetragsSumme += hoferl->Freibetrag();
            }
     // Ausdruck
}
```

Implementierung 16.5.5: Freut sich der Zahlmeister?

würde zu einer recht umständlichen Formulierung führen. Die entsprechende Klasse muß insbesondere an die Anforderungen der einzelnen Stellenarten angepaßt werden. Da, wie wir gesehen haben, die Berechnung der entsprechenden Daten nicht gleichförmig erfolgt, andererseits alle Möglichkeiten vorgehalten werden müssen, führt dies zu einer höllisch unübersichtlichen Klassenformulierung. Das ist insgesamt fehleranfällig, nicht änderungsfreundlich und, wenn man sich die Klasse genauer ansieht, auch wesentlich weniger verständlich als bei der gewählten Formulierung.

16.5.4 Änderungsfreundlich?

Wir demonstrieren die Änderungsfreundlichkeit unseres Zugangs durch die Einführung einer neuen Stellenart, nämlich der wohlbekannten und berühmten Klasse der `GrossZwerge`. Großzwerge sind insbesondere Hofzwerge, stellen aber in der Hierarchie der Hofzwerge etwas Besonderes dar, was durch ihre Gehaltszahlung manifestiert wird. Wir berücksichtigen diese Hofzwerge in der Hierarchie, indem wir ein geeignetes Blatt mit den entsprechenden Angaben in die Klassifikationshierarchie einfügen. Aber ein Schritt nach dem anderen.
Wir müssen natürlich zunächst einmal ein wenig genauer bestimmen, durch welche Angaben die Großzwerge denn nun genau charakterisiert sind. Die **I**nteressenvertretung der **Z**werge **b**ei **H**ofe (**IZbH**) hat weder Mühen noch Kosten gescheut, den Tarifvertrag für Großzwerge wie folgt zu gestalten:

- Das Festgehalt beträgt 52 Gulden, der Zusatzfreibetrag beträgt 6 Gulden.
- Großzwerge gehören zur Klasse der Hofzwerge (was sich wie selbstverständlich anhört: Was denken Sie, welche erbitterten Verhandlungen durch die Vertreter der **IzbH** notwendig waren! Einige Zwerge wollten sogar wachsen, um ihren Proteststatus zu verdeutlichen).

Sehen wir uns die Klassifikationshierarchie an, so wird ein Knoten *Großzwerg* als Sohn des *Hofzwerg*-Knotens eingeführt, vgl. Abbildung 16.1.

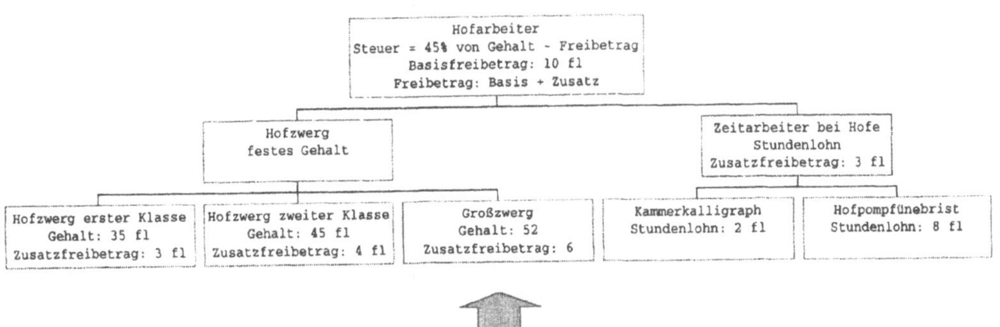

Abbildung 16.1: Erweiterte Klassifikationshierarchie

Auf der Grundlage unserer Überlegungen definieren wir jetzt in Anlehnung auf die Hofzwerge erster und zweiter Klasse eine Klasse `GrossZwerg`, in der wir die Angaben für die Großzwerge formulieren. Diese Klasse ist zusammen mit der Angabe der entsprechenden Konstanten in Implementierung 16.5.6 notiert. Das Hauptprogramm selbst wird nicht verändert, wir können jeden Großzwerg in die Liste einfügen und bei der Iteration über die Liste die Angaben über unsere Großzwerge berechnen.

```
class GrossZwerg : public Hofzwerg {
  private:
       static const int FestGehalt;
       static const int Zusatzfreibetrag;
  public:
       GrossZwerg(char * t): Hofzwerg(t) { }
       int Gehalt()
             { return FestGehalt; }
       int DerZusatzfreibetrag()
             { return Zusatzfreibetrag; }
};

const int GrossZwerg::FestGehalt = 52;
const int GrossZwerg::Zusatzfreibetrag = 6;
```

Implementierung 16.5.6: Die weithin sichtbare Klasse **GrossZwerg**

Als Konsequenz ergibt sich, daß wir durch die Verwendung unseres objektorientierten Ansatzes einen änderungsfreundlichen Entwurf geschaffen haben. Diese Änderungsfreundlichkeit wird durch unsere Beispiele nachhaltig belegt.
Überlegen Sie noch einmal die Alternativen. Wenn wir die Großzwerge in einer Situation eingeführt hätten, in der wir die Stellen durch entsprechende Kennungen charakterisiert hätten, so hätten wir

1. die entsprechende Klasse modifizieren müssen, indem wir eine neue Kennung eingefügt hätten;
2. Methoden der Klasse verändern müssen, um den geänderten Rahmenbedingungen Rechnung zu tragen;
3. das Hauptprogramm, nämlich die Iteration über die Liste, um die Untersuchung eines neuen Falls erweitern müssen.

Dies sind in der Tat vielfältige und fehlerträchtige Modifikationen.

16.6 Nachtrag: `inline`-Vereinbarungen

Wir haben oben `inline`-Formulierungen eingeführt, ohne genau zu erläutern, worum es sich dabei handelt. Diese Verzögerung sollte nicht dazu dienen, den Schleier eines Mysteriums über die Diskussion zu decken (vielleicht ist das ja geschehen), es war vielmehr als pragmatische Verschiebung gedacht. Die entsprechenden Erläuterungen sollten den Fluß der Diskussion bei der Umsetzung der Klassifikations- in eine Klassenhierarchie nicht unterbrechen. Jetzt ist der Zeitpunkt gekommen, diese `inline`-Formulierungen näher zu untersuchen.

16.6.1 Ein kurzer Blick hinter die Kulissen

Bevor ich Ihnen erzähle, worum es sich genauer bei `inline`-Methoden handelt, möchte ich mit Ihnen ein wenig hinter die Kulissen schauen, um Ihnen anzudeuten, was bei der Übersetzung und der Abarbeitung einer Funktion geschieht. Methoden sind ja Funktionen, die in einer Klasse eingebaut sind, so daß die Schilderung auch für die Methoden einer Klasse herangezogen wird.
Beim Aufruf einer Funktion muß sichergestellt werden, daß

- die aktuellen Parameter richtig übergeben werden;
- der Ergebniswert an den Aufrufer korrekt zurückgegeben wird;
- schließlich nach Abarbeiten der Funktion der Aufrufer seine Arbeit an der richtigen Stelle fortsetzen kann.

Hierzu sind technisch einige Vorkehrungen notwendig, über die ich nicht im einzelnen berichten möchte, die aber zusammengefaßt so dargestellt werden können, daß man sich die entsprechenden Daten (und einige andere Daten mehr) in einer Datenstruktur merkt, die beim Aufruf mit Daten gefüllt wird. Diese Datenstruktur heißt *activation record*, sie wird in einem Kellerspeicher (vgl. Aufgabe 7 in Abschnitt 10.9), der hier den Namen *Laufzeitstack* trägt, aufbewahrt. Der *activation record* wird vom Compiler für jede Funktion vorbereitet, er wird konstruiert und auf den Laufzeitstack gelegt, sobald die Funktion aufgerufen wird. Diese Aufgabe wird durch das Laufzeitsystem erledigt, das auch dafür sorgt, daß der *activation record* vom Laufzeitstack genommen wird, sobald die Methode ihre Arbeit beendet hat. Der Laufzeitstack ist eine Datenstruktur, mit dessen Hilfe die gerade aktiven Funktionen verwaltet werden. Er ist ziemlich kompliziert zu verwalten und für Sie als Benutzer eigentlich unwichtig.
Die Diskussion zeigt, daß beim Aufruf einer Methode einiges an komplizierter Arbeit geleistet werden muß; solche Arbeit ist immer aufwendig und zeitintensiv. Betrachten Sie als Beispiel den Fall, in dem eine Methode lediglich einen einzigen Wert ohne jede Berechnung zurückgeben soll. Wir haben solche Funktionen als Methoden kennengelernt, bei denen es etwa darum ging, den Wert eines als `private` charakterisierten Attributs zurückzugeben. Sie stellen im Lichte dieser Betrachtungen fest, daß der Verwaltungsaufwand für den Aufruf und die Abarbeitung der Methode um ein Vielfaches höher ist als der Aufwand für die eigentliche Berechnung der Funktion, die ja lediglich einen Wert zurückgeben soll.

16.6.2 Und nun: `inline`

Aus den genannten Gründen würde es sich anbieten, für solche sehr einfachen Funktionen den Code der Funktion an die Stelle zu kopieren, an der sie aufgerufen wird. Dies hätte zur Folge, daß im Hinblick auf Zeit und Speicherplatz wesentlich effizienter gearbeitet werden könnte. Dieses Problem ist bei Funktionen, die keine Methoden einer Klasse sind, aus vielfältigen Gründen anders lösbar. Bei Methoden jedoch bleibt die Frage nach der Verhältnismäßigkeit der Mittel in ganzer Schärfe bestehen. Hier kann der Aufruf einer Methode durch den Code der Methodendefinition ersetzt werden, sofern die Methode hinreichend einfach ist. Diese Vorgehensweise wird, Sie glauben es kaum, `inline`-*Aufruf* genannt, `inline` deshalb, weil in den früheren, zeilenorientierten Programmiersprachen die Zeilen mit dem Aufruf einer Funktion durch die Zeilen mit dem definierenden Text der Funktion ersetzt worden sind.

C++ bietet die Möglichkeit zum `inline`-Aufruf von Methoden, wie wir gesehen haben. Dies muß bei der Vereinbarung von Methoden festgelegt werden, es ist selbstverständlich nur für gewisse Klassen von Methoden möglich, wie es gerade ja auch schon in der Erklärung durchgeschienen ist: Rekursive Methoden etwa können aus naheliegenden Gründen nicht `inline` verarbeitet werden.

Eine Methode wird, wie wir es gesehen haben, als `inline` vereinbart, indem der Block, in dem der Code für die Methode steht, in die Vereinbarung der Klasse hineingeschrieben wird. Wir haben das bei der Diskussion der Implementierung für die Klasse der Hofzwerge an verschiedenen Stellen gesehen. Die Regeln, wann Methoden als `inline`-Methoden vereinbart werden können, sind ein wenig kompliziert, daher werden wir diese Vorgehensweise nur dann verwenden, wenn wir die Rückgabe einfach verwendeter Werte als Rumpf für die Methode verwenden wollen.

Es soll darauf hingewiesen werden, daß die `inline`-Vereinbarung von Methoden eine Implementierungsentscheidung ist, da man ja erst bei der Implementierung sieht, ob entsprechend einfach konstruierte Methoden vorliegen. Die Implementierung steht hier im Gegensatz zum Entwurf: Es kann keine Entwurfsentscheidung sein, eine Methode `inline` zu vereinbaren. Daher wird dies auch nicht in der Klassifikationshierarchie sichtbar.

16.6.3 Weiterführend

Das ist der angekündigte Exkurs gewesen. Falls Sie sich über die Techniken der Implementierung von Funktionsaufrufen für einfache Programmiersprachen interessieren, sei Ihnen ein Blick in [ASU86] oder [DF90] empfohlen.

Kapitel 17

Hashing: die etwas andere Suchtechnik

Inhaltsangabe

In diesem Kapitel möchte ich Ihnen eine Alternative zum Suchen mit Hilfe von binären Suchbäumen zeigen. Sie liefert gelegentlich schnellere Resultate als binäre Suchbäume und wird daher dort verwendet, wo schnelles Suchen von vitaler Wichtigkeit ist (z. B. in Übersetzern, wo Suchen eine große Rolle spielt: Man möchte etwa für eine Variable die Vereinbarung ihres Typs *rapido* kennenlernen). Diese angenehme Eigenschaft hat freilich ihren Preis: Wir benötigen eine spezielle Funktion, damit diese Technik arbeitet. Ich werde Ihnen durch zwei Experimente zeigen, daß eine solche Funktion manchmal nicht gar so einfach herzustellen ist. Dieses Kapitel wird den Zugang über Abstrakte Datentypen noch einmal nachdrücklich betonen. Wir werden also den Abstrakten Datentyp `HashTafel` studieren, bevor wir zu einer Implementierung schreiten. Ich möchte mit dieser Diskussion eine weitere sprachliche Möglichkeit vorbereiten, nämlich Schablonen und ihre Verwendung. Dies wird dem nächsten Kapitel vorbehalten bleiben.
Bevor wir in diese Diskussion eintreten, noch eine kurze Anmerkung. Die Methoden und Varianten des Hashing sind recht vielfältig, dieses Kapitel diskutiert die meist benutzte Variante, das *offene* Hashing. Weitere Varianten finden Sie in den Büchern zu Datenstrukturen, also z. B. in [Knu93a, AHU73, AHU82]

17.1 Suchoperationen oder: Die Idee beim Hashing

Bislang haben wir komplexere Suchoperationen mit Hilfe von binären Suchbäumen realisiert. Diese Bäume haben sich als wichtige Datenstruktur herausgestellt, deshalb wollen wir kurz noch einmal an die definierenden Eigenschaften dieser binären Suchbäume erinnern.
Ein binärer Suchbaum ist ein binärer Baum über den ganzen Zahlen mit den folgenden Eigenschaften:

- Die Beschriftung der Wurzel ist *größer* als die Beschriftung der Wurzel des linken, *kleiner* als die Beschriftung des rechten Unterbaums.
- Linker und rechter Unterbaum sind selbst binäre Suchbäume.

Bei dieser rekursiven Definition haben wir implizit den leeren binären Baum unter die binären Suchbäume gerechnet. Wenn Sie sich die gerade angeführten Eigenschaften noch einmal durch den Kopf gehen lassen, so stellen Sie fest, daß die Eigenschaften ganzer Zahlen nicht an besonders zentraler Stelle eingehen: Es wird nicht benötigt, daß wir mit ihnen Rechenoperationen durchführen können, es ist allein wichtig, daß die ganzen Zahlen geordnet sind, daß wir also bei zwei verschiedenen ganzen Zahlen immer sagen können, ob die erste kleiner oder größer als die zweite ist.
Das ist eine charakteristische Eigenschaft für binäre Suchbäume: Sie arbeiten nur, wenn eine Ordnungsrelation auf den Objekten vorhanden ist, mit deren Hilfe man die Suchoperation ausführen möchte; sonst verweigern sie schlankweg den Dienst. Sind wir also nicht in der Lage, die Größe zweier Elemente des Universums (also der Grundgesamtheit, über der wir suchen) zu vergleichen, so können wir keine binären Suchbäume darüber definieren. Auf den ersten Blick scheint das Fehlen einer Ordnungsrelation dafür zu sprechen, daß unser Universum dann mit merkwürdigen Entitäten bevölkert ist. Das ist aber wirklich nur der erste Blick: Wenn Sie etwa die Kundenkartei eines großen Versandhauses betrachten, so können Sie ja zwei Kunden nicht unbedingt direkt so miteinander vergleichen, daß ein Kunde immer vor oder nach einem anderen berücksichtigt werden muß. Also ergibt sich nicht unbedingt immer eine Ordnungsrelation auf den Objekten, mit denen wir arbeiten. Ein anderes Beispiel ist bei den Hofzwergen zu sehen: Sie können schlecht einen Hofzwerg mit einem anderen so vergleichen, daß Sie sagen, dieser Hofzwerg sei vor oder hinter jenen zu setzen. Gelegentlich hilft man sich dabei, daß man Ordnungszahlen vergibt (also etwa Kundennummern wie im Beispiel des Versandhauses oder Personalnummern wie im Beispiel der Hofzwergkammer). Mitunter hat man aber nicht einmal diese Ordnungszahlen zur Verfügung, die ja eine Aufbereitung der Daten vor der eigentlichen Verarbeitung voraussetzen, ist aber trotzdem darauf angewiesen, Suchoperationen auf solchen Objekten durchzuführen. Dann ist man mit binären Bäumen nicht besonders gut bedient. Und so ist es erforderlich, eine neue Technik zum Suchen einzufügen.
Kehren wir kurz zur Suche in einer verketteten Liste zurück. Wir durchlaufen sie von Anfang an und vergleichen jedes Listenelement mit dem vorgelegten Element. Dies geschieht solange, bis wir entweder das Element gefunden oder das Ende der Liste erreicht haben. Diese Grundidee des Suchverfahrens wird beim Hashing beibehalten, wir suchen jedoch nicht mehr in der gesamten Liste, sondern zerlegen die Liste geschickt in einzelne Teile und suchen dann nur im ausgewählten Teil. Auch hier hängt natürlich der Aufwand bei der erfolglosen Suche von der Länge der Liste ab.
Präzisieren wir diese Idee ein wenig: Sei U eine endliche Menge all der Objekte, für die wir unsere Suchoperation definieren wollen. Wir zerteilen U derart in einzelne Parzellen, daß

diese etwa gleichgroß sind, und daß wir von jedem Element leicht angeben können, in welcher Parzelle es sich befindet. Die einzelnen Parzellen werden als verkettete Listen implementiert. Wenn wir das formal darstellen wollen, so können wir das wie folgt tun: Sei

$$h : U \rightarrow \{0, \ldots, m-1\}$$

eine Funktion. Die Menge aller Elemente, die bereits verarbeitet worden sind, werde mit U' bezeichnet, und $U'(j)$ sei die Menge aller Elemente in U', die von h auf j abgebildet werden. Wenn ich nun nach einem Element, sagen wir t, suche, so möchte ich wissen, ob das Element t schon in U' liegt. Dies geschieht in den folgenden Schritten: Zunächst berechne ich $h(t)$. Dies gibt mir eine Zahl j, und ich sehe nach, ob t ein Element von $U'(j)$ ist. Der Effekt besteht also darin, statt ganz U' nach dem Element t zu durchsuchen, lediglich die kleinere Parzelle $U'(j)$ zu betrachten. Damit habe ich natürlich einen beträchtlichen Teil der Sucharbeit gespart, falls alle dieser Parzellen etwa die gleiche Größe haben. Nehmen wir an, wir suchen t, um es in U' einzufügen. Nach der gerade geschilderten Idee sollten wir, falls das Element noch nicht in unserer Menge vorhanden ist, dieses Element in $U'(j)$ einfügen. Der Wert von j ist daher an dieser Stelle entscheidend: Er wird durch die Funktion h bestimmt. Die Größe der Parzellen wird also durch die Funktion h bestimmt. Die Güte des Verfahrens hängt daher direkt davon ab, ob es der Funktion h gelingt, eine gleichmäßige Größe der Parzellen zu bewirken (wir wollen nicht päpstlicher sein als der Papst: Die Parzellen sollen etwa gleichgroß sein).

Die Funktion h heißt *Hash-Funktion*; das englische Wort *to hash* bedeutet so viel wie *zerhacken, mischen*[1]. Die Repräsentation jeder dieser Parzellen als verkettete Listen stellt die einfachste und offensichtlichste Möglichkeit dar, diese einzelnen Teilmengen darzustellen.

In Abbildung 17.1 finden Sie eine graphische Darstellung dieser Vorgehensweise: Nehmen wir an, wir zerlegen eine zwölfelementige Menge in fünf einzelne Teile. Wenn wir ein bestimmtes Element suchen, so wählen wir lediglich die entsprechende Liste aus (dies geschieht mit der Hash-Funktion) und suchen in dieser Liste. Statt also zwölf Vergleiche für eine erfolglose Suche durchführen zu müssen, hätten wir dann höchstens drei Vergleiche durchzuführen. Damit hätten wir die Anzahl der Vergleiche geviertelt, was eine nicht unbeträchtliche Erleichterung darstellt.

17.2 Was ist zu tun?

So weit so gut: Aber wie realisieren wir diese Ideen? Hierzu wählen wir zunächst einmal ein Universum, über dem wir unsere Überlegungen exemplarisch durchführen, und überlegen dann weiter, wie wir in dieser Grundgesamtheit vorgehen. Um die Angelegenheit so allgemein wie nur möglich zu halten, dürfen wir natürlich nicht so vorgehen, daß wir die Anzahl der Listen, in denen wir suchen, von vornherein fixieren. Unsere Lösung muß also so beschaffen sein, daß die Anzahl der Listen dann als Parameter übergeben wird, wenn die Struktur, die wir im folgenden `HashTafel` nennen wollen, konstruiert werden soll.

Wir setzen bei den folgenden Überlegungen voraus, daß wir ganze Zahlen als Elemente unseres Universums haben. Dies mag Ihnen merkwürdig erscheinen, da wir eine Methode einführen

[1] Das Oxford English Dictionary (1933, vol. V, p. 109) gibt im wesentlichen die folgende Bedeutung für *to hash* an: *To cut (meat) into small pieces for cooking*. Als erste Verwendung wird eine Quelle aus dem Jahre 1657 angegeben. Das Supplement von 1976 (vol. II, p. 41) gibt an, daß *hash* eine umgangssprachliche Bezeichnung für *hashish* sei, was die gute alte deutsche Volksweisheit *Haschu Hashisch innu Taschen, hashu immer waschu zu naschen* erklären könnte.

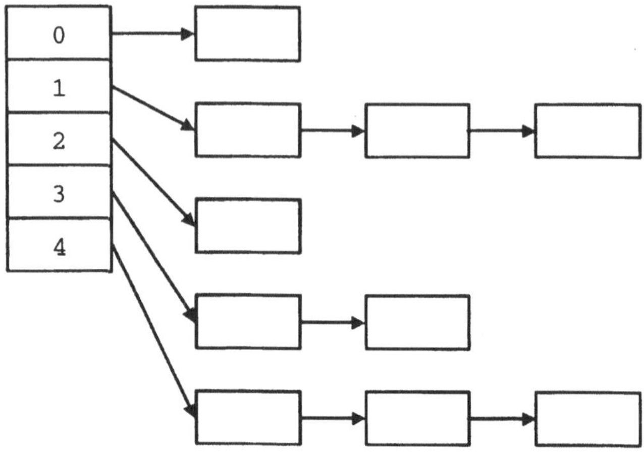

Abbildung 17.1: Hashing — die Idee

wollen, die gerade nicht von der Ordnung auf den betroffenen Elementen abhängen soll. Und nun betrachten wir als Beispiel ausgerechnet eine geordnete Menge! Sie werden jedoch im folgenden feststellen, daß wir von der Ordnung auf den ganzen Zahlen keinen Gebrauch machen. Auf der anderen Seite erfordern die ganzen Zahlen als Suchbereich nur minimale technische Vorbereitungen, so daß wir hier unsere Ideen sehr klar darstellen können, ohne durch die Notwendigkeit zur Darstellung einer komplexeren Grundgesamtheit abgelenkt zu werden. Wir werden daher zunächst mit Listen ganzer Zahlen arbeiten und diese Listen zu Hashtafeln zusammenfassen. Ein wesentlicher Punkt, der unsere Aufmerksamkeit erfordern wird, ist die Auswahl der Funktion h, die sich als bestimmend für die Effizienz des Verfahrens erweisen wird.

Da wir mit ganzen Zahlen arbeiten, ist es für die folgenden Überlegungen recht praktisch, den Datentyp `IntListe` heranzuziehen, also eine Liste ganzer Zahlen. Auf der Grundlage dieses Datentyps werden wir den Datentyp **`HashTafel`** formulieren.

Die nächsten Überlegungen werden sich mit dem Datentyp `IntListe`, der Listen ganzer Zahlen darstellt, befassen. Das ist vielleicht auch eine ganz gute Wiederholung.

17.3 Der Datentyp `IntListe`

Der Datentyp `IntListe` ist in Implementierung 17.3.1 formuliert. Wir diskutieren kurz die Komponenten dieses Datentyps und auch die Realisierung ausgewählter Methoden.

Die folgenden Komponenten sind als `private` vereinbart:

- `int Element` — ein typisches Element der Liste;
- `IntListe * Kopf` — wie üblich das erste Element der Liste;
- `IntListe * weiter` — dient der Verkettung: Die Komponente zeigt auf das nächste Element.

```
class IntListe {
    private:
        int Element;
        IntListe * Kopf;
        IntListe * weiter;
        int IstDa(IntListe *, int);
        IntListe * WegDa (IntListe *, int);
        void DieserDruck(IntListe *);
    public:
        IntListe();
        IntListe(int r);
        int Testen(int r);
        void Entfernen(int r);
        void Einfuegen(int);
        void Druck();
};
```

Implementierung 17.3.1: Klassendefinition: IntListe

Die folgenden Methoden werden ebenfalls als `private` vereinbart. Es handelt sich hier um Hilfsfunktionen, die bei der Formulierung der entsprechenden öffentlichen Funktionen mit dem ersten Element der Liste aufgerufen werden. Sie durchlaufen dann die Liste rekursiv. Die öffentlich zugänglichen Methoden greifen dann auf diese Hilfsmethoden zurück, die aber vor dem Benutzer oder dem Erben verborgen werden.
Es geht also hier um die folgenden Methoden:

- `int IstDa(IntListe *,int)`. Der Aufruf `IstDa(K,r)` überprüft rekursiv, ob das Element `r` in der Liste `K` bereits vorhanden ist:

  ```
  int IntListe::IstDa(IntListe * K, int r) {
          if (K == NULL) return false;
          else if (K->Element == r) return true;
          else return IstDa(K->weiter, r);
          }
  ```

- `IntListe * WegDa(IntListe *,int)`. Der Aufruf `WegDa(K,r)` entfernt das Element `r` aus der Liste `K` und gibt einen Zeiger auf die modifizierte Liste zurück:

  ```
  IntListe * IntListe::WegDa(IntListe * K, int r) {
          if (K == NULL) return K;
          else if (K->Element == r) return K->weiter;
          else {K->weiter = WegDa(K->weiter, r); return K;}
          }
  ```

- `void DieserDruck(IntListe *)`. Der Aufruf `DieserDruck(K)` druckt die Liste `K` aus, indem er sie rekursiv durchläuft:

```
void IntListe::DieserDruck(IntListe * K) {
        static int t = 1;
        if (K != NULL) {
                cout << K->Element  << (t++%4==0 ? "\n" : "\t");
                DieserDruck(K->weiter);
                }
        else {t = 1; cout << "(Ende)" << endl;}
        }
```

Wir geben dieser Klasse zwei Konstruktoren mit: Der einfache Konstruktor arbeitet ohne jedes Argument, er konstruiert lediglich ein Listenelement, in das später ein Inhalt eingegeben wird, der zweite Konstruktor nimmt einen Inhalt für das erste Listenelement und fügt es dort ein (vgl. Implementierung 17.3.2).

```
IntListe() {
  Kopf = NULL; weiter = NULL;
  }

IntListe(int r) {
  Kopf = NULL; weiter = NULL;
  Element = r;
  }
```

Implementierung 17.3.2: Konstruktoren für `IntListe`

Die im folgenden angegebenen Methoden arbeiten mit der Technik, die ich gerade oben erwähnt habe: Es wird auf eine Hilfsfunktion zugegriffen, die zusätzlich das erste Element der Liste als Parameter hat. Weil es sich um einfache Funktionsaufrufe handelt, ist es möglich, die Formulierung ebenfalls `inline` vorzunehmen:

```
int Testen(int r) {return IstDa(Kopf, r);}
void Entfernen(int r) {Kopf = WegDa(Kopf, r);}
void Druck(){DieserDruck(Kopf);}
```

Die Methode `Einfuegen` soll ein neues erstes Element in die Liste einfügen. Daher erweist es sich nicht als sinnvoll, die oben verfolgte Strategie der Spezialisierung privater Methoden zu verwenden. Vielmehr ist es hier angemessener, eine direkte Formulierung anzugeben, die nun auch nicht besonders überraschend ist:

```
void IntListe::Einfuegen(int r) {
  if(!Testen(r)) {
       IntListe * neu = new IntListe(r);
       neu->weiter = Kopf;
       Kopf = neu;
  }
}
```

17.4 Hashing

Damit können wir uns auf die Hilfsfunktion der Klasse `IntListe` abstützen, wenn es darum geht, die oben beschriebenen Ideen zum Hashing zu realisieren.

Nehmen wir an, daß wir unsere Funktion h zur Verfügung haben, und weiter, daß diese Funktion ihre Werte aus der Menge $\{0, \ldots, n-1\}$ nimmt. Mit jeder dieser Zahlen wird eine verkettete Liste verbunden, so daß wir jedem Element t des Universums eine verkettete Liste zum Wert $h(t)$ zuordnen können. Am Anfang sind all diese Listen leer. Wollen wir das Element t einfügen, so berechnen wir den Wert $h(t)$ und fügen das Element in die zugehörige Liste ein. Suchen wir ein Element t, so berechnen wir wieder $h(t)$ und schauen in der entsprechenden Liste nach. Analog können wir t löschen, indem wir es in der entsprechenden Liste, die durch den Wert $h(t)$ angesprochen wird, löschen. Es handelt sich also jetzt um eine geringfügig formaler dargestellte Übertragung der Ideen, die wir oben bereits dargestellt haben. Im Unterschied zur ersten Diskussion haben wir nun auch Listen zur Verfügung, so daß wir die Überlegungen besser konkretisieren können.

Sie sehen, daß die Funktion h der Dreh- und Angelpunkt unserer Überlegungen ist. Sie sollte einfach zu berechnen sein, eine kompliziert zu berechnende Funktion könnte die Vorteile unseres Verfahrens zunichte machen. Sie sollte weiterhin sicherstellen, daß die Elemente gleichmäßig verteilt sind, daß also die einzelnen Listen etwa die gleiche Länge haben.

Die Auswahl einer geeigneten Hash-Funktion ist in der Literatur sehr ausgiebig und sehr ausführlich diskutiert worden, sie hängt im wesentlichen davon ab, welche Anwendung zugrunde liegt. Ich habe oben bereits erwähnt, daß ein wichtige Anwendungsgebiet, in dem dieses Suchverfahren verwendet wird, der Bau von Übersetzern für Programmiersprachen ist. Bei Übersetzerbauern haben sich unzählige Tricks eingebürgert, die wir hier jedoch nicht wiedergeben wollen. Die interessierte Leserin sei auf die Literatur zum Übersetzerbau verwiesen, hier insbesondere auf das *Drachenbuch* [ASU86].

Wir werden für unsere Anwendungen eine sehr einfache Funktion verwenden, nämlich den Divisionsrest bei der Division durch m, die Anzahl der Listen. Diese Funktion sieht recht einfach aus, man fragt sich, ob sie der Kompliziertheit des Verfahrens auch wirklich gewachsen ist. Wir werden weiter unten sehen, daß sich diese Funktion überraschend gutmütig verhält, wenn m eine Primzahl ist.

Die einzelnen Listen, die konstruiert werden, werden in der Literatur gern als *Körbe (buckets)* bezeichnet, weil sie all die Elemente aufnehmen, die sich durch denselben Wert der Hash-Funktion auszeichnen. Sie stellen also eine Sammlung dar, eine andere Bezeichnung für diese Listen ist *Konfliktlisten (clash lists)*, die eher den Standpunkt betont, daß zwei Elemente miteinander im Konflikt stehen, wenn die Hash-Funktion für sie denselben Wert produziert.

17.4.1 Der Abstrakte Datentyp `HashTafel`

Im folgenden soll nun, ausgehend von diesen recht ausführlichen Vorarbeiten, die Suchstruktur definiert werden. Dazu gehen wir nach dem bewährten Muster vor, einen Abstrakten Datentyp zu definieren und ihn anschließend zu implementieren. Der Vorteil dieser an Konzepten orientierten Vorgehensweise zeigt sich wieder einmal recht schnell: Wir stützen uns ab auf den bereits bekannten Datentyp `IntListe` und können alle Operationen, die mit Listen zusammenhängen, auf diesen Datentyp abbilden. Wir müssen eigentlich nur noch in der Lage sein,

- die Struktur geeignet zu allokieren;
- die Hashtafel zu initialisieren;
- dafür zu sorgen, daß wir für jedes Element die *richtige* Liste berechnen.

Bei vorgegebenem `m` wird die Hashtafel als Feld mit `m` verketteten Listen vom Typ `IntListe` vereinbart, die `HashTafel hT` besteht damit aus `m` verketteten Listen. Wenn wir `hT` anlegen wollen, so sollten wir ein Feld aus verketten Listen der Länge `m` allokieren. Wir merken uns zusätzlich in der Variable `maxBucket` die Größe `m` des Feldes, die wir später noch benutzen werden. Da wir soviel Flexibilität gewährleisten, daß wir die Größe `m` des Feldes erst zur Laufzeit festlegen, ist die Größe der `HashTafel` nicht festverdrahtet, sie kann vielmehr flexibel festgelegt werden.
Nehmen wir uns ein Element `t` her und diskutieren, welche Operationen wir für dieses Element durchführen müssen. Sie stellen fest, daß unsere Vorarbeiten zur `IntListe` fast alle Fragen bereits beantwortet haben:

- Die Überprüfung, ob `t` in der `HashTafel` schon vorhanden ist, wird mit einem Aufruf von

  ```
  hT[h(t)].Testen(t)
  ```

  erledigt.

- Wir fügen `t` ein, indem wir die zugehörige `Einfuege`-Methode aufrufen; *zugehörig* bedeutet hier, daß wir den Wert `h(t)` berechnen müssen, um zur entsprechenden Liste zu kommen. Wir erledigen also das Einfügen durch den Aufruf

  ```
  hT[h(t)].Einfuegen(t)
  ```

  Dieser Aufruf sollte nur dann stattfinden, wenn das Element `t` nicht schon in der Tafel ist.

- Das Element `t` entfernen wir durch den Aufruf von

  ```
  hT[h(t)].Entfernen(t)
  ```

17.5 Realisierung der Klasse `HashTafel`

Wir überlegen uns nun, wie diese `HashTafel` namens `hT` zu vereinbaren sei: Die technischen Überlegungen sind bereits genannt worden, es muß eigentlich nur noch genauer dargestellt werden, wie diese Tafel allokiert wird. Das ist ein wenig trickreich, wir haben die Technik aber schon am einen einfacheren Beispiel eingeübt, als wir nämlich in Kapitel 6.5.1 Sternchen gemalt haben.
Jeder Eintrag `hT[j]` in der Tafel ist ein Zeiger auf `IntListe`. Damit liegt die Vereinbarung `IntListe * hT[j]` nahe. Also ergibt sich als notwendige Vereinbarung für unsere `HashTafel` die Definition `IntListe ** hT`.
Wir haben auch schon in Abschnitt 6.5.1 gesehen, wie wir mit der Allokation eines entsprechenden Zeigers auf Zeiger verfahren müssen: Zunächst allokieren wir den gesamten Bereich (wir allokieren also `m` Zeiger auf `IntListe`). In einem nächsten Schritt sorgen wir für den

Speicherplatz für die einzelnen Einträge in dem entsprechenden Feld (erinnern Sie sich: Felder und Zeiger sind als Datentypen austauschbar), müssen also für jeden der m Einträge einen Eintrag bereitstellen. Das geht so:

- Der erste Schritt besteht in der Ausführung von

  ```
  hT = new IntListe * [m]
  ```

  Damit ist eine Tafel mit m Elementen allokiert.

- Der nächste Schritt besteht in der Allokation der einzelnen Elemente in der Tafel, also in der Ausführung der folgenden Schleife:

  ```
  for (int i = 0; i < m; i++) hT[i] = new IntListe();
  ```

Insgesamt sind wir jetzt in der Lage, die Vereinbarung der Klasse `HashTafel` anzugeben (Implementierung 17.5.1). Die Operationen sind, wie Sie gesehen haben, ebenfalls angegeben. Weil es sich um sehr einfache Operationen handelt (jedenfalls technisch gesehen: Es geht ja lediglich darum, die Listen-Operationen für die richtige Liste aufzurufen), haben wir zu einer `inline`-Formulierung gegriffen.
Bemerken Sie bei der Formulierung dieser Klassen, daß die Interna der Tafel, nämlich die Tafel selbst und ihre Größe als `private` vereinbart worden sind. Die Operationen sind hingegen sämtlich öffentlich (klar: Sonst könnte ein Aufrufer sie ja nicht verwenden).

```
class HashTafel {
  private:
       IntListe ** hT;
       int maxBucket;
  public:
       HashTafel(int);
       int h(int r) {return r%maxBucket;}
       int Testen(int r) {return hT[h(r)]->Testen(r);}
       void Einfuegen(int r) {hT[h(r)]->Einfuegen(r);}
       void Entfernen(int r) {hT[h(r)]->Entfernen(r);}
       void Druck();
};
```

Implementierung 17.5.1: Vereinbarung der Klasse `HashTafel`

Wir haben den Konstruktor noch nicht explizit formuliert und noch nicht gesagt, wie die Druckmethode realisiert werden soll. Das geschieht jetzt.

17.5.1 Der Konstruktor für die Klasse `HashTafel`

Wir übergeben dem Konstruktor den obigen Überlegungen folgend die Größe der `HashTafel`, diese Größe wird dann in den privaten Variablen `MaxBucket` gespeichert. Dann allokieren wir m Zeiger auf die Objekte vom Typ `IntListe`, wie wir das gerade oben diskutiert haben. Der Konstruktor arbeitet dann wie in der Implementierung 17.5.2 angegeben.

```
HashTafel::HashTafel(int m) {
            maxBucket = m;
            hT = new IntListe *[m];
            for (int i = 0; i < m; i++)
                 hT[i] = new IntListe();
        }
```

Implementierung 17.5.2: Der Konstruktor für die Klasse `HashTafel`

17.5.2 Methode zum Druck

Diese Methode ist recht einfach, sie iteriert über die einzelnen Einträge in der Hashtafel und druckt jede Liste, die dort gefunden wird, aus; sie ist in Implementierung 17.5.3 wiedergegeben.

```
void HashTafel::Druck() {
     for (int i = 0; i < maxBucket; i++) {
         cout << "\nBucket für i = "  << i << ":\n";
         hT[i]->Druck();
       }
}
```

Implementierung 17.5.3: Methode zum Druck einer Hashtafel

17.5.3 Ein Beispielprogramm

Das Beispielprogramm, das Sie in Implementierung 17.5.4 sehen, arbeitet mit einer Tafel der Größe 17, in dieser Tafel werden zweitausend Zahlen eingefügt. Wir haben keine realistische Anwendung zur Hand, daher werden diese Zahlen zufällig erzeugt. Das Programm überprüft ebenfalls, wie gut die Trefferquote gewesen ist: Wir erzeugen nämlich zweitausend weitere Zufallszahlen und schauen uns an, ob diese Zufallszahlen bereits in der Tafel vorhanden sind. Diese Überlegung kann z. B. als Gütekriterium für den Zufallsgenerator verwendet werden. Die Anzahl der Treffer, also die Anzahl der Zahlen, die bereits vorgefunden wurden, wird notiert und ausgedruckt.

```
main() {
       int maxAnzahl = 17;
       HashTafel * dieTafel = new HashTafel(maxAnzahl);
       for (int i = 0; i < 2000; i++)
             dieTafel->Einfuegen(rand());
       int Treffer = 0;
       for (i = 0; i < 2000; i++)
            if (dieTafel->Testen(rand()) == true) Treffer++;
       cout << "Anzahl der Treffer: "  << Treffer << endl;
}
```

Implementierung 17.5.4: Beispielprogramm: Hashing

Wir bekommen 124 Treffer, das besagt, daß von insgesamt viertausend erzeugten Zufallszahlen 124 Zahlen doppelt erzeugt werden. Dies sind 0,031 vH, keine üble Trefferquote für einen Zufallsgenerator.
Ich möchte mit diesem Programm aber auch Aussagen über die Güte der Hash-Funktion machen. Dazu messe ich einfach die Länge der einzelnen Konfliktlisten. Die programmtechnischen Details der Messung erspare ich Ihnen. Bevor ich die Liste anschaue, sollte ich überlegen, wann sich das Verfahren als gut erweist: Dies ist doch dann der Fall, wenn die einzelnen Listen etwa dieselbe Größe haben. Sie finden die Größe der einzelnen Liste in Abbildung 17.2.

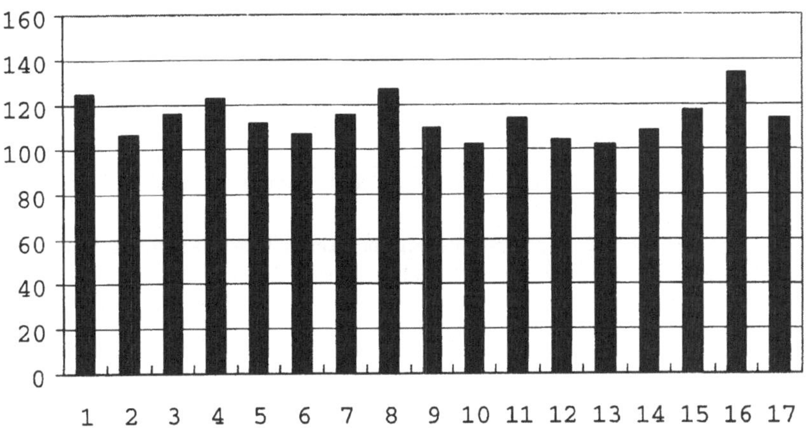

Abbildung 17.2: Hashing — Längen der Konfliktlisten

Es ist festzustellen, daß die Schwankungsbreite zwischen 100 und etwa 135 liegt. Der Suchaufwand ist also auf etwa 5 vH des Aufwands gesunken, den man hätte, wenn man in einer einzigen verketteten Liste suchen würde. Man kann diesen Aufwand weiter herunterdrücken, indem man die Größe der `HashTafel` dynamisch an die Anzahl der Daten anpaßt. Hierbei wird es möglich, den Aufwand fast konstant zu halten, vgl. Aufgabe 1 auf Seite 274.

17.6 Eine erste Verallgemeinerung

Die betrachtete Realisierung hat noch einen kleinen Nachteil: Sie bindet die Hash-Funktion fest an die Klasse. Will man also eine andere Hash-Funktion verwenden, so muß man diese Klasse völlig neu definieren. Da wir in unseren Überlegungen auf Änderungsfreundlichkeit achten, merken wir an, daß eine solche Vorgehensweise sicherlich nicht besonders flexibel ist, deshalb sollten wir kurz überlegen, wie wir diese feste Bindung vermeiden.
Nun, wir haben rein virtuelle Methoden kennengelernt und diese Art von Methoden können wir ausnutzen, indem wir die Hash-Funktion zunächst als rein virtuell verabreden. Dies führt zu einer abstrakten Klasse. Soll diese Klasse verwendet werden, so tragen wir die Formulierung der Hash-Funktion nach und gelangen auf diese Weise zu einer konkreten Klasse. Sie finden die Klasse `AbstrakteHashTafel` in Implementierung 17.6.1. Es erweist sich als hilfreich, die bislang als `private` vereinbarte Größe `MaxBucket` als `protected` zu vereinbaren. Wir können

wohl davon ausgehen, daß bei der Konkretisierung dieser abstrakten Klasse der Wert dieses Attributs, das die Größe der `HashTafel` bezeichnet, verwendet werden könnte.

```
class AbstrakteHashTafel {
  private:
       IntListe ** hT;
  protected:
       int maxBucket;
  public:
       AbstrakteHashTafel(int);
       virtual int h(int) = 0;
       // Rest wie bisher
};
```

Implementierung 17.6.1: Die Klasse `AbstrakteHashTafel`

Wir wollen auch die Verwendung dieser neuen abstrakten Klasse an einem Beispiel konkretisieren. Die Hash-Funktion soll nun nicht länger durch den Divisionsrest der Zahl selbst, sondern vielmehr durch den Divisionsrest des Quadrats der Zahl dargestellt sein (warum nicht ein wenig herumspielen?). Die Realisierung dieser Überlegungen finden Sie in Implementierung 17.6.2. Die hier angegebene Realisierung berücksichtigt, daß ein arithmetischer Überlauf stattfinden könnte, daher arbeiten wir lieber mit langen ganzen Zahlen.

```
class NeueHashTafel : public AbstrakteHashTafel {
  public:
       NeueHashTafel(int m) :
            AbstrakteHashTafel(m) {}
       int h(int);
  };

int NeueHashTafel::h(int r) {
     long int rl = (long int) r;
     long int l = rl * rl;
     long int maxx = (long int) maxBucket;
     return l % maxx;
  }
```

Implementierung 17.6.2: Eine von `AbstrakteHashTafel` erbende Klasse

Schauen wir uns dasselbe Programm wie vorher an und messen die Länge der entsprechenden Konfliktlisten(Abbildung 17.3), so stellen wir überrascht fest, daß es sich hierbei keineswegs immer um Listen halbwegs gleicher Länge handelt, daß also die Konfliktlisten sehr stark in ihrer Länge schwanken. Das bedeutet, daß das Verfahren bei der Verwendung dieser quadratischen Hash-Funktion beträchtlich weniger effizient ist. Dies untermauert den zu Beginn der Diskussion vorgebrachten Standpunkt, daß die Hash-Funktion von kritischer Bedeutung für die Effizienz des Verfahrens ist.

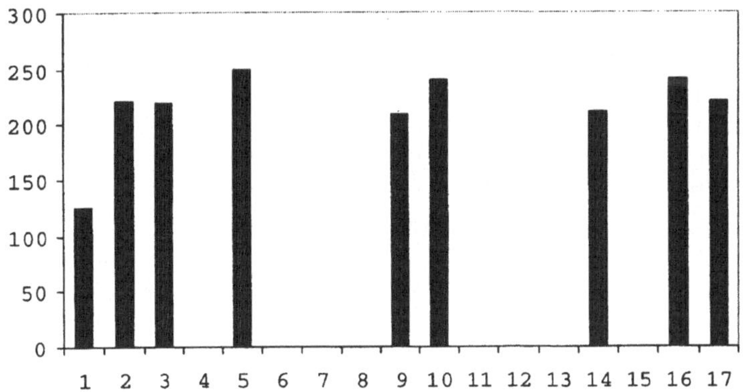

Abbildung 17.3: Noch einmal Hashing — die Längen der Konfliktlisten

17.7 Was lernen wir daraus?

Wir sehen also, daß die Hash-Funktion verantwortlich für die Länge der einzelnen Listen ist. Je länger eine solche Liste ist, desto länger sind die Suchzeiten, desto schlechter kann also das Verfahren insgesamt sein. Im Extremfall haben wir lediglich eine einzige Liste, dann hat sich der gesamte Aufwand überhaupt nicht gelohnt. Im schlechtesten Falle haben wir also bei n Elementen ein Verfahren vor uns, das für die erfolglose Suche auch etwa n Vergleiche benötigt. Der beste Fall liegt sicher dann vor, wenn die Hashtafel ungefähr gleichlange Konfliktlisten hat. Bei m Listen enthält jede Konfliktliste n/m Elemente. Dieser Quotient kann bei einigem Geschick als Konstante angenommen werden (etwa, wenn man n, m und die Verteilung der zu suchenden Elemente kennt), so daß wir ein Suchverfahren vor uns haben, das mit fast konstanter Zeit auskommt. Der durchschnittliche Fall, der für uns Durchschnittsmenschen interessant ist, kommt ziemlich nahe an diesen besten Fall heran.

17.8 Aufgaben

1. Der bekannte Verein *Kleingruppe organisierter Großzwerge* KLEINGROSS *e. V.* ist uns schon in Aufgabe 6 in Abschnitt 3.4 durch sein kombinatorisch ausgeklügeltes Verfahren zur Bestimmung seines Vorstandsvorsitzenden aufgefallen. Er ist auch sonst informationstechnisch auf der Höhe der Zeit: Er verwaltet nämlich seine Vereinskasse mit einer Hashtafel. Da er früh die prävalenten Egalisierungsbestrebungen erkannt hat, zahlen alle Mitglieder denselben Beitrag, nämlich einen Kreuzer (**kr**) pro Monat. Es wird monatlich kassiert, die Mitgliederliste liegt als Hashtafel vor. In jedem Monat wird ein Objekt vom Typ `VereinsKasse` erzeugt, das die folgenden Komponenten hat:

   - eine Hashtafel, in der die Mitglieder verzeichnet sind, die noch nicht gezahlt haben;
   - neben den Standardmethoden (Konstruktor, Destruktor, Druck) auch Methoden zum Einzahlen und zum Mahnen säumiger Mitglieder;
   - ein Attribut, das den Kassenstand (in **kr** angibt).

Nun:

(a) Konstruieren Sie eine Hashtafel für die Mitglieder von KLEINGROSS. Verwenden Sie die Hashfunktion $h(x) = x\%k$ für die Primzahl $k = 59$; hier ergibt sich x als Summe über die als Zahlen aufgefaßten Zeichen des Namens. Verwenden Sie das in Implementierung 16.5.4 auf Seite 256 diskutierte Verfahren zur Anwerbung von Personal für die Hofburg.

(b) Implementieren Sie die Verwaltung der Vereinskasse.

2. Wenn die Konfliktlisten in einer Hashtafel zu groß werden, wird das Verfahren ineffizient. Man hilft sich dann dadurch, daß man eine neue Hashtafel konstruiert und die Inhalte der alten Tafel neu `verhasht`. Nehmen wir an, daß wir eine Hashtafel mit m_1 Konfliktlisten haben, wobei m_1 eine Primzahl ist und die Hashfunktion gerade den Divisionsrest bei der Division durch m_1 berechnet. Wir suchen nun eine Primzahl m_2, die mindestens doppelt so groß ist wie m_1, allokieren eine entsprechend große Tafel und fügen die Elemente der zu klein gewordenen Tafel in die neue ein. Dann wird der Destruktor der alten Hashtafel aufgerufen.

   Dieses Vorgehen soll nun realisiert werden.

   (a) Erweitern Sie die Klasse `HashTafel` zur Klasse `ErwHashTafel` um die Methoden `FuellungsGrad` und `zuGross`. Die erste Methode gibt die Länge der längsten Konfliktliste an, die zweite gibt `true` dann zurück, wenn der Quotient, der aus `FuellungsGrad` und `maxHash` gebildete wird, den Wert `10` übersteigt. Weiterhin benötigt die Klasse `ErwHashTafel` einen Destruktor.

   (b) Implementieren Sie eine Funktion `ReHash` mit der Signatur

   ```
   ErwHastTafel * ReHash(ErwHashTafel *, int)
   ```

   Sie nimmt als Parameter einen Zeiger auf die zu erweiternde Hashtafel und die Größe der neuen Tafel und gibt als Resultat einen Zeiger auf die neue Hashtafel zurück.

3. Endliche Mengen ganzer Zahlen lassen sich durch Hashtafeln darstellen, denn ein Element ist höchstens einmal in einer Menge enthalten. Die leere Menge entspricht dann der leeren Tafel, die Vereinigung zweier Mengen entsteht so, daß die Inhalte zweier Tafeln verschmolzen werden, und zur Berechnung des Durchschnitts schaut man sich die Elemente an, die in beiden Tafeln enthalten sind. Mit derselben Argumentation wie in der Stiefzwillings-Aufgabe 7 in Abschnitt 8.4 wird zerstörungsfrei gearbeitet. Also müssen auch hier Kopien her.

   (a) Entwerfen und implementieren Sie eine Funktion `HashKopie` mit der Signatur

   ```
   HashTafel * Kopie(HashTafel *)
   ```

   Die Funktion soll ihr Argument rekursiv kopieren und einen Zeiger auf die Kopie zurückgeben.

   (b) Entwerfen und implementieren Sie eine Funktion `LeereMenge` mit der Signatur

   ```
   HashTafel * LeereMenge()
   ```

   zur Darstellung der leeren Menge.

(c) Entwerfen und implementieren Sie Funktionen zur Berechnung von Vereinigung, Durchschnitt und Differenz zweier Mengen. Die Mengen sollen als Hashtafeln dargestellt werden, also lautet z.B. für die Funktion `Vereinigung` die Signatur

```
HashTafel * Vereinigung(HashTafel *, HastTafel *)
```

Arbeiten Sie mit Kopien.

Anmerkung Mengenorientierte Programmiersprachen wie z. B. SETL oder ProSet verwenden Hashtafeln zur Darstellung von Mengen.

Kapitel 18

Schablonen

Inhaltsangabe

Wir werden uns in diesem Kapitel mit einigen Aspekten der Wiederverwendung von bereits geschriebenem Code auseinandersetzen. Das kann eine recht arbeitssparende Methode sein, indem Programme oder Programmteile nur einmal entwickelt und dann an die jeweilige Anwendung angepaßt werden. Das Muster arbeitet bei objektorientierter Konstruktion von Software etwa folgendermaßen: Man definiere eine sehr allgemeine, vielleicht sogar abstrakte Klasse und gewinne daraus durch Spezialisierung, also durch Vererbung, genau die Klasse, mit der man in einer Anwendung dann arbeiten möchte. So läßt sich etwa die Klasse der

Hofarbeiter wiederverwenden, wenn man in die zugegebenermaßen nicht besonders häufig zu verzeichnende Situation kommt, die Zahlmeisterei der Wiener Hofburg nachbilden zu müssen. Ich möchte hier eine andere Art der Wiederverwendung mit Ihnen besprechen, nämlich die Möglichkeiten, *Schablonen* zu formulieren. Diese Schablonen werden dann durch die Substitution von Typen zu "richtigen" Programmen. Das hört sich ziemlich abstrakt an. Nehmen Sie *Sortieren* als Beispiel. Wenn Sie ganze Zahlen sortieren, so verwenden Sie ein ganzzahliges Feld, mit dessen Hilfe Sie den Sortieralgorithmus durchführen. Jetzt kommen Sie auf die Idee, daß Sie mit demselben Sortieralgorithmus Zeichenketten sortieren. Sie können aber den Code nicht direkt verwenden, da Ihr Code ja für ganzzahlige Werte formuliert ist! Also müssen Sie den Code neu formulieren, wobei Sie sich an die neuen Gegebenheiten bei Zeichenketten anpassen müssen. Das ist wenig unterhaltsam, wenig produktiv und schließlich ziemlich fehleranfällig. Die Alternative, nämlich Schablonen zu verwenden, würde in unserem Sortier-Beispiel etwa so aussehen: Sie formulieren den Algorithmus, lassen aber die Details des verwendeten Typs unbestimmt, indem Sie einen Typparameter verwenden. Wenn Sie nun ganze Zahlen sortieren wollen, setzen Sie den Typparameter auf `int`, wenn Sie Zeichenketten sortieren wollen, setzen Sie ihn auf `char *`. In beiden Fällen verwenden Sie buchstäblich denselben Algorithmus.

Na ja, ganz so einfach ist die Wiederverwendung mit Schablonen nicht. Es sind einige Details zu berücksichtigen, die sich durch die Verwendung verschiedener Typen auch unterschiedlich darstellen (z. B. vergleichen wir ganze Zahlen mit Hilfe von < , Zeichenketten dagegen mit der Funktion `strcmp`).

Das einführende Beispiel dieses Kapitels befaßt sich mit Suchen durch Hashing, wie wir es im letzten Kapitel kennengelernt haben. Ich zeige Ihnen, welche Probleme auftauchen, wenn man Hashing verwenden möchte, aber einen anderen Datentyp als den in unserem Beispiel verwendeten zugrundelegen muß. Dies dient als Ausgangspunkt dazu, Schablonen zu entwickeln. Wir werden diese Technik an einigen Beispielen üben. Um Ihnen die Tragfähigkeit dieser Ideen nahezubringen, zeige ich Ihnen, wie man mit Hashing auch komplexe Datenstrukturen verwenden kann.

18.1 Einführendes Beispiel: komplexe Zahlen

Komplexe Zahlen lassen sich als Paare reeller Zahlen darstellen, die speziellen Rechengesetzen genügen. Ich möchte in diesem Beispiel nicht die komplexen Zahlen in ihrer ganzen Schönheit einführen, sondern vielmehr mit der Klasse `KomplexeZahl` eine Klasse zur Verfügung stellen, die als geeignetes Übungsfeld für Suchoperationen erscheint: Komplexe Zahlen sind im Gegensatz zu den reellen Zahlen nicht geordnet. Wenn Sie sich zwei beliebige komplexe Zahlen als zwei Punkte in der Ebene vorstellen, so ist es im allgemeinen wenig sinnvoll, davon zu sprechen, daß eine komplexe Zahl kleiner als eine andere ist.

Sie finden in Implementierung 18.1.1 eine recht vereinfachte Version komplexer Zahlen als Klasse formuliert. Wir verwenden nur komplexe Zahlen mit ganzzahligen Komponenten. Dies geschieht, um die Diskussion möglichst einfach zu halten. Wir haben zudem darauf verzichtet, die Division komplexer Zahlen zu formulieren.

Beim Durchsehen der Klassenvereinbarung stellen Sie fest, daß die Methode `Minus` überladen ist, sie hat entweder eine komplexe Zahl als Parameter (dann soll sie die Subtraktion komplexer Zahlen realisieren) oder sie hat keinen Parameter (dann handelt es sich um das unäre Minus). Wir formulieren an dieser Stelle auch die Gleichheit komplexer Zahlen, ein Detail, auf das wir im folgenden einige Mühe verwenden werden.

```
class KomplexeZahl {
  private:
       int Re, Im;
  public:
       KomplexeZahl (int r, int i) {Re = r; Im = i;}
       KomplexeZahl * Plus (KomplexeZahl * p);
       KomplexeZahl * Minus (KomplexeZahl * p);
       KomplexeZahl * Minus ();
       KomplexeZahl * Mal (KomplexeZahl * p);
       void Druck();
       int Gleich (KomplexeZahl * p);
       int RealTeil() {return Re;}
       int ImaginaerTeil() {return Im;}
};
```

Implementierung 18.1.1: Die Klasse `KomplexeZahl`

Die Operationen sind klar: Wir deuten die komplexe Zahl $a + i \cdot b$ als das Paar `(a, b)`. Ich möchte die Operationen auf den komplexen Zahlen nicht im einzelnen diskutieren, exemplarisch sei die Multiplikation genannt, die durch die Methode `Mal` realisiert wird:

```
KomplexeZahl * Mal (KomplexeZahl * p) {
   int re, im;
   re = Re * p->Re - Im * p->Im;
   im = Im * p->Re + Re * p->Im;
   return new KomplexeZahl(re, im);
}
```

Ich möchte auch für komplexe Zahlen ein Suchverfahren realisieren können. Die erste Überlegung, binäre Suchbäume heranzuziehen, führt bekanntlich nicht besonders weit. Dazu würden wir eine Ordnungsrelation $<$ auf der Menge der komplexen Zahlen benötigen. Nun schauen Sie sich den Punkthaufen $x_1, \ldots, x_6$ in Abbildung 18.1 an: die erste Komponente ist jeweils auf der x-, die zweite auf der y-Achse aufgetragen. Es ist leicht zu verstehen, daß wir diese sechs Zahlen nicht so anordnen können, daß

$$x_1 < x_2 < x_3 < x_4 < x_5 < x_6$$

gilt. Wir folgern daraus, daß komplexe Zahlen nicht geordnet sind. Daher ist der Versuch, solche Suchbäume zu nehmen, von vornherein zum Scheitern verurteilt. Also sind wir tatsächlich auf Hashing angewiesen, um in einer Menge komplexer Zahlen zu suchen (wenn wir uns nicht auf eher steinzeitlich anmutende Verfahren wie etwa das Suchen in einer völlig ungeordneten Liste verlassen wollen).
Hashing hat sich, wie wir in Abschnitt 17.4.1 und Implementierung 17.5.1 (Seite 269) gesehen haben, auf verkettete Listen der zugrundeliegenden Objekte abgestützt. Daher sind wir darauf angewiesen, vor der Formulierung des Hash-Verfahrens verkettete Liste für komplexe Zahlen zu definieren.

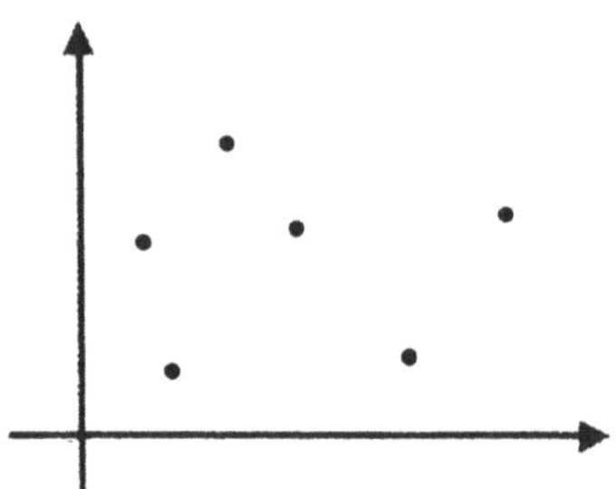

Abbildung 18.1: Punkthaufen komplexer Zahlen

Wir könnten an dieser Stelle nun so vorgehen, daß wir mit unserem Vorwissen die Neuimplementierung durchführen. Wir würden also eine Klasse einführen, deren Objekte verkettete Listen von komplexen Zahlen sind, und wir würden dann Hashing entsprechend anpassen. Gegen diese Vorgehensweise ist recht wenig zu sagen, außer daß sie wenig Neues bringt, weil bereits durchgeführte Überlegungen mit ganz geringen Änderungen erneut durchgeführt werden müssen. Nun geht uns weniger um den Unterhaltungseffekt als vielmehr darum, möglichst allgemeine Verfahren zu finden, mit deren Hilfe korrekte und angemessene Problemlösungen möglichst wenig arbeitsaufwendig formuliert werden können.

18.2 Zwischenüberlegung

Wir haben also als wichtiges Etappenziel die Realisierung von Listen komplexer Zahlen identifiziert. Gleichzeitig haben wir aber die Idee zurückgewiesen, derartige Listen mit unserem Vorwissen direkt zu implementieren, weil wir eine Möglichkeit suchen, es eleganter zum Tragen zu bringen. Dazu überlegen wir, an welcher Stelle die ganzen Zahlen bei der Formulierung der Klasse `IntListe` zum Tragen gekommen ist.
Daß wir mit ganzen Zahlen gearbeitet hat, merkte man daran, daß

- die Komponente `Element` vom Typ `int` war;
- beim Testen auf Gleichheit die Gleichheit ganzer Zahlen benutzt worden ist.

Dieser Datentyp geht also nicht wirklich an zentraler Stelle so ein, daß wir bei der Verwendung eines anderen Typs grundsätzlich andere Konstruktionen durchführen müßten. Wenn wir bei der Formulierung von Listen einen bestimmten Typ zugrundelegen wollen, dann muß die `Element` entsprechende Komponente eine Instanz dieses Datentyps sein, und wir müssen in der Lage sein, die Gleichheit zweier Instanzen zu formulieren. Das zeigt diese Überlegung.
Die Betonung der Gleichheit mag als ein wenig künstlich erscheinen, weil wir durch die Verwendung des Gleichheitszeichens suggerieren, daß wir hier nur eingebaute Operationen verwenden können. Dies ist aber nicht der Fall: Wir haben ja schon bei Punkten gesehen, daß wir für zwei Punkte `P` und `Q` zum Vergleich nicht einfach `P == Q` schreiben können, ohne eine entsprechende Funktion formuliert zu haben. Diese Überlegung trägt sogar programmiertechnisch noch ein wenig weiter: Wenn wir eine Funktion mit Namen `Gleich` zur Verfügung

stellen, so können wir sie auch benutzen, ohne die entsprechende Implementierung direkt bei der Definition bereitstellen zu müssen. Diese Vorgehensweise wird möglich, wenn wir die Gleichheitsfunktion als rein virtuelle Funktion vereinbaren.
An dieser Stelle zeigt sich, daß die durch rein virtuelle Funktionen gegebenen Konstruktionsmöglichkeiten überaus hilfreich sind, wenn es darum geht, unübersichtliche Situationen beherrschbar zu machen.

18.3 Einfache Listenkonstruktionen

Wir gehen noch einmal zur Konstruktion der verketteten Liste zurück und betrachten diese Konstruktion unter dem Blickwinkel der Listenoperationen. Es handelt sich hierbei um:

- das Initialisieren der Liste;
- das Einfügen eines Elements;
- das Suchen nach einem Element;
- das Entfernen eines Elements;
- das Traversieren der Liste.

Die Operationen zum Einfügen, zum Suchen und zum Entfernen eines Elements setzen voraus, daß wir ein vorgelegtes Element der Liste mit einem anderen Element auf Gleichheit hin überprüfen können (diese leicht geschraubte Formulierung bereitet die Signatur der Methode vor). Davon abgesehen werden die hier aufgeführten Operationen auf stets die gleiche Art und Weise durchgeführt, welchen zugrundeliegenden Datentyp wir auch immer haben mögen. Mit unseren bisherigen Sprachmitteln können wir freilich Listen verschiedener Datentypen nicht aus einem allgemeinen Listenkonstrukt herleiten (analog zur Vererbung). Wir wären nicht darauf angewiesen, für jeden neuen Datentyp die Liste vollständig neu zu formulieren, wenn wir wie in JAVA den allgemeinsten Datentyp `Object` zur Verfügung hätten, aus dem alle anderen Typen durch Vererbung abgeleitet werden können. C++ bietet diese Möglichkeit jedoch nicht.
Wir stellen uns zur Konstruktion einer allgemeinen Liste auf einen Standpunkt, der ganz analog zu dem ist, der zu Abstrakten Datentypen geführt hat. Wir formulieren nämlich zunächst, wie mit einer Liste allgemein gearbeitet werden soll, indem wir einige wenige Annahmen über den Typ der Listenelemente machen (wir nehmen also an, daß die Listenelemente einem Typ entsprechen, der durch einen Typparameter beschrieben ist). Dann machen wir Annahmen über die Signaturen. Das können wir tun, denn wir arbeiten ja mit einem festen Typ, der durch den Typparameter abstrakt beschrieben ist, ähnlich wie bei Funktionsvereinbarungen der aktuelle Parameter durch den formalen abstrakt beschrieben wird. Wir treffen dann Annahmen über die Implementierung, soweit wir dies allgemein tun können. Später fügen wir spezifische Eigenschaften des zu verwendenden konkreten Datentyp hinzu. Das Verfahren ist recht ähnlich zu dem bei der Formulierung einer Funktion oder einer Methode: Hier wie da werden Parameter verwendet. Bei Prozeduren oder Methoden handelt es sich um Parameter, die gewisse Werte annehmen sollen, hier um Parameter, die gewisse Typen annehmen sollen.

18.3.1 Erste Formulierung einer allgemeinen Liste

Wir nehmen jetzt an, daß ein beliebiger Typ T vorliegt, und weiter, daß jedes Listenelement ein Zeiger auf ein Element vom Typ T ist. Der Grundtyp ist also in der knappen Formulierung von C++ der Typ `T *`. Damit sind wir schon in der Lage, die Signatur wesentlicher Operationen für Listen zu beschreiben:

```
T * Element;
EinfacheListe * Kopf;
EinfacheListe * weiter;
EinfacheListe();
EinfacheListe(T *el);
```

Wir können also abstrakte Angaben machen über das gespeicherte Element, das erste Element der Liste, den Zeiger, der das Weiterschalten erlaubt, und mögliche Konstruktoren. Bei den Konstruktoren können wir in der Tat bereits zwei voneinander unterscheiden: einer, der parameterlos ist und einfach eine leere Liste erzeugt, ein weiterer, der eine Liste mit einem vorgegebenen Element vom Typ `T *` erzeugt.
Es ist nicht schwer, die Signatur für das Einfügen eines Elements in eine Liste anzugeben. Beim Drucken der Liste gehen wir so vor: Falls wir wissen, wie ein Element vom Typ T gedruckt wird, wissen wir auch, wie wir die einzelnen Zellen der Liste drucken. Damit wissen wir dann auch, wie wir die Liste insgesamt drucken. Wir müssen uns also auf eine Methode abstützen, die uns das Drucken eines einzelnen Elements des Grundtyps gestattet. Diese Überlegungen sind hier durch die Angabe der Signaturen wiedergegeben:

```
void EinDruck(EinfacheListe *);
void Einfuegen(T * el);
void Druck() {EinDruck(Kopf);}
void ELDruck(T *) {}
```

Fassen wir diese Betrachtungen kurz zusammen. Wir können fast alle Operationen auf der einfachen Liste ohne spezifische Kenntnisse des zugrundeliegenden Datentyps formulieren. Zwei typspezifische Operationen können wir noch nicht konkretisieren: die Gleichheit und die Methode zum Drucken eines Elements.
Wir haben bislang allerdings nur die Signaturen betrachtet und den Code für die Klasse noch nicht richtig ausformuliert. Dies soll jetzt geschehen. Auch unter den obwaltenden Bedingungen, nämlich daß wir den Grundtyp T noch nicht kennen, werden wir bei der Formulierung der Klasse so vorzugehen haben, wie wir es bislang gewohnt sind. Wir werden Zugriffsspezifikationen betrachten und formulieren müssen, daß der Typ eine Art Parameter dieser Klasse ist.
Sie finden die Formulierung dieser Schablone für eine Klasse in Implementierung 18.3.1.
Wenn Sie von der ersten Zeile dieser Formulierung absehen, so handelt es sich um eine Klassendefinition, wie wir sie kennen und bereits ausführlich behandelt haben. Die erste Zeile allerdings sagt, daß es sich hier nicht um eine Klassendefinition im bisher behandelten Sinne handelt, sondern um eine Schablone (also um ein *template*). Es wird zusätzlich gesagt, daß der Name T ein Klassenname ist. Daß es sich um einen Parameter handelt, wird durch die entsprechende Angabe in spitzen Klammern geregelt. Es handelt sich hierbei um einen Parameter der besonderen Art, nämlich um einen Typparameter. Daher ist es sinnvoll, diese speziellen

```
template <class T>
class EinfacheListe {
  private:
        T * Element;
        EinfacheListe * Kopf;
        EinfacheListe * weiter;
        EinfacheListe(T *el);
  protected:
        void EinDruck(EinfacheListe *);
  public:
        EinfacheListe();
        void Einfuegen(T * el);
        void Druck() {EinDruck(Kopf);}
        virtual void ELDruck(T *) {}
};
```

Implementierung 18.3.1: Vereinbarung der Schablone `EinfacheListe`

Parameter von anderen Parametern, wie wir sie bei Funktionen oder Methoden kennengelernt haben, auch lexikalisch zu unterscheiden. Man spricht übrigens hier von *generischen* Konstruktionen; wir haben in dieser Sprechweise eine *generische Liste* spezifiziert.
Wenn Sie den Text der Klassenvereinbarung anschauen, so sehen Sie, daß der Klassenname `T` wie ein *normaler* Klassenname in der Signatur der Methoden in der Klasse `EinfacheListe` verwendet wird.
Es sollen einige Anmerkungen zu dieser Konstruktion gemacht werden:

- Durch `template <class T>` wird angekündigt, daß die nun folgende Konstruktion eine Klasse `T` als (Typ-) Parameter hat.
- Was als Klassendefinition daherkommt, ist keine Definition einer Klasse im bisher betrachteten Sinn: Wenn Sie nicht sagen, welche Klasse Sie mit `T` meinen, so können Sie keine Objekte aus der hier deklarierten Klasse `EinfacheListe` gewinnen. Wir müssen also einen zusätzlichen weiteren Schritt tun, um aus dieser Klassenschablone auch tatsächlich eine *richtige* Klasse zu erzeugen.
- Diese Schablonen sind weder Fisch noch Fleisch: Auf der einen Seite sind sie keine richtigen Klassen, auf der anderen Seite können sie im Hinblick auf die Vererbung wie Klassen behandelt werden. Wir werden das gleich an einem Beispiel sehen.

Wenn Sie sich die Zugriffsspezifikationen in der Vereinbarung für `EinfacheListe` ansehen, so finden Sie einige gute alte Bekannte wie etwa `Element`, `Kopf` oder `weiter` als private Komponenten. Es fällt auf, daß wir den parametrisierten Konstruktor ebenfalls als private Komponente vereinbart haben. Also kann der parametrisierte Konstruktor nur durch Methoden der Klasse aufgerufen werden, er ist damit insbesondere nicht von außen zugreifbar. Das sieht zunächst ein wenig paradox aus, ich werde Ihnen gleich zeigen, daß es sinnvoll ist, zu einer solchen Konstruktion zu greifen.
Weiterhin sehen Sie, daß die Methode `EinDruck` als `protected` gekennzeichnet ist. Später, bei der Konkretisierung der Schablone, kann diese Methode angepaßt werden, wenn Vererbung

ins Spiel kommt. Diese Anpassung kann aber auch nur durch Vererbung durchgeführt werden. Schließlich sehen Sie, daß die Methode ELDruck als virtuelle Methode mit leerem Block vereinbart ist. Diese Methode wird also bei der Vererbung redefiniert werden, gleichwohl wird sie schon hier benutzt (inzwischen ein alter Hut).

18.3.2 Realisierung der Methoden

Die Realisierung des öffentlichen Konstruktors sieht so aus:

```
template <class T>
void EinfacheListe<T>::EinfacheListe() {
     Element = NULL; Kopf = weiter = NULL;
}
```

Die Implementierung des Konstruktors wird fast so aufgeschrieben, wie wir es bei den bisherigen Überlegungen in den bereits bekannten Klassen gesehen haben. Es sind einige kleinere, barocke Umständlichkeiten zu beobachten: Es muß stets vor der Definition jeder Methode angemerkt werden, daß es sich hierbei um einen Beitrag zu einer Schablone handelt und daß der Typ T ein Typparameter ist. Weiter muß an der Stelle, an der der Klassenname genannt wird (lexikalisch also vor den beiden Doppelpunkten), der Name der Klasse zusammen mit dem Typparameter angegeben werden. Diese Formulierungsregeln sind notwendig, um bei der Definition die geeigneten Informationen zur Verfügung zu stellen. Sie soll den Compiler in die Lage versetzen, bei der Erzeugung von Code auch unter allen Umständen, also bei jeder nur möglichen Substitution des Typparameters, den richtigen Code zu erzeugen. Beim praktischen Gebrauch allerdings erweisen sich diese Formulierungsregeln als ein wenig schwerfällig und gewöhnungsbedürftig.
Schauen wir uns die Realisierung des zweiten Konstruktors an.

```
template <class T>
EinfacheListe<T>::EinfacheListe(T *el) {
                    Element = el; Kopf = weiter = NULL;
}
```

Die Formulierung müßte nach der Beschreibung des einfacheren Konstruktors eigentlich jetzt klar sein: Wir geben an, daß es sich um eine Schablone mit dem Typparameter T handelt, und wir führen den Typparameter bei der Definition des Konstruktors auf. So werden wir es auch bei der Vereinbarung von Methoden halten. Als Beispiel sehen wir die Formulierung der Methode EinDruck, die eine als Schablone formulierte Klasse zum Parameter hat. In Implementierung 18.3.2 finden Sie auch die Realisierung der Methode zum Einfügen in eine verkettete Liste. Hier sehen Sie, an welcher Stelle die Typangabe verfügbar gemacht werden muß.
Es ist also festzuhalten, daß beim Typ lokaler Variablen der Name der Liste mit dem Typparameter angegeben werden muß. Das gilt auch für den Aufruf des Konstruktors. Just an dieser Stelle sehen Sie, daß es sinnvoll sein kann, einen Konstruktor als private Komponente zu vereinbaren. Der private Konstruktor (wenn wir ihn so nennen wollen) wird lediglich aufgerufen, wenn es um die Regelung lokaler Dinge in Methoden geht, wenn es wie hier um das Erzeugen eines neuen Elementes geht, das lediglich als lokale Variable verwendet wird.

```
template <class T>void
EinfacheListe<T>::EinDruck(EinfacheListe <T> * S) {
  if (S != NULL) {
        ELDruck(S->Element);
        EinDruck(S->weiter);
        }
  }

template <class T>
void EinfacheListe<T>::Einfuegen(T * el) {
            EinfacheListe<T> * neu = new EinfacheListe<T>(el);
            neu->weiter = Kopf;
            Kopf = neu;
            }
```

Implementierung 18.3.2: Vereinbarung von Methoden für die Schablone `EinfacheListe`

18.3.3 Eine erste Anwendung der Schablone

Nach diesen recht umfangreichen Vorbereitungen wollen wir die Schablone verwenden und formulieren als erste Anwendung eine Liste für ganze Zahlen. Was muß hier geschehen?

Nun, im wesentlichen muß gesagt werden, daß für den Typparameter `T` der Typ `int` eingesetzt wird. Das geschieht auf naheliegende Weise, indem nach Angabe des Typnamens `EinfacheListe` der Typname `T` durch `int` ersetzt wird. Diesen Vorgang nennt man *Instanziierung.* Wir definieren eine neue Klasse, indem wir diese Substitution durchführen. Also benötigen wir für diese neue Klasse einen Konstruktor, der sich aus dem Konstruktor der Schablone auf naheliegende Weise ergibt: Auch hier wird der Typparameter entsprechend substituiert. Wir müssen nun dafür sorgen, daß wir die typspezifische Druckmethode zur Verfügung haben, dies wird ebenfalls in der Formulierung der Klasse `LInt` realisiert, siehe Implementierung 18.3.3.

```
class LInt : public EinfacheListe <int> {
  public:
       LInt() : EinfacheListe <int> () {};
       void ELDruck(int *r) {cout << "\nganze Zahlen: " << *r;}
};
```

Implementierung 18.3.3: `LInt` als Instanz der Schablone `EinfacheListe`

Wenn Sie bei der Vereinbarung dieser Klasse genauer hinschauen, so sehen Sie, daß es sich um ein Beispiel für Vererbung handelt: Die Klasse `EinfacheListe` wird mit dem Typparameter instanziiert und durch Angabe einer neuen Methode spezialisiert. Wir haben ja oben schon angemerkt, daß Schablonen zur Vererbung herangezogen werden können.

18.3.4 Eine zweite Anwendung

Völlig analog können wir Listen komplexer Zahlen herstellen (Implementierung 18.3.4): Wir instanziieren die Schablone für Listen mit dem Datentyp `KomplexeZahl` und spezialisieren die entsprechende Klasse, indem wir eine neue Druckmethode hinzufügen.

```
class KomplexL:
  public EinfacheListe <KomplexeZahl> {
  public:
       KomplexL() :
            EinfacheListe <KomplexeZahl>() {};
       void ELDruck(KomplexeZahl * c) {
            cout << "\nkomplexe Zahlen: ";
            c->Druck();
            }
        };
```

Implementierung 18.3.4: `LIntKomplexL` als Instanz der Schablone `EinfacheListe`

18.3.5 Und was haben wir jetzt davon?

Ein Programm, das sich der beiden gerade konstruierten Klassen bedient, wird in Implementierung 18.3.5 als Beispiel angegeben. Es dient zur Illustration der angesprochenen Techniken. Wir erzeugen in diesem Programm zwölf ganze Zahlen zufällig und speichern den Divisionsrest für jede dieser erzeugten ganzen Zahlen bei der Division durch `127` in der Liste, indem wir die Einfüge-Operation aufrufen. Dann drucken wir die entsprechende Liste. Anschließend wird eine Liste komplexer Zahlen definiert, auch hier erzeugen wir zwölf zufällig gewählte komplexe Zahlen, indem wir die einzelnen Komponenten zufällig erzeugen und die jeweiligen Divisionsreste abspeichern. Diese Liste wird ebenfalls ausgedruckt. Sie sehen, daß die Namen der Methoden jeweils übereinstimmen, daß es sich aber um durchaus verschiedene Listen handelt. Die Verschiedenheit manifestiert sich in der Verwendung verschiedener Grundtypen, die Ähnlichkeit in der Ableitung aus derselben Schablone.
Durch diese Konstruktion sind wir ans Ziel gelangt: Wir mußten den Code für die Liste nur ein einziges Mal formulieren und konnten dann durch die Instanziierung des Typparameters (gekoppelt mit Vererbung) die entsprechende Liste gewinnen.

Rezept Daraus läßt sich jetzt eine Art Rezept für den Umgang mit Listen formulieren: Wollen Sie eine Liste für einen beliebigen Datentyp konstruieren, so müssen Sie lediglich den Typparameter `T` geeignet ersetzen. Dies geschieht, indem Sie die Typangabe in spitze Klammern setzen. Weiterhin müssen Sie sagen, wie die virtuelle Methode zum Drucken von Elementen realisiert werden soll.

Anonyme Klassen Es ist nun nicht so, daß durch die Verwendung von Schablonen stets explizit neue Klassen erzeugt werden müssen. Es ist genauso möglich, anonyme Klassen zu verwenden, also solche Klassen, die erst ans Licht der Welt treten, wenn sie zur Vereinbarung von Objekten benötigt werden und dann keinen eigenen Namen bekommen.

```
main() {
        int i;
        LInt * L_int = new LInt;
        for (i = 0; i < 12; i++)
             L_int->Einfuegen(new int(rand()%127));
        L_int->Druck();
        KomplexL * L_Komplex = new KomplexL;
        for (i = 0; i < 12; i++)
             L_Komplex->Einfuegen(
                new KomplexeZahl(rand()%17, rand()%23)
                );
        L_Komplex->Druck();
}
```

Implementierung 18.3.5: Anwendung der Schablonen

Ein Beispiel soll diese Technik demonstrieren; um es formulieren zu können, treffen wir einige Vorbereitungen. Sie sind nötig, da die bisherigen Betrachtungen die explizite Formulierung einer `Druck`-Methode erfordert.

18.3.6 Beispiel: anonyme Klassen

Die Verantwortlichkeit für das Drucken einer Instanz von `T` wird in den Typ selbst verlagert. Wir nehmen also an, daß der Typ weiß, wie seine Instanzen gedruckt werden. Weiter nehmen wir an, daß die entsprechende Methode auch den Namen `Druck` hat. Das sind einschränkende Annahmen an den Grundtyp `T`, die erfüllt sein müssen, wenn der Typparameter durch einen konkreten Typ substituiert wird.

Wir definieren nun eine neue Schablone `EinfacheListeMitDruck`, die mit der bereits bekannten Schablone bis auf den Konstruktor und die Methode zum Drucken übereinstimmt. Die Klasse ist in Implementierung 18.3.6 vereinbart. Wir haben im wesentlichen den leeren Rumpf für die Methode `ELDruck` durch einen Aufruf der `Druck`-Methode für `T` ersetzt, sonst ist wirklich alles beim alten geblieben.

Diese Konstruktion bewirkt, daß wir den Mechanismus zur Vererbung nicht benötigen, um zu konkreten Klassen zu gelangen, daß vielmehr die Angabe des verwendeten Typs ausreicht. Wir schränken allerdings den verwendbaren Typ stärker ein.

Das Programm in Implementierung 18.3.7 zeigt, wie wir mit dieser Methode arbeiten können: Wir ersetzen den Typparameter in diesem Beispiel durch `KomplexeZahl` und können gleich Objekte aus der entstehenden Klasse gewinnen. Es wird also nicht explizit eine neue Klasse formuliert, sondern die Ersetzung des Typparameters wird gleich dazu benutzt, mit dem entstehenden Typ zu arbeiten.

Diese Vorgehensweise ist jedoch nur dann empfehlenswert, wenn man eine solche konkrete Klasse nur an wenigen Stellen im Programm benutzt, insbesondere Instanzen dieser konkreten Klasse nicht als aktuelle Parameter benutzt.

```
template <class T>
class EinfacheListeMitDruck {
  private:
       // wie vorher
  protected:
       void EinDruck(EinfacheListeMitDruck *);
  public:
       EinfacheListeMitDruck();
       void Einfuegen(T *el);
       void Druck() {EinDruck(Kopf);}
       void ELDruck(T *r) {r->Druck();}
};

void EinfachListMitDruck<T>::EinDruck(
             EinfacheListeMitDruck<T> *S) {
  if (S != NULL) {
        ELDruck(S->Element);
        EinDruck(S->weiter);
        }
  }
```

Implementierung 18.3.6: Vereinbarung der Schablone EinfacheListeMitDruck

```
main() {
      int i;
      EinfacheListeMitDruck<KomplexeZahl>
            * L_Komplex = new EinfacheListeMitDruck<KomplexeZahl>;
      for (i = 0; i < 12; i++)
          L_Komplex->Einfuegen(new KomplexeZahl(rand()%17, rand()%23));
      L_Komplex->Druck();
  }
```

Implementierung 18.3.7: Zur Verwendung von instanziierten Listen

18.4 Hashing für beliebige Datentypen

Wir kehren jetzt zum Ausgangspunkt zurück, nämlich zum Hashing für beliebige Datentypen. Wenn wir die Vorgehensweise noch einmal rekapitulieren: Wir haben mit einem Feld von Listen ganzer Zahlen gearbeitet. Die Angabe ganzer Zahlen als Grundtyp war die einzige typspezifische Information, die wir beim Hashing verwendet haben. Also könnten wir nun daran gehen, den bei der Formulierung der Listen-Schablonen verwendeten Typ `T` durch andere Typen zu substituieren, und hätten dann ein geeignetes Hash-Verfahren.
Aber so schnell geht es nun doch nicht, denn wir müssen uns ja Gedanken über eine geeignete Hash-Funktion machen. Wenn wir weiterhin mit Listen vom Typ `T` arbeiten wollen, so müssen wir wohl einige Annahmen über die Gegebenheiten in der Klasse `T` treffen. Es sind die folgenden:

- Für Objekte des Typs `T` ist eine `Druck`-Methode definiert; ist `q` vom Typ `T`, so wird diese Methode durch `q.Druck()` aufgerufen.
- Objekte des Typs `T` können miteinander verglichen werden; ist `p` vom Typ `T` und `q` vom Typ `T *`, so ist der Aufruf `p.Gleich(q)` definiert und gibt `true` oder `false` zurück.

Zunächst ist es nicht erstaunlich, daß wir wie oben Annahmen darüber machen, daß die Klasse `T` weiß, wie Elemente zu drucken sind. Wir hatten bei der allgemeineren Diskussion um Hashing auch schon festgestellt, daß wir Elemente im Hinblick auf ihre Gleichheit überprüfen, so daß wir also auch (wie oben festgehalten), eine Methode zur Überprüfung der Gleichheit fordern.
Obgleich wir ja bereits die Schablone für eine Liste vereinbart haben, zeige ich Ihnen hier eine weitere Vereinbarung für eine Listen-Schablone. Diese Vereinbarung ist ein wenig komplizierter, weil sie auf unsere speziellen Bedürfnisse, die ich gerade formuliert habe, Rücksicht nehmen muß.
Das einführende Beispiel ist auf der anderen Seite recht einfach gewählt worden, um Sie, wißbegierige Leserin, nicht durch allzu viele Details von den wesentlichen Eigenschaften der einzuführenden Konstruktion abzulenken. Jetzt lassen wir derartige didaktische Überlegungen beiseite und wenden uns dem sogenannten *wirklichen Leben* zu.
Sie finden die Formulierung der Schablone für `Liste` in Implementierung 18.4.1.
Die Methode zum Einfügen wird hier angegeben. Sie dient dazu, Ihnen noch einmal die Verwendung von Variablen zu verdeutlichen, die aus Schablonen als lokale Variablen instanziiert werden.

```
template <class EL>
void Liste<EL>::Einfuegen(EL * r) {
     if(!Testen(r)) {
         Liste<EL> * neu =  new Liste<EL>(r);
         neu->weiter = Kopf;
         Kopf = neu;
  }
}
```

Alle anderen Methoden können leicht von Ihnen formuliert werden. Es ist wohl eine gute Übung, hier nun zum Stift zu greifen (vgl. Übungsaufgabe 1).

```
template <class EL>
class Liste {
  private:
       EL * Element; Liste * Kopf;
       Liste * weiter;
       int IstDa(Liste *, EL *);
       Liste * WegDa (Liste *, EL *);
       void DieserDruck(Liste *);
  public:
       Liste();
       Liste(EL * r);
       int Testen(EL *r);
       void Entfernen(EL *r);
       void Einfuegen(EL *);
       int Laenge();
       void Druck();
       void ELDruck(EL * p) {p->Druck();}
       int Gleich(EL * p, EL * q)  {return p->Gleich(q);}
};
```

Implementierung 18.4.1: Schon wieder eine Liste

18.5 Hashtafeln als Schablonen

Haben wir nun den Typparameter T zur Verfügung und können damit entsprechend Listen-Klassen parametrisieren, so können wir nach den beim Hashing eingeführten Überlegungen auch gleich eine Klasse zum Hashing formulieren, die von diesem Typparameter abhängt. Das geschieht *stante pede* in Implementierung 18.5.1. Sie sollten den Zusammenhang zwischen dem Typparameter T und der Formulierung der Signaturen sorgfältig studieren. Es fällt Ihnen dabei vielleicht auf, daß wir die Hash-Funktion h als rein virtuelle Funktion formuliert haben, um die Gelegenheit zu bekommen, die konkrete Formulierung später nachtragen zu können. Die Tabelle 18.1 gibt noch einmal einen Vergleich zwischen den Formulierungen als Hashtafel und als Schablone. Sie sehen, daß es sich hier im wesentlichen um gute alte Bekannte handelt, wobei einige kleinere Änderungen natürlich der Verwendung eines Typparameters Rechnung tragen. Sie bemerken vielleicht auch, daß ich eine Methode eingeschmuggelt habe, mit deren Hilfe ich die Länge einer einzelnen Listen messen kann. Aber dies ist keine große Errungenschaft, über die lange zu reden wäre.

Betrachten Sie den Konstruktor in der neuen Situation im Vergleich zu dem bisher bekannten, so sehen Sie, daß die Art und Weise des Vorgehens an beiden Stellen völlig identisch ist, daß der Schablonen-Konstruktor lediglich Informationen über den Typ T mitführt, was die Formulierung in Implementierung 18.5.2 ein wenig unübersichtlicher macht.
Die einzige Stelle, an der die Änderungen vorgenommen werden, ist die Verwendung des parametrisierten Listentyps für die Allokation der Tafel bzw. der einzelnen Einträge. Wir haben also bei der speziellen Konstruktion bereits ganze Arbeit geleistet und sind so allgemein

```
template <class T>
class HashTafelSchablone {
  private:
       Liste<T> ** hT;
  protected:
       int maxBucket;
  public:
       HashTafelSchablone(int);
       virtual int h(T *q) = 0;
       int Testen(T *r)      {return hT[h(r)]->Testen(r);}
       void Einfuegen(T *r)  {hT[h(r)]->Einfuegen(r);}
       void Entfernen(T *r)  {hT[h(r)]->Entfernen(r);}
       void Druck();
       int Laenge(int j)     {return hT[j]->Laenge(); }
};
```

Implementierung 18.5.1: Eine Schablone für's Hashing

	Hashtafel	Schablone
Type der Tafel	`IntListe ** hT`	`Liste<T> **hT`
Hashfunktion	`virtual int h(int r)`	`virtual int h(T *q)`
Element vorhanden?	`int Testen (int r)`	`int Testen (T *r)`
Einfügen	`void Einfuegen(int r)`	`void Einfuegen(T *r)`
Entfernen	`void Entfernen(int r)`	`void Entfernen(T *r)`
Drucken	`void Druck()`	`void Druck()`
Länge der Liste j	nicht vorhanden	`int Laenge(int j)`

Tabelle 18.1: Vergleich der Formulierungen

```
template <class T>
HashTafelSchablone<T>::HashTafelSchablone(int m) {
     maxBucket = m;
     hT = new Liste<T> *[m];
     for (int i = 0; i < m; i++)
          hT[i] = new Liste<T>();
}
```

Implementierung 18.5.2: Ein altbekannter Konstruktor

vorgegangen, daß die Formulierung als Verallgemeinerung nun leichtfällt (ein Prinzip, das man sich bei der Systemkonstruktion wohl merken sollte).
Völlig analog ist die **Druck**-Methode in der parametrisierten Version. Dies ist ganz ähnlich zum Vorgehen bei der bereits vorhandenen **Druck**-Methode:

```
template <class T>
void HashTafelSchablone<T>::Druck() {
     int i;
     for (i = 0; i < maxBucket; i++) {
         cout << "\nBucket für i = "  << i << ":\n";
         hT[i]->Druck();
  }
}
```

18.6 Hashing für komplexe Zahlen

Wenn wir nun komplexe Zahlen verhashen wollen, so müssen wir nach all diesen Vorbereitungen noch zwei Schritte tun. Zum einen müssen wir die Hashtafel für komplexe Zahlen erzeugen. Dies geschieht auf wenig überraschende Art, indem der Typparameter entsprechend gesetzt wird. Weiterhin müssen wir die Hash-Funktion definieren. Wir wissen, daß die Hash-Funktion kritisch für die Effizienz des Verfahrens ist.
Sie finden in Implementierung 18.6.1 die Klasse für das Hashing komplexer Zahlen.

```
class  KomplexeHashTafel:
       public HashTafelSchablone<KomplexeZahl> {
  public:
       KomplexeHashTafel(int k):
            HashTafelSchablone<KomplexeZahl>(k) {};
       int h(KomplexeZahl * q) {
            int hash(int);
            int hReal = hash(q->RealTeil();
            int hImag = hash(q->ImaginaerTeil());
            return  hash(hReal + 1 + hImag + 2);
            }
};
```

Implementierung 18.6.1: Die Klasse **KomplexeHashTafel**

Es wird hier vorgeschlagen, den Real- und den Imaginärteil mit einer bereits bekannten Hash-Funktion zu verhashen. Wir addieren zu den einzelnen Komponenten Konstanten. Das Resultat wird wieder verhasht. Dabei wird die Hash-Funktion **hash** verwendet, die wie folgt definiert ist:

```
int hash(int k) {return k%maxHash;}
```

Hierbei ist angenommen, daß **maxHash** eine Primzahl ist. Es wird sich herausstellen, daß diese Hash-Funktion nicht besonders gut ist. Um dies zu sehen, sollten wir sie wohl im Kontext der neuen Klasse benutzen. Dies geschieht in Implementierung 18.6.2. Sie sehen beim Studium des Hauptprogramms, daß wir zufällige Zahlen als komplexe Zahlen erzeugen und auch in die Hashtafel einfügen.

```
main() {
       KomplexeHashTafel * khT =
                  new KomplexeHashTafel(maxHash);
       for (int i = 0; i < 431; i++)
           khT->Einfuegen(new KomplexeZahl(rand(), rand()));
       khT->Druck();
       for(i = 0; i < maxHash; i++)
            *ausgabe << khT->Laenge(i) << endl;
}
```

Implementierung 18.6.2: Anwendung — Hashing komplexer Zahlen

Wenn wir die Güte dieses Verfahrens beurteilen wollen, so messen wir wieder die Länge der jeweiligen Konfliktlisten. Diese statistischen Angaben sind in der Graphik in Abbildung 18.2 zusammengefaßt. Wenn Sie die Schwankungen in dieser Graphik betrachten, so sehen Sie, daß gerade wegen der sehr unterschiedlichen Länge der einzelnen Konfliktlisten die verwendete Hash-Funktion nicht besonders gut ist. Wir hätten uns halt mehr Mühe bei der Auswahl der Hash-Funktion geben müssen.

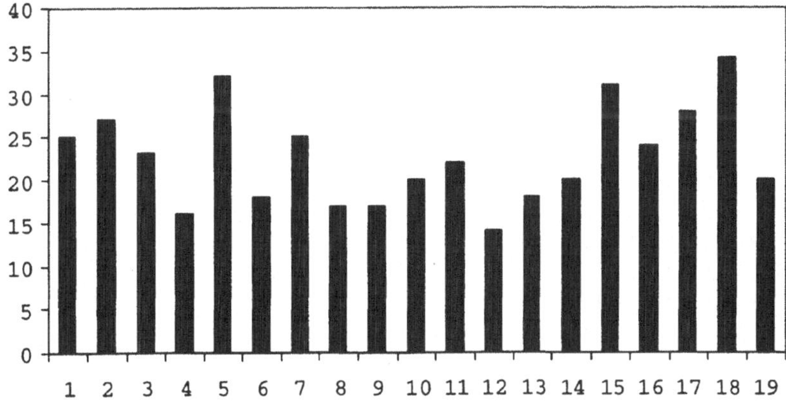

Abbildung 18.2: Hashing von Suchbäumen — Güte der Hash-Funktion

18.7 Hashing für binäre Suchbäume

Im folgenden möchte ich Ihnen an einem weiteren Beispiel zeigen, daß wir mit Schablonen ein sehr mächtiges Instrument bei der Programmierung zur Verfügung haben. Einer der wichtigen Beiträge der objektorientierten Programmierung zur Softwaretechnik besteht darin, die

Wiederverwendung von Code systematisiert zu haben, also dafür gesorgt zu haben, daß einmal verwendeter Code weiter in anderen Zusammenhängen benutzt werden kann. Ich habe zu Beginn dieses Kapitels einen kurzen Einblick in diese Überlegungen gegeben. Obgleich Schablonen nicht direkt zur objektorientierten Programmierung gehören, zeigt sich doch auch hier derselbe Effekt: Einmal formulierter Code kann für verschiedene Anwendungen eingesetzt werden, wobei die Gemeinsamkeiten durch denselben Algorithmus, die Unterschiede durch die Verwendung verschiedener Typen gegeben sind. Schablonen können auch mit anderen Konstrukten parametrisiert werden (z. B. durch Funktionen). Wir behandeln das jedoch nicht, denn die Parametrisierung mit Hilfe von Typen zeigt bereits die wesentlichen Eigenschaften solcher Schablonen auf.
Um Ihnen die Tragfähigkeit dieser Konstruktion nahezubringen, möchte ich eine möglicherweise als exotisch anmutende Anwendung konstruieren, die komplexe Datenstrukturen miteinander kombiniert. Ich möchte im folgenden eine Hashtafel aufbauen, deren einzelne Elemente aus binären Suchbäumen besteht. An dieser Stelle wird gleich sichtbar, daß wir, wenn wir nach verschiedenen binären Suchbäumen suchen, dies wiederum nicht in einem binären Suchbaum tun können, denn auf der Menge der binären Suchbäume ist keine Ordnung definiert. Das klingt komplizierter, als es ist: Sie können für zwei binäre Suchbäume nicht sagen, daß einer kleiner als der andere ist. Weil wir aber keine Ordnung auf der Menge aller binären Suchbäume haben, müssen Sie beim Suchen nach solchen Objekten, die selbst binäre Suchbäume sind, auf Hashtafeln oder auf andere Wege zurückgreifen, die nicht auf einer Ordnung der Grundmenge aufbauen.

18.7.1 Klassendefinition für binäre Suchbäume

```
class BST {
  protected:
       BST * Wurzel;
  private:
       BST * Einfuegen(BST *, int);
  public:
       BST() {Wurzel = NULL;}
       int Inhalt;
       BST * Links, * Rechts;
       void Einfuegen(int k) {Wurzel = Einfuegen(Wurzel, k);}
  };
```

Implementierung 18.7.1: Die Klasse `BST` binärer Suchbäume

Die Klasse `BST`, mit deren Hilfe binäre Suchbäume realisiert werden sollen, ist in Implementierung 18.7.1 angegeben, vgl. Kapitel 9.4. Die Zugriffsspezifikation sind vielleicht ganz interessant. Die Wurzel wird als `protected` deklariert, die Einfüge-Operation ist in einer Version privat, in der anderen öffentlich. Die private Version der Einfüge-Operation hat als ersten Parameter einen binären Suchbaum, als zweiten Parameter eine Zahl (wir betrachten binäre Suchbäume über den ganzen Zahlen, aber das ist für die Konstruktion nicht wesentlich), es wird als Resultat des Aufrufs ein binärer Suchbaum zurückgegeben. Diese Operation entspricht der bereits bekannten, bei der wir die Wurzel eines binären Suchbaums und eine

Zahl übergeben und als Ergebnis wieder die Wurzel des Baums zurückbekommen. Der Baum enthält nun die Zahl. Da wir jedoch in einem binären Suchbaum-Objekt arbeiten, sollten wir die Einfüge-Operation, die wir nach außen zur Verfügung stellen, so parametrisieren, daß wir eine ganze Zahl als Parameter übergeben und keinen Wert zurückbekommen. Die öffentliche Einfüge-Methode greift auf diese private Version zurück, indem die Wurzel des Baums als erster Parameter der privaten Funktion übergeben wird. Wir können die öffentliche Funktion daher durch eine `inline`-Version darstellen. Der Vollständigkeit halber sei die Einfüge-Operation angegeben, vgl. Implementierungen 18.7.2 und 8.3.2 (Seite 120).

```
BST * BST::Einfuegen(BST * B, int k) {
  if (B == NULL)
         BST * Knoten = new BST;
         Knoten->Inhalt = k;
         Knoten->Links = Knoten->Rechts = NULL;
         return Knoten;
         }
  else {
          if (B->Inhalt > k)
              B->Links = Einfuegen(B->Links, k);
          else if (B->Inhalt < k)
              B->Rechts = Einfuegen(B->Rechts, k);
          return B;
          }
}
```

Implementierung 18.7.2: Einfügen

18.7.2 Hashing?

Wir benötigen eine Hash-Funktion. Die ordentliche Bestimmung dieser Funktion ist, wie wir gesehen haben, sehr wichtig, da die Länge der Konfliktlisten dadurch bestimmt wird und damit direkt die Güte des Verfahrens. Eine solche Funktion liegt jedoch hier nicht auf der Hand. Es bieten sich verschiedene Möglichkeiten an: Man könnte etwa die Knoten-Inhalte mit einer Gewichtsfunktion versehen, aufaddieren und daraus einen Divisionsrest bilden, man könnte auch die Anzahl der Knoten des Baums zu seiner Höhe in Beziehung setzen oder etwas ähnliches. Ich habe mich hier dazu entschlossen, eine sehr einfache Hash-Funktion zu nehmen. Man nehme den Inhalt der Wurzel und berechne den Divisionsrest bezüglich der Größe der Hashtafel. Seien Sie jedoch gewarnt: Ich habe hier allein aus Demonstrationsgründen zu einer solchen einfachen Funktion gegriffen, weil ich Sie nicht durch die Verwendung einer komplizierten Hash-Funktion zusätzlich verwirren möchte. Ich halte das Verfahren, das wir hier im einzelnen diskutieren, schon für kompliziert genug und möchte seine Leuchtkraft nicht durch die Angabe komplizierter Einzelheiten verdunkeln.
Ich wähle als Hash-Funktion

```
h(B) = (B->Inhalt % maxAnzahl)
```

wobei **`maxAnzahl`** die Größe der Hashtafel sein soll.

Die weitere Vorgehensweise ist recht klar: Wir erzeugen binäre Suchbäume zufälliger Größe, fügen jeden erzeugten binären Suchbaum in die Hashtafel ein — die wir natürlich nach allen Regeln der Kunst initialisieren und konstruieren müssen — und schauen dann die Länge der entsprechenden Listen an, um einen Eindruck von der Güte des Verfahrens zu bekommen.
Halt! So geht das noch nicht!
Wir haben im Eifer des Gefechts zwei wichtige Eigenschaften übersehen: Uns fehlen nämlich Funktionen zur Überprüfung der Gleichheit zweier binärer Suchbäume und zum Drucken solcher Bäume. In den Überlegungen zur Schablone für das Hashing hatten wir zusätzlich die entsprechenden Funktionen auch mit einem Namen versehen und wollten uns darauf verlassen, daß die entsprechenden Namen in der parametrisierenden Klasse vorhanden sind: Die Funktionen für die Überprüfung der Gleichheit müssen `Gleich` heißen, die Funktionen zum Drucken müssen `Druck` genannt werden.
Um also unsere Überlegungen zu realisieren, müssen wir diese beiden Funktionen nachtragen. Ich frage jetzt meinen Freund RUDI RATLOS, was er denn meint: Wie können wir die fehlenden Funktionen heranschaffen? Rudi meint, daß wir zwei Alternativen haben.

Rudis erste Alternative Wir können die Klasse für binäre Suchbäume neu definieren, wobei die gerade genannten Methoden bei der Neudefinition ebenso berücksichtigen wie die bereits vorhandenen (allerdings sollten wir hierbei erröten, weil wir derart wichtige Funktionen vergessen haben).

Rudis zweite Alternative Diese Alternative erspart uns das Erröten, indem sie uns erlaubt, von den Möglichkeiten der Vererbung Gebrauch zu machen: Wir nehmen die alte Klasse `BST` her, erhalten durch Vererbung eine neue Klasse `BinSuchBaum` und versehen diese erbende Klasse mit den beiden fehlenden Methoden. Auf diese Weise ist es uns gelungen, die alten Methoden zu erhalten und neue Methoden ohne den Umweg über eine Neudefinition hinzuzufügen.
Beachten Sie, daß der Zusatz *ohne Neudefinition* wichtig sein kann.

Diskussion von Rudis Alternativen Sie können bereits Programme haben, die mit der alten Klasse arbeiten. Zudem ist Ihnen der Quellcode nicht immer zugänglich. Die erste Alternative ist also unerfreulich oder sogar unmöglich. Die Vererbung aber erscheint insgesamt realistischer: Wir können die Vererbung ja unter anderem dazu benutzen, neue Eigenschaften hinzuzufügen. Dies kann bedeuten, daß bei der Vererbung neue Attribute hinzugefügt werden, aber auch, daß neue Methoden in die ursprünglich vorhandene Klasse eingefügt werden. Letzteres ist hier der Fall. Die ursprüngliche Klasse bleibt hierbei unangetastet und kann in anderen Zusammenhängen weiterverwendet werden. Falls die ursprüngliche Klassendefinition dem Konstrukteur des Programms nicht oder nicht mehr zugänglich ist, bleibt ohnehin nur die zweite Alternative, also die Möglichkeit, zur Vererbung zu greifen.
Wir werden allerdings sehen, daß diese zweite Möglichkeit auch einen winzigen Haken hat, an dem wir hängenbleiben können, wenn wir nicht achtgeben. Aber davon später.

18.7.3 Die neue Klasse `BinSuchBaum`

Die Klasse, die wir hier verhandeln werden, entsteht aus der Klasse `BST` durch Vererbung, Sie finden sie in Implementierung 18.7.3 abgedruckt.

```
class BinSuchBaum: public BST {
  private:
       int Gleich(BinSuchBaum*, BinSuchBaum *);
  public:
       BinSuchBaum(): BST() {}
       int Gleich(BinSuchBaum * Q) {
            return  Gleich((BinSuchBaum *) Wurzel, Q->DieWurzel());
            }
       void Druck() {Inorder(Wurzel);}
       BinSuchBaum * DieWurzel() {return (BinSuchBaum * ) Wurzel;}
};
```

Implementierung 18.7.3: Erweiterung der Klasse BST durch Vererbung

Sie sehen, daß die Funktion `Gleich` zum Feststellen der Gleichheit wieder in eine öffentliche und eine private Version aufgespalten ist. Die Funktion `Druck` ergibt sich aus der Methode zum Inorder-Durchlauf, und wir haben eine weitere Methode hinzugefügt, die uns die Wurzel des binären Suchbaums als Ergebnis zurückgibt.

18.7.4 Exkurs: der cast-Operator

Bei der Formulierung dieser Klasse ist auf eine Merkwürdigkeit hinzuweisen. Betrachten Sie die Formulierung der öffentlichen Funktion `Gleich`, die sich auf die private Funktion gleichen Namens abstützt. Wenn Sie sich die beiden Parameter der privaten Funktion ansehen, so stellen Sie fest, daß beide Parameter Zeiger auf Instanzen der gerade definierten Klasse darstellen. Das ist an sich noch nicht schlimm, wir müssen jedoch beim Vergleich auf Instanzen der Klasse `BST` zugreifen, so daß wir jetzt in einer ziemlichen Klemme sind. Die Wurzel des binären Suchbaums entstammt ja unserer ursprünglichen Klasse `BST`, aus der wir die gegenwärtige Klasse `BinSuchBaum` durch Vererbung herleiten. Wir müssen also Wege finden, die Wurzel des binären Suchbaums in den *richtigen* Typ zu konvertieren. Dies geschieht durch den `cast`-Operator, der Typen ineinander zu konvertieren gestattet.
Die Idee dieses Operators besteht darin, die interne binäre Darstellung, um die wir uns ja hier bislang nicht gekümmert haben und auch weiter nicht kümmern werden, als Datum eines anderen Typs zu interpretieren. Der Zieltyp, also der *neue* Typ eines Werts, wird dabei in Klammern gesetzt. Wenn Sie den Code betrachten, so stellen Sie fest, daß der Zieltyp von `Wurzel` jetzt einen Zeiger auf den gerade definierten Typ darstellt. In analoger Weise gehen wir bei der Methode `DieWurzel` vor. Diese Methode gibt die Wurzel des binären Suchbaums als Wert des Aufrufs zurück, die aber jetzt als Wurzel eines Baums vom Typ `BinSuchBaum` interpretiert wird.
Diese Typkonversion ist recht unbeschränkt möglich und damit dazu angetan, viel Unruhe zu stiften. Sie sollte deshalb mit Bedacht eingesetzt werden.

18.7.5 Zurück zur Diskussion

Es bleibt jetzt noch zu überlegen, wie wir die Gleichheit zweier Bäume feststellen können. Intuitiv sind zwei Bäume genau dann gleich, wenn sie sich beim Übereinanderlegen als deckungsgleich erweisen, also an den gleichen Stellen die gleichen Knoten haben, und wenn die Knoten

jeweils mit gleichen Inhalten gefüllt sind. Soweit, so gut. Wir können nun aber unseren Computer nicht dazu veranlassen, zwei Bäume übereinander zu legen. Deshalb müssen wir hier eine Methode finden, die ohne diese visuellen Kriterien auskommt.
Wie ist es mit dem folgenden? Ich nehme mir zwei Bäume her, sagen wir `BaumEins` und `BaumZwei`. Als erstes sehe ich mir die Beschriftung der Wurzel an. Wenn diese Beschriftungen, also die Zahlen oder die anderen Inhalte, die darin stehen können, übereinstimmen, so bin ich einen Schritt weitergekommen (anders formuliert: Wenn die Inhalte nicht übereinstimmen, können die Bäume nicht identisch sein). Bei Übereinstimmung der Inhalte kann ich also weitermachen. Ich schaue mir den linken und den rechten Unterbaum der jeweiligen Bäume an. Ist einer der beiden Unterbäume bei `BaumEins`, nicht aber bei `BaumZwei` vorhanden oder umgekehrt, dann weiß ich, daß die beiden Bäume nicht gleich sein können. Nehmen wir an, die Unterbäume sind entweder bei beiden vorhanden oder bei beiden nicht vorhanden. Dann kann `BaumEins` doch mit `BaumZwei` nur dann übereinstimmen, wenn jeweils linker und rechter Unterbaum übereinstimmen. Das bedeutet aber, daß ich die Übereinstimmung zweier Bäume rekursiv überprüfen kann: Ich überprüfe die Identität in der Wurzel, dann die Identität der linken und der rechten Unterbäume, falls das noch nötig ist. Diese Überlegung führt zu der Formulierung in Implementierung 18.7.4. Die Wurzeln des linken bzw. des rechten Unterbaums werden mit unserem Typkonverter behandelt, damit der richtige Typ vorliegt (das tut an dieser Stelle überhaupt nicht weh, piekst nicht einmal).

```
int BinSuchBaum::Gleich(BinSuchBaum * r,  BinSuchBaum * s) {
    if (r == NULL) return (s == NULL);
    else if (s == NULL) return false;
    else {
         if (r->Inhalt != s->Inhalt) return false;
       else  {
            BinSuchBaum * rRechts, * sRechts, * rLinks, * sLinks;
            rRechts = (BinSuchBaum *) r->Rechts;
            rLinks  = (BinSuchBaum *) r->Links;
            sRechts = (BinSuchBaum *) s->Rechts;
            sLinks  = (BinSuchBaum *) s->Links;
            return
                 Gleich(rRechts, sRechts) && Gleich(rLinks, sLinks);
            }
       }
  }
```

Implementierung 18.7.4: Zur Gleichheit binärer Suchbäume

18.7.6 Zurück zur Diskussion

Ich habe all diese Überlegungen durchgeführt, um Ihnen zu zeigen, wie listig sich Schablonen verwenden lassen, daß man sie sogar zum Hashing von binären Suchbäumen verwenden kann. Es fehlt also noch die Erweiterung binärer Suchbäume um eine Hash-Funktion.
Jetzt wird sich die perplexe Leserin die Frage stellen: Warum hat unser Verfasser das denn nicht gleich bei der Erweiterung von `BST` in die Klasse `BinSuchBaum` erledigt?

Lassen Sie mich kurz kommentieren, warum ich die Erweiterung in zwei Schritten und nicht in einem vorgenommen habe: Die Benutzung der Gleichheitsfunktion und der Druck-Methode soll unabhängig sein von der Verwendung der Klasse in Hashtafeln. Hätte ich die Gleichheitsdefinition und die Hashtafel in eine gemeinsame Erweiterung der Klasse BST gesteckt, so hätte ich zwei Aspekte, die nichts miteinander zu tun haben sollten, doch miteinander vermischt. Durch das schrittweise Vorgehen, das ich hier vorgeführt habe, ist es auf der anderen Seite gelungen, die beiden einander fremden Aspekte wirkungsvoll voneinander zu trennen, so daß ein binärer Suchbaum auch ohne eine Hash-Funktion, aber mit Gleichheit verwendet werden kann.

18.8 Und jetzt geht´s los

Damit sind wir jetzt in der vorzüglichen Lage, daß alle unseren Instrumente bereitliegen, wir brauchen also nur danach zu greifen und können unsere Arbeit durchführen. Im Fußball soll es ja so etwas wie eine Vorlage geben: Wir haben uns also diese Vorlage selbst erspielt (oder wie immer das da heißt). Sie finden den Code, den hart erarbeiteten, in Implementierung 18.8.1. Wir haben die HashTafelSchablone mit der Klasse BinSuchBaum gefüttert. Die Hilfsfunktion hash habe ich auch noch hier aufgeführt, damit Sie sie noch einmal in Erinnerung haben. Insgesamt steht jetzt die Klasse BinSTHashTafel zum Hashing für binäre Suchbäume zur Verfügung. Wenden wir's an! Sie finden das entsprechende Hauptprogramm in der Implementierung 18.8.2 wiedergegeben.

```
int hash(int k) { return k%maxHash;}
class BinSTHashTafel:
       public HashTafelSchablone<BinSuchBaum> {
  public:
       BinSTHashTafel(int k):
            HashTafelSchablone<BinSuchBaum>(k) {};
       int h(BinSuchBaum * q) {
            int hash(int);
            return hash(q->DieWurzel()->Inhalt);
            }
};
```

Implementierung 18.8.1: Hashtafel für binäre Suchbäume

Dieses Beispiel macht hinreichend Gebrauch von der Definition unserer neuen Klasse, es werden aufs Geratewohl neue binäre Suchbäume erzeugt und mit Hilfe unseres Zufallsgenerators auch gefüllt. Da die Ausgabe ein wenig länglich ist und es eigentlich nur darauf angekommen ist, die Vorgehensweise zu demonstrieren, verzichte ich auf die Wiedergabe des Ausdrucks.

18.9 Rückblick: Vorgehensweise

Im Rückblick sollten wir kurz die Vorgehensweise noch einmal Revue passieren lassen. Schablonen für das Hashing sind vorhanden gewesen. Diese Schablonen haben gewisse recht spezifische Annahmen über den Datentyp, der verwendet werden kann, gemacht. Genauer: Es

```
main() {
      BinSTHashTafel * BSTH =  new  BinSTHashTafel(maxHash);
      for (int j = 0; j < rand() % 41; j++) {
           BinSuchBaum * B = new BinSuchBaum;
           for (int i = 0; i < rand() % 29; i++)
                B->Einfuegen(rand());
           BSTH->Einfuegen(B);
      }
      BSTH->Druck();
}
```

Implementierung 18.8.2: Hashing binärer Suchbäume

mußten zwei durch ihre Signatur beschriebene Funktionen vorhanden sein. Wir wollten Hashing für eine bestimmte Art von Datenstrukturen durchführen. Die Klasse, mit der wir arbeiten wollten, ist jedoch noch nicht darauf vorbereitet gewesen, weil die beiden Funktionen, die als Dreh- und Angelpunkte für diese Konstruktion notwendig gewesen sind, gefehlt haben. Wir haben dann zur Vererbung gegriffen, um die beiden Funktionen nachzutragen, und daraus eine Klasse gewonnen, die geeignet ist, als Typparameter in diese Schablonen für das Hashing eingesetzt zu werden.
Nun könnte ich behaupten, daß alles nicht so schrecklich kompliziert ist. Das stimmt aber nicht: Die Vorgehensweise ist technisch schon recht aufwendig. Dies gilt insbesondere dann, wenn Sie daran denken, daß wir verschiedene konzeptionelle Aspekte miteinander verbinden mußten, um zu unserer Lösung zu kommen.
Diese technischen Aspekte umfassen

- die Formulierung von Schablonen mit einem Rückgriff auf Listenoperationen und auf Hashtafeln;
- die Möglichkeiten der Vererbung, ohne die es nicht möglich gewesen wäre, die beiden vorhandenen Klassen an unsere Bedürfnisse anzupassen;
- schließlich die Möglichkeiten der Typkonversion, die wir hier freilich nur gestreift haben.

Sie tun vielleicht gut daran, in einer ruhigen Minute diese Konstruktionen noch einmal zu überlegen und nachzuvollziehen. Sie geben einen Hinweis auf die sprachlichen Möglichkeiten unserer Programmiersprache. Sie zeigen aber auch, daß man in dieser Sprache vorsichtig und mit sehr großem Bedacht formulieren sollte, weil sonst die Fußangeln lauernd danach schnappen, den Programmierer auf schönste zu Fall zu bringen.

18.10 Aufgaben

1. Vervollständigen Sie die Vereinbarung von

   ```
   template <class EL> void Liste<EL>
   ```

   auf Seite 289.

2. Formulieren Sie eine Schablone für binäre Bäume, und realisieren Sie binäre Bäume, in denen

   (a) Zeichenketten,
   (b) ganze Zahlen,
   (c) Hofzwerge

   aufbewahrt werden können. (Sie benötigen jeweils die einhüllenden Klassen, vgl. Aufgabe 2 in Abschnitt 14.5 auf Seite 229).

3. Formulieren Sie eine Schablone für binäre Suchbäume, und realisieren Sie binäre Suchbäume, in denen

   (a) Zeichenketten,
   (b) ganze Zahlen,
   (c) reelle Zahlen (`float`)

   aufbewahrt werden können. Zur Formulierung der Schablone benötigen Sie eine Vergleichsfunktion `Kleiner`, die für die jeweiligen Typen realisiert werden muß; bei Zeichenketten sollten Sie die Funktion `strcmp` (vgl. Seite 85) zu Hilfe nehmen.

4. Implementieren Sie eine Funktion `GleicheGestalt`, die `true` genau dann ausgibt, wenn zwei binäre Suchbäume dieselbe Gestalt haben, wenn sie an den gleichen Stellen die gleichen Knoten haben (vgl. Seite 297). Von den Inhalten der Knoten sehen wir ab.

5. Implementieren Sie eine Schablone `PrioritaetsWarteSchlange`; da dieser Datentyp über einer geordneten Menge arbeitet, sollten Sie annehmen, daß der als Parameter verwendete Typ `T` über die folgenden Methoden verfügt:

   - `int Kleiner (T *)` und `int Gleich(T *)` geben jeweils `true` oder `false` aus und haben als Parameter Zeiger auf ein Instanzen von `T`;
   - `void Druck ()` druckt die Instanz von `T`.

   Instanziieren Sie die Schablone für Zeichenketten und ganze Zahlen (Sie benötigen auch hier die einhüllenden Klassen, vgl. Aufgabe 2).

6. Ähnlich wie die Druiden im Karnutenwald treffen sich auch die Zwiebelring-Magier (vgl. Aufgaben 3 und 4 in Abschnitt 15.3 auf Seite 243). Sie bilden dort gern magische Ketten und probieren neue Hüte auf. Die magische Kraft einer solchen Kette, so wird nach Einführung der leistungsbezogenen Energieverteilung geglaubt, ist die Summe der `LeistungsZauber` der in der Kette versammelten Magier.

   (a) Implementieren Sie eine Schablone `MagierListe` zur Realisierung der magischen Ketten durch verkettete Listen. Sehen Sie insbesondere eine Methode zur Berechnung des `KettenLeistungsZaubers` vor;
   (b) Instanziieren Sie die Schablone durch die im Abschnitt 15.3 (Aufgaben 3 und 4) genannten vier Magierklassen. Erzeugen Sie jeweils eine magische Kette daraus, und drucken Sie die dort versammelte magische Kraft aus.

   Hinweis Verwenden Sie zur Bevölkerung der Listen die in Abschnitt 16.5.3 benutzte Simulationstechnik.

Kapitel 19

Ausnahmebehandlung

Inhaltsangabe

Wir haben in den vergangenen Kapiteln gelegentlich Situationen gesehen, in denen sich die Objekte, mit denen wir arbeiten, nicht ganz so verhalten, wie es eigentlich sein sollte. Nehmen Sie als einfaches Beispiel die Situation, daß Sie von einer Datei lesen möchten, die nicht existiert. Was machen Sie in diesem Fall? Wir haben das bislang nicht behandelt, weil wir in unseren Beispielen davon ausgegangen sind, daß schon alles so arbeiten wird, wie wir es vorgesehen haben.

Typisches Lehrbuch.

Das Leben ist aber komplizierter, und wir müssen uns damit abfinden, daß auch Ausnahmesituationen vorkommen können. Im gerade diskutierten Beispiel der Nichtexistenz einer Datei würde unser Programm mit einer Fehlermeldung zu Ende gehen. Falls Sie in der Mitte einer komplizierten Berechnung sind, so haben Sie die Arbeit dann vollständig umsonst getan, und müssen sich ratlos überlegen, was Sie tun sollen. Falls Sie dagegen in der Lage wären, eine solche Ausnahmesituation ordentlich zu behandeln, so könnten Sie beim Fehlen einer Datei eine entsprechende Nachricht an den Benutzer schicken und ihn auffordern, eine geeignete Datei zur Verfügung zu stellen, mit der das Programm dann arbeiten kann. Das erscheint als sinnvolle Maßnahme zur Behandlung dieser Ausnahmesiuation.

Diese Überlegungen lassen sich systematisieren. Das wollen wir in diesem Kapitel tun. Wir werden Ausnahmen einführen, deren Lebenszweck darin besteht, ungewöhnliche Situationen abzufangen und auf angemessene Art zu behandeln, ohne gleich in Panik zu verfallen. Wie üblich beginnen wir das Kapitel mit einem Beispiel, das charakteristische Eigenschaften unseres Problems und seiner Lösung zeigt. Weitere Aspekte werden dann im Verlauf des Kapitels eingeführt.

19.1 Ein einführendes Beispiel

Mit einem Konto können wir bei einer Bank oder Sparkasse die folgenden Operationen durchführen: Wir können

- ein Konto eröffnen;
- auf ein Konto einzahlen;
- einen Betrag von einem Konto abheben;
- ein Konto überziehen;
- ein Konto wieder schließen.

Insbesondere können wir also ein Konto überziehen, und das ist genau der Punkt, dem wir unsere weitere Aufmerksamkeit zuwenden werden. Zunächst tun wir aber so, ob als wir in einer Gedankenwelt leben, in der Geld lediglich eine numerische, aber keine wirtschaftliche Bedeutung hat. Daher können wir die Klasse für die Kontoführung vereinfacht wie in Implementierung 19.1.1 darstellen.

```
class Konto {
  protected:
       int stand;
  public:
       Konto() {stand = 0;}
       ~Konto(){cout << "Nachricht" << endl;}
       void Einzahlen(int k) {stand += k;}
       int Abheben(int k) {stand -= k; return  k;}
       int KontoStand()   {return stand;}
};
```

Implementierung 19.1.1: Die Klasse `Konto`

Sie sehen, daß wir ein Konto eröffnen können (durch den Aufruf eines Konstruktors, der den Kontostand auf `0` setzt), auf ein Konto einzahlen, von einem Konto abheben und uns nach dem Kontostand erkundigen können. Schließlich können wir das Konto auch auflösen. Das geschieht durch den zugehörigen Destruktor, der zusätzlich eine Nachricht verschickt. Der Kontostand wird aus naheliegenden Gründen als privates Attribut realisiert. Das dient wie üblich dem Zweck, unkontrollierte Manipulationen von außen zu verhindern. Das Programmstück in Implementierung 19.1.2 zeigt einige Kontobewegungen, die durch Erzeugung von Zufallszahlen hervorgerufen werden.
Die Ausgabe, die durch diese Kontobewegungen erzeugt wird, ist in Ausgabe 19.1.1 angegeben, wobei negative Kontostände separat gekennzeichnet sind.

```
Konto * k = new Konto;
for (i = 0; i < 5; i++) {
  j = rand();
  cout << "\nEingezahlt: \t" << j;
  k->Einzahlen(j);
  cout << ",\tAbgehoben:\t" << k->Abheben(rand());
  st = k->KontoStand();
  cout << ",\tKontostand:\t" << st << (st < 0? " *": "");
  }
k->~Konto();
```

Implementierung 19.1.2: Kontobewegungen

Ausgabe 19.1.1 Resultat der Kontobewegungen

```
Eingezahlt:     2695,
Abgehoben:      8100,   Kontostand:     -5405 *
Eingezahlt:     17788,
Abgehoben:      13855,  Kontostand:     -1472 *
Eingezahlt:     7212,
Abgehoben:      15057,  Kontostand:     -9317 *
Eingezahlt:     4791,
Abgehoben:      6706,   Kontostand:     -11232 *
Eingezahlt:     13624,
Abgehoben:      288,    Kontostand:      2104
Konto bei Geschaeftsschluss aufgeloest
```

Wir haben uns freilich noch nicht so recht der Frage zugewandt, was eigentlich geschehen soll, wenn ein Konto überzogen wird. Üblicherweise hat die Überziehung eines Kontos Konsequenzen. Wir folgen hier den Sitten amerikanischer *Loan & Savings Banks* und lösen Konten auf, wenn sie eine Unterdeckung haben. Eine solche Überziehung kann nur dann vorkommen, wenn von dem Konto etwas abgebucht wird. Das bedeutet, daß wir nach jeder Abhebung fragen müssen, ob das Konto überzogen ist, ob also der verbleibende Kontostand negativ sein würde. Wir gehen hier zunächst ein wenig grob vor und lösen das Konto vor dem Abbruch des Programms auf, falls dies der Fall ist. Falls das Konto nicht überzogen ist, wird wie gewohnt weitergearbeitet.

Die skizzierte Vorgehensweise ist für den Code, der diese Überlegungen realisieren muß, einigermaßen umständlich. Der Normalfall, nämlich der Fall, daß noch genügend Deckung auf dem Konto vorhanden ist, und der Ausnahmefall, nämlich der Fall, daß nicht mehr genug Geld auf dem Konto gewesen ist, werden unausweichlich ineinander verschlungen, um nicht zu sagen: verheddert. Bei komplexeren Aktionen ist so nicht unmittelbar klar, welche Aktion zum Normal- und welche zum Ausnahmefall gehört.

Die Alternative zu dieser Vorgehensweise besteht darin, den Ausnahmefall auch als solchen zu behandeln: Erst wenn eine Ausnahmesituation entsteht, wird dem benutzenden Programmteil signalisiert, daß hier etwas nicht stimmt und daß Aktionen ergriffen werden müssen. Liegt keine Ausnahmesituation vor, so soll weiterhin wie gewohnt gearbeitet werden. Das ist unsere Idee: Die Trennung der normalen Situation von der Ausnahmesituation. Wir haben allerdings bislang noch nicht die sprachlichen Hilfsmittel zur Verfügung, um diesen Zugang zu realisieren.

Die Klasse `Konto` wird modifiziert (Implementierung 19.1.3), indem die Methode zum Abheben geändert wird. Wir überprüfen nach der Berechnung des neuen Kontostandes, ob er negativ ist. Falls dies der Fall ist, aktivieren wir mit `throw k` eine *Ausnahme*. Diese Ausnahme gibt an, mit welcher Abhebung wir die außergewöhnliche Situation herbeigeführt haben. Wir werden dies weiter unten genauer diskutieren, an dieser Stelle sollten Sie lediglich vermerken, daß wir eine Ausnahme aktivieren und dieser Ausnahme auch gleich einen Wert mitgeben. Falls die Ausnahme nicht aktiviert ist, falls also der Kontostand nicht negativ ist, wird der abgehobene Betrag zurückgegeben.

```
class Konto {
  protected:
       int stand;
  public:
       Konto() {stand = 0;}
       ~Konto(){cout << "Nachricht";}
       void Einzahlen(int k) {stand += k;}
       int Abheben(int k) {
            stand -= k;
            if (stand < 0) throw k; // hier
            return  k;
            }
       int KontoStand() {return stand;}
};
```

Implementierung 19.1.3: Vereinbarung der modifizierten Klasse `Konto`

Wir haben jetzt gesehen, daß eine Ausnahme aktiviert werden kann. Krach zu machen ist aber nur dann sinnvoll, wenn man den Lärm auch hört. Im Programm sollte eine Stelle vorhanden sein, die auf die aktivierte Ausnahme reagiert. Da wir Ausnahmen mit dem Schlüsselwort `throw` aktiviert haben, benötigen wir, um im Bild zu bleiben, eine `catch`-Klausel, die die geworfene Ausnahme auch auffängt. Sie finden den Fänger in der Implementierung 19.1.4.

```
Konto * k = new Konto;
try{
  for (i = 0; i < 5; i++) {
        cout << "\nEingezahlt: \t" << ...;
        k->Einzahlen(...);
        abh = k->Abheben();
        cout << ",\tabgehoben: \t" << abh;
        st = k->KontoStand();
        cout << ",\tKontostand:\t" << st << (st < 0? " *": "");
        }
  }
  catch(int t) { // Fänger
            cout << "\nKonto ueberzogen" << " um" << k << "DM";
            k->~Konto();
  }
```

Implementierung 19.1.4: Behandlung der Ausnahme

Sie sehen in diesem Codeabschnitt zwei neue Sprachelemente: den durch `try` eingeleiteten Block, in dem Sie die Kontobewegungen wie vorher finden, und den `catch`-Block, in dem eine ausgelöste Ausnahme gefangen und behandelt wird. Der Fänger hat in seinem Schmetterlingsnetz einen formalen Parameter `t`. Dieser Parameter dient in unserem Beispiel dazu, den Betrag anzudeuten, mit dem das Konto überzogen worden ist. Sie gehen nicht falsch in der Annahme, daß der Wert, der geworfen wurde, als aktueller Parameter für das `catch` dienen wird.
Halten wir noch einmal fest:

- In der `try`-Klausel werden solche Methoden aufgerufen, die Ausnahmen aktivieren.
- Mit der `catch`-Klausel behandeln wir die Ausnahmen.

Dies sind freilich noch recht grobe Regeln, die wir weiter verfeinern müssen. Wir werden sicherlich nicht nur eine einzige Ausnahme aktivieren und müssen daher die Möglichkeiten finden, auch mehr als eine Ausnahme zu behandeln.
Sie sehen in Ausgabe 19.1.2 das traurige Resultat einer Kontoüberziehung: Es wird uns gesagt, um wieviel wir das Konto überzogen haben und daß das Konto nun aufgelöst worden ist. An dieser Stelle ist die Ausnahme ausgelöst worden.

19.1.1 Hänsel und Gretel: `try` und `catch`

Zum `try` gehört ein `catch` wie Hänsel zu Gretel. Ist doch klar, oder?
Der `catch`-Block sollte unmittelbar auf den `try`-Block folgen, er muß freilich nicht eindeutig bestimmt sein, so daß wir einen `try`-Block haben können, auf den mehrere Fänger lauern.

Ausgabe 19.1.2 Eine Kontoüberziehung (seufz!)

```
Eingezahlt:      11120,  abgehoben:       2695,  Kontostand:      8425
Eingezahlt:      3134,   abgehoben:       8100,  Kontostand:      3459
Eingezahlt:      657
Konto ueberzogen um 12345 DM
Konto aufgeloest
```

Beachten Sie, daß `catch` parametrisiert ist, der formale Parameter wird bei der behandelnden Ausnahme durch denjenigen Wert ersetzt, der von `throw` gesetzt wird. Damit ist die Analogie zwischen Werfen und Fangen, Hänsel und Gretel ziemlich perfekt: Es kann nur das gefangen werden, was geworfen worden ist.
Die Analogie zum Aufruf von Funktionen oder Methoden ist natürlich schon sehr auffällig: Eine Funktionsvereinbarung arbeitet bekanntlich mit formalen Parametern, und der Funktionsaufruf substituiert die Werte der formalen Parameter an die Stelle der formalen Parameter im Block der Funktion. Genauso ist es hier mit dem Verhältnis zwischen Werfer und Fänger.

19.1.2 Der Kontrollfluß

In unserem Beispiel ist der Kontrollfluß beim Auslösen einer Ausnahme noch nicht recht deutlich geworden, weil das Beispiel ziemlich einfach ist. Im allgemeinen verläuft der Kontrollfluß so, wie wir es hier Schritt für Schritt durchexerzieren:

- Aktivieren der Ausnahme mit `throw WurfGeschoss`;
- Suchen der passenden `catch`-Klausel;
- Ausführen des entsprechenden Blocks mit `WurfGeschoss` als aktuellem Parameter;
- Verlassen `catch`-Klausel und Weiterarbeit in dem Block, der unmittelbar auf die `catch`-Klausel folgt. Folgt kein Block in der entsprechenden Methode, so wird diese Methode beendet.

Es sollte darauf hingewiesen werden, daß wir durch diese Art des Kontrolflusses nicht an die Stelle der Missetat zurückkehren können. Der `try`-Block wird an dieser Stelle nicht mehr betreten (was z. B. sinnvoll wäre, wenn wir Reparaturversuche unternehmen wollten). Das ist bei anderen Modellen zur Ausnahmebehandlung, wie sie in anderen Sprachen realisiert sind, durchaus möglich. Es macht das konzeptionell einfache Modelle schnell ziemlich undurchschaubar. Das hier realisierte Modell erscheint an dieser Stelle einfach und effektiv.
Die kluge Leserin bemerkt, daß die passende Klausel zum Fangen einer Ausnahme gefunden werden muß. Es deutet darauf hin, daß wir uns einige Gedanken über diese passenden Klauseln machen müssen. Das werden wir gleich tun.

19.2 Eine differenzierende Betrachtung

Kehren wir kurz zu unserem Beispiel der Kontoführung zurück und betrachten eine Situation, in der bei gewissen Arten von Konten nicht zuviel eingezahlt werden darf, da, wie wir annehmen, dann der Verdacht auf Steuerbetrug vorliegen könnte. In diesem Fall soll ebenfalls eine Ausnahme ausgelöst werden. Nun haben wir auf der anderen Seite aber auch schon eine Ausnahme, die aktiviert wird, wenn wir das Konto überzogen haben. Dieses Instrument ist in der vorliegenden Form also noch nicht ganz dazu geeignet, auch noch den Fall zu hoher Einzahlungen zu behandeln, weil wir ja dann die beiden Fälle nicht ordentlich voneinander trennen können. Es muß also eine Zusatzüberlegung her. Jetzt ist es hilfreich zu wissen, daß Instanzen beliebiger Klassen geworfen werden können, daß wir also nicht auf das Werfen einzelner, armer ganzer Zahlen beschränkt sind. Wir machen uns diesen Sachverhalt im folgenden zunutze.

19.2.1 Feinarbeit durch Klassen zur Ausnahmebehandlung

Wir vereinbaren zwei Klassen, mit denen wir die entsprechenden Situationen modellieren wollen. Es wird eine Klasse `Ueberziehung` definiert, mit der wir das leidige Geschäft derjenigen modellieren wollen, die über ihre Verhältnisse leben. Weiterhin definieren wir eine Klasse `VerdachtSteuerbetrug`, mit deren Hilfe wir denjenigen Leuten das Handwerk zu legen hoffen, die zuviel Geld haben und das auch noch auf einer Bank deponieren. Dann werfen wir die entsprechenden Ausnahmen und behandeln sie nach den Typen der geworfenen Argumente. Das hört sich vielleicht kompliziert an, deshalb versuche ich es noch einmal anders zu erklären. Wenn wir eine `Ueberziehung` werfen, dann behandelt die entsprechende `catch`-Klausel diese `Ueberziehung`. Werfen wir dagegen eine Instanz vom Typ `VerdachtSteuerbetrug`, so sollte eine entsprechende andere `catch`-Klausel diesen Fall behandeln. Es ist klar, daß in jedem dieser Fälle eine Ausnahmesituation vorliegt. Es ist auch klar, daß diese beiden Ausnahmesituationen verschieden voneinander behandelt werden sollen.
Zunächst zur Definition der entsprechenden Klassen, die zur Modifikation der Kontobewegungen herangezogen werden. In der ersten Klasse `Ueberziehung` wird eine Überziehung modelliert, in der zweiten Klasse `VerdachtSteuerbetrug` wird der Verdacht auf Steuerbetrug dargestellt (vgl. Implementierung 19.2.1). Die Klassen sind bewußt einfach gehalten, in beiden Fällen finden Sie lediglich ein öffentliches Attribut, das ganzzahlig ist, und den Konstruktor für die Klasse, der ein ganzzahliges Argument nimmt und dem entsprechenden Attribut zuweist. Wir werden gleich sehen, wie wir mit diesen Informationen umgehen können.

```
class Ueberziehung {
  public:
        int wert;
        Ueberziehung(int j) {wert = j;}
};

class VerdachtSteuerbetrug {
  public:
        int wert;
        VerdachtSteuerbetrug(int z) {wert = z;}
};
```

Implementierung 19.2.1: Zwei Klassen zur Ausnahmebehandlung

Jetzt wird's aber aufregend: Wir behandeln das Einzahlen und das Abheben, zwei Operationen, die nach unserer Interpretation möglicherweise Ausnahmen aktivieren können. Zunächst die Einzahlung: Falls der Betrag, der eingezahlt wird, eine gewisse Grenze überschreitet, wird eine Ausnahme vom Typ `VerdachtSteuerbetrug` aktiviert. Technisch sieht das so aus, daß eine neue Instanz dieser Klasse mit dem Konstruktor erzeugt wird, das entstehende Objekt (genauer: ein Zeiger auf dieses Objekt) wird dann von `throw` geworfen (vgl. Implementierung 19.2.2). Da der Konstruktor einen ganzzahligen Parameter verlangt, bekommt er ihn auch.

```
void Einzahlen(int k) {
  stand += k;
  if (k > 11000) throw new VerdachtSteuerbetrug(k);
  }
```

Implementierung 19.2.2: Auslösen der Ausnahme `VerdachtSteuerbetrug`

Völlig analog geht man bei der Methode zum Abheben vor. Wenn der resultierende Kontostand negativ ist, so wird ein Zeiger auf ein neues Objekt vom Typ `Ueberziehung` erzeugt, `throw` wirft dann dieses Objekt in der Gegend herum. Sie sehen, daß wir mit dieser an die Situation angepaßten Erzeugung neuer Objekte und dem Wurfmechanismus die Situation fest im Griff haben, so fest nämlich, daß wir jeder Ausnahmesituation ein Ausnahmeobjekt zuordnen konnten.

19.2.2 Die Fänger

Wir sollten jetzt die Fänger geeignet präparieren. Da wir mit Objekten um uns werfen, werden wir entsprechend parametrisierte Fänger vorbereiten müssen. Sie sehen die beiden Fänger in der Implementierung 19.2.3 wiedergegeben.

```
catch(Ueberziehung * t) {
        cout << "\nKonto ueberzogen beim Abheben von " << t->wert << " DM\n"
        t->~Konto();
}

catch (VerdachtSteuerbetrug * r) {
        cout << "\nzu hohe Einzahlung. Steuerbetrug? " << r->wert << endl;
}
```

Implementierung 19.2.3: Behandlung von Ausnahmen

Die Typisierung ist eindeutig, die Aktion besteht jeweils darin, einen Text und den Wert des entsprechenden Attributs auszudrucken. Wichtig ist an dieser Stelle die Tatsache, daß wir die `catch`-Klauseln mit entsprechenden Klassen parametrisieren können. Das geschieht genauso, wie wir es bei Funktionen und Methoden kennengelernt haben. Als Unterschied ist zu bemerken, daß wir keine Werte zurückgeben (aber auch das haben wir schon kennengelernt: Konstruktoren tun das ja schließlich auch nicht).

19.2.3 Auswahl des passenden Fängers

Jetzt sind wir in der Lage, die oben benutzte und leicht mysteriöse Formulierung der *passenden* `catch`-Klausel näher zu beschreiben. Falls ein Objekt vom Typ `T` geworfen wird, so wird es von einem `catch`, das mit der Klasse `W` parametrisiert worden ist, gefangen, sofern die folgenden Bedingungen erfüllt sind:

- Die beiden Typen `T` und `W` stimmen überein.
- Der Typ `T` ist spezieller als der Typ `W` (hierbei ist der Typ `T` *spezieller* als ein anderer Typ, falls `T` von diesem Typ erbt, also von ihm durch Vererbung abgeleitet ist).

Zusätzlich muß die Bedingung erfüllt sein, daß die entsprechende `catch`-Klausel im Text die erste Klausel ist, auf die unsere Bedingung paßt.
In guten deutschen Worten: Die beiden im Spiegelpunkt angegebenen Regeln sortieren diejenigen `catch`-Klauseln aus, die überhaupt in Frage kommen, dann wird daraus die im Text an erster Stelle stehende ausgesucht.
Insgesamt ist damit eindeutig festgelegt, wie das Verhältnis zwischen Werfern und Fängern geregelt ist. Ein Beispiel sollte die Regeln des Werfens und des Fangens noch einmal erläutern. Wir werfen Instanzen der Klassen `eins` und `zwei`. Dabei ist `eins` denkbar einfach konstruiert, die Klasse hat einen leeren Rumpf:

```
class eins {};
```

Die Klasse `zwei` ist auch nicht furchtbar viel komplizierter, sie hat einen leeren Rumpf und erbt im übrigen von der Klasse `eins`.

```
class zwei: public eins {};
```

Die Klasse `drei` besteht aus den beiden Methoden `wirfEins` und `wirfZwei`, deren einziger Lebenszweck darin besteht, Instanzen der entsprechenden Klassen als Ausnahmen zu werfen, vgl. Implementierung 19.2.4.

```
class drei {
   public:
        void wirfEins() {
             cout << "\nin wirfEins\n";
             throw new eins;
        }
        void wirfZwei() {
             cout << "\nin wirfZwei\n";
             throw new zwei;
        }
};
```

Implementierung 19.2.4: Die Klasse `drei` wirft Instanzen von `eins` und `zwei`

Das Beispiel ist wie viele in diesem Abschnitt bewußt simpel konstruiert, um das Wesentliche hervortreten zu lassen. Störende Einzelheiten sollen nicht von dem Konzept, das es zu vermitteln gilt, ablenken. Im täglichen Leben (der sogenannten *Praxis*) würde man natürlich mit solchen Beispielen nur in Ausnahmefällen operieren, z. B. wenn man ein Lehrbuch zur objektorientierten Programmierung mit C++ schreibt.

```
main() {
        drei * d3 = new drei;
        try {
             d3->wirfZwei();
        }

        catch(eins *) {
             cout << "\nschmeiße eins\n";
        }

        catch(zwei *) {
             cout << "\nschmeiße zwei\n";
        }
}
```

Implementierung 19.2.5: `wirfZwei`

Das Hauptprogramm ist in Implemenierung 19.2.5 wiedergegeben. Es soll die Klasse `drei` benutzen. In dem `try`-Block wird die Methode `wirfZwei` aufgerufen, in der die beiden vorher definierten Ausnahmen geworfen werden sollen. Die entsprechenden `catch`-Blöcke sind für die beiden Ausnahmen ausgelegt. Wichtig ist zu bemerken, daß der Fänger für eine Instanz der Klasse `eins` im Text *vor* dem Fänger für die Klasse `zwei` steht.
Nebenbei sei bemerkt, daß wir zwar den Typ der formalen Parameter in den Fängern angegeben, aber den formalen Parametern keine Namen gegeben haben, weil wir die aktuellen Parameter nicht benutzen. Dies ist ein wichtiger Unterschied zwischen Methoden und Funktionen, die Nennung eines Namens wäre hier in der Tat überflüssig, weil der entsprechende aktuelle Parameter nicht wirklich benutzt wird.
Die Ausgabe ist nicht besonders überraschend:

```
in wirfZwei
schmeißeEins
```

Der Fänger `catch(eins *)` fängt die Ausnahme `throw(new zwei)`, weil dieser Fänger vor dem Fänger `catch(zwei *)` steht. Die angewandte Regel bestimmt, daß der Code der ersten passenden Klausel ausgeführt wird. Vertauschen Sie im Text des Hauptprogramms die beiden `catch`-Klauseln und lassen das Programm dann ablaufen, so bekommen Sie die Ausgabe

```
in wirfZwei
schmeißeZwei
```

19.3 Das Kleingedruckte

Die Behandlung von Ausnahmen kann dazu dienen, den normalen Kontrollfluß zu umgehen. Dies liegt daran, daß die Behandlung einer Ausnahme unter anderem eine andere Ausnahme aktivieren kann. Eine Ausnahme wird sozusagen von einem Fänger zum anderen weitergeworfen. Das Beispiel in der Implementierung 19.3.1 soll diesen Effekt verdeutlichen.

```
class vier {
  public:
       drei * three;
       vier() {three = new drei;}
       void wirf() {
            try{
                three->wirfEins();
            }
            catch(eins *) {
                 cout << "\n\tgefangen!\n";
                 throw new zwei;
            }
       }
};
```

Implementierung 19.3.1: Ausnahmen als heiße Kartoffeln

Wir definieren dort eine Klasse `vier`, die auf den ersten Blick ein wenig kauzig zu sein scheint. Als einziges Attribut hat sie einen Zeiger auf eine Instanz der Klasse `drei`. Der Konstruktor erzeugt auch gleich diese Instanz. Dann haben wir in dieser Klasse als einzige Methode die Methode `wirf`, die als `inline`-Methode realisiert wird. Sie wirft lediglich eine Ausnahme vom Typ `eins`. Diese Ausnahme wird auch gleich behandelt, indem ein kurzer Text geschrieben und eine neue Ausnahme vom Typ `zwei` aktiviert wird.
Die Methode `wirf` reicht also die gefangene Ausnahme weiter, indem eine andere Ausnahme (diesmal vom Typ `zwei`) aktiviert wird. Die Behandlung dieser Ausnahme ist ziemlich kanonisch. Wir müssen natürlich dafür sorgen, daß die Ausnahme vom Typ `zwei` in der aufrufenden Methode oder dem Hauptprogramm behandelt wird.
In der Klasse `vierExotisch` geht es ein wenig anders zu, da die Ausnahmebehandlung selbst nicht unmittelbar einsichtig ist (das Beispiel zeigt, daß auch Ausnahmebehandlungen sorgfältig und durchschaubar konstruiert werden müssen: Implementierung 19.3.2).
Wir haben wie in der Klasse `vier` vorher eine Methode aufgerufen, in der eine Ausnahme vom Typ `eins` geworfen wird. Der Fänger ist aber lediglich darauf vorbereitet, eine Ausnahme vom Typ `zwei` zu behandeln.
Erinnern Sie sich: Die Klasse `zwei` erbt von der Klasse `eins`, es kann also nicht gewährleistet werden, daß jedes Objekt vom Typ `eins` auch tatsächlich ein Objekt vom Typ `zwei` ist. Da kein passender Fänger in der Methode vorhanden ist, wird diese Ausnahme unbehandelt weitergereicht. Das heißt also, daß die Ausnahme vom Typ `eins` eben nicht in der Methode `wirf`, sondern in der aufrufenden Routine, die in unserem Fall also das Hauptprogramm ist, behandelt wird.

19.4 Aufgaben

1. Erweitern Sie die Vereinbarung der Klasse `Konto` auf Seite 304 um eine fortlaufende Kontonummer. Nehmen Sie statische Variablen zu Hilfe.

```
class vierExotisch {
  public:
       drei * three;
       vier() {three = new drei;}
       void wirf() {
            try{
                three->wirfEins();
            }
            catch(zwei *) {
                cout << "\n\tgefangen!\n";
                throw new zwei;
            }
       }
};
```

Implementierung 19.3.2: Leicht exotisches Beispiel

2. Als Fortsetzung von Aufgabe 3 in Abschnitt 3.4 auf Seite 48 lesen Sie eine Zahl `g` vom Typ `float` und ein einzelnes Zeichen `skala` ein. Gilt `skala == 'c'`, so soll `g` als Temperatur-Angabe in Celsius, bei `skala == 'f'` als Angabe in Fahrenheit interpretiert werden. Berechnen Sie die jeweils andere Grad-Angabe und geben Sie sie aus; jeder andere Buchstabe soll die Aktivierung der Ausnahme `unbekannteSkala` mit Ausgabe von `g` und `c` nach sich ziehen.

3. Implementieren Sie eine Klasse `Graph`. Ein *gerichteter Graph* besteht aus Knoten und Kanten, wobei die Kanten jeweils genau zwei Knoten miteinander verbinden; die Kanten haben eine Richtung, im Gegensatz zu den Kanten eines ungerichteten Graphen, den wir in Kapitel 11.6 diskutiert haben (Abschnitt 12.1). Jeder Knoten hat einen Namen. Die maximale Anzahl der Knoten ist auf `100` begrenzt.

   Die Klasse `Graph` enthält ein eindimensionales Feld

   ```
   char *Knotenname[100],
   ```

   das für jeden Knoten einen Zeiger auf die Zeichenkette mit dem Namen des Knoten enthält. Wenn der Knoten nicht existiert, ist dieser Zeiger `NULL`.

   Die Kanten sollen als zweidimensionales Feld

   ```
   int Kanten[100][100]
   ```

   dargestellt werden, wobei ein Eintrag `1` für `Kanten[x][y]` bedeutet, daß es eine Kante von dem Knoten `x` zum Knoten `y` gibt.

   Neben dem Konstruktor und dem Destruktor sollen die folgenden Methoden realisiert werden:

   (a) `int NeuerKnoten (char *Name)`: Legt einen neuen Knoten mit dem Namen `Name` an und gibt eine eindeutige Knotennummer im Bereich zwischen `0` und `99` zurück.

Dabei wird für den Knoten die erste freie Knotennummer, die durch einen `NULL`-Zeiger im Feld `Knotenname` gekennzeichnet ist, verwendet. Für den Namen des Knotens ist dynamisch Speicher anzufordern.

(b) `void LoescheKnoten (int Knotennummer)`: Löscht den Knoten, falls er existiert, und alle mit ihm verbundenen Kanten. Falls der Knoten nicht existiert, soll die Ausnahme `KeinKnoten` aktiviert werden.

(c) `void NeueKante (int Startknoten, int Zielknoten)`: Legt eine neue Kante vom `Startknoten` zum `Zielknoten` an. Hierzu müssen beide Knoten existieren, sonst wird die Kante nicht angelegt. Falls ein Knoten nicht existiert, soll die Ausnahme `KeinKnoten` aktiviert werden.

(d) `LoescheKante (int Startknoten, int Zielknoten)`: Löscht die Kante, die vom `Startknoten` zum `Zielknoten` geht, falls sie existiert, sonst soll die Ausnahme `KeinKnoten` bzw. `KeineKante` aktiviert werden.

(e) `int EnthaeltKante (int Startknoten, int Zielknoten)`: Liefert eine `1`, wenn eine Kante vom `Startknoten` zum `Zielknoten` existiert, sonst eine `0`. Wenn einer der beiden Knoten nicht existiert, soll die Ausnahme `KeinKnoten` aktiviert werden.

(f) `void SchreibeGraph ()`: Gibt den Graphen vollständig aus. Das Format ist dem folgenden Beispiel zu entnehmen:

```
Knoten Peter mit Nr. 22
Knoten Maria mit Nr. 42
Knoten Julius mit Nr. 67
Kante von Nr. 22 nach Nr. 67
Kante von Nr. 67 nach Nr. 42
```

(g) Vereinbaren Sie für die Ausnahmen zwei Klassen `KeineKante` und `KeinKnoten` mit leerem Rumpf.

4. Die Determinante $\det A$ einer $n \times n$-Matrix A reller Zahlen ist rekursiv definiert durch

$$\det A := \begin{cases} a_{1,1} & \text{falls } n = 1, \\ \sum_{i=1}^{n} (-1)^j \cdot a_{i,1} \cdot \det A_{i,1} & \text{sonst} \end{cases}$$

Hierbei entsteht die Matrix $A_{i,j}$ aus A durch Streichen der i-ten Zeile und der j-ten Spalte. Ist b ein Spaltenvektor mit n reellen Elementen, so bezeichnet $\langle A, b; j\rangle$ für $1 \leq j \leq n$ die Matrix, die entsteht, wenn die j-te Zeile in Matrix A durch b ersetzt wird.

Das Gleichungssystem

$$A \cdot x = b$$

hat nach der bekannten Kramerschen Regel die Lösung

$$x = (x_1, \ldots, x_n)$$

mit

$$x_i = \frac{\det\langle A, b; i\rangle}{\det A}$$

falls $\det A \neq 0$ und falls $\det\langle A, b; j\rangle$ für mindestens einen Index j gilt.

- Implementieren Sie dieses Verfahren, wobei Sie die oben angedeuteten Ausnahmefälle als Ausnahmen behandeln.
- Lösen Sie zum Testen die folgenden Gleichungen:

  (a) (Lösung $(-1, 2, 3)$)

$$\begin{array}{rcrcrcr} 2 \cdot x & + & y & + & 3 \cdot z & = & 9 \\ x & - & 2 \cdot y & + & z & = & -2 \\ 3 \cdot x & + & 2 \cdot y & + & 2 \cdot z & = & 7 \end{array}$$

  (b) (keine Lösung: Determinante verschwindet)

$$\begin{array}{rcrcrcr} 2 \cdot x & + & 3 \cdot y & - & 3 \cdot z & = & 9 \\ x & - & y & + & z & = & 2 \\ 3 \cdot x & + & 2 \cdot y & & & = & 5 \end{array}$$

  (c) ($(-2 \cdot r, 3 \cdot r, 5 \cdot r)$ ist für jedes reelle r eine Lösung)

$$\begin{array}{rcrcrcr} 2 \cdot x & + & 3 \cdot y & - & z & = & 0 \\ x & - & y & + & z & = & 0 \\ 3 \cdot x & + & 2 \cdot y & & & = & 0 \end{array}$$

5. Die Größe einer Hashtafel sei m. Bezeichnet λ_i die Anzahl der Elemente in der Konfliktliste i, so ist die durchschnittliche Länge χ der Konfliktlisten gerade

$$\chi := \frac{1}{m} \cdot \sum_{i=0}^{m-1} \lambda_i.$$

   Falls χ eine große Konstante σ überschreitet, wird Hashing für praktische Zwecke ineffizient. Modifizieren Sie den Abstrakten Datentyp `HashTafel` (vgl. Abschnitt 17.4.1 in Kapitel 16.6.3) durch die Aufnahme einer Überwachungsfunktion so, daß eine Ausnahme aktiviert wird, falls $\chi > \sigma$ gilt. Die Konstante σ soll bei der Konstruktion der Hashtafel festgelegt werden und von außen nicht zugänglich sein.

6. Aufgabe 7 in Abschnitt 10.9 behandelt Kellerspeicher, übergeht jedoch einen kleinen, nicht unwichtigen Punkt. Was macht man eigentlich, wenn man ein Element entfernen möchte, der Speicher aber leer ist? Ergänzen Sie die Implementierung des Abstrakten Datentyps `KellerSpeicher` um die angemessene Behandlung dieser Situation.

7. Wir wissen alle, daß die sieben Zwerge von Schneewittchen gemanagt werden. Kommen sie nach Hause, so trägt sie sie in eine Liste ein, indem sie den Namen eines jeden Zwergs eingibt (die Zwerge heißen `"null"`, ... `"sechs"`, wie sonst?). Entwerfen und implementieren Sie ein Programm, das die Namen der Zwerge einliest, bis alle da sind, und das sich mit einer falschen Eingabe mit dem Aktivieren einer Ausnahme wehrt.

8. Auch Hofzwerge werden nicht von der allgemeinen Geldknappheit ausgenommen. Modifizieren Sie das Programm in Implementierung 16.5.5 auf Seite 256 so, daß die Gehaltszahlungen beim Überschreiten einer oberen Grenze, die Sie eingeben, eingestellt und die unbezahlten Hofzwerge auf eine Reserveliste gesetzt werden.

Kapitel 20

} //Nachwort

Dieses Buch hat sich zum Ziel gesetzt, Ihnen einen Einblick in die objektorientierte Programmierung mit der Programmiersprache C++ zu geben. Der Natur der Sache entsprechend konnte ich Ihnen weder die Programmiersprache vollständig darstellen noch die objektorientierte Softwareentwicklung erschöpfend behandeln. Ich möchte einige der Sprachkonstrukte, die ich hier nicht behandelt habe, kurz ansprechen (nicht einmal die Liste der Auslassungen ist nicht vollständig) und möchte kurz erläutern, warum ich sie nicht in dieses Buch aufgenommen habe. Der Vollständigkeit halber gebe ich dann einen kurzen Überblick zu einigen Bücher zu C++ und zu einigen Fragen der Softwaretechnik, die in diesem Zusammenhang interessant sein könnten.

Was ich alles ausgelassen habe

Die Stoffauswahl ist in einem Lehrbuch oft subjektiv gefärbt, hängt aber wegen der inhaltlichen Zusammenhänge nicht so stark von den persönlichen Präferenzen des Verfassers ab, wie die skeptische Leserin meinen mag. So auch hier — mir war es wichtig, einen ersten Einblick in die Konstruktionsmethoden der Softwaretechnik mit einer objektorientierten Programmiersprache zu geben. Wohlgemerkt, die Programmiersprache ist hier nur Vehikel und nicht Zweck (wer Diskussionen zur Tauglichkeit einer Programmiersprache zur Anfängerausbildung beobachtet, bekommt manchmal einen Eindruck von der Intensität der Auseinandersetzungen, die zu den Kreuzzügen geführt haben). Da sich die Programmiersprache unterordnet, wird auch die Auswahl der darzustellenden Ausdrucksmittel in der Sprache dem Zweck angepaßt.
Mit diesen Vorbemerkungen komme ich zur Darstellung einiger sprachlicher Möglichkeiten, die hier nicht ausführlich dargestellt worden sind.

Mehrfachererbung

Ich habe mich auf die einfache Vererbung gestützt. C++ erlaubt wesentlich weitergehende Ansätze zur Vererbung. Eine Klasse kann von mehr als einer Klasse direkt erben (analog zur Frage: Ist ein `Flugboot` eigentlich ein `Flugzeug` oder ein `Boot`? Es kann nützlich sein, daß es beides ist, daß es also die Eigenschaften eines Flugzeugs und die eines Boots erbt). Mir erscheint der Zugang, den ich Ihnen hier dargestellt habe, reichhaltig genug: Viele Programmiersprachen kommen mit einfacher Vererbung aus, und das genannte Prinzip der Ökonomie beim Entwurf von Programmiersprachen sollte auch hier greifen. Dies ist der eine Grund für die Auslassung der Mehrfachvererbung. Der andere Grund ist der, daß die einfache Vererbung konzeptionell schon recht schwierig ist, daß man diese Schwierigkeiten nicht noch durch mehr als eine Möglichkeit zur Vererbung überlagern sollte. Die Entwurfsmuster, die etwa in [GHJV95] diskutiert werden, geben einen Einblick in die Komplexität der Verwendung bereits einfacher Vererbungsoperationen.

`friends` und andere Konstruktionen

Die Programmiersprache C++ ist in der Programmiersprachengemeinschaft deshalb ein wenig in Verruf geraten, weil sie Konstruktionsmöglichkeiten bietet, die die saubere Realisierung von Softwaresystemen gelegentlich nicht besonders unterstützen. Hierzu gehören einige Konstrukte (wie die genannten `friends`), die ich hier nicht verwendet habe. Eine `friend`-Funktion einer Klasse ist eine Funktion, die auf private Elemente einer Klasse Zugriff hat (vgl. [Str92, 5.4.1]). Damit wird das Geheimnisprinzip, das für Funktionen ja gerade durch Klassen realisiert werden kann, wieder durchbrochen.
Ein weiterer Aspekt ist das Überladen von Operatoren. Sie können etwa die binäre Operation `Addition` (also den Operator `+`) auch für, sagen wir, binäre Suchbäume vereinbaren und damit z. B. das Verschmelzen dieser Bäume andeuten. Durch das Überladen können diese Operatoren zusätzliche Bedeutungen bekommen. Die intuitive Semantik der Operatoren kann verloren gehen und damit das Verstehen von Programmen erschweren. Eng mit dem Programmverständnis sind auch Wartung, Pflege und Wiederverwendbarkeit verbunden, Eigenschaften, die kein geringes Gewicht haben.
Aus softwaretechnischer Sicht ist die Verwendung dieser Konstruktionen nicht recht empfehlenswert, wenn auch zugestanden werden sollte, daß sie manchmal recht bequem zu benutzen sind.

Maschinennahe Programmierung

Mit C und C++ kann man vorzüglich maschinennah programmieren. Wenn man es darauf anlegt, besteht die Möglichkeit, sich den Inhalt einzelner Speicherzellen anzusehen und zu manipulieren, Schnittstellen für externe Geräte zu manipulieren und ähnliche Dinge mehr zu treiben, zu deren Kenntnis man tiefgehende Kenntnisse der Struktur der verwendeten Maschine haben sollte. Sie haben gesehen, daß ich die Maschine nicht im Detail diskutiert habe (gelegentlich kamen solche Phänomene wie *Speicherzellen* oder *Dienstprogramme* zur Sprache), daß ich mich jedoch hier auf den Prozeß der Problemlösung und ihrer Repräsentation in einer Programmiersprache beschränkt habe. Nun löst natürlich ein maschinenorientierter Programmierer auch Probleme. Diese Probleme sind jedoch so speziell, daß ich es nicht für angemessen gehalten habe, eine vertiefte Diskussion zu beginnen. Falls die Neigung oder die Notwendigkeit zur maschinenorientierten Programmierung die Überhand gewinnt, werden Sie auch die entsprechenden Handbücher für Maschinen greifbar haben.

C++, Objektorientierung: weiterführende Literatur

Hier gebe ich Ihnen einen kurzen Überblick über einige hilfreiche Bücher zur behandelten Programmiersprache und zu einem interessanten Ausschnitt aus der Softwaretechnik, der objektorientierten Konstruktion von Software.

Die Sprache

Zur Programmiersprache C++ gibt es einige Bücher, zum Teil vorzüglich, auf die ich gern kurz eingehen möchte, um Ihnen das Studium weiterführender Literatur zu erleichtern.

- [Str92] dient als eine Art definierendes Dokument für die Sprache, es ist vollständig und kann als Nachschlagewerk verwendet werden. Das Buch bemüht sich um einen lehrbuchhaften Charakter, sein Schwerpunkt liegt jedoch wohl eher auf einer enzyklopädischen Darstellung dieser verzweigten Sprache.

- [SK97] gibt einen recht breit angelegten Einblick in die wesentlichen Eigenschaften der Programmiersprache C++. Dieses Buch ist schon eher als Lehrbuch angelegt, seinen Ansatz nach legt es auf die programmiersprachlichen Aspekte, vielleicht ein wenig auf Kosten softwaretechnisch orientierter methodischer Aspekte.

- [vG96] betont bei der Vermittlung der Programmiersprache C++ den objektorientierten Zugang; es stellt dar, wie man bei der Vermittlung einer objektorientierten Programmiersprache von Anfang an objektorientiert vorgehen kann. Sie sehen an dem vorliegenden Buch, daß ich nicht unbedingt dieser Meinung bin. Beide Ansätze haben sicher ihren Platz in der Lehre.

- Das Buch [Die96] von Dieterich konzentriert sich auf eine bestimmte C++-Entwicklungsumgebung (auf ein Thema, das ich hier nicht berührt habe). Es dient wohl als Ergänzung der Dokumentation der Entwicklungsumgebung von Borland, kann aber auch als eigenes Lehrbuch der Programmiersprache C++ dienen. Ich habe diesem Buch, das für die Lehre an Fachhochschulen konzipiert worden ist, einige didaktische Anregungen entnehmen können.

- Die Bücher [Jos94, Jos96] von Josuttis stellen einige Grundbegriffe der objektorientierten Programmierung in C++ dar und fassen die Standardbibliotheken für diese Sprache zusammen. Der Stil der Bücher ist klar und technisch, in der Darstellung der objektorientierten Programmierung in C++ bemüht sich Josuttis ähnlich wie [Str92] oder [SK97] um möglichst weitgehende Vollständigkeit. Die Diskussion der C++-Standardbibliothek ist recht vollständig und kann Ihnen eine wertvolle Hilfe sein, wenn Sie tiefer in die Programmierung mit C++ einsteigen wollen und detailliertere Kenntnisse der Bibliotheken benötigen. Diese Bibliotheken sind weitverzweigt und facettenreich, so daß Sie dann einen zuverlässigen Führer zu würdigen wissen.

Die Auswahl der C++-Bücher, die ich Ihnen gerade präsentiert habe, ist in ihrer Zusammenstellung subjektiv. Es gibt zu diesem Thema sehr viele Bücher von sehr unterschiedlicher Qualität und für sehr unterschiedliche Zielgruppen. Die gerade genannten Bücher haben mich in der Benutzung der Programmiersprache unterstützt, als ich die Sprache selbst gelernt habe. Sie zeigen dem Leser, daß auch in der Programmiersprache C++ verschiedene Arten der Ausdrucksweisen (sozusagen verschiedene Stilarten) möglich sind.
Sie werden bei weiterer Benutzung der Programmiersprache sicherlich Ihren eigenen Stil finden. Ich habe mich beim Schreiben dieses Buchs ebenfalls stark daran orientiert, was Stefan Dißmann und ich in dem Lehrbuch zu JAVA [DD99] behandelt haben. Sie sehen beim Vergleich dieser beiden Bücher, daß ich versucht habe, den durch JAVA gegebeben Sprachumfang in C++ abzubilden. Das gelingt natürlich nicht vollständig, bei aller Ähnlichkeit sind die Sprachen doch in subtilen Punkten recht unterschiedlich.

Softwaretechnik

Ein weiteres Anliegen diese Buches ist das einer ersten Einführung in die objektorientierte Softwarekonstruktion, eine auch für Anwendungen wichtige Disziplin in der Softwaretechnik, die versucht, die Vorteile des objektorientierten Zugangs für die Softwaretechnik nutzbar zu machen. *Softwaretechnik* wird hierbei verstanden als die ingenieurmäßige Konstruktion großer Systeme. Das Thema ist umfangreich und vielfältig, so daß es kaum möglich ist, mehr als einen sehr blassen Eindruck davon zu vermitteln.
Einige Hinweise sind vielleicht dazu geeignet, Ihr Interesse zu wecken, falls Sie daran Geschmack gefunden haben:

- Das einführende Lehrbuch [HK99] von Hitz und Kappel diskutiert einen Ansatz, Software mit graphischen Hilfsmitteln zu entwerfen. Hier hat sich die graphische Entwurfsnotation der `Unified Modeling Language (UML)` als praktisch erwiesen, und das genannte Buch zeigt sehr schön, wie man mit dieser Notation umgehen kann. Auch über `UML` findet man in Buchläden meterweise Literatur von sehr unterschiedlicher Qualität. Ich empfehle dieses Buch und das folgende deshalb gern, weil sich beide bei uns im akademischen Unterricht durch seine knappe, präzise Ausdruckweise bewährt haben.

- Das Buch von Oestereich [Oes97] zur objektorientierten Softwareentwicklung führt `UML` ebenfalls ein und diskutiert diesen Formalismus aus etwas anderem Blickwinkel. Dabei werden einige Aspekte etwas anders gewichtet und beleuchtet als in [HK99]. Die Kombination der beiden Sichtweisen mag für Sie recht interessant sein.

- Das Buch [Bal99] von Frau Balzert geht ebenfalls von `UML` aus, umfangreiche Beispiele demonstrieren die Vorgehensweise. Das Buch ist so angelegt, daß es auch einen ersten Einblick in Methoden der Softwaretechnik gibt.

- Das Lehrbuch [GJM91] ist eins der klassischen Lehrbücher des Software Engineering. Es stellt den Zugang zur objektorientierten Softwarekonstruktion in den Kontext der Softwaretechnik und zeigt auf, welche anderen Zugänge zur Softwarekonstruktion sich praktisch bewährt haben. Dieses Lehrbuch geht wegen seines weitergehenden Anspruchs recht weit über das hinaus, was in den anderen genannten Büchern dargestellt wird.

Überhaupt, Software Engineering: wenn Sie die Buchläden durchstreifen und nach Büchern zur Softwarekonstruktion suchen, finden Sie oft Meterware; eigentlich fehlen nur noch Titel der Art *Wie ich einmal objektorientiert programmierte und sofort glücklich wurde (garantiert, sonst Geld zurück)*. Die Vielfalt schnell heruntergeschriebener Bücher hilft dem Anliegen, die systematische Konstruktion von Software wenn schon nicht populär, so doch einsichtig zu machen, wohl nicht so recht und zeigt eher das Bedürfnis von Verlagen (und Autoren), auf einem
Ach, was soll's.

Hofzwerge

Diesen Rückblick beende ich mit — wie sollte es anders sein — den Hofzwergen. Wir haben gesehen, wie die Hofzwerge klassifiziert werden können, haben uns Hilfsmittel erarbeitet, mit deren Hilfe wir diese Entwicklung in ablauffähigem Code darstellen konnten und haben

schließlich einige weitere Eigenschaften wie Schablonen bei der Ausnahmebehandlung diskutiert.
Dieser Bogen von der Anwendung zur Programmiersprache und zurück zur Anwendung ist typisch, und ich habe Ihnen gezeigt, wie man ihn gestalten kann.

Literaturverzeichnis

[AHU73] Alfred V. Aho, John E. Hopcroft und John D. Ullman. *The Design and Analysis of Computer Algorithms.* Addison-Wesley, Reading, Mass., 1973.

[AHU82] Alfred V. Aho, John E. Hopcroft und John D. Ullman. *Data Structures and Algorithms.* Addison-Wesley, Reading, Mass., 1982.

[ASU86] Alfred V. Aho, Ravi Sethi und John D. Ullman. *Compilers: Principles, Techniques, and Tools.* Addison-Wesley, Reading, Mass., 1986.

[Bal99] Heide Balzert. *Lehrbuch der Datenmodellierung — Analyse und Entwurf.* Spektrum Akademischer Verlag, Heidelberg und Berlin, 1999.

[CC82] Doug Cooper und Michael Clancy. *Oh! Pascal.* W. W. Norton & Company, New York and London, 1982.

[DD99] Stefan Dißmann und Ernst-Erich Doberkat. *Einführung in die objektorientierte Programmierung mit Java.* R. Oldenbourg-Verlag, München und Wien, 1999.

[DF90] Ernst-Erich Doberkat und Dietmar Fox. *Praktischer Übersetzerbau.* Teubner-Verlag, 1990.

[Dic57] Charles Dickens. *A Tale of Two Cities.* Washington Square Press, New York, NY, 1957.

[Die96] Ernst-W. Dieterich. *Borland C++.* R. Oldenbourg Verlag, München und Wien, ^{2}1996.

[Dij76] Edsger W. Dijkstra. *A Discipline of Programming.* Prentice-Hall, Englewood Cliffs, N. J., 1976.

[GHJV95] Erich Gamma, Richard Helm, Ralph Johnson und John Vlissides. *Design Patterns: Elements of Reusable Object-Oriented Software.* Addison-Wesley, Reading, MA, 1995.

[Gib94] Edward Gibbon. *The History of the Decline and Fall of the Roman Empire, vol. I.* Penguin Books, London, 1994.

[GJM91] Carlo Ghezzi, Mehdi Jazayeri und Dino Mandrioli. *Fundamentals of Software Engineering.* Prentice-Hall, Englewood Cliffs., N. J., 1991.

[GKP89] Ron Graham, Donald E. Knuth und Oren Patashnik. *Concrete Mathematics, A Foundation for Computer Science.* Addison-Wesley Publishing Company, Reading, Mass., 1989.

[HK99] Martin Hitz und Gerti Kappel. *UML@Work.* dpunkt.verlag, Heidelberg, 1999.

[Jos94] Nicolai Josuttis. *Objektorientiertes Programmieren in C++.* Addison-Wesley, Bonn, 1994.

[Jos96] Nicolai Josuttis. *Die C++ Standardbibliothek.* Addison-Wesley, Bonn, 1996.

[Knu93a] Donald E. Knuth. *The Art of Computer Programming,* Band III: Sorting and Searching. Addison-Wesley, Reading, Mass., 1993.

[Knu93b] Donald E. Knuth. *The Art of Computer Programming,* Band I: Fundamental Algorithms. Addison-Wesley, Reading, Mass., 1993.

[Knu93c] Donald E. Knuth. *The Art of Computer Programming,* Band II: Seminumerical Algorithms. Addison-Wesley, Reading, Mass., 1993.

[Knu94] Donald E. Knuth. *The Stanford GraphBase. A Platform for Combinatorial Computing.* Addison-Wesley, 1994.

[KR78] Brian W. Kernigham und Dennis M. Ritchie. *The C Programming Language.* Prentice-Hall, Englewodd Cliffs, NJ, 1978.

[Mar94] P. Vergilius Maro. *Aeneis, 1. und 2. Buch,* Band 9680 der *Universal-Bibliothek.* Philip Reclam jun., 1994. Lateinisch/Deutsch.

[McA96] Tom McArthur (Hrsg.). *The Oxford Companion to The English Language.* Oxford University Press, 1996. Gekürzte Fassung.

[MN99] Kurt Mehlhorn und Stefan Näher. *LEDA - A Platform for Combinatorial and Geometric Computing.* Cambridge University Press, 1999.

[Oes97] Bernd Oestereich. *Objektorientierte Softwareentwicklung: Analyse und Design.* R. Oldenbourg-Verlag, München und Wien, 1997.

[OW90] Thomas Ottmann und Peter Widmayer. *Algorithmen und Datenstrukturen.* Reihe Informatik, Band 70. BI-Wissenschaftsverlag, Mannheim, Wien und Zürich, 1990.

[Sin99] Simon Singh. *The Code Book — The Evolution of Secrecy from Mary, Queen of Scots to Quantum Cryptography.* Doubleday, New York, 1999.

[SK97] Martin Schader und Stefan Kuhlins. *Programmieren in C++.* Springer-Verlag, Berlin, 4. Auflage, 1997.

[Str92] Bjarne Stroustrup. *Die C++ Programmiersprache.* Addison-Wesley, Bonn, 1992.

[vG96] Jürgen Wolff von Gudenberg. *Objektorientiert Programmieren von Anfang an — Eine Einführung in C++.* Spektrum Akademischer Verlag, Heidelberg und Berlin, 1996.

[vHO91] Fritz von Herzmanovsky-Orlando. *Sämtliche Werke.* Residenz-Verlag, Salzburg und Wien, 1991. Lizenzausgabe bei Zweitausendeins, Frankfurt am Main, 1995.

Index